Die rechtsgeschäftliche und organschaftliche Stellvertretung und deren kollisionsrechtliche Einordnung

Studien zum vergleichenden und internationalen Recht -
Comparative and International Law Studies

Herausgeber: Bernd von Hoffmann, Erik Jayme
und Heinz-Peter Mansel

Band 94

PETER LANG
Frankfurt am Main · Berlin · Bern · Bruxelles · New York · Oxford · Wien

Katia Niemann

Die rechtsgeschäftliche und organschaftliche Stellvertretung und deren kollisionsrechtliche Einordnung

Deutschland und England im Vergleich

PETER LANG
Europäischer Verlag der Wissenschaften

Bibliografische Information Der Deutschen Bibliothek
Die Deutsche Bibliothek verzeichnet diese Publikation in der Deutschen Nationalbibliografie; detaillierte bibliografische Daten sind im Internet über <http://dnb.ddb.de> abrufbar.

Zugl.: Köln, Univ., Diss., 2003

D 38
ISSN 0930-4746
ISBN 3-631-51370-4

www.peterlang.de

Meinen Eltern

Vorwort

Diese Arbeit berücksichtigt Rechtsprechung und Literatur bis Februar 2004.

Mein besonderer Dank gilt meinem Doktorvater Herrn Prof. Dr. Mansel, der die Entstehung meiner Arbeit stets begleitete und betreute. Mein Dank gilt auch Herrn Prof. Dr. Baur für die zügige Erstellung des Zweitgutachtens.

Meinen Eltern möchte ich für ihre unaufhörliche Unterstützung und Förderung - nicht nur im Rahmen meiner Ausbildung - danken. Darüber hinaus möchte ich mich herzlich bei allen Personen meines Umfelds bedanken, die mit ihrem Verständnis und ihrer Unterstützung wesentlich zum Entstehen der Arbeit beigetragen haben, insbesondere bei Herrn Prof. Dr. Laurie F. Boswell, Herrn Dirk Lämmche, Herrn Dr. Peter Laroche und Herrn Dr. Oliver Wendt.

Köln, im Februar 2004 *Katia Niemann*

Inhaltsverzeichnis

Literaturverzeichnis

Ackmann, Hans-Peter, Zur Geltung des „Wirkungsstatuts“ im Fall des Handelns eines Vertreters von seiner ausländischen Niederlassung aus, IPRax 1991, 220.

Atiyah, Patrick Selim, An Introduction to the Law of Contract, 5. Auflage Midsomer Norton, Avon 1995.

Badr, Gamal Moursi, Agency: Unification of Material Law and Conflicts of Rules, RdC I 1984, 1.

Bailey, Julia/McCallum, Ian, Company Law, Stage 3, Oxford 1992.

Bar, Christian von, Internationales Privatrecht, Band II, Besonderer Teil, 1. Auflage München 1991.

Bar, L. von, Theorie und Praxis des Internationalen Privatrechts, Band II, 2. Auflage Hannover 1889.

Basedow, Jürgen, Das Vertretungsrecht im Spiegel konkurrierender Harmonisierungsentwürfe, RabelsZ 45 (1981), 196.

Baudenbacher, Carl, Niederlassungsfreiheit für EWR-Gesellschaften nach Überseering, IPRax 2004, 26.

Bauer, Ulrich, Grenzen der nachträglichen Rechtswahl durch Rechte Dritter im Internationalen Privatrecht, Diss. Pfaffenweiler 1992.

Baumann, Joachim, Das Recht der Handelsgesellschaften im englischen Rechtskreis, Berlin 1961.

Baumbach, Adolf/Hopt, Klaus/Merkt, Hanno, Handelsgesetzbuch, 31. Auflage München 2003.

Beatson, J., Anson's Law of Contract, 28. Auflage Oxford 2002.

Behrens, Peter, Das Internationale Gesellschaftsrecht nach dem Centros-Urteil des EuGH, IPRax 1999, 323.

Behrens, Peter, Das Internationale Gesellschaftsrecht nach dem Überseering-Urteil des EuGH und den Schlussanträgen zu Inspire Art, IPRax 2003, 193.

Behrens, Peter, Die Gesellschaft mit beschränkter Haftung im internationalen und ausländischen Recht, Berlin New York 1976.

Behrens, Peter, Die Gesellschaft mit beschränkter Haftung im internationalen und europäischen Recht, 2. Auflage Berlin 1997.

Behrens, Peter, Die Umstrukturierung von Unternehmen durch Sitzverlegung oder Fusion über die Grenze im Licht der Niederlassungsfreiheit im Europäischen Binnenmarkt (Art. 52 und 58 EWG), ZGR 1994, 1.

Behrens, Peter, Gemeinschaftsrechtliche Grenzen der Anwendung inländischen Gesellschaftsrechts aus Auslandsgesellschaften nach *Inspire Art*, IPRax 2004, 20.

Behrens, Peter, Identitätswahrende Sitzverlegung einer Kapitalgesellschaft von Luxemburg in die Bundesrepublik Deutschland , RIW/AWD 1986, 590.

Behrens, Peter, Reaktionen mitgliedstaatlicher Gerichte auf das Centros-Urteil des EuGH, IPRax 2000, 384.

Beitzke, Günther, Juristische Personen im Internationalprivatrecht und Fremdenrecht, München Berlin 1938.

Beitzke, Günther, Kollisionsrecht von Gesellschaften und juristischen Personen, in *Lauterbach* (Hrsg.): Vorschläge und Gutachten zur Reform des deutschen internationalen Personen- und Sachenrechts, vorgelegt im Auftrag der 2. Kommission des Deutschen Rates für internationales Privatrecht, Tübingen , Vorschläge und Gutachten 1972, S. 94.

Bernstorff, Christoph Graf von, Einführung in das englische Recht, 2. Auflage München 2000.

Beuthien, Volker/Gätsch, Andreas, Einfluß Dritter auf die Organbesetzung und Geschäftsführung bei Vereinen, Kapitalgesellschaften und Genossenschaften , ZHR 157 (1993), 483.

Billins, Roger, Agency Law, London 2000.

Birds, John/Boyle, A. J./Ferran, Eilis/Villiers, Charlotte, Boyle & Birds' Company Law, 4. Auflage Bristol 2000.

Blanquet, Francoise, Das Statut der Europäischen Aktiengesellschaft (Societas Europaea „SE"), ZGR 2002, 20.

Blaurock, Uwe, Europäisches und deutsches Gesellschaftsrecht-Bilanz und Perspektiven eines Anpassungsprozesses, ZEuP 1998, 460.

Blumenwitz, Dieter, Einführung in das anglo-amerikanische Recht, 7. Auflage München 2003.

Bowen, Michael/Usher, Jonathan, Fox & Bowen on the Law of Private Companies, 2. Auflage London 1995.

Boyle, A. J./Potts, Robin/Sealy, Leonard S., Gore-Browne on Companies, Bristol 2001.

Braga, Sevold, Der Anwendungsbereich des Vollmachtsstatus, RabelsZ 24 (1959), 337.

Breslauer, Walter, Agency in Private International Law, Jurid. Rev. 50 (1938), 282.

Brox, Hans, Allgemeiner Teil des BGB, 27. Auflage Köln Berlin Bonn München 2003.

Bruce, Martha, Rights and Duties of Directors, 6. Auflage London, Edinburgh, Dublin 2003.

Bücker, Franz Eggert, Die Stellung des Direktors einer englischen Private Company, dargestellt unter der Berücksichtigung der Stellung des deutschen Geschäftsführers einer deutschen GmbH, Diss. Marburg 1967.

Bungert, Hartwin, Das Recht ausländischer Kapitagesellschaften auf Gleichbehandlung im deutschen und US-amerikanischen Recht, München 1994.

Bungert, Hartwin, Entwicklungen im internationalen Gesellschaftsrecht Deutschlands, AG 1995, 489.

Bungert, Hartwin, Internationales Gesellschaftsrecht und Europäische Menschenrechtskonvention, EWS 1993, 17.

Caemmerer, Ernst von, Die Vollmacht für schuldrechtliche Geschäfte im deutschen Internationalen Privatrecht, RabelsZ 24 (1959), 201.

Canaris, Claus-Wilhelm, Die Vertrauenshaftung im deutschen Privatrecht, München 1971.

Chitty, Chitty on Contracts, Band 2, Specific Contracts, 12. Auflage London 1999.

Collins, Lauwrence, Dicey and Morris on the Conflict of Laws, Band 2, Kapitel 17-36, 11. Auflage London 1987.

Collins, Lauwrence, Dicey and Morris on the Conflict of Laws, Band 2, Kapitel 17-36, 13. Auflage London 2000.

Cordes, Albrecht, Die Gesellschaft des Bürgerlichen Rechts auf dem Weg zur juristischen Person?, JZ 1998, 545.

Creifels, Carl, Rechtswörterbuch, 16. Auflage München 2000.

Davies, Paul L., Gower's Principles of Modern Company Law, 7. Auflage London 2003.

De Nova, Rodolfo, Wann ist ein Vertrag „international"?, Festschrift für Murad Ferrid zum 70. Geburtstag, München 1978, S. 307.

Di Marco, Giuseppe, Der Vorschlag der Kommission für eine 14. Richtlinie, Stand und Perspektiven, ZGR 1999, 3.

Dierksmeier, Jochen, Der Kauf einer englischen „Private Limited Company", Diss. Heidelberg 1997.

Dorsel, Christoph, Stellvertretung und Internationales Privatrecht, MittRhNotK 1997, 6.

Dreibus, Alexandra, Die Vertretung verselbständigter Rechtsträger in europäischen Ländern, Teil IV, Vereinigtes Königreich von Großbritannien und Irland, in: Untersuchungen über das Spar-, Giro- und Kreditwesen: Abt. B, Rechtswissenschaft: Schriften des Instituts für deutsches und internationales Recht des Spar-, Giro-, und Kreditwesens an der Johannes Gutenberg-Universität Mainz; Bd. 127, hrsg. von Walter Hadding und Uwe H. Schneider, Berlin 2000.

Driscoll, Gill, Contracts (Rights of Third Parties) Bill, ICCLR 1999, 261.

Ebenroth, Carsten Thomas, Kollisionsrechtliche Anknüpfung kaufmännischer Vollmachten, JZ 1983, 821.

Ebenroth, Carsten Thomas, Neuere Entwicklung im deutschen internationalen Gesellschaftsrecht-Teil 1, JZ 1988, 18.

Ebenroth, Carsten Thomas/Eyles, Uwe, Der Renvoi nach der Novellierung des deutschen Internationalen Privatrechts, IPRax 1989, 1.

Ebke, Werner, Das Centros-Urteil des EuGH und seine Relevanz für das deutsche internationale Gesellschaftsrecht-das Schicksal der Sitztheorie nach dem Centros-Urteil des EuGH, JZ 1999, 656.

Eidenmüller, Horst, Anmerkung zum Vorlagebeschluß des BGH vom 30.03.2000, ZIP 2002, 82.

Eisenhardt, Ulrich, Gesellschaftsrecht, 11. Auflage München 2003.

Engel, Christoph, Versetzt die Europäische Menschenrechtskonvention der Sitztheorie des internationalen Gesellschaftsrechts den Todesstoß?, ZEuP 1993, 150.

Erman, Bürgerliches Gesetzbuch, Handkommentar, Band II, §§ 854-2385, 10. Auflage Münster, Köln 2000, (zitiert: Erman-*Bearbeiter)*.

Erman, Bürgerliches Gesetzbuch, Handkommentar, Band I, §§ 1-853, 10. Auflage Münster Köln 2000, (zitiert: Erman-*Bearbeiter*).

Esch, Günter, Einheitlichkeit der Personengesellschaftsbeteiligung, BB 1993, 664.

Farrar, John H., Farrar's Company Law, 4. Auflage London, Edinburgh and Dublin 1998.

Ferid, Murad, Internationales Privatrecht, 3. Auflage Frankfurt a.M. 1986.

Ficker, Hans, Die Bestimmung des Vollmachtsstatuts in besonderen Fällen, RabelsZ 24 (1959), 331.

Findorff, E. A., Die gesellschaftsrechtlichen Vorschriften des „European Communities Act 1972", RIW/AWD 1973, 6.

Fischer, Gerfried, Geschäftsstatut und Vollmacht im Internationalen Privatrecht, von Ulrich Spellenberg, Buchbesprechung, DNotZ 1980, 509.

Fischer, Gerfried, Rechtsscheinhaftung im internationalen Privatrecht, IPRax 1989, 215.

Fischer, Gerfried, Verkehrsschutz im internationalen Vertragsrecht, Köln Berlin Bonn München 1990.

Fischer-Zernin, Cornelius, Der Rechtsangleichungserfolg der Ersten gesellschaftsrechtlichen Richtlinie der EWG, Max-Planck-Institut für ausländisches und internationales Privatrecht, Tübingen 1986.

Flessner, Axel, Schiffbruch der Interpreten und Statuten, ZEuP 2000, 1.

Flume, Werner, Allgemeiner Teil des Bürgerlichen Rechts, 1. Band, Erster Teil, Die Personengesellschaft, 1. Auflage New York 1977.

Flume, Werner, Allgemeiner Teil des Bürgerlichen Rechts, 2. Band, Das Rechtsgeschäft, 3. Auflage Berlin Heidelberg New York 1979.

Flume, Werner, Gesellschaft und Gesamthand, ZHR 136 (1972), 177.

Fock, Till Henning, Sitztheorie im deutschen internationalen Steuerrecht nach der *Centros*-Entscheidung, RIW/AWD 2000, 42.

Freitag, Robert, Der Wettbewerb der Rechtsordnungen im internationalen Gesellschaftsrecht, EuZW 1999, 267.

Freitag, Robert/Leible, Stefan, Internationaler Anwendungsbereich der Handelsvertreterrichtlinie-Europäisches Handelsvertreterrecht weltweit?, RIW/AWD 2001, 287.

Fridman, G. H. L., Fridman's Law of Agency, 7. Auflage Edinburgh 1996.

Furmston, M. P., Cheshire Fifoot Furmston's Law on Contract, 13. Auflage London, Edinburgh, Dublin 1996.

Gamillscheg, Franz, Überlegungen zur Methode der Qualifikation, Festschrift für Karl Michaelis zum 70. Geburtstag, Göttingen 1970, S. 79.

Geck, Reinhard, Organschaftliche Vertretung bei Personen- und Kapitalgesellschaften, DStR 1988, 90.

Geyrhalter, Volker, Niederlassungsfreiheit contra Sitztheorie-Good Bye "Daily Mail"?, EWS 1999, 201.

Gierke, Otto von, Deutsches Privatrecht, Erster Band, Allgemeiner Teil und Personenrecht, 1. Auflage München Leipzig 1895, unveränderl. Nachdruck 1936.

Giesen, Dieter/Hegermann, Philip, Die Stellvertretung, Jura 1991, 357.

Giuliano, Mario/Lagarde, Paul, Council Report on the Convention on the Law Applicable to Contractual Obligations, Butterworths Jurisdiction, Foreign Judments and Awards Handbook, London, Dublin, Edinburgh 1994.

Grasmann, Günther, System des internationalen Gesellschaftsrechts, Herne/Berlin 1970.

Grimme, Rainer, Duldungs- und Anscheinsvollmacht, JuS 1989, L 49.

Großfeld, Bernhard/Beckmann, Ralph, Rechtskultur und Internationales Gesellschaftsrecht, ZVglRWiss 91 (1992), 351.

Großfeld, Bernhard/Jasper, Dieter, Identitätswahrende Sitzverlegung und Fusion von Kapitalgesellschaften in die Bundesrepublik Deutschland, RabelsZ 53 (1989), 52.

Großfeld, Bernhard/König, Thomas, Das Internationale Gesellschaftsrecht in der Europäischen Gemeinschaft, RIW/AWD 1992, 433.

Großfeld, Bernhard/Wilde, Margitta, Die Konzentration des Vertretungsrechts im Gesellschaftsstatut, IPRax 1995, 374.

Grunewald, Barbara, Folgerungen aus der Aufgabe der „Doppelverpflichtungstheorie" für die Sozietäten der Freiberufler, Festschrift für Martin Peltzer zum 70. Geburtstag, Köln 2001, S. 129.

Grunewald, Barbara, Gesellschaftsrecht, 5. Auflage Tübingen 2002.

Gullick, J. M., Ranking and Spicer's Company Law, 13. Auflage London 1987.

Güthoff, Julia, Gesellschaftsrecht in Großbritannien, 2. Auflage München 1998.

Habersack, Mathias, Der Regreß bei akzessorischer Haftung, AcP 198 (1998), 152.

Hachenburg, Gesetz betreffend die Gesellschaften mit beschränkter Haftung (GmbH), Großkommentar, 1. Band, Allgemeine Einleitung, §§ 1-34, 8. Auflage Berlin New York 1992, (zitiert : Hachenburg-*Bearbeiter*).

Hahlo, H. R./Farrar, John H., Hahlo's Cases and Materials on Company Law, 3. Auflage London 1987.

Hailsham, Lord of St. Marylebone, Halsbury's Laws of England, Band 1, Agency, 4. Auflage London 1973.

Hailsham, Lord of St. Marylebone, Halsbury's Laws of England, Band 7, Companies, 4. Auflage London 1974.

Hailsham, Lord of St. Marylebone, Halsbury's Laws of England, Band 35, Partnerships, 4. Auflage London 1981.

Hamilton, Robert W./Macey, Jonathan R., Cases and Materials on Corporations, Including Partnerships and Limited Liability Companies, 7. Auflage St. Paul Minn. 2004.

Hatzis-Schoch, Brent, Die Bedeutung von Delaware für das US-amerikanische Gesellschaftsrecht, RIW/AWD 1992, 539.

Hay, Peter/Müller-Freienfels, Wolfram, Agency in the Conflict of Laws and the 1978 Hague Convention, 27 Am. J. Comp. L. (1979), 1.

Henrich, Dieter/Huber, Peter, Einführung in das englische Privatrecht, 3. Auflage Darmstadt 2003.

Herfs-Röttgen, Ebba, Probleme der Arbeitnehmerbeteiligung in der Europäischen Aktiengesellschaft, NZA 2002, 358.

Heymann, Handelsgesetzbuch, Kommentar, 2. Auflage Berlin New York 1996, (zitiert: Heymann-*Bearbeiter*).

Hoffmann, Bernd von, Empfiehlt es sich, das EG-Übereinkommen über das auf vertragliche Schuldverhältnisse anzuwendende Recht in das deutsche IPR-Gesetz zu inkorporieren?, IPRax 1984, 10.

Hoffmann, Bernd von, Internationales Privatrecht einschließlich der Grundzüge des internationalen Zivilverfahrensrechts, 7. Auflage München 2002.

Hoffmann, Jochen, Neue Möglichkeiten zur identitätswahrenden Sitzverlegung in Europa, ZHR 164 (2000), 43.

Höfling, Barbara, Die Centros Entscheidung des EuGH-auf dem Weg zur Überlagerungstheorie für Europa, DB 1999, 1206.

Hohloch, Gerhard, Abändernde stillschweigende Rechtswahl und Rechtswahlbewußtsein, IPRax 2002, 30.

Hohloch, Gerhard, Eu-Handbuch Gesellschaftsrecht, 3. Lfg. Stand Januar 2001 Berlin (zitiert: Hohloch-*Bearbeiter*).

Huber, Ulrich, Vermögensanteil, Kapitalanteil und Gesellschaftsanteil an Personengesellschaften des Handelsrechts, Habil. Heidelberg 1970.

Hübner, Heinz, Allgemeiner Teil des Bürgerlichen Gesetzbuches, 2. Auflage Berlin New York 1996.

Hupka, Josef, Die Vollmacht, Leipzig 1900.

I'Anson Banks, R. C., Lindley & Banks on Partnership, 18. Auflage London 2002.

Jayme, Erik, Zum internationalen Geltungswillen der europäischen Regeln über den Handelsvertreterausgleich, IPRax 2001, 190.

Jayme, Erik/Hausmann, Rainer, Internationales Privat- und Verfahrensrecht, 11. Auflage München 2002.

Joris, Jean-Louis, Will the European Company work?, I.F.L.R. 2002, 19.

Karsten, I. G. F., Explanatory Report, Actes et Documents, pp. 378 ff.

Kayser, Manfred, Vertretung ohne Vertretungsmacht im deutschen internationalen Privatrecht, Diss., Würzburg 1967.

Keenan, Dennis, Smith & Keenan's English Law, 13. Auflage Gosport 2001.

Kegel, Gerhard/Schurig, Klaus, Internationales Privatrecht, 9. Auflage München 2003, (zitiert: Kegel/Schurig-*Bearbeiter*).

Kersting, Christian/Schindler, Clemens Philipp, Die EuGH-Entscheidung „Inspire Art" und ihre Auswirkungen auf die Praxis , RdW 2003, 621.

Kindler, Peter, "Anerkennung" der Scheinauslandsgesellschaft und Niederlassungsfreiheit, IPRax 2003, 41.

Kindler, Peter, Niederlassungsfreiheit für Scheinauslandsgesellschaften?, NJW 1999, 1993.

Kindler, Peter, Vorlage an den EuGH: Zwingt das Gemeinschaftsrecht zur Aufgabe der Sitztheorie?, RIW/AWD 2000, 555.

Kisker, Arnd, Die Struktur der deutschen GmbH im Vergleich zur Struktur der englischen Private Limited Company, Diss. Münster 1992.

Klinke, Ulrich, Bemerkungen zum Statut der Vollmacht, RIW/AWD 1978, 642.

Klunzinger, Eugen, Grundzüge des Gesellschaftsrechts, 12. Auflage München 2002.

Knoche, Thomas, Die Vertretung der Handelsgesellschaften aus der Sicht des deutschen Notars - Kollisionsrecht, Sachrecht und Nachweisprobleme-, MittRhNotK 1985, 165.

Köhler, Helmut, Bürgerliches Gesetzbuch, Allgemeiner Teil, 24. Auflage München 1998.

Koppensteiner, Hans-Georg, Internationale Unternehmen im deutschen Gesellschaftsrecht, Habil. Frankfurt a.M. 1973.

Korte, Heinz, Zum Beurkundungsumfang des Grundstücksvertrages und damit im Zusammenhang stehender Rechtsgeschäfte, DNotZ 1984, 82.

Kraft, Alfons/Kreutz, Peter, Gesellschaftsrecht, 12. Auflage Neuwied 2004.

Kropholler, Jan, Die Anscheinshaftung im internationalen Recht der Stellvertretung, NJW 1965, 1641.

Kropholler, Jan, Internationales Einheitsrecht, Allgemeine Lehren, Tübingen 1975.

Kropholler, Jan, Internationales Privatrecht, 5. Auflage Tübingen 2004.

Kübler, Friedrich, Gesellschaftsrecht, 5. Auflage Heidelberg 1998.

Lagarde, Paul, Le nouveau droit international privé des contrats après l'entrée en vigueur de la Convention de Rome du 19 juin 1980, Rev. crit. 80 (1991), 287.

Larenz, Karl/Wolf, Manfred, Allgemeiner Teil des Bürgerlichen Rechts, 8. Auflage München 1997.

Leible, Stefan, Vertretung ohne Vertretungsmacht, Genehmigung und Anscheinsvollmacht im IPR, IPRax 1998, 257.

Leigh, L. H./Joffe, V. H./Goldberg, D., Northey & Leigh's Introduction to Company Law, 4. Auflage London 1987.

Lorenz, Egon, Die Reform des deutschen IPR, ZRP 1982, 148.

Lüderitz, Alexander, Fortschritte im deutschen internationalen Privatrecht, Festschrift der Rechtswissenschaftlichen Fakultät zur 600-Jahr-Feier der Universität zu Köln, Köln Berlin Bonn München 1988, S. 271.

Lüderitz, Alexander, Prinzipien im internationalen Vertretungsrecht, Festschrift für Helmut Coing zum 70. Geburtstag, Band II, München 1982, S. 305.

Ludwig, Georg, Zur Form der ausländischen Vollmacht für inländische Gegenstände, insbesondere Liegenschaften, NJW 1983, 495.

Luther, Gerhard, Kollisionsrechtliche Vollmachtsprobleme im deutsch-italienischen Rechtsverkehr, RabelsZ 38 (1974), 421.

Lutter, Marcus, Europäische Aktiengesellschaft - Rechtsfigur in der Zukunft?, BB 2002, 1.

Lutter, Marcus/Hommelhoff, Peter, GmbH-Gesetz, Kommentar, 15. Auflage Köln 2000.

Lüttge, Jörg W., Die zulässige Mehrfachbeteiligung an einer Personengesellschaft, NJW 1994, 5.

Lyall, Francis, An Introduction to British Law, 2. Auflage Baden-Baden 2002.

Major, William T., Basic English Law, 2. Auflage Macmillan 1990.

Marakov, Alexander, Das Recht der Wirkungslandes als Vollmachtsstatut, RabelsZ 124 (1959), 328.

Marakov, Alexander N., Die Vollmacht im Internationalen Privatrecht, Festschrift für Tomaso Perassi, Scritti di Diritto Internazionale Band II, Mailand 1957, S. 39.

Markesinis, Basil S./Munday, R. J. C., An Outline of the Law of Agency, 4. Auflage London, Edinburgh and Dublin 1998.

Mayson, Stephen W./French, Derek/Ryan, Christoher L., Mayson, French & Ryan on Company Law, 20. Auflage Chippenham 2003-2004.

McClean, David, Morris: The Conflict of Laws, 5. Auflage London 2000.

Medicus, Dieter, Bürgerliches Recht, 19. Auflage Köln Berlin Bonn München 2002.

Meilicke, Wienand, Unvereinbarkeit der Sitztheorie mit der Europäischen Menschenrechtskonvention, RIW/AWD 1992, 578.

Merkt, Hanno, US-amerikanisches Gesellschaftsrecht, 2. Auflage Heidelberg 2004.

Michalsky, Udo, Vergleichender Überblick über das Recht der Kapitalgesellschaften in Großbritannien, DStR 1991, 1660.

Monhemius, Jürgen, Grundprinzipien der Stellvertretung mit Bezügen zum Handels- und Gesellschaftsrecht, JA 1998, 378.

Morse, Geoffrey, Partnership Law, 5. Auflage London 2001.

Morse, Geoffrey/Marshall, Enid A./Morris, Richard/Crabb, Letitia, Charlesworth & Morse Company Law, 16. Auflage London 1999.

Müller-Freienfels, Wolfram, Der Haager Konventionsentwurf über das auf die Stellvertretung anwendbare Recht, RabelsZ 43 (1979), 80.

Müller-Freienfels, Wolfram, Die Vertretung beim Rechtsgeschäft, Tübingen 1955.

Müller, Peter, Die Vollmacht im Auslandsgeschäft-ein kalkulierbares Risiko?, RIW/AWD 1979, 377.

Münchner Handbuch des Gesellschaftsrechts, Band 4, Aktiengesellschaft, 2. Auflage München 1999, (zitiert: Münch. Hdb. GesR IV-*Bearbeiter*).

Münchner Kommentar, Münchner Kommentar zum Aktiengesetz, Band 1, §§ 1-53, 2. Auflage München 2000, (zitiert: MüKo-*Bearbeiter*).

Münchner Kommentar, Münchner Kommentar zum Bürgerlichen Gesetzbuch, Allgemeiner Teil, 1. Band, §§ 1-240, 4. Auflage München 2001, (zitiert: MüKo-*Bearbeiter*).

Münchner Kommentar, Münchner Kommentar zum Bürgerlichen Gesetzbuch, Internationales Handels- und Gesellschaftsrecht, 11. Band, Internationales Handels- und Gesellschaftsrecht, Art. 50-237 EGBGB, 3. Auflage München 1999, (zitiert: MüKo-*Bearbeiter*).

Münchner Kommentar, Münchner Kommentar zum Bürgerlichen Gesetzbuch, Internationales Privatrecht, 10. Band, Art. 1-38 EGBGB, 3. Auflage München 1998, (zitiert: MüKo-*Bearbeiter*).

Münchner Kommentar, Münchner Kommentar zum Bürgerlichen Gesetzbuch, Schuldrecht, Besonderer Teil III, 5. Band, §§ 705-853, 3. Auflage München 1997, (zitiert: MüKo-*Bearbeiter*).

Neuling, Jasper, Deutsche GmbH und englische private company, Abhandlungen zum deutschen und europäischen Handels- und Wirtschaftsrecht, Diss. Köln Berlin Bonn München 1997.

Neye, Hans-Werner, Die Vorstellung der Bundesregierung zum Vorschlag einer 14. Richtlinie, ZGR 1999, 13.

North, P. M./Fawcett, J. J., Cheshire and North's Private International Law, 11. Auflage London 1987.

North, Peter, Private International Law Problems in Common Law Jurisdictions, Dordrecht 1993.

North, Peter M., Cheshire and North's Private International Law, 10. Auflage London 1979.

North, Peter M. Sir/Fawcett, J. J., Cheshire and North's Private International Law, 13. Auflage London, Edinburgh, Dublin 1999.

Palandt, Bürgerliches Gesetzbuch, 63. Auflage München 2004, (zitiert: Palandt-*Bearbeiter*).

Palmer's, Palmer's Limited Liability Partnership Law, London 2002,

Palmer's Company Law, Band 1, 25. Auflage London 1999, (zitiert: Palmer's-*Bearbeiter*).

Palmer's Company Law, Band 2, 25. Auflage London 1999, (zitiert: Palmer-*Bearbeiter*).

Pawlowski, Hans-Martin, Die gewillkürte Stellvertretung, JZ 1996, 125.

Pennington, Robert R., Pennington's Company Law, 7. Auflage London Dublin Edinburgh 1995.

Peter, Martin F., Verträge zugunsten Dritter im englischen und deutschen Recht unter Berücksichtigung des Contract (Rights of Third Parties) Act 1999, Diss. Göttingen 2001.

Pettet, Ben, Company Law, Harlow 2001.

Plender, Richard/Wilderspin, Michael, The European Contracts Convention, The Rome Convention on the Choice of Law for Contracts, 2. Auflage London 2001.

Priester, Hans-Joachim, EU-Sitzverlegung - Verfahrensablauf, ZGR 1999, 36.

Prime, Terence/Scanlan, Gary, The Law of Partnership, 1. Auflage London, Dublin, Edinburgh 1995.

Raape, Leo, Internationales Privatrecht, 5. Auflage Berlin Frankfurt a.M. 1961.

Rabel, Ernst, Unwiderruflichkeit der Vollmacht, RabelsZ 7 (1933), 797.

Rabel, Ernst, Vertretungsmacht für obligatorische Rechtsgeschäfte, RabelsZ 3 (1929), 807.

Rajak, Harry, Britisches Recht und der Vorschlag einer 14. Richtlinie, ZGR 1999, 111.

Rammeloo, Stephan, Cross-border company mobility and the Proposal for a 14th Company Law Directive: "Daily Mail" surmounted, 2 M.J.L. (1999), 105.

Rehberg, Markus, Internationales Gesellschaftsrecht im Wandel: Das Überseering-Urteil des EuGH und seine Folgen (Tagungsbericht), IPRax 2003, 175.

Reithmann, Christoph/Martiny, Dieter, Internationales Vertragsrecht, 5. Auflage Köln 1996, (zitiert: Reithmann/Martiny-*Bearbeiter*).

Reynolds, F. M. B., Bowstead & Reynolds on Agency, 18. Auflage London 2002.

RGRK, Das Bürgerliche Gesetzbuch, Kommentar, Band I, §§ 1-240, 12. Auflage Berlin New York 1982, (zitiert : RGRK-*Bearbeiter*).

Rigaux, Francois, Examen de quelques questions laissees ouvertes par la Convention de Rome sur la loi applicable aux oblogations contractuelles, Cah. d eur. 1988, 306.

Roth, Wulf-Henning, ECLR „Centros": Viel Lärm um nichts?, ZGR 2000, 311.

Roth, Wulf-Henning, Internationales Gesellschaftsrecht nach *Überseering*, IPRax 2003, 117.

Rowedder, Heinz, Gesetz betreffend die Gesellschaften mit beschränkter Haftung (GmbHG), 4. Auflage München 2002, (zitiert: Rowedder-*Bearbeiter*).

Ruthig, Josef, Vollmacht und Rechtsschein im IPR, Heidelberg 1996.

Ryan, Christopher L., Company Directors Liabilities, Rights, and Duties, 3. Auflage Bicester 1990.

Sandrock, Otto, Centros: Ein Etappensieg für die Überlagerungstheorie, BB 1999, 1337.

Sandrock, Otto, Die Konkretisierung der Überlagerungstheorie in einigen zentralen Fragen, Festschrift für Günther Beitzke zu 70. Geburtstag, Berlin New York 1979, S. 669.

Sandrock, Otto, Handbuch der Internationalen Vertragsgestaltung, Band 2, Abschnitt D-F, 1. Auflage Heidelberg 1980, (zitiert: Sandrock-*Bearbeiter*).

Sandrock, Otto, Kollisionsrecht der Kapitalgesellschaften, RabelsZ 42 (1978), 227.

Savage, Nigel/Bradgate, Robert, Business Law, 2. Auflage London, Dublin, Edinburgh 1993.

Schäfer, Martin, Das Vollmachtsstatut im deutschen IPR-einige neuere Ansätze in kritischer Würdigung, RIW/AWD 1996, 189.

Schmidt, Karsten, Die BGB-Außengesellschaft: rechts- und parteifähig, NJW 2001, 993.

Schmidt, Karsten, ECLR, Sitzverlegungsrichtlinie, Freizügigkeit und Gesellschaftsrechtspraxis, ZGR 1999, 20.

Schmidt, Karsten, Gesellschaftsrecht, 4. Auflage Köln Berlin Bonn München 2002.

Schneider, Uwe H., Der Anstellungsvertrag des Geschäftsführers einer GmbH im Konzern; Überlegungen zum Vertragspartner, zur Rechtsnatur und zum Inhalt des Konzern-Anstellungsvertrags, GmbHR 1993, 10.

Scholz, Kommentar zum GmbH-Gesetz, I. Band, §§ 1-44, 9. Auflage Köln 2002, (zitiert: Scholz-*Bearbeiter*).

Schotten, Günther, Das Internationale Privatrecht in der notariellen Praxis, München 1995.

Schulze-Osterloh, Joachim, Das Prinzip der gesamthänderischen Bindung, Habil. München 1972.

Schümann, Matthias, Die Vereinbarkeit der Sitztheorie mit dem europäischen Recht, EuZW 1994, 269.

Schwind, Fritz Freiherr von, Von der Zersplitterung des Privatrechts durch das internationale Privatrecht und ihrer Bekämpfung, RabelsZ 23 (1958), 449.

Serick, Rolf, Die Sonderanknüpfung von Teilfragen im internationalen Privatrecht, RabelsZ 18 (1953), 633.

Shearman, Jennifer, Die Gesellschaft mit beschränkter Haftung in England und Wales, GmbHR 1992, 149.

Shears, Peter/Stephenson, Graham, James' Introduction to English Law, 13. Auflage London 1996.

Siehr, Kurt, Internationales Privatrecht, 1. Auflage Heidelberg 2001.

Sieveking, Arnold, Keine Mehrfachbeteiligung an Personengesellschaften, Festschrift für Helmut Schippel zum 65. Geburtstag, München 1996, S. 505.

Soergel, Bürgerliches Gesetzbuch mit Einführungsgesetz und Nebengesetzen, Allgemeiner Teil, Band 2, §§ 104-240, 13. Auflage Stuttgart 1999, (zitiert: Soergel-*Bearbeiter*).

Soergel, Bürgerliches Gesetzbuch mit Einführungsgesetz und Nebengesetzen, Einführungsgesetz, Band 10, 12. Auflage Stuttgart Berlin Köln 1996, (zitiert: Soergel-*Bearbeiter*).

Soergel, Bürgerliches Gesetzbuch mit Einführungsgesetz und Nebengesetzen, Schuldrecht III, Band 4, §§ 705-853, 1. Auflage Stuttgart Berlin Köln Mainz 1985, (zitiert: Soergel-*Bearbeiter*).

Sonnenberger, Hans Jürgen/Großrichter, Helge, Konfliktlinien zwischen internationalem Gesellschaftsrecht und Niederlassungsfreiheit, RIW/AWD 1999, 721.

Spellenberg, Ulrich, Atypischer Grundstücksvertrag, Teilrechtswahl und nicht ausgeübte Vollmacht, IPRax 1990, 295.

Spellenberg, Ulrich, Geschäftsstatut und Vollmacht im internationalen Privatrecht, München 1979.

Spitzbarth, Reimar/Preuß, Nicola, Vollmachten im Unternehmen, Handlungsvollmacht-Prokura-Generalvollmacht, 4. Auflage Berlin 2000.

Staudinger, Kommentar zum Bürgerlichen Gesetzbuch mit Einführungsgesetz und Nebengesetzen, Erstes Buch, Allgemeiner Teil, §§ 164-240, 13. Auflage Berlin 1995, (zitiert: Staudinger-*Bearbeiter*).

Staudinger, Kommentar zum Bürgerlichen Gesetzbuch mit Einführungsgesetz und Nebengesetzen, EBGBG/IPR, Internationales Sachenrecht, 13. Auflage Berlin 1996, (zitiert: Staudinger-*Bearbeiter*).

Staudinger, J. von, Kommentar zum Bürgerlichen Gesetzbuch mit Einführungsgesetz und Nebengesetzen, EBGBG/IPR, Internationales Gesellschaftsrecht, 14. Auflage Berlin 1998.

Steding, Ulrich, Die Anknüpfung der Vollmacht im internationalen Privatrecht, ZVglRWiss 86 (1987), 25.

Steindorff, Ernst, Centros und das Recht auf die günstigste Rechtsordnung, JZ 1999 , 1140.

Stoljar, S. J., The Law of Agency, London 1961.

Streinz, Rudolf, Europarecht, 6. Auflage Heidelberg 2003.

Thoma, Georg F./Leuering, Dieter, Die Europäische Aktiengesellschaft - Societas Europaea, NJW 2002, 1449.

Thorn, Karsten, Das Centros-Urteil des EuGH im Spiegel der deutschen Rechtsprechung, IPRax 2001, 102.

Timme, Michael/Hülk, Fabian, Das Ende der Sitztheorie im internationalen Gesellschaftsrecht?-EuGH, EuZW 1999, 216, JuS 1999, 1055.

Treitel, Günter H., The Law of Contract, 11. Auflage London 2003.

Triebel, Volker/Hodgson, Stephen/Kellenter, Wolfgang/Müller, Georg, Englisches Wirtschafts- und Handelsrecht, 2. Auflage Heidelberg 1995.

Uhlmer, Peter, Die Gesamthandsgesellschaft-ein noch immer unbekanntes Wesen?, AcP 198 (1998), 113.

Uhlmer, Peter, Die höchstrichterlich "enträtselte" Gesellschaft bürgerlichen Rechts, ZIP 2001, 585.

Uhlmer, Peter, Gesellschafterhaftung in der Gesellschaft bürgerlichen Rechts: Durchbruch der Akzessorietätstheorie?, ZIP 1999, 554.

Underhill, Arthur Sir, Underhill's Principles of the Law of Partnership, 12. Auflage London 1986, (zitiert: Underhill's-*Bearbeiter*).

Verhagen, H. L. E., Angency in Private International Law, The Hague Convention on the Law Applicable to Agency , Den Haag 1995.

Ward, Richard, Walker & Walker's English Legal System, 8. Auflage London Edinburgh Dublin 1998.

Webb, P. R. H./Molloy, Anthony, Principles on Partnership, 6. Auflage Wellington 1996.

Weber, Ralph, Die Gesellschaft bürgerlichen Rechts-Begriff, Voraussetzungen, JuS 2000, 313.

Weller, Marc-Philippe, Das Internationale Gesellschaftsrecht in der neusten BGH-Rechtsprechung, IPRax 2003, 324.

Weller, Marc-Philippe, Einschränkung der Gründungstheorie bei missbräuchlicher Auslandsgründung?, IPRax 2003, 520.

Weller, Marc-Philippe, Scheinauslandsgesellschaften nach Centros, Überseering und Inspire Art: Ein neues Anwendungsfeld für Existenzvernichterhaftung, IPRax 2003, 207.

Wessel, Susan/Ziegenhain, Hans-Jörg, Sitz- und Gründungstheorie im internationalen Gesellschaftsrecht, GmbHR 1988, 423.

Wiedemann, Herbert, Internationales Gesellschaftsrecht, Festschrift für Gerhard Kegel, Frankfurt a.M. 1977, S. 187.

Wiedemann, Herbert, Rechtsverhältnisse der BGB-Gesellschaften zu Dritten, WM 1994, Sonderbeilage Nr. 4.

Winkler, Karl, Die Genehmigung des Vormundschaftsgerichts zu gesellschaftsrechtlichen Akten bei Beteiligung Minderjähriger, ZGR 1973, 177.

Wolff, Martin, Private International Law, 2. Auflage Oxford 1950.

Zimmer, Daniel, Internationales Gesellschaftsrecht, Heidelberg 1996.

Zimmer, Daniel, Internationales Gesellschaftsrecht und Niederlassungsfreiheit: Das Rätsel vor der Lösung?, BB 2000, 1361.

Zimmer, Daniel, Mysterium "Centros"-Von der schwierigen Suche nach der Bedeutung eines Urteils des Europäischen Gerichtshofes, ZHR 164 (2000), 23.

Zöllner, Wolfgang, Rechtssubjektivität von Personengesellschaften?, Festschrift für Joachim Gernhuber zum 70. Geburtstag, Tübingen 1993, S. 563.

Zweigert, Konrad, Die Form der Vollmacht, RabelsZ 24 (1959), 334.

Abkürzungsverzeichnis

A.C.	Law Reports: Appeal Cases
A.E.	am Ende
Abs.	Absatz
AktG	Aktiengesetz
All E.R.	All England Law Report
Am. J. Comp. L.	American Journal of Comparative Law
Am. J. Int. L.	American Journal of International Law
Anm.	Anmerkung
B. & C.	Barnewell and Cresswell's Reports
B. & S.	Best and Smith, English Queen's Bench Reports (1861 - 1870)
B.C.L.C.	Butterworths Company Law Cases
Beav.	Beaven Reports
BGB	Bürgerliches Gesetzbuch
Bing.	Bingham's Common Pleas Reports
bzw.	beziehungsweise
C. & P.	Carrington and Payne's English Nisi Prius Reports (1823 - 1841)
C. Rob.	Christopher Robinson's English Admiralty Reports
C.A.	Court of Appeal
C.B.	Common Bench Reports (Manning)
C.B. (N.S.)	Common Bench Reports (Manning), New Series

Abkürzungsverzeichnis

(Zahl) Ch. (Zahl)	Law Reports: Chancery Division
C.L.C.	Current Law Consolidation
C.L.J.	Cambridge Law Journal
C.L.R.	Commonwealth Law Reports
C.L.Y.	Current Law Year Book
C.P. (L.R.)	Law Reports: Common Pleas
Cah. dr. eur.	Cahiers de Droit Europeen
Ch.	Chapter
Ch. D.	Chancery Division
Champ.	Champerty & Maintenance
D.	Dunlop, Bell and Murray's Reports, Session Cases, 2nd series (Scotland)
D. & R.	Decisions and Reports of The European Court of Human Rights
D.L.R.	Dominion Law Reports
DB	Der Betrieb
Def.	Definition
Diss.	Dissertation
Dow & Clark	Dow & Clark's English House of Lords Cases
DStR	Zeitschrift für deutsches Steuerrecht
E & B	Ellis and Blackburn's Reports
E & E	Ellis & Ellis' English Queen's Bench Reports (1858 - 1861)
E.G.	Estate Gazettes
E.R.	English Reports

East.	East Term Reports, King's Bench
Edw.	Edward's Admiralty Reports
EGBGB	Einführungsgesetz zum Bürgerlichen Gesetzbuch
EG	Vertrag zur Gründung der Europäischen Gemeinschaft
et seq.	folgende
EuGVÜ	Übereinkommen der Europäischen Gemeinschaft über die gerichtliche Zuständigkeit und die gerichtliche Vollstreckung gerichtlicher Entwcheidungen in Zivil- und Handelssachen v. 27.09.1968
Eur. L.R.	European Law Review
EVÜ	Übereinkommen über das auf vertragliche Schuldverhältnisse anzuwendende Recht v. 19. Juni 1980
Ex. D.	Exchequer Division
Exch.	Exchequer Reports
f.; ff.	folgend(e)
GmbHG	Gesetz betreffend die Gesellschaften mit beschränkter Haftung
H. & N.	Hurlstone and Norman's Reports
H.L.	House of Lords
H.M.	Herrschende Meinung
Habil.	Habilitation
I.C.C.L.R.	International Company and Commercial Law Review
I.C.L.Q.	International and Comparative Law Quarterly
I.R.	Irish Reports

i.V.m.	in Verbindung mit
J.H.	Johnson & Hemmings Chancery Reports
Jurid. Rev.	Juridical Review
JZ	Juristenzeitung
K.B.	King's Bench Division
krit.	kritisch
L.J.	Lord Justice
L.J. Ch.	Law Journal Reports, New Series, Chancery
L.R. (Zahl) C.P.	Law Reports: Common Pleas
L.R. (Zahl) Ex.	Law Reports: Exchequer
L.R. (Zahl) H.L.	Law Reports, English and Irish Appeals and Peerage Claims
L.T.	Law Times Reports
Ld	Lord
Lloyd's Rep.	Lloyd's Law Reports
Ltd.	Limited
m.	mit
M. & W.	Meeson & Welsby's Exchequer Reports (1836 - 1847)
M.J.L.	Maastricht Journal of European and Comparative Law
m.w.N.	Mit weiteren Nachweisen
Moo. P.C.	Moore's Privy Council Cases
N.B.R.	New Brunswick Reports (1883 - 1929)
N.S.W.L.R.	New South Wales Law Report

Abkürzungsverzeichnis

NJW	Neue Juristische Wochenschrift
Nr.	Nummer
NZA	Neue Zeitschrift für Arbeitsrecht
P.	Probate Division
P. & C.R.	Property Planning and Compensation Reports
paras.	Paragraphen
pp.	Seiten
Q.B.	Queen's Bench
Q.B.D.	Queen's Bench Division
R.P.C.	Reports of Patent Cases
RabelsZ	Zeitschrift für ausländisches und internationales Privatrecht
RdC	(Académie de Droit International)Recueil des Cours
RdW	Das Recht der Wirtschaft
Rev.crit.	Revue Critique de Droit International Privé
RIW	Recht der internationalen Wirtschaft
Ry. & M.	Ryan and Moody's Nisi Prius Reports
s	section
S.	Seite
s.	siehe
S.C.	Session Cases
S.C.R.	Supreme Courts Reports (Canada)
S.I.	Statutory Instruments
S.J.	Solicitor's Journal

T.C.	Trade Cases
T.L.R.	Times Law Reports
Tasmanian L Rev.	Tasmanian Law Review
v.	versus
Vgl.	Vergleiche
Vic c	Virgin Islands Code Annotated
W.L.R.	Weekly Law Reports
WL	West Law
WM	Wertpapiermitteilungen
Yb. Eur.L	Yearbook of European Law
Z.B.	Zum Beispiel
ZGR	Zeitschrift für Unternehmens- und Gesellschaftsrecht
ZHR	Zeitschrift für das gesamte Handels- und Wirtschaftsrecht
ZIP	Zeitschrift für Wirtschafts- und Insolvenzpraxis
ZvglRWiss	Zeitschrift für vergleichende Rechtswissenschaft

Einleitung

Moderne Kommunikationsmittel machen es potentiellen Vertragsparteien möglich, heute auch über große Entfernungen immer leichter und schneller miteinander zu verhandeln. Durch das Zusammenwachsen internationaler Märkte haben insbesondere Auslandsgeschäfte zugenommen, die jetzt wesentlich einfacher abzuwickeln sind. Trotz oder gerade wegen dieser Möglichkeiten ist die Bedeutung der Stellvertretung im internationalen Rechtsverkehr gestiegen. Die wachsende Internationalität bewirkt, dass der Geschäftsherr oft nicht am Ort des Vertragsschlusses zugegen sein kann und sich daher eines Vertreters bedienen muss. Damit schafft er sich nicht nur den Vorteil der Arbeitsteilung und die Möglichkeit, einerseits bei Geschäftsabschlüssen bezüglich der Abschlussorte flexibel zu sein und andererseits mehrere Geschäfte gleichzeitig abzuschließen, sondern er kann sich auch durch die Auswahl eines Vertreters dessen Spezialwissens bedienen, das er sich ansonsten selbst hätte aneignen müssen. Ein solches Spezialwissen ist insbesondere im Ausland von Vorteil, wenn es um die Kenntnis des fremden Rechts und der dort herrschenden Gepflogenheiten geht.

Insbesondere die zunehmende Zahl von Auslandsgeschäften geben Anlass, sich mit dem Thema der Stellvertretung rechtsvergleichend auseinander zu setzen. Die vorliegende Arbeit beschäftigt sich mit den Stellvertretungsregeln des englischen und des deutschen Rechts. Die Auswahl der beiden Rechtsordnungen erfolgte auf Grund ihrer unterschiedlichen historischen Rechtsentwicklung. Das deutsche Recht besteht aus geschriebenen Rechtsnormen. Diese werden vom Gesetzgeber weiterentwickelt, von den Gerichten und der Rechtswissenschaft ausgelegt und mit „Leben gefüllt". Das englische Recht hingegen besteht vornehmlich aus Fallrecht, die Gerichte entscheiden den Einzelfall und arbeiten Präzedenzfälle heraus, die für die nachfolgenden Entscheidungen bindend sind. Im Laufe der Zeit ist aber auch das englische Recht immer mehr dazu übergegangen, Rechtssätze zu formulieren, die das Fallrecht ergänzen.

Gang der Arbeit

Der erste Teil der Arbeit befasst sich mit dem deutschen Stellvertretungsrecht. Zunächst werden die Grundzüge der Stellvertretung im materiellen Recht dargestellt. Untersucht werden dabei die rechtsgeschäftliche und die organschaftliche Stellvertretung. Anschließend werden verschiedene Ansätze aufgezeigt, wie die Rechtsordnung, nach der sich die rechtsgeschäftliche Vollmacht (mangels gesetzlicher Regelung) im internationalen Privatrecht richtet, ermittelt werden kann. Dabei werden Probleme der einzelnen Anknüpfungsmöglichkeiten herausgearbeitet. Unumstritten untersteht die Anknüpfung der Vollmacht bei der organschaftlichen Stellvertretung dem Recht, das auch für die Gesellschaft gilt. Umstritten ist lediglich, wie das Recht, das für die Gesellschaft gilt, zu ermitteln ist. Da eine detaillierte Auseinandersetzung mit dieser Anknüpfung den Rahmen der Arbeit sprengen würde, beschränkt sie sich auf eine kurze Darstellung des aktuellen Meinungsstands.

Der zweite Teil der Arbeit befasst sich mit den Grundzügen des englischen Stellvertretungsrechts. Zunächst werden auch hier die Grundsätze des materiellen Rechts dargestellt, sowohl für die rechtsgeschäftliche als auch für die Vertretung von Gesellschaften. Anschließend wird erörtert, nach welchen Regeln sich die Anknüpfung der rechtsgeschäftlichen Stellvertretung im internationalen Privatrecht richtet. Insbesondere wie sie vor und nach Umsetzung des „Haager Übereinkommens über das auf vertragliche Schuldverhältnisse anzuwendende Recht" vom 19. Juni 1980 (EVÜ; *The Rome Convention on the Law Applicable to Contractual Obligations 1980*) erfolgt; das EVÜ wurde durch den *Contracts (Applicable Law) Act 1990* mit Wirkung zum 01. April 1991 in englisches Recht umgesetzt. Des Weiteren erfolgt eine Auseinandersetzung mit der Anknüpfung der Vollmacht bei Gesellschaften.

Im dritten Teil der Arbeit wird für die rechtsgeschäftliche Stellvertretung - unter Beachtung der beiden untersuchten Rechtsordnungen - ein Vorschlag zur einheitlichen Regelung der Stellvertretung im internationalen Privatrecht erarbeitet. Es erfolgt dabei eine Analyse der bestehenden, aber nicht in Kraft getretenen Regelungen des „Haager Übereinkommens über das auf die Stellvertretung anwendbare Recht" von 1977. Anschließend werden Lösungsvorschläge für die aufgezeigten Problemkreise erarbeitet, um die Rechtsordnung zu ermitteln, nach der die rechtsgeschäftliche Vollmacht zu beurteilen ist. Dabei kennt das Recht der Stellvertretung, den Regelungen im englischen IPR folgend, drei Rechtsverhältnisse, nämlich 1. das Innenverhältnis zwischen dem Geschäftsherrn und dem Vertreter, 2. Das Außenverhältnis zwischen dem Geschäftsherrn und dem Dritten und 3. Das Verhältnis zwischen dem Vertreter und dem Dritten. In Bezug auf die Vertretung von Gesellschaften werden, da lediglich die Ermittlung des auf die Gesellschaft anwendbaren Rechts problematisch ist, Regelungen der „Verordnung des Rates über das Statut der Europäischen Gesellschaft (SE)" vom Oktober 2001 und der „Vorschlag für eine 14. Richtlinie des Europäischen Parlaments und des Rates über die Verlegung des Sitzes einer Gesellschaft in einen anderen Mitgliedstaat mit Wechsel des für die Gesellschaft maßgebenden Rechts" von 1997 vorgestellt und auf ihre Praktikabilität untersucht.

Abschließend folgt eine Zusammenfassung der Ergebnisse der Arbeit.

A. Deutschland

I. Vertretungsrecht in Deutschland

Unter Stellvertretung wird allgemein das rechtsgeschäftliche Handeln einer Person für eine andere verstanden, wobei die vom Vertreter vorgenommene Handlung rechtlich unmittelbar für und gegen den Vertretenen wirkt.[1] Sie ist grundsätzlich immer möglich, es sei denn, dass es sich um höchstpersönliche Rechtsgeschäfte handelt.[2] Solche sind unter anderem die Eheschließung gemäß § 13 Abs. 1 EheG, Einwilligung in die Adoption gemäß § 1750 Abs. 3 BGB oder die Testamentserrichtung gemäß § 2064 BGB.[3] In diesem Fall muss der Betroffene die rechtsgeschäftliche Handlung selbst vornehmen.

1. Arten der Stellvertretung

Das Recht der Stellvertretung lässt sich in drei Bereiche einteilen. Die gesetzliche, die gewillkürte (rechtsgeschäftliche) und die organschaftliche Stellvertretung.[4] Die Vollmacht zur gesetzlichen Stellvertretung entsteht, wie der Name schon sagt, auf Grund von Gesetz. Es handelt sich vor allem um Fälle, in denen der Vertretene selber nicht oder nur begrenzt handeln kann. Beispiele sind die Vertretungsmacht der Eltern für ihre Kinder, gemäß § 1629 Abs. 1 BGB und die Vertretung des Vormundes für das Mündel, gemäß § 1793 BGB. Bei der rechtsgeschäftlichen Vertretung erteilt der Vertretene dem Vertreter die Erlaubnis, für ihn Erklärungen abzugeben und zu empfangen.[5] Die organschaftliche Stellvertretung wird im Bereich des Gesellschaftsrechts relevant, in dem die (gesetzlichen oder organschaftlichen) Vertreter für die Gesellschaft handeln. Beispiele sind der Vorstand des Vereins gemäß § 26 Abs. 2 BGB, der Vorstand der AG gemäß § 78 AktG und der Geschäftsführer der GmbH gemäß § 35 GmbHG. Die organschaftliche Stellvertretung wird von einigen als eine mit der gesetzlichen Stellvertretung verwandten eigenen Stellvertretungsart[6], von anderen als ein Unterfall der gesetzlichen Stellvertretung angesehen.[7]

---

1 Soergel-*Leptien*, Vor § 164 Rn. 1.
2 MüKo-*Schramm*, Vor § 164 Rn. 70 ff.
3 *Monhemius*, JA 1998, 378 (380); *Giesen/Hegermann*, Jura 1991, 357 (358).
4 Soergel-*Leptien*, Vor § 164 Rn. 16 ff.; Staudinger-*Schilken*, Vorbem. § 164 Rn. 21.
5 *Brox*, AT, Rn. 464 f.
6 *Monhemius*, JA 1998, 378 (379); *Schmidt*, GesR, § 10 II 1.
7 *Giesen/Hegermann*, Jura 1991, 357.

In diesen Ausführungen werden nur die organschaftliche und rechtsgeschäftliche Vertretung einbezogen. Zunächst soll die Stellvertretung im deutschen Recht dargestellt und dann ihre kollisionsrechtliche Einordnung erörtert werden.

2. Rechtsgeschäftliche Vertretung

Die rechtsgeschäftliche oder auch gewillkürte Stellvertretung ist in den §§ 164 f. BGB geregelt.

a) Voraussetzungen einer wirksamen Stellvertretung

Eine Vertretung ist unter drei Voraussetzungen wirksam: Es muss eine eigene Willenserklärung des Vertreters vorliegen, er muss in fremdem Namen handeln und Vertretungsmacht besitzen.

aa) Eigene Willenserklärung

Der Vertreter muss als rechtsgeschäftlich Handelnder eine eigene Willenserklärung abgeben, mit der er den Vertretenen repräsentiert (Repräsentationsprinzip).[8] Dazu muss der Vertreter aber in der Lage sein, eine eigene rechtserhebliche Willenserklärung abzugeben. Da die Willenserklärungen von Geschäftsunfähigen (§ 104 BGB) gemäß § 105 Abs. 1 BGB nichtig sind, können sie auch keine Vertreter sein. Beschränkt Geschäftsfähige (vgl. § 106 BGB, ab Vollendung des siebten Lebensjahrs) können zwar eine eigene Willenserklärung abgeben, deren Wirksamkeit hängt aber bei rechtlich nachteilhaften Bindungen gemäß § 107 BGB grundsätzlich von der Einwilligung des gesetzlichen Vertreters ab. Trotzdem ist ihre beschränkte Geschäftsfähigkeit gemäß § 165 BGB ohne Bedeutung, da der Minderjährige gemäß § 179 Abs. 3 S. 2 BGB keiner Haftung unterliegt. Des Weiteren muss die Willenserklärung auch eine eigene des Vertreters sein.[9] Anhaltspunkte für eine eigene Willenserklärung sind, dass der Handelnde einen Entscheidungsspielraum in Bezug auf die Wahl des Vertragspartners hat, Inhalte des Rechtsgeschäftes - etwa wie die Leistungsbestimmung oder den Preis - oder ob das Geschäft überhaupt abgeschlossen werden soll.[10]

---

8 *Monhemius*, JA 1998, 378 (380); Palandt-*Heinrichs*, Einf. v § 164 Rn. 2.

9 Hier liegt eine Unterscheidungsmöglichkeit zwischen dem Boten und dem Vertreter. Der Bote überbringt eine fremde Willenserklärung, wofür keine Geschäftsfähigkeit erforderlich ist, so dass auch Geschäftsunfähige Boten sein können.

10 *Giesen/Hegermann*, Jura 1991, 357 (359); *Monhemius*, JA 1998, 378 (389); Staudinger-*Schilken*, Vorbem. zu § 164 ff. Rn. 75; *Müller-Freienfels*, S. 72, die dieses Kriterium allerdings nur bezüglich des „ob“ des Geschäftes anwenden wollen.

bb) Handeln in fremdem Namen (Offenkundigkeitsprinzip)

Der Vertreter muss erkennbar eine Willenserklärung für einen anderen abgeben (Offenkundigkeitsprinzip oder -grundsatz).[11] Ob dies der Fall ist, wird nach dem objektiven Empfängerhorizont gemäß §§ 133, 157 B GB ermittelt, also danach, wie der Erklärungsempfänger die Willenserklärung auffassen musste. Dabei sind zusätzlich alle äußeren Umstände, wie der Ort des Vertragschlusses oder das vorhergehende Verhalten des Erklärenden, mit einzubeziehen.[12] Der Name des Vertretenen muss nicht genannt werden. Es genügt, wenn sich gemäß § 164 Abs. 1 S. 2 BGB die Vertretung aus den Umständen ergibt.[13] Ist der Vertretungswille nicht erkennbar, so wird der Vertreter gemäß § 164 Abs. 2 BGB im Zweifel selbst verpflichtet.[14] Eine Ausnahme zum Offenkundigkeitsprinzip erfolgt jedoch bei Geschäften, bei denen es nicht auf die Person des Geschäftspartners ankommt (offenes oder verdecktes Geschäft für den, den es angeht). Dies ist unter anderem bei Bargeschäften des täglichen Lebens der Fall, wo die Leistungen sofort vollständig bewirkt werden.[15]

Handelt der Vertreter (Mittler) in eigenem Namen (aber auf fremde Rechnung und in fremdem Interesse) und legt er nicht offen, dass er jemanden vertreten will (mittelbare Stellvertretung), sind die Regeln der Stellvertretung mangels Offenkundigkeit nicht anwendbar. Mittelbare Stellvertreter sind Spediteure und Kommissionäre. In solchen Fällen wirkt das Geschäft für und gegen den Mittler. Der Geschäftsherr hat jedoch gegen den Mittler auf Grund eines Schuldverhältnisses (in der Regel einem Auftrag) einen Anspruch auf Herausgabe des Erlangten.[16]

cc) Vertretungsmacht des Vertreters

Der Vertreter muss zudem befugt sein, rechtsgeschäftliche Handlungen für den Vertretenen vorzunehmen. Die dazu in einem Rechtsgeschäft erteilte Befugnis ist gemäß § 166 Abs. 2 S. 1 BGB die Vollmacht. Im kaufmännischen oder handelsrechtlichen Bereich wird die Vollmacht als Prokura gemäß §§ 48 ff. HGB oder als Handlungsvollmacht gemäß §§ 54 ff. HGB erteilt, um dem vertretenen

11 *Larenz/Wolf*, AT, § 46 Rn. 74; *Brox*, AT, Rn. 481.

12 Palandt-*Heinrichs*, § 164 Rn. 4; *Monhemius*, JA 1998, 378 (380).

13 Beispielsweise bei unternehmensbezogenen Geschäften, bei denen ein Verkäufer mit einem Kunden in einem Laden einen Kaufvertrag abschließt oder wenn ein Hausverwalter tätig wird.

14 *Larenz/Wolf*, AT, § 46 Rn. 76.

15 *Brox*, AT, Rn. 484; Palandt-*Heinrichs*, § 164 Rn. 8.

16 *Giesen/Hegermann*, Jura 1991, 357 (362); MüKo-*Schramm*, Vor § 164 Rn. 13 f.

Gewerbetreibenden die Möglichkeit der Erweiterung seines Wirkungskreises zu ermöglichen.[17]

(1) Begründung der Vertretungsmacht

Der Vollmachtgeber erteilt dem Vertreter mittels einer einseitigen empfangsbedürftigen Willenserklärung die Befugnis, für ihn zu handeln.

Gemäß § 167 Abs. 1 BGB kann die Vollmachtserteilung durch Erklärung gegenüber dem zu Bevollmächtigenden (Innenvollmacht) oder gegenüber dem Dritten erfolgen (Außenvollmacht). Auch kann der Bevollmächtigende die im Innenverhältnis erteilte Vollmacht dem Dritten zur Kenntnis bringen, wobei es sich dann um eine nach außen kundgemachte Innenvollmacht handelt.[18] Der Bevollmächtigende kann verschiedene Arten von Vollmachten erteilen; eine Spezialvollmacht, die nur zur Vornahme eines bestimmten Rechtsgeschäfts, eine Gattungsvollmacht, die zur Vornahme bestimmter Arten von Geschäften, oder eine Generalvollmacht, die zur Vornahme aller Rechtsgeschäfte berechtigt, soweit eine Vertretung zulässig ist.[19]

Die Vollmacht bedarf grundsätzlich keiner Form. Insbesondere bedarf die Vollmacht gemäß § 167 Abs. 2 BGB nicht der Form, der das Rechtsgeschäft des Vertreters bedarf.[20] Sie kann also auch mündlich oder konkludent erteilt werden. Der Bevollmächtigende muss im Gegensatz zum zu Bevollmächtigten grundsätzlich voll geschäftsfähig sein. Jedoch können beschränkt Geschäftsfähige auch eine Vollmacht erteilen, aber nur für Geschäfte, die sie auch selber vornehmen können.[21] Ausnahmen von der Formfreiheit sind im Gesetz geregelt (vgl. § 174 BGB, § 80 ZPO) oder ergeben sich daraus, dass der Bevollmächtigende sich mit der Erteilung einer Vollmacht schon so rechtlich und tatsächlich wie bei dem formbedürftigen Rechtsgeschäft selber binden würde.[22] Ein Beispielsfall ist die Erteilung einer unwiderruflichen Vollmacht zu dem Verkauf ei-

---

17 *Köhler*, AT, § 18 Rn. 3; *Spitzbarth/Preuß*, I. Kap. Rn. 1.

18 Eine solche kommt aber praktisch nur dann in Frage, wenn der Bevollmächtigende dem Dritten die Vollmacht vor dem zu Bevollmächtigenden mitteilt. Ansonsten liegt nur eine kundgemachte Innenvollmacht vor, die keine Willenserklärung, sondern nur eine rechtserhebliche Handlung ist, an die § 172 Abs. 1 BGB anknüpft, vgl. *Hübner*, Rn. 1243; *Larenz/Wolf*, AT, § 47 Rn. 20; a.A. *Flume*, AT II, § 49 2 c, der die kundgemachte Vollmacht als Erteilung einer Außenvollmacht und damit als Willenserklärung ansieht.

19 *Hübner*, Rn. 1241; *Giesen/Hegermann*, Jura 1991, 357 (362).

20 *Hübner*, Rn. 1257; *Brox*, AT, Rn. 499.

21 Soergel-*Leptien*, § 171 Rn. 4; indirekt Staudinger-*Schilken*, § 166 Rn. 31.

22 MüKo-*Schramm*, § 167 Rn. 17 ff.; *Monhemius*, JA 1998, 378 (383 f.).

nes Grundstückes, die gemäß § 311 b) Abs. 1 BGB der notariellen Beurkundung bedarf.[23]

(2) Abstraktheit der Vollmacht

Der Vollmacht liegt regelmäßig ein Grundverhältnis (zum Beispiel ein Auftrag) zugrunde. Sie wird in der Regel zusätzlich erteilt, damit der Beauftragte seine Pflicht aus dem Grundverhältnis erfüllen kann. Jedoch sind Grundverhältnis und Vollmacht getrennt voneinander zu beurteilen, auch wenn beide in einem engen Zusammenhang stehen.[24] Wegen der Abstraktheit beider Rechtsgeschäfte sind auch die wirksame Erteilung des Grundgeschäftes und die der Vollmacht jeweils getrennt zu prüfen. Das hat zur Folge, dass die Vollmacht erlöschen kann, ohne die Wirksamkeit des Grundgeschäfts zu berühren.[25] Im umgekehrten Fall greift die Regelung des § 168 S. 1 BGB ein, so dass die Vollmacht grundsätzlich zusammen mit dem Grundgeschäft erlischt.

b) Umfang der Vertretungsmacht

Der Umfang der Vertretungsmacht ist in der Regel aus der Bevollmächtigung zu ermitteln. Dies geschieht gemäß §§ 133, 157 BGB mit Hilfe der allgemeinen Auslegungskriterien nach dem objektiven Empfängerhorizont.[26] Ist aus der Bevollmächtigung nichts zu entnehmen, so kann hilfsweise das Grundverhältnis, die Verkehrssitte oder der Grundsatz von Treu und Glauben herangezogen werden. Beschränkungen der Vollmacht können sich aus Gesetz (vgl. §§ 181, 1643, 1821, 1822 BGB), aus Treu und Glauben oder aus dem Grundverhältnis zwischen Vertreter und Vertretenem ergeben.[27] Sie gelten jedoch nur im Innenverhältnis, so dass das Vertretergeschäft bei Überschreitungen zwar wirksam ist, im Innenverhältnis aber (Rückgriffs-) Ansprüche des Vertretenen gegen den Vertreter entstehen können.[28] Schließt der Vertreter ein Geschäft ab, das nicht von der Vollmacht umfasst ist oder hat er von vornherein keine Vertretungsmacht erhalten, so ist er Vertreter ohne Vertretungsmacht (*falsus procurator*).[29] Es greifen dann die Vorschriften der §§ 177 ff. BGB ein. Zu unterscheiden ist, ob der Vertreter ein einseitiges oder zweiseitiges Rechtsgeschäft abschließt. Zweiseitige Rechtsgeschäfte sind zunächst schwebend unwirksam und bedürfen für eine

---

23 *RGZ* 76, 182 (184); *Hübner*, Rn. 1260.

24 *Monhemius*, JA 1998, 378 (385); Staudinger-*Schilken*, § 167 Rn. 2 ff.; *Pawlowski*, JZ 1996, 125 (126).

25 *Larenz/Wolf*, AT, § 47 Rn. 5 ff.; *Hübner*, Rn. 1238.

26 Soergel-*Leptien*, § 167 Rn. 39; Palandt-*Heinrichs*, § 167 Rn. 5.

27 *Monhemius*, JA 1998, 378 (385 ff.); Staudinger-*Schilken*, § 167 Rn. 85 ff.

28 Erman-*Palm*, § 167 Rn. 46; *Monhemius*, JA 1998, 378 (386).

29 *Giesen/Hegermann*, Jura 1991, 357 (370); *Hübner*, Rn. 1303.

Verpflichtung des Geschäftsherren seiner Genehmigung.[30] Erteilt er sie, so ist er der Vertragspartner; erteilt er sie nicht, so haftet der Vertreter dem Dritten gegenüber gemäß § 179 BGB.[31] Einseitige Rechtsgeschäfte sind gemäß § 180 S. 1 BGB grundsätzlich unwirksam, es sei denn, es greifen die Ausnahmen des § 180 S. 2 BGB (wenn der Dritte die behauptete Vertretungsmacht nicht beanstandet hat oder mit dem Handeln des *falsus procurator* einverstanden war) und § 180 S. 3 BGB (wenn der *falsus procurator* mit einem einseitigen Rechtsgeschäft ihm selbst gegenüber einverstanden war) ein.[32]

c) Erlöschen der Vollmacht und die Rechtsfolgen

Die Vollmacht erlischt grundsätzlich durch Zweckerreichung, Bedingungseintritt oder Fristablauf (vgl. §§ 158 Abs. 2, 163 BGB).[33] Außerdem kann sie, unabhängig vom Fortbestand des Grundverhältnisses, jederzeit gemäß § 168 S. 2 BGB widerrufen werden, erlischt aber umgekehrt gemäß § 168 S. 1 BGB mit Beendigung des Grundverhältnisses (z.B. Zeitablauf, Anfechtung, Kündigung). Unterlag der Bevollmächtigende bei der Bevollmächtigung einem Irrtum, so gelten, da die Vollmachtserteilung eine Willenserklärung ist, auch die allgemeinen Vorschriften über die Willensmängel.

Stirbt der Bevollmächtigte, so erlischt im Zweifel das Grundverhältnis gemäß § 673 S. 1 BGB, es sei denn, die Vollmacht wurde ausschließlich im Interesse des Bevollmächtigten erteilt.[34] Gleiches geschieht, wenn der Bevollmächtigte geschäftsunfähig wird.[35] Stirbt hingegen der Geschäftsherr oder wird er geschäftsunfähig, so erlischt die Vollmacht nicht automatisch (vgl. § 672 S. 1 BGB). Ob die Vollmacht erlischt, ist durch Auslegung zu ermitteln.[36] Bleibt sie bestehen, so stehen dem Erben bzw. dem gesetzlichen Vertreter ein Widerrufsrecht zu.[37]

---

30 *Larenz/Wolf*, AT, § 49 Rn. 3 ff., 7; *Köhler*, AT, § 18 Rn. 65 f.; *Hübner*, Rn. 1278, 7; *Brox*, AT, Rn. 512.

31 Erman-*Palm*, § 179 Rn. 22; Soergel-*Leptien*, § 179 Rn. 23; *Flume*, AT II, § 47 3 a.

32 *Monhemius*, JA 1998, 378 (389).

33 *Hübner*, Rn. 1261; *Monhemius*, JA 1998, 378 (387).

34 *OLG Köln*, OLGZ 1969, 304 (305 f.); Palandt-*Heinrichs*, § 168 Rn. 3.

35 *Hübner*, Rn. 1271; Staudinger-*Schilken*, § 168 Rn. 21; *Flume*, AT II, § 51 8; a.A. Soergel-*Leptien*, § 168 Rn. 12; Erman-*Palm*, § 168 Rn. 12, die nur die Ausübung der Vollmacht als gehemmt ansehen und sie bei Wiedererlangung der Geschäftsfähigkeit aufleben lassen; eine differenzierte Lösung nach der Dauer der Geschäftsunfähigkeit vertritt MüKo-*Schramm*, § 168 Rn. 7.

36 *BGH*, NJW 1969, 1245 f.; *Larenz/Wolf*, AT, § 47 Rn. 81.

37 *Larenz/Wolf*, AT, § 47 Rn. 81; *Spitzbarth/Preuß*, I. Kap. Rn. 29.

Ist die Vollmacht erloschen, so kann der Bevollmächtigte nur noch als *falsus procurator* (Vertreter ohne Vertretungsmacht) handeln. Hier greifen dann die §§ 177 ff. BGB ein.[38]

d) Rechtsscheinvollmacht

Obwohl die Vollmacht erloschen ist, kann eine wirksame Vertretung nach den in §§ 170 - 173 BGB festgelegten Rechtsscheintatbeständen erfolgen. Diese Normen schützen den gutgläubigen Dritten, der auf den Bestand einer einmal wirksam erteilten Vollmacht vertraut hat und dies auch durfte.[39] Die Rechtsscheintatbestände umfassen die Fälle, in denen die Vollmacht durch besonderen Akt nach außen kundgemacht wurde.[40] Der Dritte ist dann so lange geschützt, bis die Rücknahme der Vollmacht so erfolgt ist, wie sie auch erteilt wurde.

Außer den im Gesetz geregelten Rechtsscheintatbeständen sind noch zwei weitere Rechtsscheintatbestände anerkannt, die Anscheins- und Duldungsvollmacht.

aa) Die Duldungsvollmacht

Tritt ein Nichtberechtigter als Vertreter auf, wusste und duldete der Vertretene es und ergab sich aus diesen Tatsachen beim Dritten ein Rechtsschein der Bevollmächtigung, so liegt eine Duldungsvollmacht vor.[41] Dabei reicht schon ein einmaliges Auftreten des Unbefugten als Vertreter aus. Die Kenntnis des Geschäftsherrn muss bei der Vertreterhandlung vorliegen, eine spätere Kenntniserlangung kann nur noch bei der Genehmigung gemäß § 177 Abs. 1 BGB eine Rolle spielen.[42] Liegen die Voraussetzungen der Duldungsvollmacht vor, so wird das Rechtsgeschäft wie ein durch Vollmacht zustande Gekommenes behandelt.[43] In diesem Zusammenhang wird vertreten[44], dass keine Bevollmächtigung kraft Rechtsschein vorliege, sondern in dem Dulden der Vertretung durch den Unbefugten eine konkludente Vollmachtserteilung zu sehen sei. Zwar fehle in diesem Fall das Erklärungsbewusstsein, jedoch sei dieses kein notwendiger

---

38 Vgl. die Ausführungen S. 7, „Umfang der Vertretungsmacht".

39 *Brox*, AT, Rn. 513 ff.; *Köhler*, AT, § 18 Rn. 36 ff.

40 Zum Beispiel die Erteilung der Vollmacht durch Mitteilung an den Dritten gemäß § 170 BGB, die Kundgabe durch Bekanntmachung oder Mitteilung gemäß § 171 BGB oder die Vorlage einer Vollmachtsurkunde gemäß § 172 BGB.

41 *BGH*, NJW 1997, 312 (314); *Giesen/Hegermann*, Jura 1991, 357 (367); *Brox*, AT, Rn. 521; *Kropholler*, NJW 1965, 1641; Sandrock-*Müller*, D Rn. 52.

42 *Köhler*, AT, § 18 Rn. 43.

43 *RGZ* 170, 281 (284); *BGHZ* 5, 111 (112); 86, 273 (274); *BGH*, NJW 1981, 1727 (1728); *Brox*, AT, Rn. 521; Erman-*Palm*, § 167 Rn. 7; *Hübner*, Rn. 1288; *Giesen/Hegermann*, Jura 1991, 357 (367).

44 Vgl. *Flume*, AT II, § 49 3; so auch Palandt-*Heinrichs*, § 173 Rn. 11, Staudinger-*Schilken*, § 167 Rn. 29 a/b; *Medicus*, BR, Rn. 101.

Bestandteil einer Willenserklärung und stünde somit der Annahme einer Willenserklärung nicht entgegen. Die damit rechtsgeschäftlich erteilte Vollmacht sei wie eine Außenvollmacht zu behandeln. Dem wird von Vertretern der Literatur und der Rechtsprechung entgegengesetzt[45], dass der Erklärungswert der Duldung nicht dahingehe, dass eine Vollmacht erteilt werde, sondern dass sie schon früher erteilt wurde und damit eine Vergleichbarkeit mit einer nach außen kundgemachten Vollmacht gemäß § 171 Abs. 1 BGB bestehe. Da die Vollmacht im Innenverhältnis aber nicht tatsächlich erteilt wurde, sondern nur der Anschein der Erteilung durch die Duldung entstehe, liege in diesem Fall eine Rechtsscheinsvollmacht vor. Der Streit zwischen konkludenter und Rechtsscheinvollmacht hat geringe praktische Bedeutung, da beide auf dieselben Rechtsfolgen abzielen. Ein Unterschied ergibt sich nur dann, wenn man eine Anfechtung lediglich bei der rechtsgeschäftlichen, aber nicht bei der Rechtsscheinvollmacht zulässt.[46] Davon gehen aber einige Vertreter der Rechtsscheinvollmacht aus[47], da bei einer solchen weder eine Willenserklärung noch eine rechtsgeschäftsähnliche Handlung vorliege.

bb) Die Anscheinsvollmacht

Eine Anscheinsvollmacht liegt vor, wenn der Vertretene das Handeln des Unbefugten zwar nicht kennt, bei genügender Sorgfalt aber hätte erkennen und verhindern können und der Dritte auf eine wirksame Vertretung vertrauen durfte.[48] Dabei muss der Unbefugte häufiger und dauerhaft als Vertreter aufgetreten sein. Umstritten ist hier, in welchem Umfang und mit welcher Wirkung eine Anscheinsvollmacht anzuerkennen ist. Überwiegend wird sie mit Wirkung einer echten Vollmacht angenommen.[49] Unbilligkeiten könnten über die Anforderungen an die Fahrlässigkeit ausgeglichen werden (obwohl grundsätzlich leichte Fahrlässigkeit für eine Zurechnung ausreicht). Zwingende Voraussetzung für eine Zurechnung zu dem Geschäftsherrn sei dabei seine volle Geschäftsfähigkeit; bei beschränkt Geschäftsfähigen könne nur eine Zurechnung von lediglich recht-

---

45 *RGZ* 170, 281; *BGH*, LM § 164 Nr. 34; § 167 Nr. 15; *Köhler*, AT, § 18 Rn. 43; *Larenz/Wolf*, AT, § 48 Rn. 23; MüKo-*Schramm*, § 167 Rn. 49 f.; Erman-*Palm*, § 167 Rn. 7; *Grimme*, JuS 1989, L 49; Soergel-*Leptien*, § 167 Rn. 17.

46 RGRK-*Steffen*, § 167 Rn. 19.

47 *Giesen/Hegermann*, Jura 1991, 357 (367), der die Duldungsvollmacht als Rechtsscheinvollmacht einordnet; Soergel-*Leptien*, § 167 Rn. 22; Erman-*Palm*, § 167 Rn. 20, der die Anfechtung ablehnt, da im Regelfall der Geschäftsherr erst nach Ausübung der Vollmacht von der Erteilung erfährt und eine ausgeübte Vollmacht nicht anfechtbar sei; differenzierte Lösung vgl. MüKo-*Schramm*, § 167 Rn. 52.

48 *Monhemius*, JA 1998, 378 (388); Palandt-*Heinrichs*, § 173 Rn. 14; *Kropholler*, NJW 1965, 1641; *Medicus*, BR, Rn. 99.

49 *BGH*, NJW-RR 1996, 673; *BAG*, NJW 1964, 1690; Soergel-*Leptien*, § 167 Rn. 20, 22; MüKo-*Schramm*, § 167 Rn. 54 ff.; Palandt-*Heinrichs*, § 173 Rn. 14.

lich vorteilhaften Geschäften erfolgen. *Flume*[50] dagegen sieht in der Anscheinsvollmacht weder eine Rechtsscheins- noch eine konkludente Vollmacht, so dass nur sorgfaltswidriges Handeln des vermeintlichen Geschäftsherrn Ansprüche des Dritten gegen den Hintermann aus §§ 280 Abs. 1, 311 Abs. 2, 241 Abs. 2 BGB i.V.m. § 278 BGB auf Schadenersatz begründen könne. Ausnahmen gebe es nur im Bereich des Handelsrechts auf Grund des erhöhten Vertrauensschutzes.

e) Wirkung der Stellvertretung

Wurde die Vertretungsmacht wirksam begründet und schließt der Vertreter ein Geschäft mit einem Dritten ab, das von seiner Vertretungsmacht umfasst ist, so wirkt das Rechtsgeschäft (vgl. § 164 Abs. 1 S. 1 BGB) unmittelbar für und gegen den Vertretenen.[51] Irrtümer des Geschäftsherrn sind dabei nach § 166 Abs. 1 BGB unerheblich, da es gemäß § 166 Abs. 1 BGB bei Irrtümern oder mangelnder Kenntnis von Umständen auf die Person des Vertreters ankommt. Unterliegt der Vertreter einem Irrtum, so wird der Geschäftsherr über § 164 Abs. 1 S. 1 BGB zwar verpflichtet, er kann das Rechtsgeschäft aber nach den allgemeinen Irrtumsregeln anfechten.[52] Ausnahmen ergeben sich, wenn der Vertreter auf Grund eines Irrtums seine Vertretungsbefugnis überschreitet und somit zum *falsus procurator* wird. In diesem Fall ist der Geschäftsherr schon mangels Stellvertretung nicht gebunden.[53] Weitere Ausnahmen sind in § 166 Abs. 2 BGB geregelt. Handelt der Vertreter auf genaue Anweisung seines Geschäftsherrn, so kommt es für Irrtümer und Kenntnis von Umständen nicht mehr auf seine Person, sondern auf die Person des Vertretenen an. Damit soll verhindert werden, dass der bösgläubige Geschäftsherr sich eines gutgläubigen Vertreters bedient, um zum Beispiel einen gutgläubigen Erwerb zu ermöglichen.[54] Dieser Grundsatz gilt ebenfalls analog, wenn ein *falsus procurator* gehandelt hat und der vermeintliche Geschäftsherr im Zeitpunkt der Genehmigung des Rechtsgeschäfts bösgläubig ist.[55]

f) Der Handelsvertreter, Handlungsbevollmächtigte und Abschlussvertreter

Die Vertretungsmacht des Handlungsbevollmächtigten ist in § 54 HGB geregelt. Der Vertreter wird ohne Erteilung einer Prokura dazu ermächtigt, eine bestimm-

---

50 *Flume*, AT II, § 49 4; zustimmend *Medicus*, BR, Rn. 101.

51 Palandt-*Heinrichs*, Einf. v § 164 Rn. 1; RGRK-*Steffen*, Vor § 164 Rn. 1.

52 Erman-*Palm*, § 166 Rn. 4; *Brox*, AT, Rn. 493; *Giesen/Hegermann*, Jura 1991, 357 (366).

53 *Brox*, AT, Rn. 491; Soergel-*Leptien*, § 166 Rn. 30.

54 *Hübner*, Rn. 1232; *Köhler*, AT, § 18 Rn. 50.

55 *RGZ* 161, 153 (161 f.); *BGH*, BB 1965, 435; *Giesen/Hegermann*, Jura 1991, 357 (366 f.).

te Art von Geschäften vorzunehmen, die zum Betrieb eines Handelsgewerbes gehört, vgl. § 54 Abs. 1 HGB. Der Umfang der Vollmacht erstreckt sich dann auf alle bei der Vornahme von Geschäften gewöhnlicherweise anfallenden Handlungen. Für die in § 54 Abs. 2 HGB genannten Geschäfte, wie Belastung eines Grundstücks oder die Aufnahme eines Darlehens, muss eine gesonderte Befugnis erteilt werden. Der Abschlussvertreter ist in § 55 HGB geregelt, der auf § 54 HGB verweist. Für ihn gelten weitere Einschränkungen in der Vertretungsmacht, wie für die Entgegennahme von Zahlungen oder Änderungen von Verträgen. Für solche Geschäfte muss der Abschlussvertreter ausdrücklich bevollmächtigt sein. Der Handlungsvertreter ist in §§ 84 ff. HGB geregelt, seine Vertretungsmacht in §§ 91, 91 a HGB. Für den Umfang seiner Vollmacht gelten ebenfalls die §§ 54, 55 HGB.

3. Organschaftliche Vertretung

Im Gegensatz zur rechtsgeschäftlich erteilten steht die organschaftliche Vertretungsmacht. Sie ist aus dem Bedürfnis heraus entstanden, dass Gesellschaften, die ihre Interessen im Rechtsverkehr nicht selber wahrnehmen können, mit Hilfe von Vertretern Rechte und Pflichten begründen können müssen.[56] Dafür legen Spezialnormen in verschiedenen Gesetzen wie HGB, GmbHG und AktG fest, wer in welchem Umfang für die Gesellschaften tätig werden darf. Neben der gesetzlich geregelten Form der Vertretungsmacht ist auch die Erteilung einer rechtsgeschäftlichen Vollmacht möglich.

Zu unterscheiden sind im Gesellschaftsrecht die Personengesellschaften und die Kapitalgesellschaften.

a) Die Personengesellschaften

Bei den Personengesellschaften spielt der einzelne Gesellschafter eine wichtige Rolle. Er haftet (oft) für Gesellschaftsschulden persönlich, führt die Geschäfte der Gesellschaft selber, die Willensbildung erfolgt grundsätzlich nach dem Einstimmigkeitsprinzip und seine Gesellschafterposition ist häufig nicht frei übertragbar.[57] Beispiele für Personengesellschaften sind die Gesellschaft bürgerlichen Rechts (GbR), die offene Handelsgesellschaft (OHG) und die Kommanditgesellschaft (KG).

aa) Die Gesellschaft bürgerlichen Rechts (GbR)

Diese Gesellschaftsform ist die Grundform der Personenhandelsgesellschaften, so dass die Regelungen der §§ 705 ff. BGB auch auf andere Personenhandelsge-

---

56 *Geck*, DStR 1988, 90 (91).

57 *Kübler*, § 3 I; *Grunewald*, E 1 Rn. 1; *Larenz/Wolf*, AT, § 9 Rn. 40.

sellschaften wie OHG und KG anwendbar sind, solange nicht die Spezialregelungen des HGB eingreifen.[58]

(1) Gründung der GbR

Für die wirksame Gründung bedarf es eines formlosen Gesellschaftsvertrags[59] zwischen mindestens zwei Gesellschaftern zur Förderung eines gemeinsamen Zwecks.[60] Eine Einpersonen-GbR ist nicht zulässig, so dass die Gesellschaft zwingend erlischt, sobald nur noch ein Gesellschafter existiert.[61] Die Gesellschaft erlischt ebenfalls zwingend, wenn ein Gesellschafter stirbt, es sei denn, im Gesellschaftsvertrag wurde eine Fortsetzungsklausel vereinbart.[62] Eine Obergrenze der Anzahl von Gesellschaftern gibt es nicht. Neben den natürlichen und juristischen Personen können auch Geschäftsunfähige oder beschränkt geschäftsfähige Personen Gesellschafter einer GbR sein.[63] Als Zweck kann jede erlaubte, also nicht sittenwidrige oder gegen ein gesetzliches Verbot verstoßende Betätigung vereinbart werden.[64] Handelt es sich zwar um einen erlaubten Zweck, für den das Gesetz aber zwingend eine andere Gesellschaftsform vorschreibt, kann keine GbR gegründet werden. Dies ist beispielsweise bei dem Betrieb eines Grundhandelsgewerbes der Fall. Hier muss eine OHG (vgl. §§ 105 ff. HGB) gegründet werden.[65] Der Zweck muss von den Gesellschaftern gefördert werden. Sie dürfen nichts unternehmen, was dem angestrebten Zweck zuwiderläuft.[66]

---

58 *Eisenhardt*, Rn. 35; *Grunewald*, E 1 Rn. 2.

59 *Weber*, JuS 2000, 313 (314); MüKo-*Ulmer*, § 705 Rn. 1, 22 f. Rein faktische Gesellschaften ohne Vertrag sind nicht möglich, wohl aber Gesellschaften mit fehlerhaften Verträgen, die im Außenverhältnis zu Dritten wie eine wirksam gegründete Gesellschaft behandelt werden, vgl. *Schmidt*, GesR, §§ 59 I 2, 6 I 2.

60 Erman-*Westermann*, § 705 Rn. 3; *Eisenhardt*, Rn. 42.

61 *Schmidt*, GesR, § 59 I 1; MüKo-*Uhlmer*, § 705 Rn. 53; *Weber*, JuS 2000, 313 (314); a.A. *Esch*, BB 1993, 664; *Lüttge*, NJW 1994, 5 (5 ff.); *Sieveking*, FS Schippel, 505 ff.

62 *Eisenhardt*, Rn. 90.

63 Hier müssen jedoch die gesetzlichen Vertreter nach den allgemeinen Regeln mitwirken; ist der Zweck der Gesellschaft ein Erwerbsgeschäft, so muss das Vormundschaftsgericht gemäß § 1822 Nr. 3 i.V.m. 1643 BGB dies zusätzlich genehmigen, vgl. *Schmidt*, GesR, § 59 I 1; *Winkler*, ZGR 1973, 177 (178 ff.).

64 *BGHZ* 135, 387 (389); *Weber*, JuS 2000, 313 (314); *Kübler*, § 6 I c; *Geck*, DStR 1988, 90 (91). Unzulässige Zwecke sind die Verpflichtung, wechselseitige Leistungen zu erbringen oder die Vereinbarung der Schaffung eines im Gesetz geregelten Rechtsverhältnisses, wie die Herbeiführung einer Ehe, vgl. *BGHZ* 84, 361 (366); Palandt-*Sprau*, § 705 Rn. 20.

65 Erman-*Westermann*, § 705 Rn. 12 a; MüKo-*Uhlmer*, § 705 Rn. 3, 113.

66 *Kraft/Kreutz*, C 1 III; *Grunewald*, 1 A Rn. 8.

(2) Vertretung der GbR

Die Vertretungsmacht regelt, was der Gesellschafter im Außenverhältnis „darf", also alle rechtsgeschäftlichen Handlungen im Außenverhältnis der Gesellschaft gegenüber Dritten. Gemeint sind damit die Abgabe und der Empfang von Willenserklärungen im fremden Namen, die unmittelbar für und gegen den Vertretenen wirken.[67] Davon ist die Geschäftsführungsbefugnis strikt zu trennen. Sie regelt im Innenverhältnis der Gesellschaft, was der einzelne Gesellschafter „muss" oder „darf".[68] Trotz dieser Trennung stehen die Geschäftsführungsbefugnis und Vertretungsmacht in einem engen Zusammenhang. Dies zeigt § 714 BGB, der davon ausgeht, dass der Gesellschafter, der die Geschäftsführungsbefugnis innehat, grundsätzlich auch vertretungsbefugt ist. Auch der Entzug der Vertretungsmacht erfolgt nach § 715 BGB auf die gleiche Art und Weise wie bei der Geschäftsführungsbefugnis. Nicht übertragbar auf die Vertretungsmacht ist allerdings das Widerspruchsrecht der anderen geschäftsführungsbefugten Gesellschafter.[69] Der Widerspruch im Innenverhältnis hat aus Gründen des Drittschutzes grundsätzlich keine Auswirkung auf die Vertretungsmacht im Außenverhältnis, da es dem Dritten nicht zugemutet werden kann, sich beim Vertragsschluss mit einem Vertreter nach im Innenverhältnis wirksam erteilten Widersprüchen zu erkundigen.[70]

(3) Arten der Vertretung der GbR

Auch wenn die Vertretungsmacht grundsätzlich an die Geschäftsführungsbefugnis gekoppelt ist, müssen beide nicht zwingend gleich laufen. Gemäß § 709 Abs. 1 BGB steht die Geschäftsführung und somit auch die Vertretung grundsätzlich den Gesellschaftern gemeinsam zu. Für alle Geschäfte ist damit die Zustimmung aller Gesellschafter erforderlich, so dass es sich um eine *Gesamtvertretung* handelt.[71] Da dies in der Praxis umständlich ist, kann im Gesellschaftsvertrag davon abgewichen werden. Es kann gemäß § 709 Abs. 2 BGB festgelegt werden, dass zwar noch alle Gesellschafter vertretungsbefugt sind, aber für die Durchführbarkeit einer Maßnahme eine *einfache* oder *qualifizierte Mehrheit*

---

67 *Klunzinger*, § 4 IV; *Kraft/Kreutz*, B III 2.

68 *Kraft/Kreutz*, B III 2; *Weber*, JuS 2000, 313 (316).

69 *BGHZ* 16, 394 (398); *Grunewald*, 1 A Rn. 53; MüKo-*Uhlmer*, § 711 Rn. 14; *Eisenhardt*, Rn. 68; a.A. *Flume*, AT I/1, § 15 II 4, der argumentiert, dass, wenn dem Geschäft widersprochen wurde, dem Geschäftsführer für dieses konkrete Geschäft die Geschäftsführungsbefugnis entzogen werde und damit auch die Vertretungsmacht, die auf der Geschäftsführungsbefugnis fußt. Die Gesellschaft werde dann nach Rechtsscheingrundsätzen (vgl. §§ 170-173 BGB) verpflichtet.

70 Ausnahmsweise entfaltet der Widerspruch in den Fällen des Missbrauchs der Vertretungsmacht doch eine Außenwirkung, vgl. MüKo-*Uhlmer*, § 711 Rn. 14 mit Beispielen.

71 *Klunzinger*, § 4 IV 1 a; *Schmidt*, GesR, § 59 III 3 a.

ausreicht.[72] Weiter kann *Einzelvertretungsmacht* festgelegt werden, so dass jedem oder einzelnen Gesellschaftern alleine die Vertretungsbefugnis zusteht.[73] Der Gesellschafter ist dann in der Lage, ohne die Zustimmung der anderen Gesellschafter Geschäfte vorzunehmen. Ist mehreren Gesellschaftern eine Einzelvertretungsmacht erteilt worden, können diese Gesellschafter dem Geschäft gemäß § 711 BGB widersprechen, so dass es nicht abgeschlossen werden darf. Wie oben dargestellt, wirkt sich der Widerspruch aber nur im Innenverhältnis aus. Des Weiteren gibt es gemäß § 710 BGB die Möglichkeit, einigen Gesellschaftern gemeinsam die Vertretungsbefugnis zu erteilen, die sogenannte *gemeinschaftliche Vertretungsmacht*.[74] Dies hat zur Folge, dass die restlichen Gesellschafter von der Vertretung ausgeschlossen sind. Innerhalb der vertretungsbefugten Gruppe gilt gemäß der §§ 710 S. 2, 709 BGB das Einstimmigkeitsprinzip. Sind mehreren Gruppen von Gesellschaftern mit der gemeinschaftlichen Vertretung betraut worden, so haben die Gruppen untereinander gemäß § 711 BGB wieder ein Widerspruchsrecht.[75] Für das Außenverhältnis kann im Gesellschaftsvertrag eine Einzelvertretungsbefugnis des Gesellschafters, für das Innenverhältnis aber eine Zustimmung aller oder zumindest der Mehrheit der Gesellschafter zu dem Geschäft festgelegt werden.[76] Auch hier hat die im Innenverhältnis erforderliche Zustimmung keinerlei Auswirkungen auf das Außenverhältnis.

Neben der in den §§ 709 - 711 BGB festgelegten Vertretung kann auch einem oder mehreren gesellschaftsfremden Dritten Vertretungsmacht eingeräumt werden. Die Erteilung der Vertretungsmacht ist in der Regel in einem Dienstvertrag enthalten. Die Regelungen der §§ 709 - 711 BGB sind nicht anwendbar, da es sich in dem Fall nicht mehr um eine auf Grund der Gesellschafterstellung erlangten Vertretungsbefugnis handelt, sondern um eine rechtsgeschäftlich erteilte.[77]

---

72 *Weber*, JuS 2000, 313 (315); *Eisenhardt*, Rn. 66. Das Gesetz geht bei der Ermittlung der Mehrheit von der Kopfzahl der Gesellschafter aus, aber auch von dieser Regelung kann im Gesellschaftsvertrag abgewichen werden, vgl. Erman-*Westermann*, § 709 Rn. 32; *Grunewald*, 1 A Rn. 38.

73 *Weber*, JuS 2000, 313 (315); *Klunzinger*, § 4 IV 1 b bb.

74 *Eisenhardt*, Rn. 66; *Grunewald*, 1 A Rn. 40.

75 *Grunewald*, 1 A Rn. 40.

76 *Geck*, DStR 1988, 90 (92); *Kübler*, § 6 III 2 a.

77 *Weber*, JuS 2000, 313 (316); *Grunewald*, 1 A Rn. 41.

(4) Umfang und Grenzen der Vertretungsmacht der GbR

Der Umfang der Vertretungsmacht steht im Ermessen der Gesellschafter und kann individuell im Gesellschaftsvertrag festgelegt werden.[78] Grundsätzlich ist jedes Geschäft wirksam abgeschlossen, dem die Gesellschafter zustimmen. Ist eine Einzelvertretungsmacht erteilt worden, so findet der Umfang der Vertretungsmacht seine Grenzen in dem Verbot Geschäfte abzuschließen, die den Gesellschaftsvertrag abändern, also Grundlagengeschäfte durchzuführen.[79] Die Erteilung der Vertretungsmacht findet ihre Grenze im Prinzip der Selbstorganschaft.[80] Die Gesellschaft muss zu jeder Zeit in der Lage sein, zumindest mittels eines eigenen Organs zu handeln, so dass sie die Vertretungsmacht nicht ausschließlich auf Dritte übertragen und alle Gesellschafter von der Vertretungsbefugnis ausschließen darf.[81]

(5) Beendigung der Vertretungsmacht bei der GbR

Die Beendigung der Vertretungsbefugnis richtet sich nach § 712 BGB, endet also mit der Beendigung der Geschäftsführungsbefugnis. Mit Vorliegen eines wichtigen Grundes ist es gemäß § 712 Abs. 1 BGB möglich, dem Gesellschafter die Vertretungsmacht zu entziehen, ohne dass grundsätzlich davon die Vertretungsmacht der anderen Gesellschafter berührt wird. Ist der Betroffene allerdings der einzige, dem die Vertretungsbefugnis zusteht, so tritt bei Rücknahme der Erteilung die grundsätzliche Regelung des § 709 Abs. 1 BGB wieder in Kraft, die allen Gesellschaftern gemeinschaftlich die Vertretungsmacht einräumt.[82]

(6) Rechtsschein bei der GbR

Zum Schutz des gutgläubigen Dritten wird in § 729 BGB das Weiterbestehen der Geschäftsführungsbefugnis und damit auch der Vertretungsmacht fingiert. Dies geschieht unabhängig davon, aus welchem Grund der Gesellschafter die Geschäftsführungsbefugnis verliert[83], jedoch nur so lange, bis der Dritte von der fehlenden Geschäftsführungsbefugnis Kenntnis erlangt oder bis er das Fehlen hätte kennen müssen.

78 Soergel-*Hadding*, § 714 Rn. 12; *Geck*, DStR 1988, 90 (93).

79 *Geck*, DStR 1988, 90 (93); Erman-*Westermann*, § 714 Rn. 8.

80 MüKo-*Uhlmer*, § 714 Rn. 5; *Geck*, DStR 1988, 90 (91); Palandt-*Sprau*, § 709 Rn. 3; *Kübler*, § 6 III 1 b; *Wiedemann*, WM 1994, Sonderbeilage Nr. 4 (10 f.); ablehnend *Weber*, JuS 2000, 313 (316), der im Zuge der zunehmenden Verselbstständigung der GbR das Prinzip der Selbstorganschaft für nicht mehr notwendig hält, da es andere Schutzmechanismen gebe.

81 *BGH*, NJW 1982, 1817.

82 Palandt-*Sprau*, § 712 Rn. 2; Soergel-*Hadding*, § 712 Rn. 4.

83 *Giesen/Hegermann*, Jura 1991, 357 (364); Palandt-*Sprau*, § 729 Rn. 1.

(7) Person des Vertretenen bei der GbR

Umstritten ist bei der GbR, wer bei dem Vertragsschluss des Vertreters berechtigt und verpflichtet wird. Entscheidend ist dabei die Frage, in wieweit man der Gesellschaft Rechtsfähigkeit zugesteht. Dazu gibt es im wesentlichen zwei Ansichten.

(a) Individualistische Theorie

Nach dieser Theorie werden nur die Gesellschafter unmittelbar berechtigt und verpflichtet.[84] Der Wortlaut des § 714 BGB lasse kein „Zuordnungsubjekt GbR" zu, sondern nur die Gesellschafter in ihrer Gesamthand. Auch sei gerade eine Abgrenzung zur OHG und KG vom Gesetzgeber gewollt, da er keine dem § 124 Abs. 1 HGB vergleichbare Norm in das BGB eingefügt habe. § 124 Abs. 1 HGB bestimmt, dass die OHG und die KG (durch Verweis des § 161 Abs. 2 HGB) als Gesellschaft berechtigt und verpflichtet werden, Eigentum erwerben und eine eigene Prozessstandschaft inne haben kann. Diese Ansicht wurde von vielen Vertretern der Literatur wieder aufgegeben und auch die Praxis, die noch weitgehend dieser Theorie folgte[85], erkennt auch die Lehre von der Doppelverpflichtung an[86], so dass auch die GbR als eigenständiges Zuordnungsubjekt neben den Gesellschaftern berechtigt und verpflichtet werden kann.

(b) Doppelverpflichtungslehre

Die überwiegende Ansicht geht davon aus, dass eine Erklärung des Vertreters die Gesellschaft vorrangig selber berechtige und verpflichte, daneben aber die Gesellschafter persönlich gebunden werden.[87] Die Gesellschaft trete oft auch mit eigenem Namen im Rechtsverkehr auf und werde als Zuordungssubjekt für Rechtsgeschäfte verstanden. Die dafür nötige Vertretungsmacht ergebe sich implizit aus der im Gesellschaftsvertrag festgelegten Vertretungsmacht gegenüber der Gesellschaft. Damit wird die Gesellschaft im Ergebnis teilrechtsfähig. Dies hat zur Folge, dass sie sich stark der OHG und KG annähert und eine im Gesetz nicht vorgesehene „Zwischenebene in Form der Gesamthand als Gruppe"[88] zwi-

---

84 *Cordes*, JZ 1998, 545 (551 ff.); *Schulze-Osterloh*, S. 11; *Huber*, S. 105; *Zöllner*, FS Gernhuber, 563 (572 f.); vgl. *Kraft/Kreutz*, C I 1 c cc (1/2).

85 *BGH*, NJW 1992, 3037 (3038); *BGHZ* 56, 355 (359); *BGHZ* 70, 247 (248 f.); *BGHZ* 142, 315 (319 f.).

86 Beschreibung s. nächster Unterpunkt; vgl. schon *BGH*, ZIP 1981, 289; *BGH*, ZIP 1997, 1496; *Ann*, JA 2001, 441 (442).

87 Schon *v. Gierke*, S. 676; *Flume*, ZHR 136 (1972), 177 (185 f.); *Grunewald* 1 A Rn. 55; *Geck*, DStR 1988, 90 (91); Soergel-*Hadding*, § 714 Rn. 10; MüKo-*Uhmer*, § 714 Rn. 26; *Uhlmer*, AcP 198 (1998), 113 (114 ff.); *Schmidt*, GesR, § 60 II 1, § 8 III; *Habersack*, AcP 198 (1998), 152 (154).

88 Vgl. *Weber*, JuS 2000, 313 (317).

schen die Gesellschafter und Dritte geschoben wird, die so im Gesetz nicht vorgesehen ist und die Verhältnisse verkompliziert.

(c) Die Entscheidung des BGH vom 29.01.2001

In seiner Entscheidung vom 29.01.2001[89] hat der *BGH* die GbR als rechtsfähig anerkannt. Sie kann damit im Prozess klagen und verklagt werden. Die Haftung der Gesellschafter für Verbindlichkeiten der GbR stellte der *BGH* der Haftung der Gesellschafter bei der OHG gleich, also gemäß § 128 HGB akzessorisch zur Gesellschaft. Aus dieser Entscheidung folgt, dass die Doppelverpflichtungslehre vom *BGH* aufgegeben wurde[90] und nun der im Gesellschaftsrecht herrschenden Akzessorietätslehre folgt. Dies hat zur Folge, dass bei der GbR nicht mehr auch die Gesellschafter berechtigt und verpflichtet werden, sondern, wie bei der OHG, ausschließlich die Gesellschaft.

bb) Die offene Handelsgesellschaft (OHG)

Die OHG ist in den §§ 105 ff. HGB geregelt. Sie ist eine Gesellschaft, deren Zweck auf den Betrieb eines Handelsgewerbes (vgl. § 1 Abs. 2 HGB) unter gemeinsamer Firma gerichtet ist und alle Gesellschafter unbeschränkt gegenüber den Gläubigern haften.[91] Unter gemeinschaftlicher Firma versteht man das gemeinsame Auftreten der Gesellschafter nach außen, vgl. §§ 19 ff. HGB.[92] Auf die OHG sind gemäß § 105 Abs. 3 HGB die Vorschriften der GbR anzuwenden, wenn sich aus dem HGB nichts anderes ergibt. Damit müssen für die wirksame Gründung einer OHG die Voraussetzungen für die Gründung einer GbR vorliegen.[93] Daneben bedarf die OHG der Eintragung ins Handelsregister (vgl. § 106 HGB). Der Eintrag ist beim Betrieb eines Handelsgewerbes i.S.d. § 1 Abs. 2 HGB nur von deklaratorischer Bedeutung; er ist hingegen konstitutiv, wenn kein Handelsgewerbe betrieben wird.[94] Im letzteren Fall bleibt die Gesellschaft ohne

---

89 *BGH,* NJW 2001, 1056.

90 *OLG Hamm*, ZIP 2002, 527 (529); *OLG Düsseldorf*, ZIP 2002, 616 (618); strittig ist in diesem Zusammenhang, ob nur die Haftungsregel gemäß § 128 HGB oder auch die des § 130 HGB anwendbar ist; *Schmidt*, NJW 2001, 993 (998); *Uhlmer*, ZIP 2001, 585 (589). Die Doppelverpflichtungslehre wurde vor der Entscheidung des BGH von (ihrem Begründer) *Uhlmer*, ZIP 1999, 554 (559) aufgegeben; ihm folgend *Grunewald*, FS Peltzer, 129; kritisch dazu *Prütting*, EWiR 2001, 341, der Folgeprobleme der Entscheidung aufzeigt.

91 *Kübler*, § 7 I 1; *Schmidt*, GesR, § 46 I 1.

92 *Baumbach/Hopt*, § 105 Rn. 5.

93 *Grunewald*, 1 B Rn. 1.

94 Deklaratorisch heißt, dass die OHG auch ohne Eintragung wirksam entsteht, konstitutiv, dass die OHG nur dann entsteht, wenn sie ins Handelsregister eingetragen wurde, vgl. § 105 Abs. 2 HGB.

Eintragung GbR.[95] Im Gegensatz zur GbR sind bei der OHG zwei Entstehungszeitpunkte zu beachten. Im Innenverhältnis entsteht sie mit Abschluss des Gesellschaftsvertrags, im Außenverhältnis aber erst, wegen der Haftung nach § 128 HGB, wenn die Voraussetzungen des § 123 HGB erfüllt sind[96], die OHG also entweder eingetragen ist oder ihre Geschäfte schon vor Eintragung aufgenommen hat.

(1) Vertretung der OHG

Auch die Vertretungsmacht für die OHG ist strikt von der in den §§ 114 ff. HGB geregelten Geschäftsführungsbefugnis zu trennen. Bei der OHG liegt keine Koppelung der Vertretungsmacht an die Geschäftsführungsbefugnis vor, so dass auch ein nicht geschäftsführungsbefugter Gesellschafter Vertretungsmacht innehaben kann.[97] Die Stellvertretung ist in § 125 HGB geregelt. Gemäß § 125 Abs. 1 HGB ist jeder Gesellschafter zur Vertretung der Gesellschaft befugt, insoweit er nicht durch den Gesellschaftsvertrag ausgeschlossen wurde. Damit liegt abweichend von der GbR bei der OHG grundsätzlich *Einzelvertretungsbefugnis* vor.

(2) Arten der Vertretung der OHG

Von dieser grundsätzlichen Regelung kann im Gesellschaftsvertrag abgewichen werden. § 125 Abs. 2 - 4 HGB schlagen verschiedene Kombinationsmöglichkeiten vor. Es kann gemäß § 125 Abs. 2 S. 1 HGB eine *echte Gesamtvertretung* (alle Gesellschafter vertreten die Gesellschaft gemeinschaftlich) vereinbart werden. Weiter kann nach § 125 Abs. 3 S. 1 HGB eine *unechte Gesamtvertretung* (ein Gesellschafter kann nur mit einem Prokuristen zusammen handeln) vereinbart werden. Diese darf aber auf Grund des Prinzips der Selbstorganschaft nicht die einzige Vertretungsart sein.[98] Für den Fall, dass die gesetzliche Vertretung im Gesellschaftsvertrag abbedungen, jedoch keine andere Vertretungsart wirksam festgelegt wurde, so gilt echte Gesamtvertretung. Jegliche Abweichung von der gesetzlichen Vertretungsmacht und die Änderung der vereinbarten Vertretungsmacht sind für ihre Wirksamkeit nach außen gemäß § 125 Abs. 4 HGB in das Handelsregister einzutragen.[99]

(3) Umfang und Grenzen der Vertretungsmacht bei der OHG

Der Umfang der Vertretungsmacht ist in § 126 HGB geregelt. Sie umfasst alle dort genannten Geschäfte, außer den sogenannten Grundlagengeschäften. Solche

---

95 *Grunewald*, 1 B Rn. 5; *Klunzinger*, § 5 III 3.

96 *Eisenhardt*, Rn. 218 ff.; *Kraft/Kreutz*, D I.

97 *Schmidt*, GesR, § 48 II 2; *Grunewald*, 1 B Rn. 19.

98 Grundsatz der Selbstorganschaft, *Kraft/Kreutz*, D III 2 c.

99 *Baumbach/Hopt*, § 125 Rn. 13.

sind beispielsweise die Auflösung der Gesellschaft, die Änderung der Vertretungsmacht oder das Eintreten und Ausscheiden von Gesellschaftern.[100] Der gesetzlich vorgeschriebene Umfang der Vertretungsmacht ist gemäß § 126 Abs. 2 HGB Dritten gegenüber nicht begrenzbar, es sei denn, es liegt Kollusion oder Missbrauch der Vertretungsmacht vor. Kollusion liegt vor, wenn Vertreter und Dritter einen Vertrag bewusst zu Lasten des Geschäftsherrn abschließen.[101] Der Vertrag ist dann auf Grund von Sittenwidrigkeit gemäß § 138 BGB nichtig. Ein Missbrauch der Vertretungsmacht ist gegeben, wenn die Vertretungsmacht des Vertreters im Innenverhältnis einer Beschränkung unterliegt, der Vertreter seine Vertretungsbefugnis aber bewusst überschreitet.[102] War der Dritte bösgläubig, wusste er also von der Überschreitung der Vertretungsbefugnis, so wird der Geschäftsherr nicht an das Rechtsgeschäft gebunden. Der Geschäftsherr wird auch nicht gebunden, wenn ein Fall von Evidenz vorliegt, es sich dem Dritten also hätte aufdrängen müssen, dass der Vertreter nicht berechtigt war, das Geschäft abzuschließen.[103] Der Geschäftsherr hat in diesem Fall die Möglichkeit, das Geschäft durch Genehmigung an sich zu ziehen. Grenze der Erteilung jeglicher Art von Vertretungsmacht ist auch hier wieder das Prinzip der Selbstorganschaft.[104]

(4) Beendigung der Vertretungsmacht bei der OHG

Die Vertretungsmacht kann einem Gesellschafter gemäß § 127 HGB durch gerichtliche Entscheidung entzogen werden, wenn ein wichtiger Grund vorliegt.[105] Wird dem einzig vertretungsberechtigten Gesellschafter die Vertretungsmacht entzogen, so gilt wieder das Prinzip der Gesamtvertretung.

(5) Rechtsschein bei der OHG

Gemäß § 125 Abs. 4 HGB muss jede Abweichung von der gesetzlichen Vertretungsmacht ins Handelsregister eingetragen werden. Ist eine Eintragung unrichtig oder unterblieben, so greifen die Tatbestände des § 15 HGB ein.[106] Daneben sind, bis auf einige Besonderheiten, die allgemeinen Rechtsscheintatbestände anwendbar.[107] § 15 HGB geht diesen grundsätzlich vor, es sei denn, es liegt ein besonderer Vertrauenstatbestand vor.[108]

---

100 *Kraft/Kreutz*, D III 2 d aa; *Klunzinger*, § 5 VI 1 c.

101 *Giesen/Hegermann*, Jura 1991, 357 (368 f.); *Larenz/Wolf*, AT, § 46 Rn. 148.

102 *Brox*, AT, Rn. 530; vgl. Palandt-*Heinrichs*, § 164 Rn. 13.

103 *BGHZ* 94, 132 (138); *Giesen/Hegermann*, Jura 1991, 357 (369).

104 Vgl. oben S. 16 „Umfang und Grenzen der Vertretungsmacht der GbR“.

105 *Geck*, DStR 1988, 90 (94); *Kraft/Kreutz*, D III 2 e.

106 *Grunewald*, 1 B Rn. 25; *Baumbach/Hopt*, § 125 Rn. 26.

107 Vgl. oben S. 9 „Rechtsscheinvollmacht“.

108 Zum Beispiel bei der Umwandlung einer OHG in eine GmbH & Co. und der Berufung auf eine Haftungsbeschränkung gegenüber einem ständigen Geschäftspartner. Weitere Beispiele vgl. *Baumbach/Hopt*, § 15 Rn. 15.

(6) Person des Vertretenen bei der OHG

Gemäß § 124 Abs. 1 HGB kann die Gesellschaft als Firma berechtigt und verpflichtet werden, so dass die OHG als eigenständiges Rechtssubjekt im Rechtsverkehr auftritt und damit Rechtsfähigkeit besitzt. Der Vertreter berechtigt und verpflichtet damit mit Geschäftsabschluss die Gesellschaft und nicht die Gesellschafter.[109]

cc) Die Kommanditgesellschaft (KG)

Die KG ist eine Gesellschaft, deren Zweck gemäß § 161 HGB ebenfalls auf den Betrieb eines Handelsgewerbes gerichtet ist. Im Unterschied zur OHG ist die Haftung mindestens eines Gesellschafters auf seine Einlage beschränkt (Kommanditist), während mindestens ein anderer Gesellschafter unbeschränkt haftet (Komplementär).[110] Damit ist die KG ein Spezialfall der OHG, auf die die §§ 105 ff. HGB anwendbar sind (vgl. § 161 Abs. 2 HGB), wenn nichts anderes bestimmt ist. Die KG muss gemäß § 162 HGB ins Handelsregister eingetragen werden, um die Haftungsbeschränkung der Kommanditisten wirksam werden zu lassen (vgl. § 176 Abs. 1 S. 1 HGB).[111] Betreibt die KG kein Handelsgewerbe, so gilt § 176 HGB nicht, die Gesellschaft ist bis zur Eintragung eine GbR, auf die die handelsrechtlichen Vorschriften nicht anwendbar sind.[112]

(1) Vertretung der KG, Arten und Grenzen

Der Kommanditist ist gemäß § 170 HGB zwingend von der organschaftlichen Vertretung der Gesellschaft ausgeschlossen, ihm kann aber durch Rechtsgeschäft Vertretungsmacht erteilt werden.[113] Die Komplementäre sind gemäß der §§ 161, 125 ff. HGB *einzelvertretungsbefugt*. Im Gesellschaftsvertrag kann aber, wie bei der OHG, eine andere Vertretungsart festgelegt werden.[114] Wird eine *unechte Gesamtvertretung* gemäß § 125 Abs. 3 HGB vereinbart, so kann auch der Kommanditist an der Vertretung beteiligt werden, indem er Prokurist der Gesellschaft wird.[115] Die Grenze der Vertretungsmacht ist auch hier das Prinzip der Selbstorganschaft.

(2) Beendigung der Vertretungsmacht bei der KG

Ist dem Kommanditisten Prokura erteilt worden, so kann sie grundsätzlich jederzeit gemäß § 52 Abs. 1 HGB widerrufen werden. Die Widerrufsmöglichkeit

---

109 *Kraft/Kreutz*, D III 2 a; *Klunzinger*, § 5 VI 1 a; a.A. *Eisenhardt*, Rn. 266, der eine Verpflichtung von Gesellschaft und Gesellschafter annimmt.

110 *Grunewald*, 1 C Rn. 1; *Kraft/Kreutz*, E vor I.

111 *Kübler*, § 8 III 1 b; *Baumbach/Hopt*, § 162 Rn. 2.

112 *Grunewald*, 1 C Rn. 2.

113 Heymann-*Horn*, § 170 Rn. 3; *Schmidt*, GesR, § 53 IV 2.

114 Vgl. § 125 HGB.

115 *Klunzinger*, § 6 V 1 d; Heymann-*Horn*, § 170 Rn. 2; *Geck*, DStR 1988, 90 (96).

kann aber im Gesellschaftsvertrag auf wichtige Gründe beschränkt werden.[116] Für die Beendigung der Vertretungsmacht der Komplementäre gilt das zur OHG Ausgeführte.[117]

(3) Rechtsschein bei der KG

Wie auch bei der OHG gelten bei unterlassener Eintragung der Änderungen der Stellvertretung die Rechtsscheingrundsätze des § 15 HGB. Daneben greifen ebenfalls die allgemeinen Rechtsscheintatbestände.[118] Geriert sich der Kommanditist im Rechtsverkehr als Alleininhaber der KG (Komplementär), so kann eine persönliche Haftung nach Rechtsscheingrundsätzen angenommen werden.[119] Seine rechtsgeschäftlich erteilte Vertretungsmacht muss er hingegen nicht offen legen.

(4) Person des Vertretenen bei der KG

Auch die KG tritt wie die OHG gemäß §§ 161 Abs. 1, 161 Abs. 2, 124 Abs. 1 HGB als eigenständiger Rechtsträger im Rechtsverkehr auf, nur sie wird berechtigt, verpflichtet und vertreten.

b) Die Kapitalgesellschaften

Das Gegenstück zur Personengesellschaft ist die Kapitalgesellschaft.[120] Beispiele für Kapitalgesellschaften sind die Aktiengesellschaft (AG) und die Gesellschaft mit beschränkter Haftung (GmbH). Sie sind rechtsfähige juristische Personen. Grundform der Kapitalgesellschaften ist der rechtsfähige Verein.

aa) Die Aktiengesellschaft (AG)

Die AG ist im AktG geregelt und eine auf Dauer angelegte Organisation, die einen selbstgesetzten Zweck verfolgt.[121] Sie ist eine Gesellschaft, die ein festgelegtes Grundkapital von mindestens 50.000,- € aufweist (das in Aktien zerlegt ist). Die AG ist ausnahmslos eine Handelsgesellschaft und damit Formkaufmann im Sinne des § 6 Abs. 1 HGB, auch wenn der Zweck der Gesellschaft nicht der Betrieb eines Handelsgewerbes ist.[122] Für sie ist die Eintragung ins Handelsregister gemäß § 36 Abs. 1 AktG konstitutiv. Die Anmeldung darf jedoch erst erfolgen, wenn alle Gründungsvoraussetzungen erfüllt sind, insbesondere der ge-

---

116 *BGHZ* 17, 392 (395); *Grunewald*, 1 C Rn. 15; *Flume*, AT I/1, § 10 I.

117 Vgl. S. 20 „Beendigung der Vertretungsmacht bei der OHG".

118 Vgl. S. 9 „Rechtsscheinvollmacht".

119 *Kübler*, § 8 II 3 b; *Schmidt*, GesR, § 53 IV 3 e.

120 *Eisenhardt*, Rn. 12 f., 22. Ihre Bezeichnung ergibt sich daraus, dass oft von der Höhe des Kapitaleinsatzes die Entscheidungsbefugnisse und die Gewinnverteilung in der Gesellschaft abhängen.

121 MüKo-*Heider*, § 1 AktG Rn. 16 ff.

122 *Schmidt*, GesR, § 26 I 2; *Kraft/Kreutz*, K I 2 c.

forderte Mindestbetrag vollständig erbracht wurde. Die AG hat drei Organe. Die in den §§ 118 ff. AktG geregelte Versammlung aller Aktionäre (Hauptversammlung), das in den §§ 95 ff. AktG geregelte Überwachungsorgan (Aufsichtsrat) und das in den §§ 76 ff. AktG geregelte Vertretungsorgan der AG (Vorstand).

(1) Vertretung der AG

Gemäß § 78 AktG vertritt der vom Aufsichtsrat bestellte Vorstand die AG und führt gemäß § 77 AktG gleichzeitig die Geschäfte. Durch die Bestellung wird die berufene Person zum Mitglied des Vorstandes und somit Teil eines Organs der AG. Deren Verpflichtung zum Tätigwerden entsteht auf Grund eines Dienstvertrags (vgl. §§ 611, 675 BGB).[123] Besteht der Vorstand aus mehreren Personen, so ordnet § 78 Abs. 2 AktG *Gesamtvertretung* an. Davon kann gemäß § 78 Abs. 3 AktG abgewichen und *Einzelvertretung* oder *gemischte Gesamtvertretung* (Handeln nur zusammen mit einem Prokuristen) angeordnet werden. Aber auch bei der gemischten Gesamtvertretung muss es dem Vorstand noch möglich bleiben, gemeinschaftlich ohne den Prokuristen zu handeln, da dieser sonst nicht in der Lage wäre, seinen Pflichten nachzukommen.[124] Die Abweichung von der gesetzlich geregelten Vertretung kann auch gemäß § 78 Abs. 3 S. 2 AktG der Aufsichtsrat festlegen, wenn er dazu ermächtigt wurde.

(2) Umfang, Grenzen und Beendigung der Vertretungsmacht bei der AG

Die Vertretungsmacht umfasst gemäß der §§ 78 Abs. 1, 82 Abs. 1 AktG alle gerichtlichen und außergerichtlichen Belange. Sie ist nicht beschränkbar, außer in den in § 82 Abs. 2 AktG genannten Fällen. Beschränkungen im Innenrecht haben keine Außenwirkung, es sei denn, es liegt ein Missbrauch der Vertretungsmacht oder Kollusion vor.[125] Der Grundsatz der Selbstorganschaft gilt bei der AG nicht[126], jedoch kann ein Vorstandsmitglied nur auf fünf Jahre berufen werden[127], wobei eine wiederholte Bestellung möglich ist. Die Bestellung zum Vorstandsmitglied kann gemäß § 84 Abs. 4 AktG durch den Aufsichtsrat aus wichtigem Grund widerrufen werden.

bb) Die Gesellschaft mit beschränkter Haftung (GmbH)

Die GmbH ist wie die AG eine juristische Person, Handelsgesellschaft und damit Kaufmann.[128]

---

123 *Eisenhardt*, Rn. 549; *Schmidt*, GesR, § 28 II 2 d.
124 *Geck*, DStR 1988, 90 (96); Münch. Hdb. GesR IV-*Wiesner*, § 23 Rn. 16.
125 *Giesen/Hegermann*, Jura 1991, 357 (369); *Geck*, DStR 1988, 90 (96).
126 *Schmidt*, GesR, § 28 II.
127 Vgl. § 84 Abs. 1 S. 1 AktG.
128 *Kraft/Kreutz*, M I 1.

(1) Gründung der GmbH

Der GmbH liegt ein Gesellschaftsvertrag (Satzung) zugrunde, den alle Gesellschafter unterschreiben müssen; auch eine Einmann-GmbH ist zulässig. Die Stammeinlage muss gemäß § 5 GmbHG mindestens 25.000,- € betragen. Mit Eintrag der Gesellschaft im Handelsregister entsteht dann die GmbH, vgl. § 11 Abs. 1 GmbHG. Die GmbH hat, anders als die AG, nur zwei zwingend vorgeschriebene Organe. Den Geschäftsführer gemäß § 6 GmbHG und die Gesamtheit der Gesellschafter gemäß § 45 GmbHG. Freiwillig kann die GmbH auch gemäß § 52 GmbHG einen Aufsichtsrat bestellen, wenn dies in der Satzung festgelegt wurde.[129]

(2) Vertretung der GmbH

Der Geschäftsführer ist gemäß § 35 GmbHG für gerichtliche und außergerichtliche Angelegenheiten der Vertreter der Gesellschaft. Gemäß § 6 GmbHG muss die Gesellschaft mindestens einen Geschäftsführer bestellen. Dies geschieht (vgl. §§ 6 Abs. 3 S. 2, 46 Nr. 5 GmbHG) grundsätzlich durch die Gesellschafter. Im Gesellschaftsvertrag kann die Bestellung auch anderen übertragen werden (sofern der Aufsichtsrat nicht nach den Vorschriften der Gesetze über die Mitbestimmung im Unternehmen zwingend zuständig ist).[130] Neben der Erteilung der Vertretungsmacht liegt bei der GmbH ebenfalls ein Anstellungsverhältnis vor.[131] Grundsätzlich ist für die GmbH gemäß § 35 Abs. 2 S. 2 GmbHG *Gesamtvertretung* vorgesehen, die aber wiederum im Gesellschaftsvertrag abbedungen werden kann.

Die Gesellschaft kann Dritten zusätzlich rechtsgeschäftliche Vertretungsmacht (zum Beispiel Prokura) erteilen. Dies ist auch im Zusammenhang mit einer unechten Gesamtvertretung möglich.[132]

(3) Umfang, Grenzen und Beendigung der Vertretungsmacht bei der GmbH

Die Vertretungsmacht des Geschäftsführers kann gemäß § 37 Abs. 2 GmbHG gegenüber Dritten nicht beschränkt werden. Festgelegte Beschränkungen im In-

---

129 Das Wahlrecht ist aber im Ergebnis nur eingeschränkt möglich, da es ab einer bestimmten Arbeitnehmerzahl nach den Gesetzen über die Mitbestimmung im Unternehmen (*MontanMitbestimmG 1951*, *BetrVG 1952* und *MitbestimmG 1976*) vorgeschrieben ist, einen Aufsichtsrat zu bestellen, vgl. *Schmidt*, GesR, § 36 IV 2; *Kraft/Kreutz*, M IV vor 1; *Kübler*, § 32 II-IV.

130 *Beuthien/Gätsch*, ZHR 157 1993, 483 (492 ff.); *Kraft/Kreutz*, M IV 1 a.

131 *BGH,* NJW 1978, 1435; *Lutter/Hommelhoff*, GmbHG, Anh. § 6; *Schneider*, GmbHR 1993, 10 ff.

132 *Kraft/Kreutz*, M IV 1 d; *Monhemius*, JA 1998, 378 (385).

nenverhältnis entfalten auch hier keine Außenwirkung, es sei denn, es greifen die Regeln des Missbrauchs der Vertretungsmacht ein.[133]

Die Vertretungsmacht des Geschäftsführers kann jederzeit (vgl. § 38 GmbHG) von den Gesellschaftern gemäß § 46 Nr. 5 GmbHG (oder von der in der Satzung festgelegten Stelle zur Bestellung des Vertreters) widerrufen werden. § 38 Abs. 2 GmbHG bestimmt hier, dass im Gesellschaftsvertrag eine Beschränkung der Rücknahme der Vertretungsmacht auf wichtige Gründe erfolgen kann. Der Geschäftsführer kann selber sein Amt jederzeit niederlegen, es müssen aber plausible Gründe dafür vorliegen, andernfalls können sich Ansprüche aus Verletzung des Anstellungsvertrages ergeben.[134]

II. Kollisionsrechtliche Einordnung

Dieser Abschnitt befasst sich mit der kollisionsrechtlichen Einordnung der Stellvertretung. Ausgehend vom deutschen Internationalen Privatrecht (IPR), das in den Art. 1 - 46 EGBGB geregelt ist, sollen Möglichkeiten dargestellt werden, wie die auf die Vertretung anzuwendende Rechtsordnung ermittelt werden kann.

1. Rechtsgeschäftliche Vertretung

Mit rechtsgeschäftlicher Vertretung ist im IPR ebenfalls die auf Grund von Verträgen zustande gekommene Vertretung gemeint. Darunter fallen auch solche Vertretungsarten, deren Inhalt und Umfang im Gesetz zwingend festgelegt sind, wie zum Beispiel die Prokura, da auch ihre Erteilung von dem Willen des Vollmachtgebers abhängt.[135]

a) Allgemeines

Das deutsche IPR unterscheidet zwischen der Vollmacht (Verhältnis Vertreter - Geschäftsherr) und der Vertretung (Verhältnis Vertreter - Dritter).[136] Die Stellvertretung ist im EGBGB nicht explizit geregelt; insbesondere enthält Art. 37 Nr. 3 EGBGB keine Regelung, welcher Rechtsordnung die Vollmacht unterlie-

---

133 *BGH*, ZIP 1997, 1419; *Grunewald*, 2 E Rn. 47; *Geck*, DStR 1988, 90 (97).

134 Vgl. *BGHZ* 78, 82; *Klunzinger*, § 11 VII 3 c.

135 MüKo-*Spellenberg*, Vor Art. 11 Rn. 177; Reithmann/Martiny-*Hausmann*, Rn. 1728; a.A. *Rabel*, RabelsZ 3 (1929), 807 (811), der sie der gesetzlichen Vertretungsmacht gleichstellen will.

136 Schon *Rabel*, RabelsZ 3 (1929), 807 (807); Reithmann/Martiny-*Hausmann*, Rn. 1716; MüKo-*Spellenberg*, Vor Art. 11 Rn. 178; *Ruthig*, § 1 B I.

gen soll.[137] Es bedarf somit anderer Mittel und Wege um herauszufinden, wie die Anknüpfung der Vollmacht erfolgen soll. Zunächst werden die Anknüpfungsmöglichkeiten der Vollmacht bei Rechtsgeschäften dargestellt, die keiner durch die Parteien festgelegten Rechtsordnung unterliegen, anschließend solche, bei denen eine Rechtswahl erfolgt ist.

b) Vorrangige Staatsverträge

Gemäß Art. 3 Abs. 2 S. 1 EGBGB gehen völkerrechtliche Verträge der kollisionsrechtlichen Einordnung der Vollmacht und der Vertretung (anlehnend an das EGBGB) als leges speciales vor. Seit 1977 existiert die Haager Konvention über das auf die Stellvertretung anwendbare Recht, die aber von Deutschland nicht unterzeichnet wurde.[138] Das ins EGBGB integrierte EG-Abkommen über das auf vertragliche Schuldverhältnisse anwendbare Recht von 1980 (EVÜ) nimmt gemäß seines Art. 1 Abs. 2 f die Vertretung und die Vollmacht explizit aus seinem Wirksamkeitsbereich heraus.[139] Es hat sich auf Grund der großen Meinungsvielfalt über die Anknüpfung der Stellvertretung einer Zuordnung des Rechts der Stellvertretung enthalten.[140] Damit existieren keine vorrangigen Staatsverträge, die bei der kollisionsrechtlichen Einordnung der Vollmacht zu beachten sein könnten.

---

137 Erman-*Hohloch*, Anh. I Art. 37 Rn. 11. Zumindest nimmt der Wortlaut das Außenverhältnis der Stellvertretung explizit aus dem Anwendungsbereich des EGBGB aus. Hingegen trifft der Wortlaut keine Aussage darüber, ob das Innenverhältnis auch ausgenommen sein soll. Da das Außen- und Innenverhältnis jedoch schwer zu trennen sind, ist es sinnvoll, auch das Innenverhältnis aus dem Anwendungsbereich des EGBGB auszunehmen.

138 Kegel/Schurig-*Kegel*, § 17 V 2 e; *Dorsel*, MittRhNotK 1997, 6 (7); *Schotten*, Rn. 88; *Ferid*, 5-163.

139 *Lüderitz*, FS Coing II, 305 (306 f.); Text ABlEG 1980, L 266; anders *Giuliano-Lagarde*, Art. 1 Nr. 7. der von einer eindeutigen Einbeziehung des Verhältnisses zwischen dem Geschäftsherrn und dem Vertreter und des Verhältnisses zwischen dem Vertreter und dem Dritten ausgeht, da sie sich nicht von einem schuldrechtlichen Vertrag unterscheiden. Nur die Einbeziehung des Verhältnisses zwischen Geschäftsherrn und Drittem sei mit der Vertragsfreiheit nicht zu vereinbaren. Zumindest nimmt der Wortlaut das Außenverhältnis der Stellvertretung explizit aus dem Anwendungsbereich des EVÜ aus. Hingegen trifft der Wortlaut keine Aussage darüber, ob das Innenverhältnis auch ausgenommen sein soll. Da das Außen- und Innenverhältnis jedoch schwer zu trennen sind, ist es sinnvoll, auch das Innenverhältnis aus dem Anwendungsbereich des EVÜ auszunehmen.

140 MüKo-*Spellenberg*, Vor Art. 11 Rn 170.

c) Anknüpfungsmöglichkeiten der Vollmacht ohne Rechtswahl

Wurde von den Parteien keine Rechtswahl getroffen[141], muss für die Anknüpfung der Vollmacht auf allgemeine Grundsätze zurückgegriffen werden. Denkbar ist eine selbstständige und eine unselbstständige Anknüpfung.

aa) Selbstständige Anknüpfung

In der *Rechtsprechung*[142] und *Lehre*[143] ist die selbstständige Anknüpfung vorherrschend, die das Vertretergeschäft von der Vollmacht getrennt beurteilt. Diese Auffassung greift damit auf Art. 28 Abs. 1 EGBGB zurück, der trotz einheitlichen Statuts eine gesonderte Anknüpfung von Teilfragen zulässt.[144] Begründet wird dies mit dem Verkehrsschutz.[145] Dem Dritten sei es nicht zuzumuten, davon ausgehen zu müssen, dass sich der Umfang der Vollmacht des mit ihm kontrahierenden Vertreters nach einem ihm fremden Recht richtet. Uneinigkeit besteht bei der selbständigen Anknüpfung darüber, welcher Rechtsordnung die Vollmacht im Ergebnis unterstellt werden soll. Im Einzelnen ist die Ausgestaltung der selbstständigen Anknüpfung umstritten. Es stehen sich die Anknüpfung an das Wirkungsland ((1)), an die Rechtsordnung, unter der der Vertretene erkennbar auftritt ((2)), an den Sitz des Vertretenen ((3)), an das Recht des Aufenthaltorts und des Wirkungslands kumulativ ((4)) und an das Recht des Veranlassers ((5)) gegenüber.

(1) Anknüpfung der Vollmacht an das Wirkungsland

Die *herrschende Meinung*[146] unterstellt die Vollmacht dem Recht des Landes, in dem sie ihre Wirkung entfaltet oder entfalten sollte (Gebrauchsort). Der Dritte

---

141 Zur Rechtswahl vgl. unten S. 51 „Anknüpfung der Vollmacht bei Rechtswahl".

142 *RGZ* 134, 67 (69); *BGHZ* 43, 21 (26); 64, 183 (191); *BGH,* IPRax 1983, 67 (68); *OLG Frankfurt*, IPRax 1986, 373 (375); *OLG München*, RIW/AWD 1990, 226 (227) = NJW-RR 1989, 663 (664).

143 *Rabel*, RabelsZ 3 (1929), 807 (835); Reithmann/Martiny-*Hausmann*, Rn. 1719; *Marakov*, RabelsZ 124 (1959), 328 (328); *Caemmerer*, RabelsZ 24 (1959), 201 (203); *Fischer*, DNotZ 1980, 509 (511); *v. Bar*, Bd. II, Rn. 585 f.; Palandt-*Heldrich*, Anh. Art. 32 Rn. 1; Erman-*Hohloch*, Anh. I Art. 37 Rn. 13; *Kropholler*, § 41 I 1 f.; *Steding*, ZVglRWiss 86 (1987), 25 (43); *Schotten*, Rn. 89; *Ebenroth*, JZ 1983, 821 (824); *Luther*, RabelsZ 38 (1974), 421 (436 ff.); *Lüderitz*, FS Coing II, 305 (318 ff.); *Marakov*, FS Perassi II, 39 (63).

144 MüKo-*Spellenberg*, Vor Art 11 Rn. 209.

145 *RGZ* 38, 194 (196); 134, 67 (69); *BGHZ* 43, 21 (26); 64, 183 (189); *BGH,* NJW 1954, 1561; *BGH,* WM 1958, 557 (559); *Caemmerer*, RabelsZ 24 (1959), 201 (206); *Steding*, ZVglRWiss 86 (1987), 25 (26 f.); *Ruthig*, § 1 B I 2; *Spellenberg*, I. Kap. 1 a.

146 *RGZ* 78, 55 (60); *BGHZ* 43, 21 (26); 128, 41 (47); *BGH,* IPRspr, 1990 Nr. 25; *BGH,* NJW 1990, 3088; *BGH,* DNotZ 1994, 485 (487); *OLG München*, NJW-RR 1989, 663 (664); Sandrock-*Müller*, D Rn. 8 ff.; Reithmann/Martiny-*Hausmann*, Rn. 1719; *Marakov*, RabelsZ 124 (1959), 328 (328); *Caemmerer*, RabelsZ 24 (1959), 201 (203);

müsse in der Lage sein, Umfang und Wirksamkeit der Vollmacht leicht festzustellen und zu überprüfen. Der Vertretene sei insofern nicht so schutzwürdig, da er seinen Aktionsradius durch das Einsetzen eines Vertreters selber erweitere und somit auch das Risiko zu tragen habe.[147] Das Recht des Wirkungslandes gelte auch in dem Fall, in dem das Recht am Aufenthaltsort des Vertretenen für den Dritten günstiger ist.[148] Die Prokura werde jedoch, unabhängig von dem Ort, an dem der Prokurist seine Vollmacht ausübt, dem am Sitz der Gesellschaft geltenden Recht unterstellt[149], da sie ihre hauptsächliche Wirkung am Sitz der Gesellschaft entfalte.

(a) Historische Entwicklung der Anknüpfung an den Gebrauchsort

Ende des 19. Jahrhundert musste sich die Rechtsprechung zum ersten Mal mit der Frage der Anknüpfung der Vollmacht beschäftigen. In diesen Entscheidungen hat das Reichsoberhandelsgericht sich dafür entschieden, dem Vertretenen (Prinzipal) einen überragenden Schutz einzuräumen, indem es die Vollmacht an dessen Wohnsitzrecht anknüpfte.[150] Der Geschäftsherr sollte davor geschützt werden, dass die erteilte Vollmacht, wenn sie in einem fremden Rechtskreis verwendet wird, einen anderen als von ihm vorgesehenen Umfang erhält. Das Reichsgericht hat sich jedoch für einen anderen Weg entschieden und im Laufe der Zeit dem Verkehrsschutz den Vorrang eingeräumt. In seiner ersten Entscheidung zu diesem Thema knüpfte es eine kaufmännische Vollmacht an die Niederlassung des Vertreters an.[151] Derjenige, der seinen Vertreter in einer fremden Rechtsordnung zu seinem ständigen Vertreter bestelle, müsse sich bei der Bevollmächtigung der fremden Rechtsordnung unterwerfen. In folgenden Entscheidungen wurde das Merkmal der dauernden Vertretung nicht mehr gefordert, sondern das Recht des Gebrauchsortes als Anknüpfungsrecht für die Vollmacht auch für nicht-ständige Vertreter gesehen, wenn der Bevollmächtigte

Fischer, DNotZ 1980, 509 (509, 511); *v. Bar*, Bd. II, Rn. 585 f.; Palandt-*Heldrich*, Anh. Art. 32 Rn. 1; Erman-*Hohloch*, Anh. I Art. 37 Rn. 13; *Kropholler*, NJW 1965, 1641 (1644); *Schäfer*, RIW/AWD 1996, 189 (193); *Steding*, ZVglRWiss 86 (1987), 25 (43), der im Zweifel für den intendierten Gebrauchsort plädiert.

147 *Fischer*, § 12 III 5 Fn. 266; Reithmann/Martiny-*Hausmann*, Rn. 1721; *Rabel*, RabelsZ 3 (1929), 807 (828); *Steding*, ZVglRWiss 86 (1987), 25 (45), der vor allem auf den intendierten Gebrauchsort abstellt.

148 *Rabel*, RabelsZ 3 (1929), 807 (820); *Caemmerer*, RabelsZ 24 (1959), 201 (211).

149 *OLG Frankfurt*, IPRax 1986, 373 (375); Reithmann/Martiny-*Hausmann*, Rn. 1728; *Caemmerer*, RabelsZ 24 (1959), 201 (209); a.A. Sandrock-*Müller*, D Rn. 20, der in diesem Fall an das Recht des Gebrauchsortes anknüpft; *v. Bar*, Bd. II, Rn. 592 Fn. 873.

150 *ROHG* 2, 36 (38); 8, 150 (151); vgl. *Steding*, ZVglRWiss 86 (1987), 25 (27).

151 *RGZ* 38, 194 (196); dieses Urteil wurde in *RGZ* 51, 147 (149) bestätigt.

eine selbstständige Berufstätigkeit im Wirtschaftsleben ausübt.[152] Im Ergebnis hat die Rechtsprechung die Anknüpfung an den Gebrauchsort auf alle Arten der Bevollmächtigung, also auch auf Gelegenheitsvertreter ausgedehnt und nicht nach Einzel-, Dauer- oder Generalvollmacht unterschieden.[153] Handelt der Vertreter auf Grund einer umfassenden Vollmacht bestimmungsgemäß in verschiedenen Ländern, so sei an den jeweiligen Gebrauchsort anzuknüpfen.[154] Diese Art der Anknüpfung sei unabhängig von dem Geschäftsstatut zu vollziehen.[155] In der Literatur ist die Anknüpfung der Vollmacht an das Wirkungsland auf *Rabel*[156] zurückzuführen, der diese schon Anfang des 20. Jahrhunderts vertreten hat.

(b) Ermittlung des Wirkungslandes

Bei der Anknüpfung der Vollmacht an das Wirkungsland handelt es sich dem Sinn nach, auf Grund der Verkehrsschutzerwägungen und im Vergleich mit den Art. 27 ff. EGBGB, insbesondere mit Art. 35 EGBGB, um eine Verweisung in das ausländische materielle Recht (Sachnormverweisung)[157]; die Beachtung eines möglichen Rückverweises aus dem ausländischen IPR in das deutsche materielle Recht (*renvoi*) würde dem Sinn der Verweisung widersprechen (vgl. Art. 4 Abs. 1 S. 1 EGBGB).[158]

Bei der Ermittlung des Wirkungslandes stellt *Rabel*[159] auf den subjektiven Willen des Vertretenen ab. Dieser bestimmt bei Vollmachtserteilung, in welchem Land die Vollmacht gebraucht werden soll. Es ergeben sich aber Schwierigkeiten, wenn der Vertretene den Wirkungsort nicht ausdrücklich bestimmt. *Rabel*[160] hat dieses Problem ebenfalls erkannt und in solchen Fällen auf den tatsächlichen

---

152 *RGZ* 38, 194 (196); 134, 67 (69); *BGH*, NJW 1954, 1561; *OLG Hamburg*, IPRspr. 1931, Nr. 39; die Entscheidung für den Wirkungsort wurde im vollen Umfang in *BGHZ* 64, 183 (192) bestätigt.

153 *BGH*, NJW 1963, 46 f.; *BGH*, WM 1965, 868 (869).

154 Vgl. *Caemmerer*, RabelsZ 24 (1959), 201 (207); Reithmann/Martiny-*Hausmann*, Rn. 1720; MüKo-*Spellenberg*, Vor Art 11 Rn. 219.

155 Vgl. *RGZ* 38, 194 (196); 134, 67 (69).

156 *Rabel*, RabelsZ 3 (1929), 807 (815, 835).

157 *Ruthig*, § 1 B II 1; *v. Bar*, Bd. II, Rn. 589; Erman-*Hohloch*, Anh. I Art. 37 Rn. 18; Palandt-*Heldrich*, Anh. Art. 32 Rn. 1; *Dorsel*, MittRhNotK 1997, 6 (11); *Schotten*, Rn. 90; a.A. Soergel-*Lüderitz*, Art. 10 Rn. 112.

158 Ein solches liegt dann vor, wenn das deutsche IPR für die Anknüpfung auf ein fremdes IPR verweist, das wiederum auf deutsches Recht zurück oder auf ein drittes Recht weiter verweist, vgl. zur Def. Kegel/Schurig-*Schurig*, § 10 I.

159 *Rabel*, RabelsZ 3 (1929), 807 (835).

160 *Rabel*, RabelsZ 7 (1933), 797 (805).

Gebrauchsort abgestellt. *Steding*[161] differenziert in Zweifelsfällen nach der Gutgläubigkeit des Dritten. Handelt der Vertreter unbefugt (aber grundsätzlich mit Vertretungsmacht) in einem dritten Land und weiß der Dritte davon, so sei zum Schutz des Vertretenen an das Recht des intendierten Gebrauchsortes anzuknüpfen. Ist der Dritte diesbezüglich jedoch gutgläubig, so sei zum Schutz der Dritten an das Recht des tatsächlichen Gebrauchsortes anzuknüpfen. Dem Gutgläubigen könne nicht das Risiko des unzuverlässigen Vollmachtsgebrauchs des Vertreters aufgebürdet werden. Probleme ergeben sich bei der Bestimmung des Gebrauchsorts der Vollmacht. So ist es gerade bei Geschäften, die einer längeren Vorbereitungszeit mit mehreren Treffen der Parteien bedurften, oft unbillig den Ort des Abschlusses als Gebrauchsort anzusehen. Um eine leichtere Handhabung der Problematik zu erreichen, hat die h.M. einige Fallgruppen für eine einheitliche Anknüpfung gebildet.

(i) *Anknüpfung der Vollmachten für Distanzgeschäfte*

Distanzgeschäfte sind solche Geschäfte, bei denen der Vertreter und der Dritte von verschiedenen Orten aus handeln.[162] Für solche Geschäfte gelte als Gebrauchsort der Ort, an dem der Vertreter seine Erklärung abgibt, also der Ort, von dem aus er einen Brief absendet oder telefoniert.[163] Der Ort des Zugangs der Willenserklärung oder der Ort, an dem die Bevollmächtigung nachgewiesen wurde, sei nicht relevant, es sei denn, es handele sich um die Vollmacht eines Empfangsvertreters.[164]

(ii) *Anknüpfung der Kapitänsvollmachten*

Die Anknüpfung der Vollmacht von Kapitänen erfolge an das Recht der Flagge des Schiffes.[165] Darunter versteht man grundsätzlich das Recht am Sitz des vertretenen Reeders bzw. das Recht an dem Ort, wo das Schiff registriert ist. Dies geschehe auch dann, wenn bei der Reederei deren Heimatrecht (Recht des Sitzes) und das Recht der Flagge, auf Grund der Flucht in Länder mit „billiger Flagge," nicht übereinstimme.

---

161 *Steding*, ZVglRWiss 86 (1987), 25 (45); zustimmend *Marakov*, FS Perassi II, 39 (63).

162 *Ruthig*, § 1 B II 2.

163 *OLG Frankfurt*, RIW/AWD 1969, 415 (416); *v. Bar*, Bd. II, Rn. 589; Erman-*Hohloch*, Anh. I Art. 37 Rn. 16; *Ferid*, 5-152; *Fischer*, § 12 III 3 a; *Kropholler*, § 41 I 2 a; Sandrock-*Müller*, D Rn. 34; *Steding*, ZVglRWiss 86 (1987), 25 (44).

164 MüKo-*Spellenberg*, Vor. Art. 11 Rn. 219.

165 *LG Hamburg*, IPRspr 1962/63 Nr. 48 m.w.N.; Sandrock-*Müller*, D Rn. 39 f.; *Müller*, RIW/AWD 1979, 377 (378); *Lüderitz*, FS Coing II, 305 (315); Reithmann/Martiny-*Hausmann*, Rn. 1735; *Raape*, IPR, § 46 IV; Kegel/Schurig-*Kegel*, § 17 V 2 b.

(iii) *Anknüpfung der Prozessvollmachten*

Die Prozessvollmacht werde in vollem Umfang der *lex fori* unterworfen[166]. Dabei versteht man unter *lex fori* das Recht des Staats in dem der Prozess anhängig ist.[167]

(iv) *Anknüpfung der Vollmachten über Immobiliar- und Mobiliarverfügungen*

Bei dinglichen Grundsstücksübereignungsverträgen werde die Vollmacht der *lex rei sitae* unterstellt, also der Rechtsordnung des Landes, in dem das Grundstück belegen ist, auch wenn von ihr in einem anderen Land Gebrauch gemacht wird, als das Grundstück belegen ist.[168] Umstritten ist, ob der schuldrechtliche Vertrag über den Verkauf eines Grundstückes nicht der *lex rei sitae*, sondern dem Recht des Gebrauchsortes unterfallen soll.[169] Für das Recht der beweglichen Sachen gilt in Deutschland jedoch unstrittig sowohl für das dingliche als auch für das schuldrechtliche Geschäft als Anknüpfungsrecht das Recht des Gebrauchsorts der Vollmacht.[170]

(v) *Anknüpfung der Vollmacht bei Börsen-, Märkte- und Messenvollmachten*

Die Anknüpfung der Vollmacht auf Börsen, Märkten und Messen soll an das Recht des Ortes erfolgen, an dem der Makler seine berufstypische Tätigkeit entfaltet, also an dem Ort der Börse, des Markte oder der Messe.[171] Er sei auch

166 *BGH,* IPRspr. 1958/59 Nr. 38; *BGH,* RIW/AWD 1990, 833 (834); *BGH,* NJW 1990, 3088; Soergel-*Lüderitz*, Anh. Art. 10 Rn. 96; MüKo-*Spellenberg*, Vor. Art. 11 Rn. 187; *Schäfer*, RIW/AWD 1996, 189 (190).

167 *LG Frankfurt*, RIW/AWD 1980, 291; Sandrock-*Müller*, D Rn. 47; Reithmann/Martiny-*Hausmann*, Rn. 1742; *Ferid*, Rn. 5-157.

168 *BGH,* NJW 1963, 46 (47); *OLG München*, IPRspr. 1988 Nr. 15; *OLG München*, IPRax 1990, 320 (321); MüKo-*Spellenberg*, Vor Art. 11 Rn. 183; Erman-*Hohloch*, Anh. I Art. 37 Rn. 17; Sandrock-*Müller*, D Rn. 44; Kegel/Schurig-*Kegel*, § 17 V 2 a; *Ruthig*, § 1 B II 2 a; *Schotten*, Rn. 91; Palandt-*Heldrich*, Art. 11 Rn. 20; Reithmann/Martiny-*Hausmann*, Rn. 1738; *Ficker*, RabelsZ 24 (1959), 331 (333).

169 Für den Gebrauchsort *OLG München*, NJW-RR 1989, 663 (664); Reithmann/Martiny-*Hausmann*, Rn. 1739; *Caemmerer*, RabelsZ 24 (1959), 201 (209); *Ficker*, RabelsZ 24 (1959), 331 (333); Soergel-*Lüderitz*, Anh. Art. 10 Rn. 99, 101; *Ruthig*, § 1 B II 2 a Fn. 239; Erman-*Hohloch*, Anh. I Art. 37 Rn. 17; *v. Bar*, Bd. II, Rn. 591; a.A Sandrock-*Müller*, D Rn. 45; *Müller*, RIW/AWD 1979, 377 (378 f.); *Schäfer*, RIW/AWD 1996, 189 (190); *Spellenberg*, II. Kap. IV 4 b; *Leible*, IPRax 1998, 257 (258).

170 Staudinger-*Stoll*, Internat. SachR, Rn. 299; *Caemmerer*, RabelsZ 24 (1959), 201 (209); Reithmann/Martiny-*Hausmann*, Rn. 1739; *Spellenberg*, II. Kap. IV 4 b; *Ficker*, RabelsZ 24 (1959), 331 (333).

171 *OLG Hamburg*, IPRspr. 1931 Nr. 39; Sandrock-*Müller*, D Rn. 49; Reithmann/Martiny-*Hausmann*, Rn. 1741; *Kropholler*, § 41 I 2 d; *Ferid*, 5-157; *Lüderitz*, FS Coing II, 305 (320).

dann maßgeblich, wenn der Vertreter seine bindende Erklärung nicht an diesem Ort abgibt.

(vi) *Anknüpfung der Vollmachten für kaufmännische und handelsrechtliche Vertreter*

Unklar ist die Rechtslage bei der selbstständigen Anknüpfung, wenn der Vertreter ein Kaufmann ist. Die *Rechtsprechung*[172] differenziert nicht mehr, ob es sich um einen ständigen oder nicht-ständigen Vertreter handelt, sondern knüpft generell als Gebrauchsort an das Recht des Niederlassungsortes des Vertreters an.[173] Dabei komme es nicht darauf an, ob es sich um Angestellte, die eine Zweigstelle leiten oder selbstständige Handelsvertreter mit fester Niederlassung im Ausland handele; zwingend sei nur, dass sie von einer Niederlassung aus agierten.[174] Der Dritte müsse eine Einschränkung des Verkehrsschutzes hinnehmen, da er ohne weiteres in der Lage sei, das Handeln des Vertreters unter einer fremden Rechtsordnung zu erkennen. Ob das Recht der Niederlassung auch gelten soll, wenn der Vertreter außerhalb des Ortes der Niederlassung handelt, hat der *BGH* bisher offen gelassen.[175] In der Literatur werden zum Teil differenzierte Ansätze vertreten. Ein *Teil der Literatur*[176] unterstellt die Vertretungsmacht kaufmännischer Vertreter mit einer Niederlassung (ständig oder nicht-ständig), ebenfalls grundsätzlich dem Ortsrecht der Niederlassung. Das Recht des Ortes der Niederlassung gelte auch dann, wenn der Vertreter außerhalb des Niederlassungslands tätig werde, so lange es für den Dritten *erkennbar* sei, dass der Vertreter von einer festen Niederlassung aus handelt (zum Beispiel durch das Verwenden des entsprechenden Briefkopfes). Bedeutung habe es insbesondere dort, wo der ständige Vertreter eine Vollmacht für mehrere Länder erhalten hat. In den Fällen beschränke sich der Schutz des Dritten nur darauf, dass er leicht nachprüfen könne, welches Recht zur Anwendung kommt, aber nicht darauf, welchen Inhalt es hat. Im Gegensatz dazu soll aber nicht das Ortsrecht der Niederlassung, sondern der jeweilige Ort des tatsächlichen Gebrauchs für die Anknüpfung der Vollmacht maßgeblich sein, wenn der Vertreter zwar eine ständige Niederlas-

---

172 *BGHZ* 64, 183 (192); *BGH,* IPRspr. 1954/55 Nr. 16; *BGH,* IPRspr. 1990 Nr. 25.

173 *BGH,* IPRspr. 1960/61 Nr. 40; 1990 Nr. 25; *BGH,* NJW 1990, 3088; *LG Bielefeld,* IPRspr. 1989 Nr. 32; vgl. *Lüderitz,* FS Coing II, 305 (310 f.); Palandt-*Heldrich,* Anh. Art. 32 Rn. 2; Soergel-*Lüderitz,* Anh. Art. 10 Rn. 94.

174 Zustimmend Reithmann/Martiny-*Hausmann,* Rn. 1733; vgl. *Klinke,* RIW/AWD 1978, 642 (647); Sandrock-*Müller,* D Rn. 21.

175 Vgl. *Klinke,* RIW/AWD 1978, 642 (647); *Ruthig,* § 1 B II 2 b; Sandrock-*Müller,* D Rn. 26.

176 Reithmann/Martiny-*Hausmann,* Rn. 1730 ff.; *Ackmann,* IPRax 1991, 220 (222); *Kropholler,* § 41 I 2 b; *Steding,* ZVglRWiss 86 (1987), 25 (45); *Caemmerer,* RabelsZ 24 (1959), 201 (207).

sung habe, aber in einem anderen Land als dem Niederlassungsland handelt und dies dem Dritten nicht erkennbar war. Ein *anderer Teil der Literatur*[177] unterstellt die Vollmacht von kaufmännischen Vertretern immer dem Recht des Gebrauchsortes. *Heldrich*[178] wiederum unterstellt die Vollmacht generell (unabhängig von der Erkennbarkeit) dem Recht der Niederlassung.

Für kaufmännische und Gelegenheitsvertreter ohne ständige Niederlassung im Ausland ist die Anknüpfung weitgehend unstrittig. Es gelte hier nicht alternativ zur Niederlassung der Wohnsitz des Vertreters, sondern es müsse eine selbstständige Anknüpfung an den Gebrauchsort erfolgen.[179] Bezüglich der Bestimmung des Gebrauchsortes sollen ebenfalls die oben dargestellten Fallgruppen der Anknüpfung gelten; habe der Vertreter seine Vollmacht noch nicht ausgeübt, gelte der intendierte Gebrauchsort.

Die oben dargestellten Grundsätze sollen auch für die handelsrechtlichen Vertreter gelten, da sie spezielle kaufmännische Vollmachten darstellten, die rechtsgeschäftlich erteilt worden seien.[180]

(vii) *Anknüpfung der Dauervollmachten*

Dauervollmachten sind Vollmachten, die für eine Vielzahl von Geschäften mit unterschiedlichem Wirkungsstatut erteilt werden.[181] Ihre Anknüpfung erfolgte früher unterschiedlich[182], heute wird aber auf den Ort des schwerpunktmäßigen Gebrauchs der Vollmacht abgestellt.[183] Beim kaufmännischen Vertreter kann die Anknüpfung an das Niederlassungsrecht erfolgen, wenn man auch beim Auseinanderfallen von Niederlassungsland und Gebrauchsort an die Niederlassung anknüpft.

(viii) *Anknüpfung der Rechtsscheinvollmachten*

Die Anknüpfung der Rechtsscheinvollmachten soll grundsätzlich auch selbstständig an das Vollmachtsstatut erfolgen.[184] Dies sei schon deshalb geboten, da

---

177 Erman-*Hohloch*, Anh. I Art. 37 Rn. 17; Sandrock-*Müller*, D Rn. 31; *Fischer*, § 12 III 3 b, der das Recht des Niederlassungsorts nur zum Schutz des Dritten heranziehen will.

178 Palandt-*Heldrich*, Anh. Art. 32 Rn. 2.

179 Sandrock-*Müller*, D Rn. 32; *Fischer*, § 12 III 3 B; Palandt-*Heldrich*, Anh. Art. 32 Rn. 2.

180 *Ruthig*, § 1 B II 2 c; Sandrock-*Müller*, D Rn. 37; *Caemmerer*, RabelsZ 24 (1959), 201 (205).

181 Reithmann/Martiny-*Hausmann*, Rn. 1740.

182 Vgl. *Caemmerer*, RabelsZ 24 (1959), 201 (207).

183 *BGH*, NJW-RR 1990, 248 (250); Reithmann/Martiny-*Hausmann*, Rn. 1740; *Ruthig*, § 1 B II 4.

184 *v. Bar*, Bd. II, Rn. 593; *Kropholler*, NJW 1965, 1641 (1645); *Ebenroth*, JZ 1983, 821 (825); *Steding*, ZVglRWiss 86 (1987), 25 (45).

eine Abgrenzung der konkludenten Bevollmächtigung von der Rechtsscheinvollmacht nicht immer möglich wäre. Aus dem Grund sei auch die Anknüpfung der Anscheins- und Duldungsvollmacht in gleicher Weise vorzunehmen.[185] Die Anscheins- und Duldungsvollmacht soll nach dem Recht des Landes beurteilt werden, an dem der Rechtsschein entstanden ist und sich ausgewirkt hat.[186] Damit entscheide das Recht des Wirkungslands, also des Orts, an dem der Schein einer Bevollmächtigung erregt oder das Handeln geduldet wurde.[187] Umstritten ist bei der Rechtsscheinvollmacht, ob der Vertretene sich gemäß Art. 31 Abs. 2 EGBGB analog darauf berufen kann, das Recht seines gewöhnlichen Aufenthaltsortes sähe keine Rechtsscheinhaftung vor und er müsse als Geschäftsherr mit der Anwendung eines anderen Rechtes nicht rechnen. Die *Befürworter*[188] argumentieren, Art. 31 Abs. 2 EGBGB lasse in Fällen zu, in denen es einer Partei nicht zuzumuten ist an einen Vertrag gebunden zu sein, sich auf das Recht ihres gewöhnlichen Aufenthaltsortes zu berufen. Dieser Vertrauensschutz müsse bei der Rechtsscheinvollmacht ebenso gelten, da sie keine stärkeren Bindungen nach sich ziehen dürfe, als die rechtsgeschäftlich erteilte Vollmacht. Dagegen wendet die *Gegenauffassung*[189] ein, dass Art. 31 EGBGB sich ausschließlich auf die Wirksamkeit von Verträgen beziehe und deshalb nicht auf die Rechtsscheinsvollmacht anwendbar sei. Dies verlange der Schutz des Dritten. Der Ver-

---

185 Vgl. *Ruthig*, § 1 B III 1.

186 *BGHZ* 43, 21 (27) für die Anscheinsvollmacht; *BGH*, WM 1968, 440 für die Duldungsvollmacht; Volle Bestätigung durch *BGHZ* 64, 183 (193); *Kropholler*, NJW 1965, 1641 (1645); Palandt-*Heldrich*, Anh. Art. 32 Rn. 3; *Ferid*, 5-158; vgl. *Steding*, ZVglRWiss 86 (1987), 25 (28); Sandrock-*Müller*, D Rn. 53; Erman-*Hohloch*, Anh. I Art. 37 Rn. 19; *Fischer*, IPRax 1989, 215 (217); vgl. *Müller*, RIW/AWD 1979, 377 (379).

187 Einigen Vertretern der Literatur bereitet in diesem Zusammenhang die Entscheidung *BGHZ* 43, 21 (27) Probleme. Der *BGH* scheint auf den ersten Blick den Schein des Bestandes der Vollmacht nicht dem Vollmachtsstatut unterstellen zu wollen, da in dem Fall gerade keine rechtsgeschäftlich erteilte Vollmacht vorliege. Der Geschäftsherr hafte nämlich nur auf Grund eines ihm zurechenbaren Rechtsscheins. Daraus folgern *Leible*, IPRax 1998, 257 (260), *Kropholler*, NJW 1965, 1641 (1644 f.) und in gewisser Weise auch MüKo-*Spellenberg*, Vor Art. 11 Rn. 221, dass der *BGH* die Anscheinsvollmacht einem gesonderten Statut unterstelle. Liest man die Entscheidung aber genau, so muss man mit *Ruthig*, § 1 B III 2 zu dem Ergebnis kommen, dass nur der Anschein der „Ersetzung des Gebrauchsortes" erweckt wird. Der *BGH* will wohl nur eine Auseinandersetzung mit der (vereinzelten) Entscheidung *BGH*, JZ 1955, 702 (die auf den Erteilungsort der Vollmacht abgestellt hat) vermeiden und klarstellen, dass eine Anknüpfung an den Erteilungsort („Ort der Bevollmächtigung") bei der Anscheinsvollmacht *keinesfalls* in Frage kommt.

188 Palandt-*Heldrich*, Anh. Art. 32 Rn. 3; *Fischer*, IPRax 1989, 215 (216); Reithmann/Martiny-*Hausmann*, Rn. 1764.

189 Erman-*Hohloch*, Anh. I Art. 37 Rn. 19; *Caemmerer*, RabelsZ 24 (1959), 201 (210).

tretene sei ausreichend über die Berücksichtigung seiner Ausländerqualität bei der Auslegung seines Verhaltens im Wirkungsland geschützt.

(ix) *Anknüpfung der Vollmacht beim Vertreter ohne Vertretungsmacht (falsus procurator)*

Es ist umstritten, nach welchem Recht die Haftung des *falsus procurators* beurteilt werden soll. Zwar handele es sich streng genommen gar nicht um ein Problem der Vollmacht, denn dieses liege ja gerade nicht vor, jedoch ergebe sich das Problem im Zusammenhang mit Sachverhalten, die die Anknüpfung einer Vollmacht beträfen, so dass sie sich von Sachverhalten, bei denen eine Vollmacht vorliege, nicht unterschieden.[190] Ein *Teil der Literatur*[191] unterstellt die Beurteilung des *falsus procurators* dem Geschäftsstatut. Der Vertreter übernehme bei Vertragsschluss eine Garantie für das Bestehen seiner Vollmacht, so dass es sich um eine Frage handele, die mit dem Vertrag zwischen dem *falsus procurator* und dem Dritten zusammenhänge. Dies umfasse auch die Frage, ob das Rechtsgeschäft des *fasus procurators* nichtig oder schwebend unwirksam und ob eine Genehmigung möglich ist. Die *Gegenauffassung*[192] unterwirft die Beurteilung der Haftung des *falsus procurators*, wie die Rechtsscheinvollmacht, dem Vollmachtsstatut. Sie sei, wie die Rechtsscheinvollmacht, ein Fall der Vertrauenshaftung. Außerdem entspräche es dem Interesse des Verkehrs, das leicht feststellbare Recht des Gebrauchsortes anzuwenden; auch sei so die Möglichkeit gegeben, nach einer Rechtsordnung zu beurteilen, ob der Geschäftsherr nach Rechtsscheingrundsätzen hafte oder der Vertreter ohne Vertretungsmacht selbst. Auch sei die Beurteilung, welche rechtlichen Wirkungen das Rechtsgeschäft des Vertreters ohne Vertretungsmacht für den vermeintlich Vertretenen hat, nach dem Vollmachtsstatut zu beurteilen.

---

190 *Steding*, ZVglRWiss 86 (1987), 25 (46); *Müller-Freienfels*, RabelsZ 43 (1979), 80 (111).

191 So auch *BGH*, IPRspr. 1964/65 Nr. 34; *BGH*, NJW 1992, 618 (619); *BGHZ* 128, 41 (48); *v. Bar*, Bd. II, Rn. 593; Anm. *v. Bar* JZ 1992, 581 (582); *Leible*, IPRax 1998, 257 (259); *Caemmerer*, RabelsZ 24 (1959), 201 (217); Erman-*Hohloch*, Anh. Art. 37 Rn. 19; *Hoffmann*, § 10 Rn. 13; Sandrock-*Müller*, D Rn. 87; *Rabel*, RabelsZ 3 (1929), 807 (824); Reithmann/Martiny-*Hausmann*, Rn. 1769 ff.; *Raape*, IPR, § 46 III.

192 *OLG Hamburg*, VersR 1987, 1216; *Kayser*, S. 95, 126 ff.; Kegel/Schurig-*Kegel*, § 17 V 2 c; *Steding*, ZVglRWiss 86 (1987), 25 (47); *Dorsel*, MittRhNotK 1997, 6 (12); *Fischer*, § 12 IV; *Gamillscheg*, FS Michaelis, 79 (335); *Kropholler*, § 41 I 3; *Kropholler*, NJW 1965, 1641 (1645 f.); *Müller-Freienfels*, RabelsZ 43 (1979), 80 (112); Palandt-*Heldrich*, Anh. Art. 32 Rn. 3 und *Rabel*, RabelsZ 3 (1929), 807 (824) unterstellen allerdings die Beurteilung der Wirkungen der Vertretung ohne Vertretungsmacht dem Geschäftsstatut.

(2) Rechtsordnung, unter der der Vertreter erkennbar auftritt

Lüderitz[193] kritisiert, dass das Argument des Verkehrsschutzes für die Anknüpfung an den Gebrauchsort in manchen Fällen den Rechtsverkehr nicht fördere, sondern behindere. Das zeige sich besonders in dem Fall, in dem Vorschriften das Vertreterhandeln am Wirkungsort einschränken. Daher will er die Vollmacht dem Recht unterstellen, unter dem der Vertreter erkennbar auftritt.[194] Diese Anknüpfung ergebe sich aus dem vernünftigen Parteiwillen und dem Interesse der Beteiligten. Außerdem würde eine solche Regelung dem Grundsatz der Privatautonomie gerecht. Ebenfalls sei eine flexible Handhabung in extremen Fällen der Anknüpfung möglich und das Empfängerinteresse werde hier in den Vordergrund gestellt. Die Anknüpfung bei kaufmännischen Vertretern erfolge in der Regel an die Rechtsordnung, die an dessen ständiger Niederlassung gelte; handele ein Gelegenheitsvertreter erkennbar unter Bezugnahme auf eine bestimmte Rechtsordnung, so unterfalle auch in dem Fall die Vollmacht dieser Rechtsordnung. Der Grundsatz gelte, gleichgültig ob der Vertreter an dem Bestimmungsort selber auftrete oder dorthin nur korrespondiere. Trete der Vertreter auf Märkten oder an Börsen auf, stehe der Handlungsort so im Vordergrund, dass die Vollmacht dem Recht dieses Ortes unterstellt werden müsse. Trete der Vertreter nicht erkennbar unter einer bestimmten Rechtsordnung auf, sei alleinige Beurteilungsgrundlage für die Vollmacht die rechtsgeschäftliche Erklärung des Vertreters. In dem Fall erfolge die Anknüpfung der Vollmacht nicht mehr selbstständig, sondern an das Geschäftsstatut, unterstehe also dem Recht, das auf das Schuldverhältnis anzuwenden ist.[195]

(3) Anknüpfung der Vollmacht an den Sitz des Geschäftsherrn

Kegel[196] lehnt die schrankenlose Anknüpfung der Vollmacht an das Wirkungsland ab. Dem Verkehrsschutz werde damit über Gebühr Rechnung getragen. Es reiche vielmehr aus, das Recht des Gebrauchsortes nach Art. 12 Abs. 1 S. 1 EGBGB analog anzuwenden, wenn das Vetretergeschäft am Gebrauchsort abgeschlossen wurde und der Dritte die Anwendbarkeit der fremden Rechtsordnung nicht kannte, also gutgläubig war.[197] Im Regelfall soll aber die Vollmacht an die Rechtsordnung des gewöhnlichen oder hilfsweise schlichten Aufenthaltsortes des Geschäftsherrn angeknüpft werden. Auf diese Weise sei es möglich, die im internationalen Privatrecht geltende Parteiautonomie optimal zu beachten und dem Verkehrsschutz gerecht zu werden. Die Anknüpfung sei sicherer als die an

---

193 *Lüderitz*, FS Coing II, 305 (315).

194 *Lüderitz*, FS Coing II, 305 (318 ff.); Soergel-*Lüderitz*, Anh. Art. 10 Rn. 101.

195 Z. B. das gemäß Artt. 27, 28 EGBGB ermittelte Vertragsstatut, *Kropholler*, § 41 III 5 a.

196 Kegel/Schurig-*Kegel*, § 17 V 2 a; zustimmend *Dorsel*, MittRhNotK 1997, 6 (13); *Müller*, RIW/AWD 1979, 377 (383); *Fischer*, § 12 III 4.

197 Fahrlässige Unkenntnis schade ebenfalls nicht.

den Gebrauchsort, da der Sitz des Geschäftsherrn leicht feststellbar sei. Außerdem werde gewährleistet, dass die Vollmacht nur einem Recht unterliege. *Ebenroth*[198] folgt im Wesentlichen der Auffassung von Kegel, variiert aber im Detail. Der Dritte sei nur dann durch Anwendung des Rechts des Gebrauchsortes auf die Vollmacht geschützt, wenn er den Niederlassungsort des Geschäftsherrn nicht kannte. Für die Anwendung von Art. 12 Abs. 1 S. 1 EGBGB analog könne die Unkenntnis des an der Niederlassung anwendbaren Rechts nicht ausreichen, da so die Geltung eines einheitlichen Anknüpfungsmoments nicht gewährleistet werde. Die Gutgläubigkeit sei zu vermuten und der Dritte könne gegebenenfalls zwischen der Anwendbarkeit des Rechts des Gebrauchsorts und des Rechts am Ort der Niederlassung wählen. Für die Anknüpfung von Rechtsscheinvollmachten seien dieselben Kriterien wie für die Vollmacht heranzuziehen.

(4) Kumulative Anknüpfung der Vollmacht

Luther[199] will für das Vollmachtsstatut das Recht des Wirkungslandes und das Recht des Aufenthaltorts des Geschäftsherrn kumulativ anwenden, wobei sich das strengere Recht durchsetzen soll. Damit sei eine stärkere Rücksichtnahme auf die Rechte des Geschäftsherrn möglich, die bei der Anknüpfung an den Wirkungsort völlig außer Acht gelassen würden. Dem Kollisionsrecht sei eine solche Doppelanknüpfung nicht fremd. Der Dritte werde auch nicht übermäßig belastet. Er wisse durch den Hauptvertrag, dass er mit einem Vertreter verhandelt habe, weshalb es ihm zuzumuten sei, sich über den Geschäftsherrn zu informieren. Stelle sich dabei heraus, dass der Vertretene ein Ausländer mit Sitz im Ausland ist, so müsse der Dritte damit rechnen, dass der Geschäftsherr seine Erklärungen unter eigenem Recht abgibt. In der heutigen Zeit sei es aber zumutbar, dass der Dritte durch einen Anruf, ein Fax oder ähnliches, Ungewissheiten aus dem Weg räume. Gerade bei Singularvollmachten biete sich eine solche Anknüpfung an; auch würde der allgemeine Verkehrsschutz nicht beeinträchtigt. Eine kumulative Anknüpfung sei genauso bei Rechtsscheinvollmachten durchzuführen.[200]

Anders sei es nur bei der Vertretung durch ständige kaufmännische Hilfspersonen (keine kaufmännischen Gelegenheitsvertreter)[201], die stets dem Niederlassungsrecht zu unterstellen seien.

(5) Anknüpfung der Vollmacht nach dem Veranlasserprinzip

Klinke[202] vertritt die Auffassung, dass für die Vollmacht an das Recht desjenigen anzuknüpfen sei, der das Handeln des Vertreters im fremden Rechtskreis veran-

---

198 *Ebenroth*, JZ 1983, 821 (824 f.).

199 *Luther*, RabelsZ 38 (1974), 421 (436 ff.).

200 *Luther*, RabelsZ 38 (1974), 421 (432 ff.).

201 *Luther*, RabelsZ 38 (1974), 421 (423).

lasst habe. Dabei sei der Vertretene risikobelastet, wenn die Initiative zum Geschäftsschluss von ihm oder seinem Vertreter ausgehe. Bringe der Dritte das Geschäft in Gang, so sei er der Belastete. Die „Initiative" zum Vertragsschluss sei wie das in § 145 BGB festgelegte Angebot zum Vertrag zu verstehen, sei aber nicht mit ihm identisch, da ein solches Angebot mangels Bestimmtheit nicht wirksam sein könne. Auf diese Weise könne eine gerechte Abwägung stattfinden, wer das Risiko der Vertretung zu tragen habe und ein übertriebener Verkehrsschutz vermieden werden. Auch die Tatsache, dass es nicht mehr auf den Ort der tatsächlichen Erklärung des Vertreters ankomme, vermeide zufällige Anknüpfungen der Vollmacht. Bei kaufmännischen Vertretern folgt *Klinke* der h.M., indem er auch die Anknüpfung an den Ort der Niederlassung vertritt.

(6) Anwendungsbereich des Vollmachtsstatuts

Wie oben dargelegt, trennt die selbstständige Anknüpfung die Vollmacht und das Vertretergeschäft. Damit ergibt sich das Problem der Abgrenzung zwischen dem Vertretergeschäft und der Vollmacht. Grundsätzlich kann man annehmen, dass alle Fragen, die die Vollmacht selbst betreffen dem Vollmachtsstatut und Fragen, die mit der Stellvertretung beim Geschäft an sich zu tun haben, dem Recht des Geschäftes unterstellt werden.[203]

(a) Zuweisung zum Vollmachtsstatut

Weitgehende Einigkeit besteht darüber, dass die Frage des Umfangs und der Beendigung der Vollmacht dem Vollmachtsstatut zu unterstellen ist.[204] Auch Fragen des Bestehens der Vollmacht fallen unter das Vollmachtsstatut.[205] Weiter fallen im Einzelnen die Art und Weise der Vollmachtserteilung[206], Gültigkeit der Erteilung[207], insbesondere der Einfluss von Willensmängeln[208], Auslegung der

---

202 *Klinke*, RIW/AWD 1978, 642 (649).

203 *Caemmerer*, RabelsZ 24 (1959), 201 (214); MüKo-*Spellenberg*, Vor Art. 11 Rn. 222; *Raape*, IPR, § 46 II.

204 *RGZ* 78, 55 (60); *BGH*, NJW 1954, 1561; *BGH*, NJW 1982, 2733; *OLG Koblenz*, RIW/AWD 1996, 151 (152); *OLG Köln*, NJW-RR 1996, 411; *Steding*, ZVglRWiss 86 (1987), 25 (46); *Braga*, RabelsZ 24 (1959), 337 (338); *Schotten*, Rn. 93, 96; Reithmann/Martiny-*Hausmann*, Rn. 1745; Palandt-*Heldrich*, Anh. Art. 32 Rn. 3; Sandrock-*Müller*, D Rn. 70.

205 *BGH*, NJW 1982, 2733; *Steding*, ZVglRWiss 86 (1987), 25 (46); Sandrock-*Müller*, D Rn. 71; *Ferid*, 5-160.

206 MüKo-*Spellenberg*, Vor Art. 11 Rn. 223; *Caemmerer*, RabelsZ 24 (1959), 201 (215).

207 *Caemmerer*, RabelsZ 24 (1959), 201 (215); Sandrock-*Müller*, D Rn. 61; *Ferid*, 5-160; Reithmann/Martiny-*Hausmann*, Rn. 1745.

208 *Steding*, ZVglRWiss 86 (1987), 25 (47); MüKo-*Spellenberg*, Vor Art. 11 Rn. 223; *Caemmerer*, RabelsZ 24 (1959), 201 (215); *Dorsel*, MittRhNotK 1997, 6 (11).

Vollmachtserklärung[209], die Widerruflichkeit und der Widerruf der Vollmacht[210], Wirksamkeit von Unwiderruflichkeitsklauseln, die Beurteilung der Überschreitung der Vollmacht[211], die Beendigung durch Befristung oder Tod des Vollmachtgebers[212], die Auslegung der Vollmacht[213], Zulässigkeit einer Untervollmacht[214], Missbrauch der Vertretungsmacht[215] und die Beurteilung von Rechtsscheinvollmachten[216] unter das Vollmachtsstatut.

(b) Strittige Fälle

Umstritten für die Zuordnung zu einem Statut ist die Zulässigkeit der Bevollmächtigung Minderjähriger[217], in welchem Maße Geschäftsfähigkeit bei der Erteilung von Vollmachten erforderlich ist[218], ob überhaupt eine Bevollmächtigung vorliegt[219], welche Art Vollmacht für ein bestimmtes Geschäft notwendig ist[220],

---

209 Reithmann/Martiny-*Hausmann*, Rn. 1747; Palandt-*Heldrich*, Anh. Art 32 Rn. 3; *Schotten*, Rn. 95; *Braga*, RabelsZ 24 (1959), 337 (337); *Dorsel*, MittRhNotK 1997, 6 (12).

210 Palandt-*Heldrich*, Anh. Art. 32 Rn. 3; *Caemmerer*, RabelsZ 24 (1959), 201 (215); Sandrock-*Müller*, D Rn. 92.

211 *Rabel*, RabelsZ 7 (1933), 797 (805); MüKo-*Spellenberg*, Vor Art. 11 Rn. 223; *Schotten*, Rn. 94; Reithmann/Martiny-*Hausmann* Rn. 1752.

212 *BGHZ* 64, 183 (191); *OLG Frankfurt*, IPRspr. 1962/63 Nr. 164; *Caemmerer*, RabelsZ 24 (1959), 201 (215), MüKo-*Spellenberg*, Vor Art. 11 Rn. 223; *Schotten*, Rn. 96; Reithmann/Martiny-*Hausmann* Rn. 1759 f.

213 *BGH*, JZ 1955; 702 (703); *Luther*, RabelsZ 38 (1974), 421 (434 f.); MüKo-*Spellenberg*, Vor Art. 11 Rn. 223; Reithmann/Martiny-*Hausmann*, Rn. 1747.

214 *Schotten*, Rn. 94; Reithmann/Martiny-*Hausmann*, Rn. 1749; *Caemmerer*, RabelsZ 24 (1959), 201 (214); *Braga*, RabelsZ 24 (1959), 337 (338); Sandrock-*Müller*, D Rn. 88.

215 *Caemmerer*, RabelsZ 24 (1959), 201 (214); Sandrock-*Müller*, D Rn. 80; *Luther*, RabelsZ 38 (1974), 421 (429); *Dorsel*, MittRhNotK 1997, 6 (12).

216 *BGHZ* 43, 21 (27); *Kropholler*, NJW 1965, 1641 (1645); *Steding*, ZVglRWiss 86 (1987), 25 (46); Palandt-*Heldrich*, Anh. Art. 32 Rn. 3; *Braga*, RabelsZ 24 (1959), 337 (337); Erman-*Hohloch*, Anh. I Art. 37 Rn. 19; Sandrock-*Müller*, D Rn. 81; Reithmann/Martiny-*Hausmann*, Rn. 1763; *Leible*, IPRax 1998, 257 (260).

217 Für das Geschäftsstatut *Müller-Freienfels*, S. 243; *Steding*, ZVglRWiss 86 (1987), 25 (48); *Raape*, IPR, § 46 II; für das Vollmachtsstatut *Caemmerer*, RabelsZ 24 (1959), 201 (215), der Rücksicht auf das der Bevollmächtigung zugrunde liegende Geschäft nehmen will.

218 Für das Vollmachtsstatut *Steding*, ZVglRWiss 86 (1987), 25 (48), für das Personalstatut des Vollmachtgebers *Caemmerer*, RabelsZ 24 (1959), 201 (215); *Braga*, RabelsZ 24 (1959), 337 (338).

219 Für das Recht am Sitz des Vertretenen *BGH*, JZ 1955, 702; *Raape*, IPR, § 46 II; für das Vollmachtsstatut *OLG Hamburg*, IPRspr. 1964/65 Nr. 46; *LG Hamburg*, IPRspr. 1960/61 Nr. 49; *Ferid*, 5-160; *Caemmerer*, RabelsZ 24 (1959), 201 (211); Sandrock-*Müller*, D Rn. 61; *Kropholler*, NJW 1965, 1641 (1645); *Müller-Freienfels*, S. 239.

die Zulässigkeit von In-sich Geschäften[221], die Zurechnung von Kenntnissen des Vertreters zum Geschäftsherrn[222], die rechtlichen Folgen der Willensmängel und Kenntnis dieser[223], ob der Geschäftsherr für eine Anfechtung wegen Willensmängeln einem eigenen Irrtum unterlegen sein muss, Beurteilung der Nichtigkeit bzw. die Genehmigungsfähigkeit eines Rechtsgeschäfts durch einen *falsus procurator* oder In-sich Geschäft[224], wer die Genehmigung, wenn überhaupt, unter welchen Voraussetzungen erteilen kann[225], das Widerrufsrecht des Drittkontrahenten[226], die Haftung des *falsus procurators* selbst[227], die Zulässigkeit der Stellvertretung[228] und die Zulässigkeit der verdeckten Stellvertretung[229].

---

220 Für das Geschäftsstatut *Braga*, RabelsZ 24 (1959), 337 (338); *Caemmerer*, RabelsZ 24 (1959), 201 (217); *Raape*, IPR, § 46 II; *Schotten*, Rn. 97; *Kropholler*, § 41 I 3; Reithmann/Martiny-*Hausmann*, Rn. 1766; Sandrock-*Müller*, D Rn. 60; *Dorsel*, MittRhNotK 1997, 6 (11); für das Vollmachtsstatut *Rabel*, RabelsZ 3 (1929), 807 (826).

221 Für das Innenverhältnis zwischen dem Vertreter und dem Geschäftsherrn *Braga*, RabelsZ 24 (1959), 337 (339); für das Vollmachtsstatut *BGH*, NJW 1992, 618; *OLG Koblenz*, RIW/AWD 1996, 151 (152); *Caemmerer*, RabelsZ 24 (1959), 201 (216); *Schotten*, Rn. 94; Palandt-*Heldrich*, Anh. Art. 32 Rn 3; *v. Bar*, Bd. II, Rn. 593; Reithmann/Martiny-*Hausmann*, Rn. 1750; Erman-*Hohloch*, Anh. I Art. 37 Rn. 19; Anm. *Hohloch*, JuS 1992, 612 (613); Sandrock-*Müller*, D Rn. 89; für das Geschäftsstatut *Raape*, IPR, § 46 II.

222 Für das Vollmachtsstatut *Steding*, ZVglRWiss 86 (1987), 25 (47); *Caemmerer*, RabelsZ 24 (1959), 201 (216); Sandrock-*Müller*, D Rn. 90; für die Anwendung des Geschäftstatutes *Ferid*, 5-161; *Rabel*, RabelsZ 3 (1929), 807 (834); Reithmann/Martiny-*Hausmann*, Rn. 1768; für das Vertretungsstatut *Braga*, RabelsZ 24 (1959), 337 (338).

223 Für das Geschäftsstatut Sandrock-*Müller*, D Rn. 91; *Caemmerer*, RabelsZ 24 (1959), 201 (216).

224 Für das Geschäftsstatut *Caemmerer*, RabelsZ 24 (1959), 201 (217); Palandt-*Heldrich*, Anh. Art. 32 Rn. 3; Reithmann/Martiny-*Hausmann*, Rn. 1769 f.; für das Vollmachtsstatut *LG Bielefeld*, IPRax 1990, 315 (316); *Kayser*, S. 95; *Steding*, ZVglRWiss 86 (1987), 25 (47); Kegel/Schurig-*Kegel*, § 17 V 2 c; *Dorsel*, MittRhNotK 1997, 6 (12).

225 Für das Geschäftstatut, da es diesem näher liege *BGH*, IPRspr. 1964/65 Nr. 34; *Rabel*, RabelsZ 3 (1929), 807 (824); für das Vollmachtsstatut *BGH*, NJW 1992, 618; *Steding*, ZVglRWiss 86 (1987), 25 (47); *Caemmerer*, RabelsZ 24 (1959), 201 (216).

226 Für das Vollmachtsstatut *Kayser*, S. 196 ff.; Kegel/Schurig-*Kegel*, § 17 V 2 c; *Steding*, ZVglRWiss 86 (1987), 25 (47); für das Geschäftsstatut Reithmann/Martiny-*Hausmann*, Rn. 1772; *Raape*, IPR, § 46 II.

227 Für eine Garantiehaftung und damit Anwendung des Geschäftsstatutes *Caemmerer*, RabelsZ 24 (1959), 201 (217); *Raape*, IPR, § 46 II; Sandrock-*Müller*, D Rn. 87; Erman-*Hohloch*, Anh. I Art. 37 Rn. 19; für einen Fall der Vertrauenshaftung und damit Anwendung des Vollmachtsstatuts *Kropholler*, NJW 1965, 1641 (1645); Palandt-*Heldrich*, Anh. Art. 32 Rn. 1; *Steding*, ZVglRWiss 86 (1987), 25 (47); *Gamillscheg*, FS Michaelis, 79 (335).

228 Für das Geschäftsstatut *Schotten*, Rn. 97; *Caemmerer*, RabelsZ 24 (1959), 201 (217); Palandt-*Heldrich*, Anh. Art. 32 Rn. 3; *Ferid*, 5-161; Sandrock-*Müller*, D Rn. 56.

bb) Unselbstständige Anknüpfung

Spellenberg[230] hält alle dargestellten Arten der selbstständigen Anknüpfung für nicht praktikabel. Er vertritt die Auffassung, dass die Vollmacht an das Statut des Hauptgeschäfts anzuknüpfen sei, das heißt an das Geschäft zwischen dem Vertreter und Dritten (unselbstständige Anknüpfung). Ansonsten würden die vom Vertreter vorgenommenen Geschäfte unter Umständen einem anderen Statut unterfallen, als wenn der Geschäftsherr sie selbst vorgenommen hätte. Dies entspräche nicht dem Grundsatz des internationalen Entscheidungseinklangs.[231] Der Grundsatz des internationalen Entscheidungseinklangs besagt, dass eine Rechtsordnung ein in sich geschlossenes Ganzes darstellt oder darstellen will, dessen Einheit dadurch zerstört zu werden droht, wenn auf einen Lebenssachverhalt mehr als eine Rechtsordnung angewendet wird.[232] Ein solcher Grundsatz entspräche auch dem in Art. 31 Abs. 1 EGBGB festgelegten Grundsatz der einheitlichen Anknüpfung von rechtlich Zusammenhängendem. Besonders deutlich werde dies im Fall der Anfechtung. Schließe der deutsche Geschäftsherr selbst ein Geschäft in Italien ab, bei dem er die charakteristische Leistung erbringe, so sei gemäß Art. 28 Abs. 2 EGBGB deutsches Recht anwendbar. Für die Anfechtung des Vertrages wegen Irrtums würden damit die §§ 119 ff. BGB mit der Folge gelten, dass die Anfechtung unverzüglich erfolgen und gegebenenfalls Schadenersatz geleistet werden muss. Habe aber sein Vertreter den Vertrag in Italien abgeschlossen, so unterfalle die Vollmacht nach der selbstständigen Anknüpfung dem italienischen Recht mit der Folge, dass der Vertretene die Vollmacht gemäß Art. 1428 ff. codici civile nur anfechten kann, wenn der Dritte den Irrtum erkennen konnte, dafür aber für fünf Jahre.[233] Trotz gleichen Irrtums unterläge in diesem Fall die Anfechtung verschiedenen Rechtsordnungen, die beachtet werden müssten, je nachdem ob ein Vertreter entsendet werde oder der Vertretene selber gehandelt habe.[234] Des Weiteren entspräche die unselbstständige Anknüpfung der Vollmacht auch der Einordnung der Stellvertretung in die Rechtsgeschäftslehre. Der Geschäftsherr erteile die Vollmacht als geschäftsvorbereitende Handlung, damit ein Geschäft für ihn abgeschlossen werde, für den

229 Für die Unterstellung unter das Vollmachtstatut *Steding*, ZVglRWiss 86 (1987), 25 (47); *Dorsel*, MittRhNotK 1997, 6 (11/12); *Gamillscheg*, FS Michaelis, 79 (335); *Kayser*, S. 135 ff.; für das Geschäftsstatut Reithmann/Martiny-*Hausmann*, Rn. 1767; *Raape*, IPR, § 46 II.

230 *Spellenberg*, III. Kap. IV 1 ff.; MüKo-*Spellenberg*, Vor Art. 11 Rn. 229; so schon *L. v. Bar*, S. 68 f.; zustimmend *Müller-Freienfels*, S. 210 ff.

231 *Spellenberg*, II. Kap. IV 3.

232 *Schwind*, RabelsZ 23 (1958), 449 (454); *Spellenberg*, II. Kap. IV 3; *Serick*, RabelsZ 18 (1953), 633 (641).

233 Beispiel vgl. MüKo-*Spellenberg*, Vor Art. 11 Rn. 232.

234 Vgl. *Spellenberg*, II. Kap. II 3.

Dritten sei die Vollmacht eine Voraussetzung für den wirksamen Vertrag. Außerdem erübrige sich die oft problematische Abgrenzung, welche Voraussetzung dem Vollmachtsstatut und welche dem Geschäftsstatut zuzuordnen sei. Im Ergebnis könne nur durch eine unselbstständige Anknüpfung der Interessenkonflikt zwischen dem Schutz des Vertretenen und dem Schutz des Dritten angemessen gelöst werden.

(1) Anknüpfung bei Vollmachten über Immobiliar- und Mobiliarverfügungen

Bei Immobilien knüpft *Spellenberg*[235] die Vollmacht wie die Vertreter der selbstständigen Anknüpfung an, bei Mobilien unterstellt er sowohl das schuldrechtliche als auch das dingliche Geschäft der *lex rei sitae.*

(2) Anknüpfung bei Rechtsscheinvollmachten

Spellenberg[236] behandelt die Rechtsscheinvollmachten und die rechtsgeschäftlich erteilten Vollmachten auf gleiche Weise. Eine einheitliche Anknüpfung, wie auch die Ansicht der selbstständigen Anknüpfung anführe, sei schon deshalb sinnvoll, weil die Abgrenzung der einzelnen Vollmachtsarten oft schwierig ist. Vor allem sei es für den Dritten nicht erkennbar, welche Vollmachtsart vorliegt. Die Rechtsprechung habe nur für den Fall der Duldungsvollmacht entschieden, sie nach dem Recht des Ortes, wo der Rechtschein entstanden ist, anzuknüpfen (Gebrauchsort).[237] Jedoch müsse die Rechtsscheinvollmacht im Zusammenhang mit der allgemeinen Rechtgeschäftslehre gesehen werden, so dass das Geschäftsstatut darüber zu entscheiden habe, ob und unter welchen Voraussetzungen die Rechtsscheinvollmacht der echten Vollmacht gleichzusetzen ist. Der Geschäftsherr müsse damit rechnen, dass er durch das Handeln seines vermeintlichen Vertreters gebunden wird, wenn er zurechenbar den Rechtsschein der Bevollmächtigung gesetzt hat. Der Dritte müsse sich aber unter Umständen vom Geschäftsherrn entgegenhalten lassen, dass er den fehlenden Willen des Geschäftsherrn zur Erteilung einer Vollmacht habe erkennen können. Bei der Anscheinsvollmacht differenziert *Spellenberg*[238] bezüglich der Einwände des Geschäftsherrn und des Dritten nach der Zumutbarkeit der Zurechnung des Anscheins der Bevollmächtigung. Die Schwierigkeiten bei der Bestimmung müssten hingenommen werden.[239] Habe der Vertretene keine bewusste Beziehung zum Ausland hergestellt, so sei ihm oft die Zurechnung der Anscheinsvollmacht nach fremdem Recht nicht zuzumuten. Schließe der vermeintliche Vertreter ein-

---

235 MüKo-*Spellenberg*, Vor Art. 11 Rn. 184.

236 *Spellenberg*, III. Kap. V.

237 *Spellenberg*, III. Kap. V 1.

238 *Spellenberg*, III. Kap. V 2.

239 *Spellenberg*, III. Kap. IV 2 b. Dies kritisieren auch *Ruthig*, § 1 B V 2 c; *Steding*, ZVglRWiss 86 (1987), 25 (44).

fach ein Rechtsgeschäft unter fremdem Recht ab oder gebrauche er einen Firmenbriefkopf, so könne der Geschäftsherr nicht ohne weiteres gebunden werden, nur weil der Vertreter an einem anderen Ort als dem Üblichen handelt. Könne der Geschäftsherr den Vertreter am Ort seiner Niederlassung grundsätzlich ohne Gefahr agieren lassen (weil zum Beispiel die Rechtsfigur der Anscheinsvollmacht dort nicht existiert), so müsse er sich nur unter besonderen Umständen auf die Geltung fremden Rechts auf Grund des Vertragsschlusses im Ausland einstellen. Ansonsten sei nicht das Recht des Geschäftsstatutes für die Beurteilung der Anscheinsvollmacht maßgeblich, sondern das Recht des Wohnsitzes oder des Ortes der gewerblichen Niederlassung des Geschäftsherrn. Umgekehrt müsse sich aber der Geschäftsherr die Anscheinsvollmacht zurechnen lassen, wenn der Vertreter schon längere Zeit als Vertreter aufgetreten ist und so den Anschein der Bevollmächtigung erweckt hat. Dies gelte auch dann, wenn eine Anscheinshaftung an dem Ort der Niederlassung nicht existiert.

cc) Anknüpfung der Vollmacht an das Innenstatut

Nach dieser *Auffassung*[240] soll die Anknüpfung über das Recht erfolgen, welches das Rechtsgeschäft zwischen dem Vollmachtgeber und dem Vertreter beherrscht. Sie wird heute nicht mehr vertreten, da sie offensichtlich dem Wesen der Vollmacht widerspricht und außerdem kein innerer Zusammenhang zwischen dem Innen- und dem Außenverhältnis besteht.

d) Eigene Stellungnahme

Die unselbstständige Anknüpfung hat den Vorteil, dass die Vollmacht mit dem Hauptgeschäft einheitlich beurteilt werden kann und somit die vielen Ausnahmen der Anknüpfungsweise nicht gemacht werden müssen. Für die Vertragsparteien ist die Handhabung übersichtlich und relativ einfach, außerdem erübrigen sich die oben beschriebenen Probleme der Bestimmung des Umfanges der Vollmacht.[241] Jedoch hält auch *Spellenberg* die unselbstständige Anknüpfung nicht konsequent durch, sondern nähert sich bei kaufmännischen Vertretern der selbstständigen Anknüpfung an, indem er an die Niederlassung des Geschäftsherrn anknüpft. Des Weiteren befürwortet er eine Teilrechtswahl für das Vollmachtsstatut, wenn die Bevollmächtigungserklärung erkennbar an einem bestimmten Recht ausgerichtet wurde. Bei den Rechtsscheinvollmachten beurteilt er die Einwände der Parteien bezüglich der Zurechnung nach der Zumutbarkeit; dieses Kriterium ist aber nicht eindeutig bestimmbar, was *Spellenberg*[242] auch selber zugibt. Im Ergebnis ist die unselbstständige Anknüpfung nicht sehr prak-

240 Vgl. hierzu ausführlich *Hupka*, S. 244 ff.; MüKo-*Spellenberg*, Vor. Art. 11 Rn. 207; *Ruthig*, § 1 B V 2 a.

241 Vgl. S. 38 „Anwendungsbereich des Vollmachtsstatuts".

242 *Spellenberg*, III. Kap. IV 2 b.

tikabel, sondern weist ebenfalls Ausnahmen und Unsicherheiten auf. Außerdem muss beachtet werden, dass die Erteilung der Vollmacht ein eigenständiges Rechtsgeschäft ist.[243] Dieser Umstand wird bei dem Ansatz von *Spellenberg* nicht berücksichtigt. *Spellenberg* rechtfertigt seinen Ansatz damit, dass einheitliche Sachverhalte einheitlich anzuknüpfen seien. Dem kann jedoch entgegengehalten werden, dass Teil- und Vorfragen im deutschen IPR (vgl. dazu die Eheschließungsvoraussetzungen gemäß Art. 13 Abs. 1 EGBGB oder die Beurteilung der Geschäftsfähigkeit gemäß Art. 7 Abs. 1 EGBGB), trotz einheitlichen Sachverhalts, ebenfalls selbstständig angeknüpft werden.[244] *Spellenberg* kritisiert an der selbstständigen Anknüpfung, dass sie unter Umständen zu der Anwendung einer anderen Rechtsordnung bei dem Vertreterhandeln gelange, als wenn der Geschäftsherr selber gehandelt hätte. Dieses Problem kann sich zum Beispiel bei dem Handeln des Vertreters ohne Vertretungsmacht ergeben. Das haben jedoch einige Befürworter der selbstständigen Anknüpfung ebenfalls erkannt und die Beurteilung der Vollmacht des Vertretertreters ohne Vertretungsmacht ebenfalls dem Geschäftstatut unterstellt. Außerdem wird (wegen der auch im deutschen IPR bestehenden Abstraktheit der Vollmacht) nur die Beurteilung der Vollmacht einem anderen Recht unterstellt. An der Beurteilung des Vertretergeschäftes ändert sich nichts, da es auch nach der selbstständigen Anknüpfung, gemäß den Artt. 27 ff. EGBGB, dem Recht der engsten Verbindung unterfällt. Schließlich können auch bei der Unterstellung der Vollmacht unter das Geschäftsstatut Unzulänglichkeiten auftreten. Vertreter und Dritter können nämlich durch geschickte Wahl des Geschäftstatuts oder bei einseitigen Rechtsgeschäften selbst die Grenzen der Vertretungsmacht bestimmen. Zudem werden die Rechtsunsicherheiten bezüglich der Beurteilung der Vollmacht nach einem fremden Recht nicht durch eine Anknüpfung an das Geschäftsstatut beseitigt. Bei den Rechtsscheinvollmachten ergeben sich die selben Probleme wie bei der Anknüpfung an das Wirkungsland, so dass *Spellenberg* hier ausnahmsweise auf das Sitzrecht des Vertretenen zurückgreift.[245] Des Weiteren werden bei dem Ansatz von *Spellenberg* unter Umständen die Interessen der Parteien, bei der Ermittlung des Vollmachtsstatutes, nicht ausreichend berücksichtigt. Damit ist die unselbstständige Anknüpfung abzulehnen.

Für eine selbstständige Anknüpfung spricht, dass sie die im deutschen materiellen Recht festgelegte Abstraktheit der Vollmacht auch im deutschen IPR fortsetzt. Normwidersprüche, die durch eine selbstständige Anknüpfung der Voll-

---

243 So auch *BGHZ* 64, 183 (192).

244 So argumentiert auch *Lüderitz*, FS Coing II, 305 (317).

245 Vgl. auch *Ebenroth*, JZ 1983, 821 (822); zustimmend *Müller-Freienfels*, RabelsZ 43 (1979), 80 (105 f.).

macht entstehen können, können durch Anpassung beseitigt werden. Zwar werden die Voraussetzungen für den Geschäftsabschluss auch nicht gesondert angeknüpft, obwohl sie wie die Vollmacht eine Wirksamkeitsvoraussetzung für das Rechtsgeschäft darstellen. Erstere sind jedoch enger mit dem Hauptgeschäft verbunden, so dass eine deutliche Trennung zwischen Abschluss- und Wirkungsproblemen oft schwieriger ist als solche von Vollmachts- und Hauptgeschäftsfragen. Ebenso ist die Gefahr von Normwidersprüchen bei einem selbstständigen Abschlussstatut größer als bei der gesonderten Anknüpfung der Vollmacht. Daher ist es den Parteien zuzumuten, sich bei Abschluss und Wirkung des Rechtsgeschäfts auf ein einheitliches Vertragsstatut einzustellen, nicht jedoch bei Vollmachten, die ja gerade auf einem davon getrennten Rechtsgeschäft beruhen.[246] Damit ist grundsätzlich die selbstständige Anknüpfung der Vollmacht vorzuziehen. Jedoch vermögen nicht alle vorgeschlagenen Ansätze zu überzeugen.

Der Ansicht von *Lüderitz*[247], der die Vollmacht dem Recht unterstellt, unter dem der Vertretene erkennbar auftritt, ist entgegen zu setzen, dass ein so differenziertes Anknüpfungssystem einen großen Verlust an Rechtssicherheit bedeutet[248], was *Lüderitz*[249] auch selber zugesteht. Es ist zu bedenken, dass oft nicht eindeutig feststellbar ist, unter welchem Recht der Vertreter auftritt und welche Anforderungen an die Erkennbarkeit zu stellen sind.[250] Des Weiteren kann nicht überzeugen, warum das Geschäftsstatut unter Umständen den Vornahmeort verdrängen soll, wenn der Vertreter unter diesem Recht erkennbar auftritt. Das Vertrauen des Dritten auf die Anwendbarkeit seines eigenen Umweltrechtes ist in solchen Fällen in größerem Maße schützenswert, wenn er nicht weiß, dass und wo der Vertragspartner im Ausland ansässig ist.[251]

Bei dem Ansatz von *Kegel*[252], der die Vollmacht dem Recht des Geschäftsherrn unterstellt, ist es schwer, den Umfang der Vollmacht festzustellen. Die Interessen des Rechtsverkehrs an einer zuverlässigen und leicht zugänglichen Prüfung der Vollmacht müssen aber den Interessen des Vollmachtgebers vorgehen. Die-

---

246 *Fischer*, § 12 III 2 a) (2) bb).

247 Vgl. S. 36 „Rechtsordnung, unter der der Vertreter erkennbar auftritt".

248 So auch *Ruthig*, § 1 B VI 4; *Ebenroth*, JZ 1983, 821 (824); *Steding*, ZVglRWiss 86 (1987), 25 (42).

249 *Lüderitz*, FS Coing II, 305 (321).

250 Überzeugend *Schäfer*, RIW/AWD 1996, 189 (192).

251 Vgl. auch *Fischer*, § 12 III 2 b.

252 Vgl. S. 36 „Anknüpfung der Vollmacht an den Sitz des Geschäftsherrn".

ser ist schließlich das Risiko der Stellvertretung eingegangen.[253] Auch ist zu beachten, dass Art. 12 EGBGB die Vertragspartei nicht vor unverschuldeter Unkenntnis des Geschäftsstatuts schützt, sondern vor der Unkenntnis eines besonderen „Fähigkeitsstatutes" beim Vertragspartner und das auch zugunsten der Gültigkeit eines Vertrags. Zudem ist eine generelle Anknüpfung an das Recht des Vertretenen nicht gerechtfertigt. Kann eine in ihrem Heimatstaat eigenhändig kontrahierende Partei an ein fremdes Geschäftsstatut gebunden sein, darf sich daran nichts ändern, wenn sie einen Vertreter zu Hause bevollmächtigt und ins Ausland schickt. Eine solche Änderung widerspräche dem Wesen das Art. 31 Abs. 2 EGBGB, der einen engen Vorbehalt zugunsten des eigenen Rechts einer Partei einräumt. So kommt dem Geschäftsherrn dann mehr Schutz zu, als wenn er selbst gehandelt hätte, obwohl die Vollmacht wie auch das eigene Handeln des Geschäftsherrn auf den Abschluss eines Rechtsgeschäftes gerichtet ist.[254] Erschwerend kommt noch die von *Kegel* auferlegte Rückfrageobligation hinzu, die dem Zweck der Stellvertretung widerspricht, da dadurch die Geschäftstätigkeit des Vertreters im Ausland erschwert wird. Außerdem führt die Rückfrageobligation nicht immer zu einer Rechtssicherheit, da sich oft durch Nachfragen auch nicht klären lässt, ob für die wirksame Erteilung einer Vollmacht die Formerfordernisse, Zulässigkeit der Vollmachtsart oder die Gültigkeitsfristen beachtet wurden. Außerdem ist die Erkennbarkeit der Niederlassung als Anknüpfungspunkt schon im internationalen Eherecht, bei der Geschäftsfähigkeit und dem Gesellschaftsrecht nicht ausreichend, so dass sie bei der Anknüpfung der Vollmacht auch nicht ausreichen kann. Weiter bevorzugt eine generelle Anknüpfung an das Sitzrecht des Geschäftsherrn dessen Interessen in ungerechtfertigter Weise. Der Geschäftsherr weiß bei Erteilung um die Verwendung der Vollmacht im Ausland, so dass er ebenso wie der Dritte mit der Anwendung ausländischen Rechts zu rechnen hat.[255] Zwar ist dies schwieriger bei Vollmachten, deren Gebrauchsort noch nicht feststeht, jedoch hat es der Geschäftsherr in der Hand, die Grenzen der Legitimation (insbesondere durch eine Rechtswahl in der Vollmachtsurkunde) festzulegen. Dieses Risiko hat der Geschäftsherr zu tragen, da er schließlich von der Erweiterung seines Aktionsradiusses profitiert. Das Abstellen auf den Gebrauchsort, wenn der Dritte den Sitz des Geschäftsherrn nicht kennt, ist dabei nur eine unzureichende Korrektur. Auch die Vermutung der Unkenntnis, wie sie *Ebenroth*[256] vertritt, ist keine zufriedenstellende Korrektur. Es ist in der Praxis eher unwahrscheinlich, dass der Sitz des Geschäftsherrn beim grenzüberschreitenden Geschäftsverkehr

---

[253] So *BGHZ* 64, 183 (191 ff.); *OLG München*, NJW-RR 1989, 663 (664); zustimmend *Schäfer*, RIW/AWD 1996, 189 (192).

[254] Vgl. hierzu auch MüKo-*Spellenberg*, Vor Art. 11 Rn. 234.

[255] Zustimmed *Spellenberg*, III. Kap. III 2.

[256] Vgl. S.36 „Anknüpfung der Vollmacht an den Sitz des Geschäftsherrn".

Sitz des Geschäftsherrn beim grenzüberschreitenden Geschäftsverkehr unbekannt bleibt. Außerdem wird durch die Vermutung nur das Vertrauen des Dritten auf das Anknüpfungsmerkmal, aber nicht auf die Anwendbarkeit des eigenen Rechts geschützt. Dieses Schutzes bedarf aber gerade der Dritte, wenn er in seinem eigenen Land kontrahiert.[257]

Auch der Ansatz von *Luther*[258] ist nicht sehr praktikabel, da zwei Rechtsordnungen herausgearbeitet und beachtet werden müssen. Dieses wirkt sich störend auf den Rechtsverkehr aus und lässt die Vertragspartner die Erteilung der Vollmacht vorsichtig handhaben. Außerdem entfällt jeglicher Verkehrsschutz.[259] Des Weiteren wird nach diesem Ansatz nicht berücksichtigt, dass die Vollmacht gemäß § 166 Abs. 2 S. 1 BGB auf einem einseitigen Rechtsgeschäft des Vertretenen beruht.[260]

Die Anknüpfung über das Veranlasserprinzip, die *Klinke*[261] vorschlägt, führt, wie der Ansatz von *Lüderitz*, zu einer erheblichen Rechtsunsicherheit. Oft ist der Veranlasser zum Vertragsschluss nicht eindeutig feststellbar, was sich besonders bei dauerhaften Geschäftsbeziehungen zeigt. Bei diesen wechselt entweder für jedes Einzelgeschäft das Statut, je nachdem wer zufällig zuerst die Initiative zum Vertragsschluss ergriffen hat, oder es muss nach Jahren die erste Initiative zur Geschäftsverbindung ermittelt werden. Außerdem begründet *Klinke* nicht, warum er bei Vertretern mit ständiger Niederlassung an das Recht der Niederlassung anknüpfen will, da diese Anknüpfung nichts mit dem Veranlasserprinzip zu tun hat.[262] Des Weiteren wird auch hier die Vollmachtserteilung als einseitiges Rechtsgeschäft nicht berücksichtigt, sondern lediglich auf die Interessen der Beteiligten abgestellt, wobei der Schutz des Drittkontrahenten dominiert.[263]

Damit sind die oben genannten Spielarten der selbstständigen Anknüpfung abzulehnen.

Auch die Anknüpfung an das Wirkungsland weist einige Probleme auf, die berechtigter Weise kritisiert werden. Zum Einen ist das Merkmal des Wirkungs-

---

257 *Fischer*, § 12 III 1.

258 Vgl. S. 37 „Kumulative Anknüpfung der Vollmacht".

259 So auch *Steding*, ZVglRWiss 86 (1987), 25 (42); zustimmend *Klinke*, RIW/AWD 1978, 642 (648); *Müller*, RIW/AWD 1979, 377 (380); *Schäfer*, RIW/AWD 1996, 189 (191).

260 *Müller*, RIW/AWD 1979, 377 (380).

261 Vgl. S. 37 „Anknüpfung der Vollmacht nach dem Veranlasserprinzip".

262 Vgl. dazu *Ruthig*, § 1 B VI 3; ebenso *Steding*, ZVglRWiss 86 (1987), 25 (42); *Schäfer*, RIW/AWD 1996, 189 (191); *Müller*, RIW/AWD 1979, 377 (380).

263 So auch *Müller*, RIW/AWD 1979, 377 (380).

lands zu unbestimmt. Das Verhältnis von Sollwirkungs- und tatsächlichem Gebrauchsort wird bei dieser Anknüpfungsart nicht klar. Ziel der Anknüpfung ist es, die Interessen des Dritten zu schützen, sich leicht und sicher über den Bestand und den Umfang der Vollmacht informieren zu können. Dieses kann aber nur bedingt erreicht werden, da von dem Grundsatz so viele Ausnahmen für kaufmännische Vertreter, Distanzgeschäfte, etc. gemacht werden, dass eine einheitliche und übersichtliche Bestimmung des Vollmachtsstatutes nicht möglich ist.[264] Zum Anderen soll dem Dritten aus Verkehrsschutzgründen erspart werden, sich wegen vertretungsrechtlicher Fragen mit einem ihm fremden Recht zu befassen. Diese Begründung kann aber nicht greifen, wenn das Umweltrecht des Dritten und das Recht des Gebrauchsortes nicht identisch sind. In solchen Fällen muss sich der Dritte ohnehin über ein ihm nicht bekanntes Recht informieren. Dies wird insbesondere bei den Distanzgeschäften deutlich, bei denen auf das Recht des Handlungsorts abgestellt wird. Auch die Beurteilung der Kapitänsvollmachten passt nicht in das System der Anknüpfung. Diese ist keine gesetzliche Vertretungsmacht[265] und deshalb nicht aus der Anknüpfungssystematik auszunehmen. Eine Anknüpfung an das Niederlassungsrecht des Reeders oder das Flaggenrecht widerspricht dem Grundsatz der Anknüpfung an das Wirkungsland, nach dem es auf das Recht des Vertretenen nicht ankommt. Das Argument des Drittschutzes ist gerade unter dem Gesichtspunkt der Billigflaggenländer und der Tatsache, dass der Dritte sich doch nach dem fremden (Flaggen-)Recht erkundigen muss, sehr zweifelhaft. Das Argument des Verkehrsschutzes schlägt sogar in Fällen, in denen jeder Bezug der Parteien zum Abschlussort fehlt oder der Bezug nicht aussagekräftig ist (wenn zum Beispiel der geschäftliche Kontakt zwischen den Parteien an verschiedenen Orten stattfand), völlig fehl. Die Schwächen der Anknüpfung an das Wirkungsland zeigen sich auch bei weisungswidrigen Handlungen des Vertreters. Stellt man bei der Anscheinsvollmacht für die Ermittlung des Gebrauchsortes auf den Sollwirkungsort ab, den der Geschäftsherr zu seinem Schutz bestimmt haben sollte, so ergibt sich das Problem, dass bei der Anscheinsvollmacht gerade keine Bevollmächtigung vorliegt. Eine Festlegung des Sollwirkungsorts kommt dann nur in den Fällen in Frage, in denen der Vertreter für ein gewisses Gebiet berufen wurde. Knüpft man dagegen an den Ort an, wo sich der Rechtsschein ausgewirkt hat, fehlt jeglicher Schutz des Geschäftsherrn. Außerdem ist fraglich, ob ein so massiver Verkehrsschutz überhaupt nötig ist. Im deutschen materiellen Recht muss für eine Haftung der Rechtsschein von dem Geschäftsherrn gesetzt worden sein, bei internationalen Fällen wird ohne Begründung auf das Verhalten des Vertreters

264 *Ruthig*, § 1 B IV; *Lüderitz*, FS Coing II, 305 (315); MüKo-*Spellenberg*, Vor Art. 11 Rn. 235; das gesteht auch *Fischer*, § 12 III 2 a bb zu.

265 So aber *Ficker*, RabelsZ 24 (1959), 331 (332).

abgestellt. Auch wenn der Vertretene den Bezug zum fremden Recht durch Handlungen selber hergestellt hat, ist es nicht zu rechtfertigen, dem Geschäftsherrn das gesamte Haftungsrisiko, ihm also im Ergebnis eine Gefährdungshaftung aufzubürden.[266] Zwar werden die Interessen des Vertretenen bei kaufmännischen Vertretern durch die Anknüpfung an den Niederlassungsort des Vertreters stärker beachtet, gleichzeitig wird dem Dritten aber eine Erkundigungspflicht auferlegt. Dies ist nicht verständlich, da auch im kaufmännischen Bereich das Interesse an einer schnellen und leichten Feststellbarkeit der Vertretungsmacht besteht. Auch kann diese Anknüpfung zu unbilligen Ergebnissen führen, wenn der Vertreter außerhalb seines Niederlassungsorts handelt. Hält man im kaufmännischen Bereich an dem Ort der Niederlassung jedoch fest, kann unter Umständen dem Verkehrsschutz nicht genug Rechnung getragen werden, wenn der Gebrauchsort einen umfassenderen Schutz bietet als das Niederlassungsrecht oder dort sogar kein Schutz vorgesehen ist. Des Weiteren entsteht bei der Anknüpfung an das Wirkungsland Rechtsunsicherheit, da sie im Ergebnis nach Art der Vollmacht differenziert.[267] Zudem widerspricht die Benachteiligung der Interessen des Geschäftsherrn dem Prinzip der Parteiautonomie (das der deutschen Privatautonomie entspricht[268]) da die Anknüpfung unabhängig vom Parteiwillen erfolgt.[269] Außerdem fördert das Argument des Verkehrsschutzes in manchen Fällen den Rechtsverkehr nicht unbedingt, sondern behindert ihn eher. Das zeigt sich besonders in dem Fall, in dem Vorschriften das Vertreterhandeln am Wirkungsort einschränken. Beispielsweise kennt das japanische Recht keine Beschränkung der Prokura, wie sie im deutschen Recht in § 49 Abs. 2 HGB[270] festgelegt ist. Will ein Prokurist eines japanischen Unternehmens ein Grundstück in Deutschland erwerben und ist der deutsche Vertragspartner über die Rechtslage in Japan informiert, so ist es unbillig, dass bei Berufung der japanischen Firma auf das Recht des Gebrauchsortes das Rechtsgeschäft nichtig ist. Es ist nicht einzusehen, den sorgfältigen und informierten Teilnehmer am Rechtsverkehr mit zusätzlichen Obliegenheiten zu belasten. In solchen Fällen verfehlt der als Mindestschutz vorgesehene Verkehrsschutz seine Funktion; jedoch wurde dem Missbrauch auch schon dadurch entgegengetreten, dass dann für die Anknüpfung auf den Firmensitz des Geschäftsherrn abgestellt wird.[271] Auch ein

---

266 So auch *Canaris*, S. 481; *Müller*, RIW/AWD 1979, 377 (383); *Luther*, RabelsZ 38 (1974), 421 (438); *Dorsel*, MittRhNotK 1997, 6 (10).

267 *Ebenroth*, JZ 1983, 821 (824); zustimmend *Dorsel*, MittRhNotK 1997, 6 (10); *Lüderitz*, FS Coing II, 305 (317).

268 *Kropholler*, § 40 1.

269 *Dorsel*, MittRhNotK 1997, 6 (10); zustimmend *Lüderitz*, FS Coing II, 305 (317).

270 Der Prokurist muss hiernach für Grundstücksgeschäfte ausdrücklich bevollmächtigt worden sein.

271 Vgl. hierzu ausführlich *Lüderitz*, FS Coing II, 305 (315).

Blick in andere Rechtsordnungen kann gegen die Anknüpfung an das Wirkungsland angeführt werden. Sie zeigt, dass die isolierte Anknüpfung nicht allgemein üblich ist.[272] Des Weiteren sollten die Wirkungen von eigenhändigem und Vertreterhandeln im IPR nicht wesentlich anders behandelt werden.

Trotz der Unsicherheiten bei der Anknüpfung an das Wirkungsland, insbesondere der starken Einzelfallbildung, versucht diese Art der Anknüpfung einen Ausgleich zwischen den verschiedenen widerstreitenden Interessen der Parteien zu finden. Solche sind die Parteiautonomie, die allgemeinen Grundsätzen des IPR (zum Beispiel das der *lex rei sitae*, bestimmendes Ortsrecht wie Börse oder Niederlassung), der Schutz des Dritten und das Prinzip der Abstraktheit der Vollmacht. Keine der verschiedenen Faktoren soll zu stark berücksichtigt werden. Um einen Ausgleich zu finden, bedarf es deshalb, je nach Lage des Falls, auch einer stärkeren Einzelfallbildung. Der schwächeren Partei soll ein stärkerer Schutz zukommen als der stärkeren. Die selbstständige Anknüpfung berücksichtigt dabei, dass der Geschäftsherr seinen Wirkungskreis durch das Entsenden eines Vertreters ins Ausland erweitert hat und damit grundsätzlich weniger schutzwürdig ist. Ihm kann folglich eine Sorgfaltspflicht auferlegt werden, den Vertreter in seinem Handeln zu überwachen und die eventuelle Geltung anderer Rechtsordnungen hinzunehmen. Der Grundsatz, dass derjenige, der einen Vertreter bestellt, auch das Risiko der fehlerhaften Vertretung tragen muss, ist keine Neuheit, sondern auch im deutschen materiellen Recht verankert. Ergeben sich im Ergebnis dann Unbilligkeiten, so werden diese oft mit der Annahme einer (konkludenten) Rechtswahl der Parteien für die Vollmacht ausgeglichen. Von diesem Grundsatz ausgehend, mag es scheinen, dass der Dritte zu stark geschützt wird. Jedoch gibt es beim Drittschutz Ausnahmen. Der Dritte wird beispielsweise nicht mehr so stark geschützt, wenn er mit einem kaufmännischen Vertreter kontrahiert. In dem Fall muss er mit einer Anwendbarkeit einer fremden Rechtsordnung rechnen. Auch wenn der Dritte bösgläubig ist, gelten Ausnahmen. In diesen Fällen tritt der Grundsatz, dass der Geschäftsherr seinen Vertreter überwachen muss, in den Hintergrund. Dem Dritten wird auferlegt, sich in einem vernünftigen Rahmen über die Wirkung der Vollmacht zu erkundigen. Eine solche Regelung gilt auch im deutschen materiellen Recht. Dem Dritten wird unter bestimmten Voraussetzungen eine Erkundigungspflicht, zur Vermeidung einer Anspruchsminderung durch Mitverschulden, auferlegt. Dies ist zum Beispiel der Fall, wenn Anhaltspunkte vorliegen, dass der Vertreter nicht zum Abschluss bestimmter Geschäfte befugt sein könnte. Der Dritte hat dann erhöhte Erkundigungspflichten, andernfalls wird er als bösgläubig behandelt. Vergleichbare Anhaltspunkte, dass die Wirkung der Vollmacht anders als nach dem Um-

272 So auch MüKo-*Spellenberg*, Vor Art. 11 Rn. 235 Fn. 235, 646.

weltrecht des Dritten zu beurteilen sind, liegen im IPR dann vor, wenn der Vertreter einen Ausländer vertritt oder der Vertrag gänzlich im Ausland abgeschlossen wird. Insbesondere wenn der Dritte schon öfter am ausländischen Rechtsverkehr teilgenommen hat, ist ihm eine solche Erkundigungspflicht durchaus zuzumuten. Der Dritte wird dabei nicht unbillig benachteiligt, da er bei Vertragsschluss auf eine Rechtswahl bezüglich des Vollmachtsstatutes hätte dringen können, um sich vollständige Sicherheit zu verschaffen. Sich aus der fehlenden Rechtswahl ergebende Unbilligkeiten müssen die Parteien dann hinnehmen. Des Weiteren spricht ein rechtsvergleichender Blick in andere Rechtsordnungen nicht nur gegen die selbstständige und damit gegen die Anknüpfung an den Gebrauchsort, sondern auch dafür.[273] Viele Länder, wie Portugal, Spanien, und Frankreich, haben grundsätzlich eine Anknüpfung an den Gebrauchsort in ihrem IPR festgelegt oder befürworten eine solche auch dann, wenn sie die Vollmacht nicht von dem Grundgeschäft trennen.

Im Ergebnis ist die Anknüpfung an das Wirkungsland die überzeugendste der dargestellten Ansätze.

In Anbetracht der Kritikpunkte, die gegen jede Art der Anknüpfung vorzubringen sind, ist festzustellen, dass es die perfekte Lösung für die Anknüpfung im deutschen IPR nicht gibt. Klarheit könnte durch eine Regelung des Gesetzgebers im EGBGB geschaffen werden; eine weitere Möglichkeit wären einheitliche Anknüpfungsregeln durch ein Abkommen oder eine europäische Richtlinie. In Abschnitt C dieser Arbeit sollen Möglichkeiten für eine einheitliche und einfach zu handhabende Anknüpfung aufgezeigt werden.

e) Anknüpfung der Vollmacht bei Rechtswahl

Um Probleme bei der Anknüpfung zu vermeiden, kann die Vollmacht durch Rechtswahl einer bestimmten Rechtsordnung unterstellt werden.

aa) Allgemeines

Eine Rechtswahl wird von allen Anknüpfungsarten grundsätzlich für möglich gehalten.[274] Vertreter der selbstständigen Anknüpfung sehen darin eine eigenständige Wahl des Statutes, Vertreter der unselbstständigen Anknüpfung eine Teilrechtswahl (wie es auch Art. 27 Abs. 1 S. 3 EGBGB vorsieht). Beide Auffassungen gehen davon aus, dass eine Rechtswahl nur erlaubt sei, wenn sie auch

---

273 Vgl. *Steding*, ZVglRWiss 86 (1987), 25 (32 ff.).

274 *Fischer*, § 12 III 2 a (1); *Dorsel*, MittRhNotK 1997, 6 (11); *Steding*, ZVglRWiss 86 (1987), 25 (44); *Rabel*, RabelsZ 3 (1929), 807 (835); *Müller*, RIW/AWD 1979, 377 (383); *Lüderitz*, FS Coing II, 305 (319); Reithmann/Martiny-*Hausmann*, Rn. 1722; *Raape*, IPR, § 46 II; zurückhaltend *Caemmerer*, RabelsZ 24 (1959), 201 (208).

für das Hauptgeschäft zulässig ist; ist sie für das Hauptgeschäft nicht zulässig, könne sie es auch nicht für die Vollmacht sein.[275] Zwar bedarf die Rechtswahl für die Vollmacht, wie die Rechtswahl für das Hauptgeschäft, keiner Form, sie muss sich aber gemäß Art. 27 Abs. 1 S. 2 EGBGB mit hinreichender Sicherheit ergeben.[276]

bb) Wirksamkeit der Rechtswahl

Nach beiden Anknüpfungsarten kann Rechtswahl grundsätzlich durch den Vollmachtgeber alleine, also durch einseitiges Rechtsgeschäft getroffen werden.[277] Jedoch ist nach der unselbstständigen Anknüpfung die Zustimmung des Dritten zur Rechtswahl notwendig, da die Teilrechtswahl gemäß Art. 27 Abs. 1 S. 3 EGBGB auch ein Rechtsgeschäft darstellt und dem Dritten eine solche nicht einseitig aufgedrängt werden darf.[278] *Ein Teil*[279] der Vertreter der selbstständigen Anknüpfung verlangt ebenfalls die Zustimmung des Dritten, da dessen Rechte und Pflichten durch die Rechtswahl entscheidend berührt würden. Ein *anderer Teil*[280] lässt es für den Verkehrsschutz genügen, dass der Dritte die Rechtswahl erkennen konnte, indem sie ihm zum Beispiel mitgeteilt werde oder aus der Vollmachtsurkunde hervorgehe. Der Dritte müsse lediglich die Möglichkeit erhalten von dem Geschäft Abstand zu nehmen, wenn seine Interessen nicht ausreichend berücksichtigt werden. Im Ergebnis unterscheiden sich die Auffassungen nicht wesentlich, denn auch diejenigen, die eine Zustimmung des Dritten verlangen, lassen es für die Erteilung der Zustimmung genügen, dass der Dritte sich auf das Rechtsgeschäft mit dem Vertreter einlässt, obwohl ihm der Vorschlag zur Rechtswahl bekannt oder deutlich erkennbar sei.[281] Die Rechtswahl kann weiter auch in einem Vertrag des Geschäftsherrn mit dem Vertreter oder mit dem Dritten getroffen werden. Treffen der Dritte und der Vertreter ohne Zustimmung des Geschäftsherrn eine Rechtswahl, ist sie unwirksam. Liegt die Zustimmung des Geschäftsherrn vor, kann der Vertreter mit dem Dritten eine

275 MüKo-*Spellenberg*, Vor Art. 11 Rn. 191; veranschaulichend bei der stillschweigenden abändernden Rechtwahl *Hohloch*, IPRax 2002, 30 (31) zu *BGH*, IPRax 2002, 37.

276 Erman-*Hohloch*, Anh. I Art. 37 Rn. 15; MüKo-*Spellenberg*, Vor Art. 11 Rn. 191.

277 *Schotten*, Rn. 92; Reithmann/Martiny-*Hausmann*, Rn. 1722; *Rabel*, RabelsZ 3 (1929), 807 (835); *Müller*, RIW/AWD 1979, 377 (383); *Kropholler*, § 41 I 2 e; *v. Bar*, Bd. II, Rn. 586.

278 MüKo-*Spellenberg*, Vor Art. 11 Rn. 193.

279 *Lüderitz*, FS Coing II, 305 (319) und *Kropholler*, § 41 I 2 e, wenn ein anderes Recht als das Naheliegende (Sitz des Vertreters, Gebrauchsort) gewählt wird.

280 Reithmann/Martiny-*Hausmann*, Rn. 1722; *Schotten*, Rn. 92; *Dorsel*, MittRhNotK 1997, 6 (11); *v. Bar*, Bd. II, Rn. 457, 586; *Müller*, RIW/AWD 1979, 377 (383); *Hoffmann*, § 10 Rn. 19.

281 MüKo-*Spellenberg*, Vor Art. 11 Rn. 193; *Ruthig*, § 6 B; Erman-*Hohloch*, Anh. I Art. 37 Rn. 15.

Rechtswahl treffen[282]; gleiches gilt, wenn für beide Parteien ein Vertreter handelt. Die Zustimmung kann in der Vollmachtsurkunde erteilt werden oder in einer Vollmacht, die den Vertreter zur Teilrechtswahl ermächtigt. Bei einseitigen Geschäften durch den Vertreter ist hingegen eine einseitige Rechtswahl durch den Vollmachtgeber ausgeschlossen.[283]

Auch bedarf es für eine wirksame Rechtswahl der Zustimmung des Vertreters, da er unter Umständen dem Risiko des *falsus procurator* ausgesetzt ist, wenn die gewählte Rechtsordnung seine Vollmacht nicht als wirksam ansieht. Diese wird aber in der Regel konkludent mit dem Gebrauch der Vollmacht erteilt.[284]

f) Anknüpfung der Vollmacht bei konkludenter Rechtswahl

Auch eine konkludente Rechtswahl wird grundsätzlich für möglich gehalten.[285] Jedoch kann sie nicht ohne weiteres vermutet werden, da die Parteien die Vorstellung haben, ihre Rechtsbeziehung werde im Ganzen von einer Rechtsordnung geregelt. Es muss vielmehr eine deutlich feststellbare Vorstellung der Parteien zur Rechtswahl erkennbar sein.[286] Bei der Ermittlung der Vorstellung der Parteien ist dabei auf die korrekte Auslegung der Bevollmächtigungserklärung zu achten, und ob die Parteien gerade für Fragen, die die Vollmacht betreffen, ein bestimmtes Recht zur Anwendung bringen wollten, unabhängig davon, welche Rechtsordnung zusätzlich gilt. Zum Beispiel kann eine konkludente Rechtswahl angenommen werden, wenn die Vollmachtsurkunde an einem bestimmten Recht ausgerichtet ist. Auch bei einer registrierten Vollmacht wie zum Beispiel der Prokura, deren Erteilung der Vollmachtgeber ins Handelsregister eintragen lassen muss, geht der für den Dritten erkennbare Wille des Vollmachtgebers dahin, die Vollmacht seiner Rechtsordnung zu unterstellen. Hier liegt die Vermutung nahe, dass eine Rechtswahl zugunsten der Rechtsordnung getroffen wurde, in dessen Staat die Vollmacht eingetragen wurde.[287] Des Weiteren kann eine konkludente Rechtswahl angenommen werden, wenn zum Beispiel ein ein-

282 Erman-*Hohloch*, Anh. I Art. 37 Rn. 15; *v. Bar*, Bd. II, Rn. 586; *Bauer*, S. 31.

283 MüKo-*Spellenberg*, Vor Art. 11 Rn. 195; *Dorsel*, MittRhNotK 1997, 6 (11), es sei denn der Dritte hat zugestimmt.

284 *Bauer*, S. 31; a.A. *Ruthig*, § 6 B.

285 *Dorsel*, MittRhNotK 1997, 6 (11); *Fischer*, § 12 III 2 a (1); *Rabel*, RabelsZ 3 (1929), 807 (835); MüKo-*Spellenberg*, Vor Art. 11 Rn. 197, der mit der unselbstständigen Anknüpfung eine Teilrechtswahl annimmt; a.A. *Rabel*, RabelsZ 3 (1929), 807 (835), der darin nur den Wunsch der Beachtung der eigenen Rechtsordnung sieht.

286 MüKo-*Spellenberg*, Vor Art. 11 Rn. 197; *Ruthig*, § 6 C I; *Hohloch*, IPRax 2002, 30 (32).

287 Das gleiche gilt für den *fondé de pouvoir* und den *institore*.

heitlicher Gerichtsstand festgelegt wurde[288], die Parteien bisher unter einer Rechtsordnung gehandelt haben, ein einheitlicher Erfüllungsort vereinbart wurde oder die Vollmacht in dem Zusammenhang mit einem anderem Vertrag steht, der eine ausdrückliche Rechtswahl trifft.[289] Lässt sich der Dritte auf einen Vertrag mit dem Vertreter ein, ohne die Rechtswahl zu rügen, so ist die konkludente Rechtswahl zustande gekommen.[290]

Rechtsscheinvollmachten sollen der konkludenten Rechtswahl nicht zugänglich sein, da eine Rechtswahl gerade eine bestimmte Vorstellung ihres Gegenstands voraussetze, die der Vollmachtgeber bei Rechtsscheinvollmachten grundsätzlich nicht hat.[291]

g) Form der Vollmacht

Der im deutschen materiellen Recht geltende Grundsatz, dass die Vollmacht abstrakt von dem Hauptgeschäft zu beurteilen ist und sie damit nicht dessen Form bedarf, ist auch im deutschen IPR weitergeführt worden. Die Form wird im IPR gemäß Art. 11 EGBGB als Teilfrage gesondert angeknüpft, was der Erleichterung des Verkehrs dienen soll.[292] Gemäß Art. 11 Abs. 1 EGBGB muss die Form der Vollmacht entweder dem Geschäftsrecht oder dem Ortsrecht genügen. Beide Rechte stehen dabei nebeneinander, so dass das Rechtsgeschäft formwirksam ist, wenn es den Formvorschriften wenigstens einer der beiden Rechte entspricht.[293] Das Geschäftsrecht ist nach der selbstständigen Anknüpfung das Vollmachtsstatut[294], nach der unselbstständigen Anknüpfung das Geschäftsstatut.[295] Das Ortsrecht ist das Recht an dem Ort, an dem die Vollmacht erteilt

---

288 *BGH*, WM 1964, 1023 (1024); *BGH*, RIW/AWD 1976, 447 (448); *OLG Frankfurt*, RIW/AWD 1998, 477; Palandt-*Heldrich*, Art. 27 Rn. 6; *Fischer*, § 12 III 2 a (1).

289 Vgl. *v. Bar*, Bd. II, Rn. 470 ff. m.w.N.; Palandt-*Heldrich*, Art. 27 Rn. 7.

290 Im Ergebnis läuft die Beurteilung der konkludenten Rechtswahl auf die Auffassung von *Lüderitz*, FS Coing II, 305 hinaus, der an das Recht anknüpft, unter welchem der Vertreter auftritt.

291 MüKo-*Spellenberg*, Vor Art. 11 Rn. 201; differenzierend aber sich nicht festlegend *Ruthig*, § 6 E.

292 *Kropholler*, § 41 III 1; *Hoffmann*, § 10 Rn. 20.

293 *OLG München*, NJW-RR 1989, 663 (664); zur Auflassungsvormerkung *Spellenberg*, IPRax 1990, 295 (297 ff.); *Schotten*, Rn. 99; Palandt-*Heldrich*, Anh. Art. 32 Rn. 3; *Raape*, IPR, § 46 II; *Kropholler*, § 41 III 5; *Hoffmann*, § 10 Rn. 20.

294 *BGH*, IPRspr 1964/65 Nr. 34; *Ferid*, 5-160; *Schotten*, Rn. 100; *Caemmerer*, RabelsZ 24 (1959), 201 (213); Reithmann/Martiny-*Hausmann*, Rn. 1753; Sandrock-*Müller*, D Rn. 74; Erman-*Hohloch*, Anh. I Art 37 Rn. 20.

295 MüKo-*Spellenberg*, Vor Art. 11 Rn. 247.

wurde[296]; dabei handelt es sich bei der Verweisung auf das Ortsrecht um eine Sachnormverweisung.[297] Die in Art. 11 Abs. 4 und 5 EGBGB geregelten Einschränkungen der Alternativanknüpfung bezieht sich nach h.M. nur auf die eigentlichen Geschäfte, aber nicht auf die Vollmachten zu diesen.[298] Auf Grund dieser Regelung genügt auch die Einhaltung einer der alternativen Formvorschriften, wenn das Recht des Hauptgeschäftes die Formbedürftigkeit auch auf die Vollmacht erstreckt.[299] Im deutschen Sachrecht ist die notarielle Form für die Vollmachtserteilung vorgeschrieben, wenn der Vertretene zum Beispiel für den Erwerb eines Grundstückes eine unwiderrufliche Vollmacht erteilt.[300] Für im Ausland erteilte Vollmachten muss die Form des § 311 b) Abs. 1 BGB aber nicht eingehalten werden, es reicht die Ortsform, auch wenn die Vollmacht unwiderruflich ist.[301] Jedoch kann es bei der Eintragung ins Grundbuch zu Problemen kommen, da § 29 Abs. 1 GBO die öffentliche Beglaubigung der Unterlagen und damit auch der Vollmacht verlangt. Ob das Grundbuchamt die Ortsform für die Vollmacht genügen lässt, steht in seinem Ermessen.[302]

2. Organschaftliche Vertretung

a) Allgemeines

Bei den juristischen Personen entscheidet das Gesellschafts- oder Personalstatut, welchem nationalen Recht die Gesellschaft von der Gründung bis zur Beendigung unterstehen soll. Damit fällt auch die Beurteilung der organschaftlichen

---

296 *SchlHOLG*, IPRspr. 1960/61 Nr. 22; *OLG Stuttgart*, OLGZ 1981, 164 (165); *OLG München*, RIW/AWD 1990, 226 (227); *Luther*, RabelsZ 38 (1974), 421 (427); Reithmann/Martiny-*Hausmann*, Rn. 1755; *Schotten*, Rn. 101; Erman-*Hohloch*, Anh. I Art 37 Rn. 20; Sandrock-*Müller*, D Rn. 74.

297 Palandt-*Heldrich*, Art. 11 Rn. 1; *Schotten*, Rn. 101.

298 *RG*, IPRspr. 1931 Nr. 21; *SchlHOLG*, IPRspr. 1960/61 Nr. 22; *OLG Stuttgart*, IPRspr. 1981 Nr. 12; Palandt-*Heldrich*, Art. 11 Rn. 21; Reithmann/Martiny-*Hausmann*, Rn. 1755; *Caemmerer*, RabelsZ 24 (1959), 201 (213); Sandrock-*Müller*, D Rn. 75; *Zweigert*, RabelsZ 24 (1959), 334 (335); *Ruthig*, § 7 C I; differenzierend nach dem IPR des Belegenheitsortes MüKo-*Spellenberg*, Vor Art. 11 Rn. 249; *Ludwig*, NJW 1983, 495 (496); Staudinger-*Stoll*, Int SachR, Rn. 230.

299 *OLG München*, NJW-RR 1989, 663 (664 f.) = RIW/AWD 1990, 226 (227); *Stuttgart*, MDR 1981, 405; Palandt-*Heldrich*, Anh. Art. 32 Rn. 3; a.A. *Ludwig*, NJW 1983, 495 (496).

300 *BGH*, NJW 1979, 2306; *BGH*, NJW 1952, 1210; *Korte*, DNotZ 1984, 82 (85); *Zweigert*, RabelsZ 24 (1959), 334 (336); *Schotten*, Rn. 101; *Caemmerer*, RabelsZ 24 (1959), 201 (212).

301 *Caemmerer*, RabelsZ 24 (1959), 201 (212); *Zweigert*, RabelsZ 24 (1959), 334 (336).

302 *SchlHOLG*, IPRspr 1960/61 Nr. 22; Reithmann/Martiny-*Hausmann*, Rn. 1757; Sandrock-*Müller*, D Rn. 78.

Vertretung darunter[303]; hingegen unterfällt die rechtsgeschäftliche Vertretungsmacht (zum Beispiel die Prokura) einem der oben dargelegten Statuten, jenachdem welcher Auffassung man folgt.[304] Das Gesellschaftsstatut bestimmt somit, welche Befugnisse die Organe nach innen und außen haben, in welchem Umfang sie die Gesellschaft vertreten können, welche Art der Vertretung vorliegt und ob einzelne Gesellschafter von der Vertretung ausgeschlossen sind.[305]

Für die Anwendbarkeit der gesellschaftsrechtlichen Regelungen auch auf Personen(handels)gesellschaften (beispielsweise GbR, OHG, KG), muss diese eine „feste Struktur" aufweisen.[306] Für Gesellschaften, die keine eigene Organisation aufweisen, wie zum Beispiel die reine Innengesellschaft, bestimmt das Vertragsstatut die anwendbare Rechtsordnung.[307]

b) Vorrangige Staatsverträge

Auch im internationalen Gesellschaftsrecht gilt der Grundsatz des in Art. 3 Abs. 2 EGBGB festgelegten Vorrangs von Verträgen und Abkommen. Deutschland hat mit verschiedenen Ländern bilaterale Abkommen geschlossen.[308] Diese legen die Voraussetzungen für die Anerkennung einer ausländischen Gesellschaft in Deutschland als wirksam gegründete und handlungsfähige Rechtspersönlichkeit fest.[309] Bilaterale Abkommen sind zum Beispiel mit der Dominikanischen Republik, Griechenland, Frankreich, Italien, Iran, Spanien, Indonesien und den USA geschlossen worden. Nach dem Deutsch-Amerikanischen Freundschafts-,

---

303 *BGHZ* 40, 197 (199 ff.); *BGH*, IPRax 1985, 221 (222); *BGHZ* 128, 41 (44); *AG Duisburg*, RIW/AWD 1996, 329; Soergel-*Lüderitz*, Anh. Art. 10 Rn. 38; *Thorn*, IPRax 2001, 102; Kegel/Schurig-*Kegel*, § 17 II 2; Erman-*Hohloch*, Anh. II Art. 37 Rn. 34; *Schotten*, Rn. 102; *Großfeld/Wilde*, IPRax 1995, 374 (375).

304 Vgl. S. 27 „Anknüpfungsmöglichkeiten der Vollmacht ohne Rechtswahl", S. 51 „Anknüpfung der Vollmacht bei Rechtswahl", S. 53 „Anknüpfung der Vollmacht bei konkludenter Rechtswahl".

305 Reithmann/Martiny-*Hausmann*, Rn. 1577; Staudinger-*Großfeld*, IntGesR, Rn. 278 ff.; Soergel-*Lüderitz*, Anh. Art. 10 Rn. 38.

306 *RG*, IPRspr 1931 Nr. 11; *RG*, IPRspr. 1935-44 Nr. 22; *BGH*, IPRspr 1966/67 Nr. 14; *OLG Frankfurt*, IPRspr 1985 Nr. 21; *OLG Nürnberg*, IPRspr 1966/67 Nr. 17; Staudinger-*Großfeld*, IntGesR, Rn. 746; Erman-*Hohloch*, Anh. II Art 37 Rn. 32; *Dorsel*, MittRhNotK 1997, 6 (13); Soergel-*Lüderitz*, Anh. Art. 10 Rn. 64; *Dreibus*, Teil 1 C I 4 c aa.

307 *RG*, IPRspr 1931 Nr. 11; *OLG Düsseldorf*, IPRspr 1987 Nr. 9; *Beitzke*, Vorschläge und Gutachten 1972, S. 94 (124); Erman-*Hohloch*, Anh. II Art. 37 Rn. 32.

308 Eine detaillierte Aufzählung der Abkommen vgl. Soergel-*Lüderitz*, Anh Art. 10 Rn. 12 f.

309 Erman-*Hohloch*, Anh. II Art. 37 Rn. 29.

Handels-, und Schiffahrtsvertrag vom 29.10.1954[310] sind gemäß Art. XXV Abs. 5 Gesellschaften, die in einem Teilstaat der USA wirksam gegründet wurden, auch in Deutschland anzuerkennen[311], in dem Niederlassungs- und Schiffahrtsvertrag vom 27.10.1956 mit Frankreich wird auf den Sitz der Gesellschaft abgestellt.[312] Es gibt noch eine Vielzahl an Abkommen, die entweder auf den Sitz- oder den Gründungsstaat abstellen, so dass eine einheitliche Linie für die Anerkennung hier nicht festzustellen ist.[313] Multilaterale Verträge, wie zum Beispiel das EWG-Abkommen über die Anerkennung der Rechtspersönlichkeit von ausländischen Gesellschaften, Personenverbindungen und Stiftungen vom 31.10.1951, sind in Deutschland nicht in Kraft getreten.[314] Gleiches gilt für das Brüsseler EWG-Übereinkommen über die gegenseitige Anerkennung von Gesellschaften und juristischen Personen vom 29.02.1968, da es von den Niederlanden nicht ratifiziert wurde.[315]

c) Möglichkeiten der Anknüpfung

Im EGBGB sind keine Normen vorhanden, die vorgeben, wie die Bestimmung des Gesellschaftsstatuts, also die Ermittlung der für alle die Gesellschaft betreffenden Fragen maßgeblichen Rechtsordnung, zu erfolgen hat.[316] Daher haben sich im Laufe der Zeit verschiedene Theorien zur Anknüpfung herausgebildet.

aa) Sitztheorie

In Deutschland ist die Sitztheorie vorherrschend. Nach dieser Theorie ist das Gesellschaftsstatut das Recht des Ortes, an dem die Gesellschaft ihren tatsächlichen Hauptverwaltungssitz hat[317], so dass die Vollmacht betreffende Fragen

---

310 Text abgedruckt in BGBl 1956 II, 763.

311 *OLG Zweibrücken*, NJW 1987, 2168; *OLG Düsseldorf*, RIW/AWD 1996, 859; vgl. Reithmann/Martiny-*Hausmann*, Rn. 1547; Palandt-*Heldrich*, Anh. Art. 12 Rn. 21; vgl. *Bungert*, AG 1995, 489 (492).

312 Text abgedruckt in BGBl 1957 II, 1661.

313 Vgl. Soergel-*Lüderitz*, Anh. Art. 10 Rn. 12 f.

314 *Haager Konferenz für Internationales Privatrecht*, RabelsZ 17, 269 (279); Erman-*Hohloch*, Anh. II Art. 37 Rn. 30; Staudinger-*Großfeld*, IntGesR, Rn. 141; Kegel/Schurig-*Kegel*, § 17 II 5 a.

315 Vgl. BGBl 1972 II, 369; Abgedruckt bei *Jayme/Hausmann*, Nr. 21; Kegel/Schurig-*Kegel*, § 17 II 5 b; Erman-*Hohloch*, Anh. II Art. 37 Rn. 30; Reithmann/Martiny-*Hausmann*, Rn. 1548; Staudinger-*Großfeld*, IntGesR, Rn. 137.

316 Soergel-*Lüderitz*, Anh. Art. 10 Rn. 7.

317 *RGZ* 117, 215 (217); *BGH*, NJW 1967, 36 (38); *BGHZ* 53, 181 (183); 78, 318 (334); 97, 269 (272); *OLG Saarbrücken*, NJW 1990, 647; *OLG Oldenburg*, NJW 1990, 1422; *OLG Frankfurt*, NJW 1990, 2204; *OLG Düsseldorf*, IPRax 1996, 128 (129); Reithmann/Martiny-*Hausmann*, Rn. 1545; Erman-*Hohloch*, Anh. II Art. 37 Rn. 23 ff.; Staudinger-*Großfeld*, IntGesR, Rn. 72; Rowedder-*Rittner/Schmidt-Leithoff*, Einl. Rn. 269; Scholz-*Westermann*, Einl. Rn. 81; Palandt-*Heldrich*, Anh. Art. 12 Rn. 2; *v.*

damit nach dem am Hauptverwaltungssitz der Gesellschaft geltenden Recht beurteilt werden. Der Hauptverwaltungssitz wird nach der *lex fori* ermittelt und zeichnet sich dadurch aus, dass an diesem Ort „die grundlegenden Entscheidungen der Unternehmensleitung effektiv in laufende Geschäftsführungsakte umgesetzt werden".[318] Dabei kommt es darauf an, an welchem Ort der Schwerpunkt der körperschaftlichen Tätigkeit der Gesellschaft liegt, also zum Beispiel Vorstandssitzungen abgehalten, Weisungen der Geschäftsleitung erteilt und Verträge mit Dritten abgeschlossen werden. Eine Anknüpfung an die bloße Produktionsstätte, an der die Entscheidungen ausgeführt werden, scheidet damit aus.[319] Allerdings kommt es auch nicht nur auf den Ort der internen Willensbildung an, sondern Beschlüsse müssen auch an dem Ort nach außen umgesetzt werden.[320] Da diese Kriterien zur Ermittlung des tatsächlichen Verwaltungssitzes nicht präzise sind, wird oft auf das Steuerrecht zurückgegriffen. Insbesondere um den Sitz der Geschäftsleitung zu ermitteln, werden die in § 10 AO festgelegten Kriterien herangezogen.[321] Ziel dieser Anknüpfung ist es, das Recht des Staates durchzusetzen, der von der Tätigkeit der Gesellschaft am meisten berührt ist. Außerdem soll verhindert werden, dass die Gesellschaften in Ländern gegründet werden, in denen günstigere Gründungsbedingungen (wie kein Mindestkapital, etc.) vorgeschrieben sind.[322] Problematisch ist die Ermittlung des Hauptverwaltungssitzes, wenn die Gesellschaft in verschiedenen Staaten einen Sitz der Hauptverwaltung eingerichtet hat. In solchen Fällen ist im Wege einer Schwerpunktbetrachtung zu ermitteln, an welchem Ort der wichtigste Teil der Hauptverwaltung liegt, um eine Normenhäufung auf Grund einer Mehrfachanknüpfung zu vermeiden.[323] Die Rechtsordnung dieses Ortes gilt dann als das Gesellschaftsstatut. Auch bei Unternehmen, die von einer anderen Gesellschaft beherrscht werden (verbundene Unternehmen), begründet die Weisungsbefugnis der Obergesellschaft noch keinen Verwaltungssitz, sondern es ist der Ort maß-

---

Bar, Bd. II, Rn. 619 ff.; *Schotten*, Rn. 71; Soergel-*Lüderitz*, Anh Art. 10 Rn. 4, 8, 64; *Großfeld/König*, RIW/AWD 1992, 433; *Großfeld/Beckmann*, ZVglRWiss 91 (1992), 351 (357); Kegel/Schurig-*Kegel*, § 17 II 1; *Knoche*, MittRhNotK 1985, 165 (166).

318 Umfassende Darstellung vgl. *Sandrock*, FS Beitzke, 669 (696); Staudinger-*Großfeld*, IntGesR, Rn. 26; vgl. *Behrens*, ZGR 1994, 1 (6).

319 *Sandrock*, FS Beitzke, 669 (677); Kegel/Schurig-*Kegel*, § 17 II 1.

320 *Ebenroth*, JZ 1988, 18 (22).

321 Staudinger-*Großfeld*, IntGesR, Rn. 47; Reithmann/Martiny-*Hausmann* Rn. 1551.

322 *OLG Hamburg*, NJW 1986, 2199; *OLG München*, NJW-RR 1993, 43 (44); Soergel-*Lüderitz*, Anh. Art. 10 Rn. 4; vgl. *Behrens*, ZGR 1994, 1 (6).

323 *LG Essen*, NJW 1995, 1500 (1501); *OLG Hamm*, RIW/AWD 1995, 152 (154); Erman-*Hohloch*, Anh. II Art. 37 Rn. 26; Reithmann/Martiny-*Hausmann*, Rn. 1553; Staudinger-*Großfeld*, IntGesR, Rn. 235.

geblich, wo die Geschäftsführungs- und Vertretungsorgane der Untergesellschaft tätig sind.[324]

Mit der Sitztheorie wird nicht nur bestimmt, wann deutsches Recht, sondern auch, wann ausländisches Recht anwendbar ist. Durch die Anknüpfung an den effektiven Verwaltungssitz seien die ausländischen Staaten umfassend geschützt, da das Deutsche IPR immer auf den Staat des Verwaltungssitzes verweise, auch wenn die Gesellschaft nach dem Recht eines dritten Staates wirksam gegründet wurde. Damit billigt das deutsche IPR dem ausländischen Staat des Sitzes den Schutz zu, den es für Gesellschaften mit inländischem Verwaltungssitz auch in Anspruch nimmt.[325] Weiter begünstige die Sitztheorie ein einheitliches Gesellschaftsstatut. Sie komme zwar nicht immer ohne Sonderanknüpfung aus, jedoch sei eine solche seltener. Auch ein Rückgriff auf das *ordre public* gemäß Art. 6 EGBGB sei nur selten erforderlich.[326] Würden Fehler bei der Gründung auftreten, so erteile die Sitztheorie auf Grund ihrer Nichtanerkennung der Gesellschaft eine wirksame Sanktion; sie wirke selbstregulierend und präventiv, da fehlerhafte Gründungen ohne staatliche Zwischenakte vermieden und korrigiert würden.

(1) Auswirkungen der Sitztheorie

Die Sitztheorie zeigt ihre Auswirkungen vor allem dann, wenn eine Gesellschaft ihren effektiven Verwaltungs- und Satzungssitz in verschiedenen Ländern begründet hat. Die Sitze können entweder von vornherein oder durch Sitzverlegung nachträglich auseinander fallen.

(a) Anfängliches Auseinanderfallen von Verwaltungs- und Satzungssitz

Da die Sitztheorie an den effektiven Verwaltungssitz anknüpft, zwingt sie die Gesellschaft, an dem Ort, an dem sie ihren wirtschaftlichen Schwerpunkt hat, auch ihren Verwaltungssitz einzurichten. Geschieht dies nicht, so handelt die Gesellschaft „unter falschem Recht". Es entscheidet dann grundsätzlich das Recht des tatsächlichen Verwaltungssitzes, ob die Gesellschaft wirksam gegründet wurde.[327] Dies bedeutet, dass auch die Frage der Vertretung dem Recht des tatsächlichen Verwaltungssitzes unterfällt. Die Sitztheorie wirkt sich kollisionsrechtlich verschiedentlich aus, wenn der in der Satzung festgelegte Sitz und der tatsächliche Verwaltungssitz der Gesellschaft in verschiedenen Staaten liegen.

---

324 *OLG Hamburg*, IPRspr. 1974 Nr. 11 A; *OLG Frankfurt*, EWiR 1988, 587; Kegel/Schurig-*Kegel*, § 17 II 1; *Ebenroth*, JZ 1988, 18 (23).

325 Reithmann/Martiny-*Hausmann*, Rn. 1561; Staudinger-*Großfeld*, IntGesR, Rn. 94, 100; a.A. *Behrens*, Rn. 81.

326 Staudinger-*Großfeld*, IntGesR, Rn. 42.

327 Reithmann/Martiny-*Hausmann*, Rn. 1557; Staudinger-*Großfeld*, IntGesR, Rn. 391.

(i) *Verwaltungssitz in Deutschland*

Eine Gesellschaft, die ihren effektiven Verwaltungssitz in Deutschland hat, muss nach der Sitztheorie den Gründungsanforderungen des deutschen Gesellschaftsrechts genügen.[328] Erfüllt die Gesellschaft die Vorgaben nicht, so erlangte sie nach bisheriger herrschender Auffasssung keine Rechtsfähigkeit.[329] Auf diese Weise entstanden Scheinauslandsgesellschaften („*Pseudo-Foreign-Corporations*"; Gesellschaften, die zwar als Gesellschaften fremdem Rechts auftreten, jedoch aus der Sicht von Deutschland inländische Gesellschaften sind). Diese Gesellschaften wurden bisher nach dem Recht des Gründungsstaats als rechtsfähig angesehen, in Deutschland aber auf Grund des Schutzzwecks der Sitztheorie als „nicht existente Rechtspersonen"[330] qualifiziert. Das Urteil des *BGH* vom 01.07.2002[331] ging einen Schritt in die Richtung der Anerkennung von ausländischen Gesellschaften, indem die Scheinauslandsgesellschaft je nach Verbandszweck als rechtsfähige Personengesellschaft (OHG oder GbR[332]) angesehen wurde.[333] Die Vertretung der Gesellschaft richtete sich dann nach den einzelnen „Gesellschaftsformen". In dem Urteil des *BGH* vom 13.03.2003[335], der den Fall *Überseering* nach der Vorlage beim *EuGH*[336] entschied, ist für den Zuzug einer Gesellschaft die Sitztheorie für gemeinschaftsrechtswidrig erklärt

328 Für die Anforderungen vgl. S. 12 „Organschaftliche Vertretung".

329 *BGHZ* 53, 181 (183); *BFH*, IPRax 1993, 248 (249); *OLG Oldenburg*, NJW 1990, 1422; *LG Essen*, NJW 1995, 1500 (1501); Staudinger-*Großfeld*, IntGesR, Rn. 85, 427; *Zimmer*, BB 2000, 1361 (1363); MüKo-*Kindler*, IntGesR, Rn. 384.

330 *LG Aurich*, IPRspr. 1968/69 Nr. 14; *OLG München*, NJW-RR 1995, 703 (704); vgl. dazu *Schmidt*, ZGR 1999, 20 (24 f.); MüKo-*Kindler*, IntGesR, Rn. 348 ff.; *Eidenmüller*, ZIP 2002, 82 (84).

331 *BGH*, DB 2002, 2039. So auch schon MüKo-*Kindler*, IntGesR, Rn. 348 ff.; vgl. *Kindler*, IPRax 2003, 41 m.w.N in Fn. 22.

332 Vgl. S. 18 „Die Entscheidung des BGH vom 29.01.2001", der jetzt ebenfalls einer der OHG vergleichbaren Rechtsfähigkeit zuerkannt wird.

333 Es hafteten die Gesellschaft mit ihrem Vermögen und das handelnde Organ, vgl. MüKo-*Kindler*, IntGesR, Rn. 348 ff. Eine Beschränkung der Haftung auf die Einlage ist mangels Eintragung im Handelsregister nicht wirksam. Bei der OHG ergibt sich die Haftung aus § 128 HGB. Handelte es sich um eine Ein-Personen-Gesellschaft, so wurde der Gesellschafter als Einzelperson oder Einzelkaufmann berechtigt und verpflichtet. Im Rechtsverkehr trat er aber unter der Firma auf, *Leible/Hoffmann*, DB 2002, 2203 (2204). *Behrens*, IPRax 2003, 193 (200) hält die „neue Sitztheorie" als mit der Niederlassungsfreiheit unvereinbar.

334 Vgl. S. 18 „Die Entscheidung des BGH vom 29.01.2001", der jetzt ebenfalls einer der OHG vergleichbaren Rechtsfähigkeit zuerkannt wird.

335 *BGH*, NJW 2003, 1461.

336 *EuGH*, IPrax 2003, 65.

worden.[337] Eine rechtsfähige Gesellschaft, die nach dem Recht eines Mitgliedsstaats wirksam gegründet wurde und auch nach einer eventuellen Verlegung ihres Verwaltungssitzes ihren satzungsmäßigen Sitz noch in diesem Staat hat, muss in dem Zuzugsstaat als rechtsfähige Gesellschaft (in diesem Fall als niederländische B.V.) anerkannt werden. Zwar geht der *BGH* nicht explizit auf die Sitztheorie ein, diese Schlussfolgerung ist jedoch logische Konsequenz der Entscheidung. Denn nur die Gründungstheorie[338] bietet die Möglichkeit der Anerkennung einer Gesellschaft in der Rechtsform, in der sie in einem anderen Mitgliedsstaat wirksam gegründet wurde, auch wenn sie nicht den Gründungsanforderungen des Verwaltungssitzstaats entspricht. *Verwaltungssitz im Ausland*

Hat eine Gesellschaft ihren Verwaltungssitz im Ausland und wurde sie nach dem ausländischen Recht wirksam gegründet, wird sie auch in Deutschland als wirksam gegründet und damit als rechtsfähig anerkannt.[339] Hat eine nach deutschem Recht gegründete Gesellschaft ihren Verwaltungssitz im Ausland, ist danach zu differenzieren, ob der ausländische Staat der Gründungs- oder der Sitztheorie folgt.[340] Folgt der Verwaltungssitzstaat der Sitztheorie, beurteilt sich die wirksame Gründung der Gesellschaft nach diesem Recht. Die Gesellschaft wird in dem Staat des Verwaltungssitzes unter Umständen als nicht wirksam gegründet und damit als nicht rechtsfähig angesehen werden. Ein Eintrag in eine deutsches Register ist mangels inländischem Verwaltungssitz nicht möglich.[341] Damit kann die Gesellschaft, wenn sie schon nicht in ihrem Verwaltungssitzstaat als wirksam gegründet und damit als rechtsfähig angesehen wird, auch nicht in Deutschland als wirksam gegründet anerkannt werden. Dies gilt auch dann, wenn sie den deutschen Anforderungen an eine wirksame Gesellschaftsgründung genügt und ihren Satzungssitz in Deutschland hat.[342] Somit kann eine Ge-

---

337 So auch *Weller*, IPRax 2003, 324 (327); das AG Hamburg entschied in dem Beschluss vom 14.05.2003, IPRax 2003, 534 (535), dass die Anerkennung aber nicht die Haftungsfragen der Gesellschafter einschließe, auch sei allein die Umgehung der hohen Gründungsanforderungen einer Gesellschaft als Missbrauch anzusehen. Diese Entscheidung verstößt gegen die *Überseering* Entscheidung (vgl. unten A.II.2(3)(c) „Die *Überseering* Entscheidung") des *BGH* und gegen die *Inspire Art* Entscheidung (vgl. unten A.II.2(3)(d) „Die *Inspire Art* Entscheidung") des *BGH*. So auch *Weller*, IPRax 2003, 520 (522 f.).

338 Vgl. unten S. 73 „Gründungstheorien".

339 MüKo-*Kindler*, IntGesR, Rn. 385.

340 *Ebenroth/Eyles*, IPRax 1989, 1 (8 ff.).

341 MüKo-*Kindler*, InGesR, Rn. 386.

342 *Behrens*, Rn. 77 lässt es hingegen bei der AG ausreichen, dass die Gesellschaft für die Anerkennung einen „Betrieb" in Deutschland betreibt. Er stützt sich dabei auf § 5 Abs. 2 AktG, nach dem der Sitz der Gesellschaft auch an einer Betriebsstätte festgelegt werden kann. Zustimmend *Koppensteiner*, S. 97 f.; *Beitzke*, § 8 VIII. Zu beachten ist hier aber, dass es sich bei § 5 AktG um eine materiell-rechtliche Norm handelt. Die im

sellschaft mit Verwaltungssitz im Ausland in Deutschland nicht durch ihre Vertreter handeln, da sie nach deutschem materiellen Recht nicht als rechtsfähige Gesellschaft existiert. Folgt der Verwaltungssitzstaat hingegen der Gründungstheorie, kann die Gesellschaft auf Grund eines Rückverweises in deutsches Recht (Satzungssitzstaat) als wirksam gegründet angesehen und als solche wirksam vertreten werden.[343]

(b) Nachträgliches Auseinanderfallen von Verwaltungs- und Satzungssitz

Ist eine Gesellschaft wirksam in dem Staat des effektiven Verwaltungssitzes gegründet worden, stellt sich die Frage, ob sie unter Wahrung ihrer Rechtsfähigkeit den Verwaltungssitz in einen anderen Staat verlegen kann. Grundsätzlich sind die kollisionrechtlichen Regelungen des Wegzugs- und des Zuzugstaates kumulativ zu beachten.[344] Eine Sitzverlegung ohne die Identität zu verlieren ist nur dann möglich, wenn beide Staaten dies zulassen.

(i) *Verlegung des Verwaltungssitzes nach Deutschland*

Will eine Gesellschaft ihren Verwaltungssitz nach Deutschland verlegen, so folgt aus der Sitztheorie, dass sich das Gesellschaftsstatut ändert. Deutsches IPR und damit deutsches Sachrecht ist dann für die Frage einer identitätswahrenden Sitzverlegung entscheidend. Aus dem deutschen Recht ergab sich bisher, dass die Gesellschaft neu gegründet werden und ihre Rechts- und Handlungsfähigkeit erneut erlangen muss.[345] Dies galt auch dann, wenn die Gesellschaft im Ausland mit einer in Deutschland bekannten Gesellschaftsform vergleichbar war (eine Anpassung der Satzung an das deutsche Recht und Eintragung in das Handelsregister genügen würde) oder der Wegzugsstaat der Gründungstheorie folgte und eine identitätswahrende Sitzverlegung zuließ.[346] Nach der Entscheidung des

materiellen Recht gestattete Wahlfreiheit kann jedoch nicht auf die kollisionsrechtliche Ebene übertragen werden und so ein Wahlrecht für die Gesellschaft begründen, vgl. Reithmann/Martiny-*Hausmann* Rn. 1560; Staudinger-*Großfeld*, IntGesR, Rn. 86 ff.; differenzierend Soergel-*Lüderitz*, Anh. Art. 10 Rn. 10; *Raape*, IPR, § 25 II.

343 Vgl. die Ausführungen S. 59 „Anfängliches Auseinanderfallen von Verwaltungs- und Satzungssitz".

344 *Zimmer*, S. 199; Reithmann/Martiny-*Hausmann*, Rn. 1562; Soergel-*Lüderitz*, Anh. Art. 10 Rn. 47; Hachenburg-*Behrens*, Einl. Rn. 170.

345 *OLG Zweibrücken*, NJW 1990, 3092; Scholz-*Westermann*, Einl. Rn. 127; Staudinger-*Großfeld*, IntGesR, Rn. 642; Soergel-*Lüderitz*, Anh. Art. 10 Rn. 49; *Zimmer*, S. 200; Erman-*Hohloch*, Anh. II Art. 37 Rn. 28; *Behrens*, IPRax 2003, 193 (194); a.A. *Behrens*, RIW/AWD 1986, 590, der eine Umwandlung nach dem UmwG befürwortet.

346 *BGHZ* 97, 269 (271); *OLG Nürnberg*, RIW/AWD 1985, 494; *OLG München*, NJW 1986, 2197 (2198) *OLG München*, IPRspr. 1986 Nr. 21; Scholz-*Westermann*, Einl. Rn. 125 ff.; Kegel/Schurig-*Kegel*, § 17 II 2 m.w.N.

BGH vom 13.03.2003[347] wird aber nunmher die Gesellschaft in Deutschland in der Rechtsform GbR anerkannt[348], in der sie wirksam in einem anderen Mitgliedsstaat gegründet wurde und kann somit als solche auch vertreten werden.

(ii) *Verlegung des Verwaltungssitzes ins Ausland*

Will eine Gesellschaft ihren Verwaltungssitz von Deutschland in einen anderen Staat verlegen, bestimmt das deutsche Sachrecht (materielle Recht), dass zwingend mit der Sitzverlegung die Gesellschaft aufgelöst werden muss.[349] Der Beschluss des zuständigen Gesellschaftsorgans, den Sitz zu verlegen, wird dann als Auflösungsbeschluss gewertet.[350] Es kann also kein Statutenwechsel erfolgen und damit Fragen der Stellvertretung der Gesellschaft nicht ohne Weiteres einer neuen Rechtsordnung unterstellt werden.

(iii) *Verlegung des Verwaltungssitzes von einem ausländischen Staat in einen anderen*

Aus deutscher Sicht betrachtet bedeutet die Sitzverlegung von einem ausländischen Staat in den anderen, dass wieder das Recht beider Staaten befragt werden muss. Lässt sowohl der Zuzugs- als auch der Wegzugsstaat eine identitätswahrende Sitzverlegung zu, so kann die Gesellschaft ihren Sitz verlegen, ohne dass sie nach deutschem Recht ihre Rechtsfähigkeit verliert; es tritt nur ein Statutenwechsel ein.[351] Lässt ein Staat eine solche Sitzverlegung nicht zu, so kann die Gesellschaft ihren Sitz nicht verlegen, ohne ihre Rechts- und Handlungsfähigkeit zu verlieren. Will eine Gesellschaft demnach ihren Verwaltungssitz von Amerika nach England verlegen, die beide der Gründungstheorie[352] folgen, kann

---

347 Vgl. oben Fn. 335.

348 Dies trägt der Kritik Rechnung, das Erfordernis der Neugründung sei im Hinblick auf das in der Europäischen Union geltende Prinzip der Verhältnismäßigkeit und der Niederlassungsfreiheit nicht mehr haltbar, vgl. *Wessel/Ziegenhain*, GmbHR 1988, 423 (427); *Großfeld/Jasper*, RabelsZ 53 (1989), 52 (58 f.); *Behrens*, RIW/AWD 1986, 590; *Großfeld/König*, RIW/AWD 1992, 433 (436 f.); *Kropholler*, § 55 I 2 b; *Behrens*, ZGR 1994, 1 (10). Hiergegen wurde bisher eingewendet, dass damit die Grenze der zulässigen richterlichen Rechtsfortbildung überschritten werde, vgl. *OLG Zweibrücken*, NJW 1990, 3092; Reithmann/Martiny-*Hausmann*, Rn. 1565; Palandt-*Heldrich*, Anh. Art. 12 Rn. 5.

349 *BGHZ* 25, 134 (144); *OLG München*, NJW-RR 1993, 43 (44); *Zimmer*, S. 199; Reithmann/Martiny-*Hausmann*, Rn. 1566; kritisch Soergel-*Lüderitz*, Anh. Art. 10 Rn. 48; Erman-*Hohloch*, Anh. II Art. 37 Rn. 28; a.A. Hachenburg-*Behrens*, Einl. Rn. 170, der für einen identitätswahrenden Statutenwechsel einen einstimmigen Gesellschafterbeschluss für ausreichend hält.

350 Anm. *Behrens*, EuZW 1992, 548 (550); Reithmann/Martiny-*Hausmann*, Rn. 1567.

351 *OLG Frankfurt*, NJW 1990, 2204; Reithmann/Martiny-*Hausmann*, Rn. 1568; Staudinger-*Großfeld*, IntGesR, Rn. 606.

352 Vgl. zu England unten Fn. 397; S. 127 ff. „Vertretung von Gesellschaften“.

sie nach amerikanischem Recht ohne Identitätsverlust wegziehen, nach englischem Recht wird sie als wirksam gegründete zugezogene Gesellschaft angesehen. Das Gesellschaftsstatut wechselt aus deutscher Sicht vom amerikanischen zum englischen Verwaltungssitzrecht, dem auch die Fragen der Stellvertretung unterfallen. Will die Gesellschaft ihren Verwaltungssitz in ein Land verlegen, das der Sitztheorie folgt, muss gegebenenfalls eine Neugründung erfolgen. Die Neugründung muss dann erfolgen, wenn der Zuzugsstaat die Gesellschaft nicht als rechtsfähig anerkennt. Ein Statutenwechsel auch für Fragen der Stellvertretung kann aus deutscher Sicht nicht ohne Weiteres erfolgen.

(c) Rück- und Weiterverweisung

Die Auswirkungen der Sitztheorie im Gesellschaftsrecht zeigen sich auch im Bereich der in Art. 4 Abs. 1 EGBGB festgelegten Beachtung von Rück- und Weiterverweisungen anderer Rechtsordnungen.[353] Hat eine Gesellschaft, vom deutschen Forumstaat ausgehend, ihren Sitz im Ausland (sie ist aber nach deutschem Recht gegründet worden), so ist das ausländische IPR zu befragen, ob es den Verweis annimmt, zurück- oder weiterverweist.[354] Folgt der Staat der Sitztheorie, so nimmt er den Verweis an und damit unterfällt die Frage der Vertretung diesem Recht. Folgt er aber der Gründungstheorie, so verweist er zurück auf deutsches IPR. Dieses nimmt gemäß Art. 4 Abs. 1 S. 2 EGBGB den Verweis an und beurteilt die Frage der Stellvertretung nach deutschem Gesellschaftsrecht (Sachrecht). Auch bei der Weiterverweisung wirkt sich die Sitztheorie aus. Dies beispielsweise dann, wenn Deutschland zwar Forumstaat ist, aber weder Gründungs- noch Sitzstaat.[355] Das deutsche IPR verweist auf das IPR des Sitzstaates der Gesellschaft. Folgt dieser der Gründungstheorie und ist die Gesellschaft in einem dritten Staat gegründet worden, so verweist das IPR des Sitzstaates auf das Recht des Gründungsstaates weiter.[356] Ist die Gesellschaft nach diesem Recht wirksam gegründet worden, so sieht der Sitzstaat die Gesellschaft als wirksam gegründet an. Der deutsche Richter muss gemäß Art. 4 Abs. 1 EGBGB die wirksame Gründung beachten und die Gesellschaft auch in Deutschland als wirksam gegründet behandeln. Die Beachtung der Verweisung auf das Recht des Gründungsstaates durch den Sitzstaat geht jedoch nicht weiter, als der Sitzstaat sie vorsieht. Wendet der Sitzstaat teilweise noch sein eigenes Recht an, so muss dies der deutsche Richter auch tun. Somit kann es unter Umständen sein,

---

353 Reithmann/Martiny-*Hausmann*, Rn. 1555; Erman-*Hohloch*, Anh. II Art. 37 Rn. 27; MüKo-*Kindler*, IntGesR, Rn. 387 f.

354 Vgl. dazu S. 61 „Verwaltungssitz im Ausland".

355 Vgl. *OLG Stuttgart*, NJW 1974, 1627 (1628); *OLG Frankfurt*, NJW 1990, 2204; Staudinger-*Großfeld*, IntGesR, Rn. 108.

356 Ob hier auf das IPR oder materielle Recht des Gründungsstaates verwiesen wird entscheidet das IPR des Sitzstaates.

dass trotz der in Deutschland vorherrschenden Sitztheorie die Gründungstheorie ebenfalls zur Anwendung kommt.[357]

(2) Vereinbarkeit mit der Europäischen Menschenrechtskonvention (EMRK)

Nach einer Entscheidung des Cour de Cassation in Frankreich aus dem Jahre 1990[358] wurde die Frage aufgeworfen, ob die Sitztheorie gegen die EMRK verstoße. Dieses wird aber nach einhelliger Meinung mit der Begründung abgelehnt, dass die Konvention keine Stellung zum Theorienstreit beziehe.[359]

(3) Vereinbarkeit mit Europarecht

Es ist umstritten, ob die Sitztheorie gegen europäisches Recht verstößt und somit nicht mehr haltbar ist. Zur Klärung dieser Frage wurden drei Vorlagen[360] mit der Frage zum *EuGH* gebracht, ob die Sitztheorie mit Europarecht vereinbar sei. Die Vorlagen des *Amtsgerichts Heidelberg* und des *Landesgerichts Salzburg* wurden vom *EuGH* als unzulässig abgewiesen[361], die Vorlage des *BGH* („Überseering") wurde mit Urteil vom 05.11.2002 entschieden.[362] Auch mit dem *Überseering*-Urteil wurde noch keine endgültige Entscheidung über das Schicksal der Sitztheorie gefällt. Mit seiner Entscheidung vom 13.03.2003[363] hat der *BGH* für den Zuzug einer Gesellschaft, beispielsweise durch Verlegung des Verwaltungssitzes, die Sitztheorie als gemeinschaftsrechtswidrig erklärt.[364] Im Verhältnis zu Drittstaaten hält er jedoch weiter an ihr fest.[365] Auch bei der Frage des Wegzugs

---

357 Vgl. *Ebenroth/Eyles*, IPRax 1989, 1 (9); *Kropholler*, § 55 I 3 c.

358 Dt. Übersetzung vgl. *Cour de Cassation (Crim.)*, JZ 1993, 370.

359 *Bungert*, AG 1995, 489 (498), w.N. Fn. 119; *Bungert*, EWS 1993, 17; MüKo-*Sonnenberger*, Einl. IPR Rn. 313; MüKo-*Kindler*, IntGesR, Rn. 376; Erman-*Hohloch*, Anh. II Art. 37 Rn. 25; *Engel*, ZEuP 1993, 150 (152); Anm. *Großfeld/Boin*, JZ 1993, 370 (371 f.); Reithmann/Martiny-*Hausmann*, Rn. 1546; a.A. *Meilicke*, RIW/AWD 1992, 578 f., der die Frage aufgeworfen hatte.

360 *AG Heidelberg* v. 03.03.2000, EuZW 2000, 414; Vorlagebeschluss des *BGH* v. 30.03.2000, EuZW 2000, 412; *Landesgericht Salzburg* v. 27.11.2000, IPRax 2001, 281.

361 Der EuGH hat sich für die Vorlage des *Amtsgerichts Heidelberg* als nicht zuständig erklärt, vgl. *Mitteilungen*, IPRax 2001, Heft 5, V. Ebenso nicht für die Vorlage des *Landesgerichts Salzburg*, vgl. *Mitteilungen*, IPRax 2002, IX.

362 Urteil vgl *EuGH*, IPRax 2003, 65. Detailliertere Ausführungen vgl. unten S. 73 ff.

363 Überseering, *BGH*, NJW 2003, 1461.

364 Vgl. näher dazu unten A.II.2(3)(d) „Die *Inspire Art* Entscheidung"; *Weller*, IPRax 2003, 324 (326); *Kersting/Schindler*, RdW 2003, 621 (622).

365 *BGH*, IPRax 2003, 265; *Weller*, IPRax 2003, 324; *Behrens*, IPRax 2004, 20 (23).

einer Gesellschaft bleibt die Sitztheorie relevant[366], so dass die deutschen Gerichte in diesen Bereichen an ihr festhalten werden.
Im Vertrag über die Europäische Union (EG) in der Fassung vom 01. Mai 1999 ist in den Artt. 43 ff. EG die Freiheit der Niederlassung von natürlichen Personen innerhalb der EU festgelegt. Gemäß Art. 48 EG werden die nach den Rechtsvorschriften eines Mitgliedsstaates gegründeten Gesellschaften den natürlichen Personen gleichgestellt, so dass auch sie sich auf die Niederlassungsfreiheit berufen können, wenn sie ihren satzungsmäßigen Sitz, ihre Hauptverwaltung oder ihre Hauptniederlassung innerhalb der Gemeinschaft haben. Diese Normen gelten unmittelbar und gehen den nationalen Regelungen vor[368], so dass es einem Mitgliedsstaat nicht erlaubt ist, diese Freiheit einzuschränken. Da die Sitztheorie die Gesellschaften für ihre Anerkennung und damit Handlungsfähigkeit zwingt, einen Verwaltungssitz im Inland zu begründen, könnte sie gegen diese Regelung verstoßen. Im Zusammenhang mit der Vereinbarkeit der Sitztheorie mit Europarecht sind verschiedene Entscheidungen wichtig.

(a) Die *Daily-Mail* Entscheidung

In der *Daily-Mail* Entscheidung aus dem Jahre 1988[369] hat eine Gesellschaft, die nach britischem Recht wirksam gegründet war, ihren Verwaltungssitz in ein anderes Land verlegt. Die Britische Regierung machte daraufhin geltend, dass der Verwaltungssitz nicht ohne die Zustimmung des britischen Finanzministeriums verlegt werden dürfe, da sich nach britischem Recht der Sitz zur Zahlung von Steuern nach dem Sitz der tatsächlichen Verwaltung (*residence*) richte. In der *Daily-Mail* Entscheidung stellt der *EuGH* jedoch nur fest, dass die Artt. 43, 48 EG (ehem. 52, 58 EWG Vertrag) den Gesellschaften nur ein Recht auf die Gründung einer Zweigniederlassung, Tochtergesellschaft, jedoch kein grund-

---

366 Vgl. dazu *Behrens*, IPRax 2004, 20 (26); *Behrens*, IPRax 2003, 193 (205); *Kersting/Schindler*, RdW 2003, 621 (622).

367 Vgl. *OLG München*, RIW/AWD 1998, 966, dessen Entscheidung jedoch vor der *Centros*-Entscheidung erging; *OLG Düsseldorf*, JZ 2000, 203; *LG Potsdam*, ZIP 1999, 2021; *OLG Frankfurt*, OLGR 2001, 88; *LG Brandenburg*, ZIP 2000, 1616; *OLG Hamm*, ZIP 2001, 791=IPRax 2001, 343; *OLG Zweibrücken*, ZIP 2000, 2172; *OLG Düsseldorf*, IPRax 2001, 343 m. Anm. Auch in der Nachfolgevorlage des *BGH*, ZIP 2002, 75 ff., ob es gegen die Niederlassungsfreiheit verstößt, wenn die Gesellschaft nach Sitzverlegung ins Ausland die Klagemöglichkeit im Inland verliert, hat der Generalanwalt keine Kriterien festgelegt, nach denen die Rechts- und Parteifähigkeit bei grenzüberschreitender Sitzverlegung zu beurteilen ist. Der Verlust der Klagemöglichkeit verstoße jedoch gegen das Recht auf gerichtlichen Rechtsschutz, vgl. *Mitteilungen*, IPRax 2002, Heft 2, VII.

368 *Behrens*, IPRax 1999, 323 (324); *Behrens*, ZGR 1994, 1 (20).

369 *EuGH*, NJW 1989, 2186.

sätzliches Recht auf eine identitätswahrende Sitzverlegung zustehe.[370] Die Regelungen in den einzelnen Mitgliedsstaaten seien noch zu unterschiedlich und müssten erst vereinheitlicht werden. So lange dies nicht geschehen sei, könnten die identitätswahrende Sitzverlegung und die Anknüpfung desas Gesellschaftsstatuts nur von den nationalen Rechten der Mitgliedsstaaten bestimmt werden. Daraus folgt, dass auf kollisionsrechtlicher Ebene, also der Frage nach dem Wechsel des auf eine Gesellschaft anwendbaren Rechts, durch die *Daily-Mail* Entscheidung keine Einschränkung der Sitztheorie erfolgt ist.[371] Auf materiellrechtlicher Ebene, also der Frage nach den Konsequenzen eines Statutenwechsels für die Existenz einer Gesellschaft, wird die Sitztheorie dahingehend eingeschränkt, dass eine in einem Mitgliedsstaat einmal wirksam gegründete Gesellschaft sich bei der Gründung einer Zweigniederlassung, auch wenn diese allein die wirtschaftliche Tätigkeit entfaltet, auf die Niederlassungsfreiheit berufen kann. Diesbezüglich kann also kein effektiver Verwaltungssitz im Inland mehr verlangt werden.

(b) Die *Centros* Entscheidung

Umstritten ist seit der *Centros* Entscheidung aus dem Jahre 1999[372], ob der *EuGH* nun auch auf kollisionsrechtlicher Ebene die Sitztheorie eingeschränkt oder sogar als gemeinschaftswidrig eingestuft hat. In dem Fall hatte ein in Dänemark ansässiges Ehepaar in England eine Gesellschaft gegründet, um die strengen Gründungsvoraussetzungen, insbesondere das Einlageerfordernis für eine *Private Limited Company* in Dänemark zu umgehen. An ihrem Gründungsort entfaltete die Gesellschaft keinerlei wirtschaftliche Tätigkeit. Die dänischen Behörden lehnten die Eintragung einer Zweigstelle mit dem Hinweis auf die Umgehung ab und verlangten die Einhaltung der dänischen Einlagebedingungen für die Zweigstelle. Der *EuGH* entschied, dass Dänemark die Zweigniederlassung auch dann eintragen müsse (auf Grund der Niederlassungsfreiheit), wenn diese die alleinige wirtschaftliche Tätigkeit entfaltet. *Behrens*[373] folgert aus dieser Entscheidung, dass der *EuGH* die Sitztheorie implizit auf der kollisonsrechtlichen Ebene als nicht anwendbar erklärt habe. Die Artt. 43, 48 EG seien vom

---

370 *EuGH* NJW 1989, 2186 (2188); dazu *Behrens*, ZGR 1994, 1 (21); *Bungert*, AG 1995, 489 (496); *Zimmer*, S. 204 ff.

371 *OLG Hamm*, RIW/AWD 1997, 874 (875); *OLG München*, JuS 1999, 823; *OLG Düsseldorf*, JZ 2000, 203; *Behrens*, IPRax 1999, 323 (329); Erman-*Hohloch*, Anh. II Art. 37 Rn. 25 a; zweifelnd *Schümann*, EuZW 1994, 269 (275); *Blaurock*, ZEuP 1998, 460 (482).

372 *EuGH*, EuZW 1999, 216.

373 *Behrens*, IPRax 1999, 323 (326 ff.); *Behrens*, IPRax 2000, 384 sieht das *Centros*-Urteil als Etappensieg für die Überlagerungstheorie; zustimmend *Freitag*, EuZW 1999, 267 (268 ff.); *Geyrhalter*, EWS 1999, 201 (203).

EuGH als gemeinschaftliche Kollisionsnormen interpretiert worden, die somit den Kollisionsnormen der Mitgliedsstaaten vorgingen und für die Frage der Existenz der Gesellschaft auf das Recht des Gründungsstaates verweise.[374] Damit sei eine Gesellschaft, solange sie unter der Rechtsordnung des Gründungsstaates als wirksam gegründet angesehen wird, in allen Mitgliedsstaaten anzuerkennen. Die Voraussetzungen einer wirksamen Gründung der Gesellschaft sei den Mitgliedsstaaten überlassen. Sie könnten bestimmen, ob für eine wirksame Gründung der Verwaltungssitz im Inland liegen und ob sie sich beim „Wegzug" auflösen muss. Verlege die Gesellschaft ihren Verwaltungssitz in einen anderen Mitgliedsstaat, und folge dieser der Sitztheorie, löse der Wegzug einen Statutenwechsel aus. Werde die Gesellschaft, wie in Deutschland, durch die Sitzverlegung zwingend aufgelöst, so könne eine Anerkennung in dem Zuzugsstaat nicht erfolgen. Reiche es nach den Vorschriften des Gründungsstaates aus, dass der Satzungssitz im Inland verbleibt, so habe die Verlegung des Verwaltungssitzes keinen Statutenwechsel zur Folge und die Gesellschaft bleibt bestehen. Alle Mitgliedsstaaten müssten nun, auch wenn sie der Sitztheorie folgten, die Gesellschaft anerkennen. *Sandrock*[375] stimmt *Behrens* grundsätzlich zu, geht aber noch einen Schritt weiter. Zwar beschränke sich das Urteil nur auf Gesellschaften, die innerhalb eines Mitgliedstaates gegründet wurden, jedoch sei die Sitztheorie gänzlich überholt und auch im Verhältnis zu Gesellschaften, die nicht innerhalb der EU gegründet wurden, nicht mehr anzuwenden, um die Lage nicht noch komplizierter zu gestalten. *Roth*[376] stimmt *Behrens* und *Sandrock* dahingehend zu, dass die Sitztheorie auf materiellrechtlicher Ebene eine Einschränkung erfahren habe. In kollisionsrechtlicher Hinsicht treffe die *Centros* Entscheidung aber keine Aussage bezüglich der Unvereinbarkeit der Sitztheorie mit Europarecht. Sowohl Dänemark als auch England folgen der Gründungstheorie, so dass eine in England wirksam gegründete Gesellschaft von Dänemark grundsätzlich anerkannt wird. Damit ginge es in diesem Urteil nicht um eine eventuell aus dem IPR erwachsende Beschränkung der Niederlassungsfreiheit, sondern um die Frage, welche Schutzmaßnahmen die Mitgliedsstaaten gegen die Errichtung von Niederlassungen von Gesellschaften, die nach dem Recht eines anderen Mitgliedsstaates wirksam gegründet wurden, ergreifen können. Der *EuGH* habe die Entscheidung auf Grund der Tatsache nicht getroffen, dass die Harmonisierung

---

374 *Behrens*, IPRax 1999, 323 (330).

375 *Sandrock*, BB 1999, 1337 (1342).

376 *Roth*, ZGR 2000, 311 (319 ff.); zustimmend Kegel/Schurig-*Kegel*, § 17 II 1; *Ebke*, JZ 1999, 656 (658, 660); *Kindler*, NJW 1999, 1993 (1996); *Kindler*, RIW/AWD 2000, 555 (557); *Sonnenberger/Großrichter*, RIW/AWD 1999, 721 (726); *Timme/Hülk*, JuS 1999, 1055 (1057); Erman-*Hohloch*, Anh. II Art. 37 Rn. 25 a m.w.N.; Palandt-*Heldrich*, Anh. Art. 12 Rn. 2; Anm. *Lange* DNotZ 1999, 599 (606); *Flessner*, ZEuP 2000, 1 (4); *Zimmer*, BB 2000, 1361 (1364).

wesentlicher Vorschriften noch nicht stattgefunden habe; die Beseitigung von kollisionsrechtlichen Schwierigkeiten obliege gemäß Art. 293, 3. Spiegelstrich EG den Mitgliedsstaaten in Form von Abkommen oder Richtlinien. *Leible*[377] beschränkt das *Centros*-Urteil zwar auf die Problematik der Zweigniederlassung in einem anderen EU-Mitgliedsstaat (sekundäre Niederlassungsfreiheit), jedoch müssten solche in allen Mitgliedsstaaten anerkannt werden, wenn sie am Ort der Hauptniederlassung wirksam gegründet wurden, egal welcher Theorie sie folgen.

(c) Die *Überseering* Entscheidung

Auch die *Überseering* Entscheidung vom 05.11.2002[378] fällt kein abschließendes Urteil über das Schicksal der Sitztheorie auf kollisionsrechtlicher Ebene.[379] In dem Rechtsstreit ging es um die Überseering B.V. und die Nordic Construction Company Baumanagement GmbH (NCC) mit Sitz in Deutschland. Überseering ist nach niederländischem Recht wirksam gegründet und auch in den Handelsregistern von Haarlem und Amsterdam eingetragen. Sie ist seit 1990 Eigentümerin eines in Deutschland gelegenen Grundstücks, auf dem NCC 1992 auftragsgemäß Sanierungsarbeiten an Gebäuden durchführte. Überseering machte Mängel bezüglich der Durchführung der Arbeiten geltend. Ende 1994 erwarben zwei in Düsseldorf ansässige deutsche Staatsangehörige sämtliche Geschäftsanteile an Überseering. Das *OLG Düsseldorf* wies die Berufung als unzulässig zurück, da Überseering aufgrund des Verkaufs ihrer gesamten Anteile ihren Verwaltungssitz nach Deutschland verlegt habe und damit in Deutschland weder rechts- noch parteifähig sei. Der *BGH* setzte das Revisionsverfahren aus und legte dem *EuGH* zwei Fragen zur Entscheidung vor. Zum Einen, ob es mit der Niederlassungsfreiheit zu vereinbaren sei, dass sich die Rechts- und Parteifähigkeit einer Gesellschaft nach dem Recht des Zuzugsstaates beurteile, in den die Gesellschaft ihren tatsächlichen Verwaltungssitz verlegt hat. Sollte der *EuGH* dies bejahen zum Anderen, ob es die Niederlassungsfreiheit gebiete, die Rechts- und Parteifähigkeit der Gesellschaft nach dem Recht des Gründungsstaats zu beurteilen. Der *EuGH* wies zunächst darauf hin, dass die Regelung des Art. 293 EG kein Vorbehalt zu Gunsten der Mitgliedsstaaten enthielte sondern lediglich in dem Fall eingriffe, in dem der EG-Vertrag nicht die Erreichung der Vertragsziele ermögliche. Die Verwirklichung der Niederlassung könne daher durch

377 *Leible*, NZG 1999, 300 (301); zustimmend *Fock*, RIW/AWD 2000, 42 (45); *Steindorff*, JZ 1999, 1140 (1142); *Zimmer*, ZHR 164 (2000), 23 (36 f.).

378 EuGHE I 2002, 9919= *EuGH*, IPRax 2003, 65.

379 Vgl. auch dazu *Kersting/Schindler*, RdW 2003, 621 (622, Fn. 18 f.); *Rehberg*, IPRax 2003, 175; *Roth*, IPRax 2003, 117; So aber *OLG München*, IPRax 2003, 244 (245); *Kindler*, IPRax 2003, 41 (42 f.); *Behrens*, IPRax 2003, 193 (202); *Weller*, IPRax 2003, 207; *Baudenbacher*, IPRax 2004, 26 (27); *Behrens*, IPRax 2004, 20 (22).

Harmonisierungsrichtlinien zwar erleichtert werden, aber nicht von ihr abhängen. Die Artt. 43, 48 EG seien beim derzeitigen Stand des Gemeinschaftsrechts unmittelbar anwendbar. Die Inanspruchnahme der Niederlassungsfreiheit aus Artt. 43, 48 EG setze aber auch zwingend die Anerkennung der Gesellschaft als rechts- und parteifähig voraus.[380] Überseering mache von ihrer Niederlassungsfreiheit Gebrauch, indem sie in Deutschland agiere. Unbeachtlich sei dabei, dass alle Gesellschaftsanteile von Deutschen erworben worden seien, da das niederländische Recht keine Konsequenzen daran knüpfe. Verlange Deutschland nun die Neugründung der Gesellschaft, käme diese der Negierung der Niederlassungsfreiheit gleich. Der Zuzugsstaat habe die Rechts- und Parteifähigkeit der Gesellschaft auch bei vermuteter Verlegung des Verwaltungssitzes zu achten.[381] Die Entscheidung des *EuGH* hat keine erhebliche Bedeutung für das deutsche Recht und die Sitztheorie. Wären zuvor die Auswirkungen der Sitztheorie teilweise nicht europarechtskonform gewesen, so hat sich der *BGH* durch seine Entscheidung vom 01.07.2002 selbst auf den europarechtskonformen Weg begeben, indem er die Rechts- und Parteifähigkeit einer solchen Gesellschaft nunmehr anerkennt. Die Sitztheorie wurde durch die Entscheidung auch nicht als gänzlich unzulässig verworfen, da der *EuGH* ausdrücklich feststellt, dass "... ihr satzungsmäßiger Sitz, ihre Hauptverwaltung oder ihre Hauptniederlassung,..., dazu dient, ihre Zugehörigkeit zur Rechtsordnung eines Mitgliedsstaats zu bestimmen".[382] Die Entscheidung des *EuGH* wirkt sich lediglich bezüglich der Behandlung von Scheinauslandsgesellschaften im Sachrecht aus.[383] Offen bleibt das Problem, ob die nicht beschränkbare Haftung der Gesellschafter bei der OHG und GbR[384] schon gegen die Niederlassungsfreiheit verstößt.[385]

---

380 Der *EuGH* lehnt eine Vergleichbarkeit des Falls mit *Daily-Mail* entschieden ab, da es dort allein um die Frage gegangen sei, ob der Wegzugsstaat Beschränkungen für die identitätswahrende Sitzverlegung einführen kann. Die Frage, ob der Zuzugsstaat die Anerkennung der Rechtspersönlichkeit der Gesellschaft ablehnen dürfe, sei nicht entschieden worden, vgl. *EuGH*, IPRax 2003, 65, Nr. 65 ff. Außerdem weist er daraufhin, dass die Gesellschaft in *Daily-Mail* ihren Verwaltungsstiz verlegen wollte, Überseering jedoch nicht, vgl. *EuGH*, IPRax 2003, 65, Nr. 62 f.

381 Kritisch dazu *Kindler*, IPRax 2003, 41. Er ist der Ansicht, da die Gemeinschaft den Staaten zugestünde, die Anknüpfungsregel selbst zu bestimmen, habe sie auch „hinkende" Gesellschaften hinzunehmen.

382 Vgl. *EuGH*, IPRax 2003, 65, Nr. 57.

383 Vgl. oben S. 59 „Auswirkungen der Sitztheorie".

384 Dort lediglich bei ausdrücklicher Vereinbarung, vgl. *BGHZ* 142, 315.

385 *Leible*, DB 2002, 2203 (2207) m.w.N. Der *EuGH* hat nicht festgelegt, wie die Anerkennung der Gesellschaft erfolgen soll. Zwar wird im Tenor ausgeführt, es sei „die Rechtsfähigkeit und die Parteifähigkeit zu achten, die diese Gesellschaft nach dem Recht ihres Gründungsstaats besitzt". Daraus kann einerseits gefolgert werden, dass die Gesellschaft in vergleichbarer Form anerkannt, also auch die Haftungsbeschränkung beachtet

(d) Die *Inspire Art* Entscheidung

In der *Inspire Art* Entscheidung vom 30.09.2003[386] bestätigt der *EuGH* seine *Centros* Entscheidung und führt sie konsequent weiter. Inspire Art wurde als englische *Private Company Limited by Shares* wirksam gegründet und hat ihren satzungsmäßigen Sitz in Folkstone (U.K.). Sie hat eine Zweigniederlassung in Amsterdam und entfaltet von dort ausschließlich ihre gesellschaftliche Tätigkeit. Inspire Art war ohne Zusatz im amsterdamer Handelsregister eingetragen, dass es sich formal um eine ausländische Gesellschaft im Sinne von Art. 1 WFBV[387] handelt. Die Handelskammer hielt den Zusatz der formal ausländischen Gesellschaft für erforderlich, da Inspire Art ihre alleinige Tätigkeit in den Niederlanden entfalte und beantragte Ende Oktober 2000 beim Kantoongerecht Amsterdam, die Eintragung des Zusatzes anzuordnen. Die Einordnung als formal ausländiche Gesellschaft zog für Inspire Art verschiedene Pflichten aus dem WFBV nach sich. Unter Anderem muss gemäß Artt. 1, 2 Abs. 1 WFBV die Eigenschaft als formal ausländische Gesellschaft, gemäß Art. 2 Abs. 1 WFBV das Datum der ersten Eintragung im ausländischen Handelsregister und Informationen über den Alleingesellschafter im Handelsregister der Handelskammer Amsterdam eingetragen werden. Darüber hinaus muss gemäß Art. 4 Abs. 3 WFBV eine Erklärung von Wirtschaftsprüfern hinterlegt werden, dass die Gesellschaft die Voraussetzungen bezüglich eines in den Niederlanden zwingend erforderlichen Mindest- und Eigenkapitals erfüllt. Außerdem muss die Gesellschaft ihren Status als formal ausländische Gesellschaft auf allen von ihr herrührenden Schriftsstücken angeben.[388] Diese zwingenden Vorschriften des niederländischen Rechts, die bei Einrichtung einer Zweigstelle zu erfüllen sind, gelten auch für die Gründung einer inländischen Gesellschaft mit beschränkter Haftung. Das Kantongerecht Amsterdam hat das Verfahren ausgesetzt und dem *EuGH* zur Entscheidung vorgelegt, ob die verschiedenen Pflichten mit der Niederlassungsfreiheit gemäß Artt. 43, 48 EG vereinbar sind. Der *EuGH* stellte zunächst fest, dass die Pflichten der Inspire Art an der elften Richtline über die Offenlegung

---

werden muss. Andererseits könnte dies lediglich bedeuten, dass die Gesellschaft in der Lage sein muss, ihre Rechte geltend zu machen, also nur als rechts- und parteifähig anerkannt werden muss, ohne die nach dem Gründungsstaat vorliegenden Haftungsbeschränkungen zu beachten. Dem Kontext des Urteils nach und auf Grund der Tatsache, dass der *EuGH* sich gerade einer expliziten Regelung enthält, ist das Urteil dahingehend zu verstehen, dass lediglich die Gestattung der Rechts- und Parteifähigkeit der Gesellschaft zu erfolgen hat. Wie die Gesellschaft die Rechts- und Parteifähigkeit erlangt, bleibt dem Recht des einzelnen Staats vorbehalten.

386 Vgl. Kamer van Koophandel en Fabrieken voor Amsterdam gegen Inspire Art Ltd, *EuGH*, IPRax 2004, 46; dazu ausführlich *Behrens*, IPRax 2004, 20 (23 ff.).

387 Wet op de formeel buitenlandse vennootschappen.

388 Vgl. *EuGH*, IPRax 2004, 46, Nr. 65.

von Zweigniederlassungen, die in einem Mitgliedsstaat von Gesellschaften bestimmter Rechtsform errichtet wurden, die dem Recht eines anderen Staates unterliegen[389] gemessen werden müssen. Die von dem WFBV verlangten Offenbarungspflichten, seien nicht in der elften Richtlinie aufgeführt. Die in der Richtlinie aufgeführten Offenbarungspflichten seien jedoch abschließend, da die Richtlinie das Ziel der Harmonisierung der unterschiedlichen nationalen Rechtsvorschriften nur so erreichen könne[390], so dass weiterführende Offenlegungspflichten gemeinschaftsrechtlich nicht zulässig seien. Darüber hinaus bestimme Art. 4 Abs. 1 WFBV, dass das gezeichnete Kapital einer formal ausländischen Gesellschaft mindestens so hoch wie bei einer inländischen Gesellschaft mit beschränkter Haftung sein muss. Werden die Bestimmungen des WFBV nicht eingehalten, so sehe Art. 4 Abs. 4 WFBV vor, dass die Geschäftsführer der formal ausländischen Gesellschaft bis Erfüllung der Eintragungsvoraussetzungen für alle für die Gesellschaft bis dahin vorgenommenen Geschäfte neben ihr persönlich und gesamtschuldnerisch haften. Diese Bestimmungen seien an den Artt. 43, 48 EG zu messen. Die Niederlassungsfreiheit gelte auch für Gesellschaften, bei denen die eingerichtete Zweigstelle ausschließlich eine geschäftliche Tätigkeit entfaltet.[391] Der Zwang einer bereits in einem anderen Mitgliedsstaat wirksam gegründeten Gesellschaft im Zweigniederlassungsstaat nationale Vorschriften über die Gründung einer Gesellschaft mit beschränkter Haftung zu beachten, behindere die Niederlassungsfreiheit der Gesellschaft und sei damit grundsätzlich unzulässig.[392] Eine Rechtfertigung der Behinderung der Niederlassungsfreiheit komme lediglich in den in Art. 46 EG genannten Fällen oder aus zwingenden Gründen des Allgemeininteresses in Frage.[393] In Art. 46 EG genannte Gründe habe die niederländische Regierung nicht vorgebracht. Auch könnten zwingende Gründe des Allgemeinwohls die Behinderung der Niederlassungsfreiheit nicht rechtfertigen. Das Erfordernis des Mindestkapitals schütze zwar die Gläubiger der Gesellschaft, sei in diesem Fall jedoch nicht erforderlich, da Inspire Art als englische Ltd. auftrete und damit den Gläubigern klar sei, dass sie anderen Regeln als den niederländischen unterliege.[394] Damit verstoße auch die persönliche und gesamtschuldnerische Haftung der Geschäftsführer bei Nichteinlage des Mindestkapitals gegen die Niederlassungsfeiheit.[395] Eine missbräuchliche Ausnutzung der Niederlassungsfreiheit habe die niederländische Regierung nicht

389 Vom 21.09.1989, 89/666/EWG; vgl. *EuGH*, IPRax 2004, 46, Nr. 13 ff., 55.
390 Vgl. *EuGH*, IPRax 2004, 46, Nr. 15, 69 f.
391 *EuGH*, IPRax 2004, 46, Nr. 95.
392 *EuGH*, IPRax 2004, 46, Nr. 101.
393 *EuGH*, IPRax 2004, 46, Nr. 107.
394 *EuGH*, IPRax 2004, 46, Nr. 135.
395 *EuGH*, IPRax 2004, 46, Nr. 141.

nachweisen können. Allein, dass Inspire Art sich einen Mitgliedsstaat ausgesucht habe, der kein Mindestkapital als Gründungsvoraussetzung verlange, begründe noch keinen Missbrauch.[396]

bb) Gründungstheorien

Der Sitztheorie stehen verschiedene Ansätze entgegen, die auf dem Grundsatz aufbauen, die Gesellschaft dem Recht zu unterstellen, nach dem sie wirksam gegründet wurde. Nach diesem Recht wird dann auch die Stellvertretung beurteilt. Im Folgenden sollen Ansätze dargestellt werden, die insbesondere nach der *Centros*-Entscheidung (und auch noch nach der *Überseering*-Entscheidung) des EuGH noch heute Bestand haben.[397]

(1) Sandrocks Überlagerungstheorie

Sandrock[398] vertritt die Überlagerungstheorie, die schon Ende der fünfziger Jahre im amerikanischen Schrifttum entwickelt wurde. Die wirksame Gründung und die Rechtsfähigkeit der ausländischen Gesellschaft werde nach der Rechtsordnung der Gründung beurteilt, unabhängig davon, zu welchem Zweck sie dort errichtet wurde. Damit bleibe es bei der grundsätzlichen Geltung der Grün-

---

396 *EuGH*, IPRax 2004, 46, Nr. 139.

397 Die im Anglo-Amerikanischen Rechtskreis vorherrschende „reine" Gründungstheorie, die als Gesellschaftsstatut das Recht ansieht, nach dem die Gesellschaft gegründet und ausgestaltet wurde, wird heute nicht mehr vertreten, vgl. *Thorn*, IPRax 2001, 102; *Knoche*, MittRhNotK 1985, 165 (166); Kegel/Schurig-*Kegel*, § 17 II 1; *Behrens*, ZGR 1994, 1 (5). Sie ist im amerikanischen Recht durch besondere Schutzbestimmungen und im englischen Recht durch verwaltungsrechtliche Einwirkungen eingeschränkt, vgl. Staudinger-*Großfeld*, IntGesR, Rn. 57, 156; *Bungert*, 3. Kap. A IV; *Merkt*, Rn. 149 ff.; *Hatzis-Schoch*, RIW/AWD 1992, 539 (543); weitere Ausführungen vgl. S. 127 ff. „Vertretung von Gesellschaften". Die Ansätze von *Beitzke*, Vorschläge und Gutachten 1972, S. 94, *Grasmann*, Rn. 615 ff., 997 ff. (Differenzierungslehre), *Zimmer*, S. 220 ff. (Kombinationslehre) und *Wiedemann*, FS Kegel, 187 (199 ff.) können grundsätzlich, da sie verschiedene Rechtsordnungen kombinieren und zu einem „Normenmix" führen, keine praktikablen allgemeinen Regelungen aufstellen. Der Ansatz von *Wiedemann* ist außerdem auf Grund der Aufhebung der §§ 12, 12 a GewO teilweise nicht mehr haltbar, der Ansatz von *Zimmer*, wurde in der *Centros*-Entscheidung verworfen, vgl. *Sandrock*, BB 1999, 1337 (1342); zustimmend *Behrens*, IPRax 1999, 323 (325). Obwohl die in England gegründete Gesellschaft keinerlei Verbindung zum Ausland aufgewiesen hat, da sie im Gründungsland keine unternehmerische Tätigkeit entfaltete, beurteilte der *EuGH* die wirksame Gründung nach englischem Recht. Der Ansatz von *Grasmann* verkehrt das Regel-Ausnahme-Verhältnis von Sonderanknüpfungen, so auch Staudinger-*Großfeld*, IntGesR, Rn. 67 f. Der Ansatz von *Beitzke* hat weiter das Problem, dass keine gesetzliche Grundlage für seine Auffassung vorhanden ist.

398 *Sandrock*, RabelsZ 42 (1978), 227 (246 ff.). Kindler ist der Auffassung, dass die Überlagerungstheorie vom BGH in der Entscheidung vom 01.07.2002 verworfen wurde, vgl. *Kindler*, IPRax 2003, 41.

dungstheorie im Innenverhältnis. In bestimmten Fällen sei es aber geboten, ausnahmsweise die materiellen Regeln des Sitzstaats auf die im Ausland gegründeten Gesellschaften anzuwenden. Dies insbesondere dann, wenn die Vorschriften eine wichtige rechtspolitische Funktion im Inland zu erfüllen hätten, so dass sie auch auf ausländische Gesellschaften angewendet werden müssten. So könnten sich zum Beispiel Gläubiger oder Arbeitnehmer auf die sie schützenden Vorschriften des Sitzstaats berufen. Zu beachten sei dabei, dass das zwingende Recht des Sitzstaats das Gründungsrecht „überlagere," also verdränge und nicht daneben trete. Entscheidender Vorteil dieses Ansatzes sei, dass der Rechtsprechung die Möglichkeit gegeben werde, sofort zum gesellschaftsrechtlichen Schutz einzugreifen, ohne das Tätigwerden des Gesetzgebers abwarten zu müssen.[399] Auch die Entscheidungen des *EuGH*, insbesondere die *Centros*-Entscheidung zeige, dass die Überlagerungstheorie eine praktikable Lösung zur Vereinheitlichung der Anknüpfung innerhalb der EU sei.[400] Ist eine Gesellschaft in England gegründet worden, hat sie ihren Sitz aber in Deutschland, unterfällt die Beurteilung der Stellvertretung grundsätzlich englischem Recht. Zwingende deutsche Vorschriften müssen aber beachtet werden und verdrängen die englischen Regelungen.

(2) Der Ansatz von Behrens

Behrens[401] vertritt die Auffassung, dass nach dem *Centros*-Urteil die Sitztheorie ihre kollisionsrechtliche Bedeutung verloren und nur noch für das inländische materielle Gründungsrecht seine Bedeutung entfalte. Damit seien alle in einem Mitgliedsstaat, der der Gründungstheorie folgt, wirksam gegründeten Gesellschaften in Deutschland anzuerkennen, auch wenn sie keinen Verwaltungssitz im Inland begründen. Von im Inland gegründeten Gesellschaften könne Deutschland einen Verwaltungssitz im Inland verlangen und bei der Sitzverlegung ins Ausland auch die Auflösung als Rechtsfolge bestimmen, um die Organisation von Gesellschaften im Ausland nach deutschem Recht zu verhindern. Damit unterfällt die Stellvertretung von im Ausland gegründeten Gesellschaften bei Staaten, die der Gründungstheorie folgen, dem Recht des Gründungsorts, unabhängig davon, ob die Gesellschaft dort auch ihren Verwaltungssitz hat. Die Vertretung von in Deutschland gegründeten Gesellschaften unterfällt deutschem Recht, wenn der Verwaltungssitz auch in Deutschland liegt, ansonsten ist die Gesellschaft nach deutschem Recht nicht existent und kann auch nicht vertreten werden.

---

399 *Sandrock*, RabelsZ 42 (1978), 227 (252).

400 *Sandrock*, BB 1999, 1337 (1343 f.); zustimmend *Höfling*, DB 1999, 1206 (1208); zustimmend *de lege ferenda* Erman-*Hohloch*, Anh. II Art. 37 Rn. 25 a; *Bungert*, AG 1995, 489 (492); Staudinger-*Großfeld*, IntGesR, Rn. 69.

401 *Behrens*, IPRax 1999, 323 (331); vgl. S. 65 „Vereinbarkeit mit Europarecht".

cc) Eigene Stellungnahme

Grundsätzlich sollte es im internationalen Privatrecht klare und einheitliche Regelungen geben; dies erfordert schon das Prinzip der Rechtssicherheit. Einer Gesellschaft, die zumindest innerhalb der EU länderübergreifend tätig wird, ist es nicht zuzumuten, verschiedene Rechtsordnungen zu befragen, ob sie unter ihnen anerkannt wird und damit auch handlungsfähig ist oder nicht und welchem Recht dann das Handeln ihrer Stellvertreter zu unterstellen ist.

Im Hinblick auf die EU und ihre Ziele, einen einheitlichen Rechtskreis einzurichten, in dem wirtschaftlicher Handel ohne große Hürden betrieben werden kann, erreicht die Gründungstheorie größere Praktikabilität, da aus den Gründungsdokumenten und der Registrierung der Gesellschaft der Ort der Gründung leicht festzustellen ist. Sie vermeidet auch, da sie eine weitläufige Anerkennung der Gesellschaften gewährleistet, dass diese zwar rechts- und parteifähig sind, jedoch nicht ihre unter Umständen bestehenden Haftungsbeschränkungen für die Gesellschafter aufrechterhalten können. Jedoch ist bei der Gründungstheorie problematisch, dass die strengen Gründungsvoraussetzungen einzelner Länder umgangen werden könnten, indem die Gesellschaft sich in einem anderen Land mit niedrigeren Anforderungen gründet. Des Weiteren ist die Gründungstheorie nicht in der Lage, einen gerechten Ausgleich der Parteiinteressen zu schaffen, da sie die Anwendung von zwingenden Regelungen des Staates, in dem sich der Verwaltungssitz befindet, grundsätzlich nicht beachtet. Zu den zwingenden Regelungen gehören in Deutschland insbesondere die des Arbeitnehmerschutzes (zum Beispiel im Wege des MitbestimmungsG). Um Unbilligkeiten zu vermeiden, muss die Gründungstheorie in diesen Fällen oft zu einer Sonderanknüpfung oder Anwendung des *ordre public*[402] greifen.[403] Diese sind aber Ausnahmetatbestände, die nicht zum Regelfall werden sollten. Außerdem erfolgt die Beurteilung der Stellvertretung nach der Gründungstheorie gegebenenfalls nach einer Rechtsordnung, die keinen Bezug zur Gesellschaft aufweist und unter der der Vertreter niemals auftritt.[404] Der Drittschutz entfällt unter Umständen gänzlich, wenn die Gesellschaft beispielsweise kein Mindestkapital mehr haben muss. Gerade dieses Erfordernis soll den Gläubigern aber die Sicherheit geben, dass ihre Ansprüche im Ernstfall befriedigt werden können. Ein weiteres Argument ist,

402 Vgl. Art. 6 EGBGB. Die Anerkennung einer Gesellschaft wäre nicht möglich, wenn das Ergebnis der Anerkennung im Anerkennungsstaat gegen grundlegende Prinzipien der anzuerkennenden Rechtsordnung verstoßen würde, insbesondere gegen Grundrechte. Zum deutschen *ordre public* vgl. *Creifels*, Internationales Privatrecht, 1.

403 Dazu *OLG Hamburg*, NJW 1986, 2199; Staudinger-*Großfeld*, IntGesR, Rn. 55 ff.

404 Vgl. *OLG München*, NJW-RR 1993, 43 (44); zustimmend *Dreibus*, Teil 1 C I 4 c a; Staudinger-*Großfeld*, IntGesR, Rn. 52.

dass die Gründungstheorie in der *Centros*-Entscheidung eindeutig anerkannt wurde, jedoch nicht in ihrer „reinen“ Form.[405]

Der Ansatz von *Sandrock*[406] sucht einen Kompromiss zwischen Gründungs- und Sitztheorie, jedoch ist ein „Normenmix“ auf Grund der Kombination von verschiedenen Rechtsordnungen der Normalfall und der Verlust des einheitlichen Gesellschaftsstatut zu verzeichnen.[407] Diese Anknüpfung ist in der Handhabung sehr schwierig und in den Ergebnissen sehr unsicher.[408] In der EU kann die Überlagerungstheorie auf Grund des einheitlichen Rechtskreises durchaus eine praktikable Lösung bieten, bei uneinheitlichen Rechtskreisen wie zum Beispiel den USA, führt sie aber zu keinen befriedigenden Ergebnissen.[409]

Die Sitztheorie garantiert maximalen Drittschutz, da sie die Umgehung von strengen Gründungsvoraussetzungen durch die Gründung der Gesellschaft in einem anderen Land mit weniger strengen Voraussetzungen verhindert. Auch garantiert sie den Schutz nicht nur im Inland, sondern auch in anderen Ländern, da sie auf den Sitz der Verwaltung verweist. Die Sitztheorie beachtet auch die Eigenheiten von anderen Ländern im Wege der Rück- und Weiterverweisung. Zudem ist eine Gesellschaft jetzt nicht mehr schutzlos gestellt, da sie ihre Rechte als rechts- und parteifähige Personenhandelsgesellschaft geltend machen kann. Auch Gläubiger der Gesellschaft haben die Möglichkeit, sie zu verklagen. Jedoch ist problematisch, dass der effektive Verwaltungssitz oft schwer festzustellen ist[410], insbesondere, wenn die Gesellschaft in verschiedenen Ländern Betriebe unterhält, in denen wichtige Entscheidungen getroffen und umgesetzt werden. Außerdem behindert sie den internationalen Handelsverkehr, da eine Verlegung des Verwaltungssitzes immer mit großem Aufwand verbunden oder sogar nicht möglich ist.[411] Auch bringt die Nichtanerkennung der Haftungsbeschränkung der Gesellschaft im Sitzstaat große Unzuträglichkeiten für die Gesellschafter mit sich. In Bezug auf den Zuzug einer wirksam gegründeten Gesellschaft aus einem Mitgliedsstaat in einen anderen findet die Sitztheorie keine Anwendung mehr, da sie die in Artt. 43, 48 EG festgelegte Niederlassungsfreiheit in unzulässiger Weise behindert.

---

405 Vgl. *Sandrock*, BB 1999, 1337 (1342).
406 Ausführungen vgl. S. 73 „Sandrocks Überlagerungstheorie“.
407 So auch Staudinger-*Großfeld*, IntGesR, Rn. 69 f.; *Zimmer*, S. 215.
408 Kegel/Schurig-*Kegel*, § 17 II 1; zustimmend *Behrens*, IPRax 2000, 384.
409 Staudinger-*Großfeld*, IntGesR, Rn. 70.
410 So auch *Kropholler*, § 55 I 4.
411 Vgl. *Zimmer*, S. 216; vgl. *Behrens*, IPRax 1999, 323 (328).

Somit ist festzustellen, dass jeder Ansatz Vor- und Nachteile aufweist. Eine differenziertere Auseinandersetzung mit der Problematik der Ermittlung des Gesellschaftsstatuts würde jedoch den Rahmen dieser Arbeit sprengen. Da das deutsche Recht im Verhältnis zu Drittstaaten und beim Wegzug einer Gesellschaft weiter an der Sitztheorie festhält, bestimmt sich das Gesellschaftsstatut und damit die Frage der Stellvertretung hier, trotz der vorgebrachten Bedenken, nach ihr.

B. England

I. Einführung

Das Vereinigte Königreich von Großbritannien und Nordirland besteht aus den Regionen England, Wales, Schottland und Nordirland. Da innerhalb dieser Regionen verschiedenes Recht gelten kann[412], spricht man von einer territorialen Rechtsspaltung. Rechtssätze können im gesamten Vereinigten Königreich, Großbritannien (Wales, England und Schottland) oder nur Nordirland gelten. Die hier gemachten Ausführungen beschränken sich ausschließlich auf das in England geltende Recht.[413]

II. Kurzer Überblick über das Rechtssystem

Anders als im deutschen Recht baut das englische Recht auf dem Fallrecht (*Case Law*) auf.[414] Frühere Entscheidungen der Gerichte sind für die Nachfolgenden grundsätzlich bindend (*judicial precedent*), es sei denn, besondere Umstände rechtfertigen ein Abweichen. Das Fallrecht setzt sich zum Einen aus dem Gewohnheitsrecht (*Common Law*) und zum Anderen aus dem Billigkeitsrecht (*Law of Equity*) zusammen.[415] Neben dem Fallrecht besteht das Gesetzesrecht (*Statutory Law*), das vom Parlament geschaffen wird und das Fallrecht ergänzen und an geänderte Umstände anpassen soll.[416]

III. Vertretungsrecht in England (*agency*)

Unter Stellvertretung (*agency*) versteht das englische Recht, wie das deutsche Recht, die Befugnis einer Person, für einen Geschäftsherrn (*principal*) zu handeln und rechtlich verbindliche Beziehungen zwischen dem Geschäftsherrn (als

412 Kegel/Schurig-*Schurig*, § 1 VII 1 a; *Blumenwitz*, § 1.

413 Für das englische Recht wurde die dort übliche Zitierweise eingehalten.

414 *Walker & Walker's*, Ch. 1 B; *Shears/Stephenson*, Ch. 1 3.2; *Bernstorff*, § 1 III.

415 *Bernstorff*, § 1; *Henrich/Huber*, § 1 II, IIII.

416 Vgl. *Lyall*, I. 1.3; *Walker & Walker's*, Ch. 2 A I; *Blumenwitz*, § 4. Das vom Parlament geschaffene Recht hat Vorrang vor dem Billigkeitsrecht (*Law of Equity*) und dem Gewohnheitsrecht (*Common Law*), vgl. *Smith & Keenan's*, S. 12 et seq. Die Gerichte können das parlamentarische Recht nicht für nichtig erklären und müssen es anwenden, vgl. *Cheney v. Conn* (1968) 1 All E.R. 779. Es bleibt wirksam, bis es vom Parlament wieder für unwirksam erklärt wird, vgl. *Prince of Hannover v. Attorney-General* (1957) 1 All E.R. 49. Die Wirksamkeit kann bei dem Europäischen Gerichtshof angefochten werden, vgl. *Factortame Ltd. v. Secretary of State of Transport (No. 2)* (1991) 1 All E.R. 70.

Repräsentant) und einem Dritten herzustellen.[417] Im Gegensatz zum deutschen Recht umfasst sie aber nicht nur rechtsgeschäftliche, sondern auch bestimmte deliktische Tätigkeiten des Stellvertreters.[418] Die Beziehung zwischen dem Geschäftsherrn und dem Dritten muss rechtlicher Natur sein. Eine rein soziale Funktion, wie der Auftrag zum Überbringen von Glückwünschen, reicht für die Begründung der Stellvertretung nicht aus.[419]

1. Arten der Stellvertretung

Auch das englische Recht kennt verschiedene Arten der Stellvertretung. Zum Einen gibt es die gesetzliche Stellvertretung. Anders als im deutschen Recht, fällt darunter nicht die Vertretung der Kinder durch die Eltern. Diese haben keine implizite oder vermutete Vertretungsmacht (*implied or presumed agency*), sondern sie muss ihnen erst erteilt werden.[420] Unter die gesetzliche Stellvertretung fällt beispielsweise die Notfallstellvertretung (*agency of necessity*).[421] Der

417 *Halsbury's*, Bd. 1 para. 701; *Lyall*, IV 2.1. gg; *Chitty*, II, 32-001; *Shears/Stephenson*, Ch. 9 1; *Ruthig*, § 3 A I; *Henrich/Huber*, § 3 X. Das englischen Recht kennt „unvollständige" Stellvertreter (*canvassing agents*), wie zum Beispiel Versicherungsvertreter oder Immobilienmakler. Ihre Möglichkeiten, die rechtlichen Beziehungen ihres Geschäftsherrn zu verändern sind begrenzt oder sogar nicht vorhanden. Die „unvollständigen" Stellvertreter sind zwar keine Stellvertreter im Sinne der Definition, jedoch werden weite Teile des Stellvertreterrechts auf sie angewandt, vgl. *Billins*, A 1.5; *Bowstead & Reynolds*, Rn. 1-017. Das deutsche Stellvertretungsrecht ist grundsätzlich nicht auf die Vermittler von Verträgen anwendbar. In einigen Ausnahmefällen, wie der Widerruf der Handlungsvollmacht oder der Wissenszurechnung der Hilfsperson, kann aber eine analoge Anwendung der Stellvertretungsregeln erfolgen, vgl. Palandt-*Heinrichs*, Einf v. § 164 Rn. 15.

418 *Halsbury's*, Bd. 7 paras. 720, 721; *Bernstorff*, § 3 VI. Der Geschäftsherr haftet nach den Grundsätzen der stellvertretenden Haftung (*vicarious liability*) und damit nur für solche deliktische Handlungen, die der Stellvertreter in Ausführung seiner Geschäfte begeht, vgl. *Ld Reid* in *Staveley Iron and Chemical Co. v. Jones* (1956) S.C. 627, 643. Der Geschäftsherr kann sich von der Haftung entweder nach dem *Civil Liability (Contributions) Act 1978* oder nach dem in *Lister v. Romford, Ice & Cold Storage C. Ltd.* (1957) A.C. 555 entwickelten Grundsatz befreien.

419 *Fridman*, Ch. 1, S. 12.

420 Ausführungen zu den allgemeinen Regeln vgl. S. 81 „Rechtsgeschäftliche Vertretung"; *Hudson v. Shogun Finanace Ltd.* (2001) WL 676716; *G. (A.) v. G. (T.)* (C.A.) (1970) 2 Q.B. 643, 655; *Crampsey v. Deveney* (1968) 2 D.L.R. (3d) 161; *Hector v. Lyons* (1988) 58 P. & C.R. 156.

421 Vgl. *Hawtayne v. Bourne* (1841) 7 M. & W. 595, 599; *China Pacific Food Corporation of India, „The Winson"* (1981) 3 W.L.R. 860, in dem Fall wurde die Notfallvertretung verneint; *Beatson*, Ch. 21 I (d); *Bowstead & Reynolds*, Rn. 4-002; *Henrich/Huber*, § 3 X. Die Notfallvertretung darf nicht mit der konkludenten Vollmacht (*implied autho-*

klassische Fall ist der des Schiffskapitäns, der für den Eigner oder in manchen Fällen für den Eigentümer der beförderten Ware Verträge abschließen darf.[422] Das rechtsgeschäftliche Stellvertretungsrecht ist in England nicht gesetzlich geregelt.[423] Fragen der rechtsgeschäftlichen Stellvertretung werden durch das *Law of Agency*, einem Teil des *Common Law*, geregelt.[424] Das Recht der Gesellschaften wird bei den Personengesellschaften durch die verschiedenen *Partnership Acts*, bei den Kapitalgesellschaften (*Companies*) durch den *Companies Act 1985*, also durch Gesetzesrecht (*Statutory Law*) geregelt. Auf die Stellvertretung der Kapitalgesellschaften ist jedoch ebenfalls das allgemeine Stellvertretungsrecht (*Law of Agency)* anzuwenden, da das englische Gesellschaftsrecht die organschaftliche Stellvertretung nicht kennt. Handlungen des Organs werden nicht als eigene der Gesellschaft angesehen, sondern, wie bei der rechtsgeschäftlichen Stellvertretung, der Gesellschaft als fremde Handlung zugerechnet (Mandatstheorie).[425]

Auch die Ausführungen zum englischen Recht werden ausschließlich die rechtsgeschäftliche Vertretung und die Vertretung der Gesellschaften abhandeln. Zunächst werden die Regeln der Stellvertretung im materiellen Recht dargestellt. Darauf aufbauend soll die kollisionsrechtliche Einordnung vorgenommen werden.

2. Rechtsgeschäftliche Vertretung

Die rechtsgeschäftliche Stellvertretung unterliegt dem Stellvertretungsrecht (*Law of Agency*).

a) Voraussetzungen einer wirksamen Stellvertretung

aa) Begründung der Vertretungsmacht

Die rechtsgeschäftliche Vertretungsmacht wird durch Vertrag erteilt (*agency agreement/agency contract*). Sie kann explizit (durch Angebot und Annahme) oder konkludent (durch schlüssiges Verhalten)[426] und als General- oder Spezial-

---

rity) verwechselt werden, bei der die Geschäfte schon in dieser enthalten und damit umfasst sind.

422 *The Australia* (1859) 13 Moo.PCC. 132 (*sale of ship*); Voraussetzungen sind die Unerreichbarkeit des Eigentümers, die Gutgläubigkeit des Kapitäns und die Vorteilhaftigkeit des Geschäfts für den Eigentümer.

423 *Bernstorff*, § 3 VI.

424 Sandrock-*Müller*, D Rn. 177.

425 *Behrens*, GmbH, S. 22; *Bowstead & Reynolds*, Rn. 8-032; *Triebel, Hodgson, Kellenter, Müller*, Rn. 712; *Knoche*, MittRhNotK 1985, 165 (169).

426 *Pole v. Leask* (1862) 33 L.J. Ch. 161- 162; *Townsend Carriers Ltd. v. Pfizers Ltd.* (1977) 121 S.J. 375; *Vogel v. Kohstamm (R. & A. Ltd.)* (1971) 3 W.L.R. 537; *Garnac*

vollmacht erteilt werden.[427] Die Erteilung der Vollmacht ist grundsätzlich formfrei möglich; sie kann auch mündlich erfolgen.[428] Ausnahmen bestehen in den Fällen, wo das vom Vertreter abzuschließende Rechtsgeschäft der Form bedarf (Schriftform oder gesiegelte Urkunde (*deed*)). Soll der Stellvertreter einen Miet- oder Pachtvertrag abschließen, der länger als drei Jahre dauert, Anteile an einem Schiff übertragen oder eine Eigentumsübertragung vornehmen, so bedarf es für die Geschäfte selber, wie auch für die wirksame Erteilung der Vertretungsmacht, einer gesiegelten Urkunde.[429] Der schuldrechtliche Teil der Grundstücksübertagung ist jedoch formfrei und somit auch die zu diesem Geschäft erteilte Vertretungsmacht.

bb) Identität von Vertreter und Vertretenem (*fiction of identity*)

Im englischen Recht entfaltete ein Vertrag bisher nur zwischen den Parteien Geltung (*privity of contract*), ein Dritter konnte einen anderen nicht durch rechtsgeschäftliches Handeln verpflichten.[430] Ausnahmen gab es nur in einem engen Rahmen, beispielsweise im Bereich von Versicherungsverträgen[431] und treuhandähnlichen Verhältnissen (*trust*).[432] Am 11.11.1999 trat der *Contracts (Rights of Third Parties) Act 1999* in Kraft. Danach sind Verträge zu Gunsten Dritter, die nach dem 11.05.2000 geschlossen wurden, gemäß s 1 (1, 2) Contracts (Rights of Third Parties) Act 1999 zulässig, wenn die Parteien dem Dritten ein solches Recht zubilligen oder wenn der Vertrag eine Drittbegünstigtenklausel enthält.[433] Ist das Rechtsgeschäft zum Beispiel ein gezogener Wech-

---

Grain Co. Inc. v. H M F Faure & Fairclough Ltd. and Bunge Corp. (1967) 2 All. E.R. 353; *Bowstead & Reynolds*, Rn. 2-032; *Chitty*, II, 32-020 et seq.; *Henrich/Huber*, § 3 X. Schweigen reicht zur Begründung nicht aus, sondern es muss aus den gewechselten Worten oder den Handlungen ersichtlich sein, vgl. *Bearnside v. Dayrell* (1849) 3 Ex. 344; *Garnac Grain Co. Inc. v. H M F Faure & Fairclough Ltd. and Bunge Corp.* (1967) 2 All. E.R. 353; *Yasuada Fire and Marine Insurance Co. of Europe Ltd. v. Orion Marine Insurance Underwriting Agency Ltd.* (1995) 3 All E.R. 211.

427 Vg S. 16 „Begründung der Vertretungsmacht“; *Fridman*, Ch. 3, S. 38 et seq.; *Chitty*, II, 32-011.

428 *Cheshire Fifoot Furmston's*, Ch. 15 2 A; *Bernstorff*, § 3 1.

429 *Berkeley v. Hardy* (1826) 5 B. & C. 355; *Chitty*, II, 32-023; *Cheshire Fifoot Furmston's*, Ch. 15 2 A; *Beatson*, Ch. 21 I (a); Sandrock-*Müller*, D Rn. 183.

430 *Cheshire Fifoot Furmston's*, Ch. 15 1; *Ruthig*, § 3 A I; *Henrich/Huber*, § 3 VIII.

431 *Driscoll*, ICCLR 1999, 261.

432 Vgl. zu dem Begriff *Bernstorff*, § 10; *Peter*, S. 21.

433 Der Dritte muss dabei gemäß s 1 (3) Contracts (Rights of Third Parties) Act 1999 ausdrücklich namentlich im Vertrag genannt werden. Er darf die im Vertrag genannten Rechte wahrnehmen und die, die ihm auch als Partei des Vertrags zustünden, vgl. s 1 (4, 5) Contracts (Rights of Third Parties) Act 1999. Die Vertragsbestimmung kann verändert oder aufgehoben werden, vgl. s 2 Contracts (Rights of Third Parties) Act 1999. Andere gesetzliche Vorschriften werden von dem *Contracts (Rights of Third Parties)*

sel, ein Arbeits- oder Anstellungsvertrag, kann der Vertrag keine Rechte für den Dritten begründen.[434] Bei der Stellvertretung handelt ein Dritter für eine Vertragspartei. Für die Stellvertretung kann der *Contracts (Rights of Third Parties) Act 1999* jedoch nicht greifen. Der Stellvertreter handelt zum Einen für eine der Vertragsparteien und wird zum Anderen nicht begünstigt. Um aber einen drohenden Verstoß gegen das Prinzip der *privity of contract* (durch das Recht der Stellvertretung) zu vermeiden, wurde der Grundsatz der Personeneinheit von Geschäftsherr und Vertreter entwickelt (*fiction of identity*). Hiernach wird das Vertretergeschäft immer so behandelt, als hätte der Geschäftsherr es selber abgeschlossen.[435]

cc) Wirksame Erteilung der Vertretungsmacht

Bedingung für eine wirksame Erteilung der Vertretungsmacht ist, dass der Geschäftsherr zum Zeitpunkt des Vertragsschlusses durch den Vertreter das Geschäft selber tätigen kann.[436] Damit muss der Vertretene grundsätzlich geschäftsfähig sein, jedoch können auch Minderjährige (*minors*) einen Vertreter bestellen, wenn es sich um Geschäfte handelt, die sie selbst vornehmen können.[437] Unter Minderjährigen versteht man dabei Personen unter 18 Jahre, es sei denn, sie haben mit 16 Jahren geheiratet.[438] Nicht geschäftsfähige Personen können dagegen keinen Stellvertreter bestellen. Ein Minderjähriger kann, unabhängig von seinem Alter, Stellvertreter sein, wenn er in der Lage ist, seine Stellvertretertätigkeit zu begreifen.[439] Dies wird damit begründet, dass der Vertreter lediglich das Medium sei, durch das der Vertrag zustande kommt, da die Einigung des Vertreters mit dem Dritten eigentlich die Einigung des Geschäftsherrn mit dem Dritten sei.

Act 1999 nicht berührt. Die Durchsetzung der Ansprüche des Dritten erfolgt gemäß s 8 Contracts (Rights of Third Parties) Act 1999 mit Hilfe eines Schiedsgerichts.

434 Vgl. s 6 Contracts (Rights of Third Parties) Act 1999.

435 *Pattison v. Mills* (1828) 1 Dow & Clark 342, 363; *Atiyah*, S. 365; *Ruthig*, § 3 A I; *Spellenberg*, I. Kap. III; kritisch in Bezug auf die verdeckte Stellvertretung (*undisclosed agency*, vgl. S. 88 „Die verdeckte Stellvertretung (undisclosed *agency)*“) *Stoljar*, S. 203 et seq., S. 228 et seq. und ausführlich *Peter*, S. 31 et seq.

436 *Cheshire Fifoot Furmston's*, Ch. 15 2 C iii; *Bowstead & Reynolds*, Rn. 2-006 et seq. *Johannson v. Gudmandson* (1909) 11 W.L.R. 176 suggeriert, dass vorteilhafte Geschäfte auch von einem Minderjährigen durch einen Vertreter abgeschlossen werden können.

437 *G. (A.) v. G. (T.)* (C.A.) (1970) 2 Q.B. 643 (652); *Billins*, A 5.6; *Halsbury's*, Bd. 1 para. 705.

438 *Billins*, A 5.6.

439 *Re D' Angibau* (1880) 15 Ch.D. 228; *Foreman v. G.W. Railway* (1878) 38 L.T. 851; *Norwich and Peterborough Building Society v. Steed* (1993) Ch. 116; *Beatson*, Ch. 21; *Markesinis/Munday*, S. 12. In Deutschland muss der Vertreter mindestens beschränkt geschäftsfähig sein, vgl. S. 4 „Eigene Willenserklärung“.

dd) Abstraktheit der Vollmacht

Im Unterschied zum deutschen Recht unterscheidet das englische Stellvertretungsrecht nicht zwischen Innen- und Außenverhältnis.[440] Die Vollmacht kann nicht von dem Grundverhältnis abstrahiert werden, so dass grundsätzlich der Bestand der Vertretungsmacht im Außenverhältnis vom Bestand im Innenverhältnis abhängt.[441]

b) Umfang der Vertretungsmacht

Der Umfang der Stellvertretung richtet sich nach dem Umfang der erteilten Vollmacht (*authority*).

aa) Die tatsächlich erteilte Vollmacht (*actual authority*)

Die tatsächlich erteilte Vollmacht kommt durch einen Vertrag zustande. Im Gegensatz zum deutschen Recht muss die Erteilung durch einen zweiseitigen Vertrag erfolgen, der Angebot und Annahme enthält.[442] Innerhalb dieser unterscheidet man wiederum zwischen ausdrücklicher (*express*) und konkludenter (*implied*) Vollmacht.

(1) Ausdrückliche Vollmacht (*express authority*)

Bei der ausdrücklichen Vollmacht wurde dem Stellvertreter der Umfang der Vollmacht durch den Geschäftsherrn ausdrücklich mitgeteilt.[443] Als mitgeteilt, und damit von der Vollmacht gedeckt, gelten sowohl Handlungen, die im Stell-

---

440 *Müller-Freienfels*, S. 3 Fn. 23; *Henrich/Huber*, § 3 X; *Dreibus*, Teil 1 C I 4 b bb. Ausnahmen bestehen, wenn der Geschäftsherr geschäftsunfähig wird. Dann bleibt er bei Gutgläubigkeit des Dritten trotzdem an das Geschäft gebunden. Die Vertretungsmacht des Vertreters erlischt allerdings, vgl. Fn. 488.

441 *Fridman*, Ch. 1, S. 14 et seq.; *Steding*, ZVglRWiss 86 (1987), 25 (36); *Bernstorff*, § 3 VI; a.A. *Dicey & Morris*, Rn. 33-417, der Innen- und Außenverhältnis durchaus getrennt sieht.

442 Def. in *Freeman & Lockyer v. Buckhurst Park Properties (Mangal) Ltd.* (1964) 2 Q.B. 480 (503); vgl. auch *Garnac Grain Co. Inc. v. H M F Faure & Fairclough Ltd.* (1967) 3 W.L.R. 143, auf den in *Atlas Maritime Ltd. The „Coral Rose" (No. 1)* (1991) 4 All E.R. 769 verwiesen wird; *Markesinis/Munday*, S. 6; *Billins*, A 2.10 et seq.; *Fridman*, Ch. 4, S. 62; krit. hierzu der Fall *Boardman v. Phipps* (1966) 3 W.L.R. 1009, in dem *„self-appointed" agents* unter den Begriff der Stellvertretung fallen sollte. Der Begriff des *„self-appointed" agent* wurde aber von Ld. Hodson im Sinne von einem Stellvertreter *„who assuming as to act for another, receives property belonging to that other so that the property is held by the self-constituted agent as trustee for such other"* (p. 1054) gebraucht.

443 *Hely-Hutchinson v. Brayhead Ltd.* (1968) 1 Q.B. 549, 583; *Halsbury's*, Bd 1 para. 715. Sie kann auch mittels einer Urkunde (*deed*) erteilt werden, vgl. *Midland Bank Ltd. v. Reckitt* (1933) A.C. 1; *Re Dowson and Jenkin's Contract* (1904) 2 Ch. 219. Die Vollmacht erstreckt sich aber nur auf die darin genannten Aufgaben.

vertretungsvertrag festgelegt sind und mit dem Gewerbe üblicherweise zusammenhängen als auch Vereinbarungen in früheren Stellvertretungsverträgen.[444] Ist der Umfang der Vollmacht nicht eindeutig, so kann die Handlung des Stellvertreters trotzdem durch die ausdrückliche Vollmacht gedeckt sein. Dazu muss der Stellvertreter gutgläubig gewesen sein und der zweideutige „Wortlaut" der Bevollmächtigung die Handlung nach einer möglichen Interpretation umfassen.[445]

(2) Konkludente Vollmacht (*implied authority*)

Die konkludente Vollmacht umfasst alle Handlungen, die notwendigerweise mit dem Geschäft zusammenhängen, ohne dass der Vertretene den Vertreter ausdrücklich dazu ermächtigt hat.[446] Damit ist ein Stellvertreter, der ein Grundstück kaufen oder verkaufen soll, auch konkludent zum Abschluss von Grundstücksverträgen ermächtigt.[447] Auch wenn der Stellvertreter in einem bestimmten Gewerbe tätig ist, wird er konkludent dazu ermächtigt, alle Handlungen vorzunehmen, die üblicherweise in dem Gewerbe vorgenommen werden (*usual authority*).[448] Umgekehrt ist aber ein Stellvertreter nicht automatisch dazu ermächtigt, Geldleistungen der Parteien entgegenzunehmen, wenn er nur Verträge vermitteln soll.[449]

In den Bereich der konkludenten Vollmacht fallen des Weiteren die Regelungen des (Handels-)Brauchsrechts (*customary authority*).[450] Der Stellvertreter ist konkludent dazu ermächtigt, Verträge nach den Bräuchen des Handlungsorts abzuschließen, auch wenn der Geschäftsherr sie nicht kennt. Allerdings ist Voraussetzung, dass die Bräuche „vernünftiger" Art sind (*reasonable*).[451] „Unvernünf-

---

444 *Freeman & Lockyer v. Buckhurst Park Properties (Mangal) Ltd.* (1964) 2 Q.B. 480, 502.

445 *Ireland v. Livingston* (1872) L.R.5 H.L. 395. Die Unklarheit über den Umfang der Vollmacht muss der Stellvertreter heutzutage vor seiner Handlung zumindest versuchen auszuräumen; diese Pflicht wird ihm auf Grund der technischen Möglichkeiten, den Geschäftsherrn schnell zu erreichen, auferlegt, vgl. *Woodhouse A.C. Israel Cocoa Ltd. S.A. v. Nigerian Produce Marketing Co. Ltd.* (1972) A.C. 741, 772.

446 *Pole v. Leask* (1860) 28 Beav. 562, 574-575; *Australia & New Zealand Bank v. Ateliers de Constructions Electriques de Charleroi* (1967) 1 A.C. 86, 89.

447 *Chitty*, II, 32-045.

448 *Bayley v. Wilkins* (1849) 7 C.B. 886; *Cullen v. Gardner* (1856) 21 Beav. 540; *Metalimex Foreign Trade Corp. v. Eugenie Maritime Ltd.* (1962) 1 Lloyd's Rep. 378; *Beatson*, Ch. 21 I (a); *Atiyah*, S. 366; Sandrock-*Müller*, D Rn. 188.

449 *Butwick v. Grant* (1924) 2 K.B. 483; *Halsbury's*, Bd. 1 para. 737.

450 *Anglo-African Merchants v. Bayley* (1969) 2 W.L.R. 686, 694; *Robinson v. Mollett* (1875) L.R. 7 H.L. 802; *Beatson*, Ch. 21 I (a); Sandrock-*Müller*, D Rn. 186.

451 *Anglo-African Merchants Ltd. v. Bayley* (1970) 1 Q.B. 311, 323; *North and South Trust Co v. Berkeley* (1971) 1 W.L.R. 470; *Bowstead & Reynolds*, Rn. 3-033 et seq.

tig" (*unreasonable*) sind dabei die Gewohnheiten, die nicht mit der Art des bevorstehenden Vertrags oder dem Vertrag zwischen Vertreter und Geschäftsherrn im Einklang stehen.[452] Soll der Vertreter beispielsweise etwas für den Geschäftsherrn erwerben, werden grundsätzlich der Geschäftsherr als Käufer und der Dritte als Verkäufer Vertragspartner. Lässt das (Handels-)Brauchrecht des Handlungsortes den Stellvertreter aber zunächst selber Käufer werden, der an den Vertretenen weiterverkaufen muss, steht der Brauch nicht mit der Art des angestrebten Vertrages im Einklang und macht den Brauch damit „unvernünftig".[453] Eine solche Regelung muss der Stellvertreter nicht befolgen, es sei denn, dass der Geschäftsherr sie kennt und nicht dagegen vorgeht.[454]

Ein weiterer Unterfall der konkludenten Vollmacht ist die Schlüsselgewalt der Lebenspartner (*presumed agency of cohabitation*).[455] Dabei wird vermutet, dass Frauen die Vollmacht besitzen, ihren Partner durch den Vertragsschluss mit zu verpflichten, vorausgesetzt, beide leben zusammen (*the presumption arises from cohabitation*).[456] Der Lebenspartner wird allerdings nur dann mitverpflichtet,

---

452 *Oricon Waren-Handels GmbH v. Intergraan N.V.* (1967) 2 Lloyd's Rep. 82, 96; *Cunliffe-Owen v. Teather & Greenwood* (1967) 1 W.L.R. 1421, 1439; *Con-Stan Industry of Australia Pty. Ltd. v. Norwich Winterthur Insurance (Australia) Ltd.* (1986) 160 C.L.R. 226; *Kum v. Wah Tat Bank Ltd.* (1971) 1 Lloyd's Rep. 437.

453 Vgl. *Robinson v. Mollett* (1875) L.R. 7 H.L. 802, 817 et seq.; *Limako B.V. v. Hentz & Co Inc.* (1978) 1 Lloyd's Rep. 400; *Anglo-African Merchants Ltd. v. Bayley* (1970) 1 Q.B. 311, 324; *North and South Trust Co v. Berkeley* (1971) 1 W.L.R. 470 (Versicherungsvertreter handelt für beide Parteien).

454 *Limako B.V. v. Hentz & Co. Inc.* (1978) 1 Lloyd's Rep. 400; *Cunliffe-Oven v. Teather & Greenwood* (1967) 1 W.L.R. 142.

455 Die Vollmachtsvermutung wurde entwickelt, um der Frau die Möglichkeit des Einkaufs und dem Verkäufer einen Vertragspartner zu verschaffen. Früher hatten die Ehemänner gegenüber ihren Frauen eine Unterhaltspflicht, erledigten jedoch grundsätzlich die Einkäufe nicht. Die Ehefrauen erledigten sie zwar und auch häufig auf Kredit, waren aber nicht in der Lage, selber Vertragspartner zu sein, vgl. *Chitty*, II, 32-049. Die Einordnung der Schlüsselgewalt ist nicht eindeutig. Früher wurde sie als eine Art der Notfallvertretung angesehen, dies wurde aber durch s 41 Matrimonial Proceedings and Property Act 1970 (dazu siehe auch s 54 (1) (b) Matrimonial Causes Act 1973) als solche abgeschafft. *Billins*, fasst sie noch heute unter die Notfallvertretung, A 5.40. *J. Byles* sieht sie in *Jolly v. Rees* (1864) 15 C.B. (N.S.) 628 als Rechtsscheinvollmacht (*apparent authority*) an; *Fridman*, Ch. 21, S. 399 fasst sie unter die gesetzliche Vollmacht.

456 *Debenham v. Mellon* (1880) 6 A.C. 24, 31 et seq.; *Phillipson v. Hayter* (1870) L.R. 6 C.P 38, 42; *Bowstead & Reynolds*, Rn. 3-042; *Beatson*, Ch. 21 I (c); *Fridman*, Ch. 7, S. 146.

wenn es sich um die Deckung des angemessen Lebensbedarfs handelt.[457] Ist unklar, ob eine Lebensgemeinschaft besteht, und konnte ein Dritter dies nicht erkennen, wird der Partner nicht an den Vertrag gebunden.[458] Da für die vermutete Vollmacht das Zusammenleben entscheidend ist, gilt diese Regelung nicht nur für Ehefrauen, sondern auch für Lebensgefährtinnen, Haushälterin oder Mitbewohner(innen).[459] Das deutsche Recht kennt die Figur der Schlüsselgewalt ebenfalls, sie wird aber unter die gesetzliche Stellvertretung eingeordnet. Außerdem ist die Vollmachtsvermutung gemäß § 1357 BGB ausdrücklich auf Eheleute beschränkt und damit nicht (analog) auf andere Arten des Zusammenlebens anwendbar.[460]

bb) Die Genehmigung (*ratification*)

Wurde vor Abschluss des Rechtsgeschäftes dem Vertreter keine Vollmacht erteilt, so kann auch im englischen Recht das gesamte Geschäft von den Geschäftsherrn genehmigt werden (*ratification*).[461] Die Genehmigung erfolgt grundsätzlich formlos, es sei denn, das Vertretergeschäft war formbedürftig.[462] Genehmigen kann der Geschäftsherr aber nur, wenn der Vertreter beim Geschäftsabschluss deutlich gemacht hat, für einen anderen zu handeln. Es ist dabei anerkannt, dass er den Geschäftsherrn nicht beim Namen nennen muss (*named principal*), sondern es genügt die Ermittelbarkeit der Person des Geschäftsherrn (*unnamed principal*).[463] Des Weiteren muss der Geschäftsherr auf Grund des Prinzips der Personeneinheit von Vertreter und Vertretenem für eine wirksame Genehmigung bei Vertragsschluss in der Lage gewesen sein, das Geschäft

---

457 *Debenham v. Mellon* (1880-1881) L.R. 6 A.C. 24; *Miss Gray Ltd v. Earl of Cathcart* (1922) 38 T.L.R. 562, 565; die Definition des angemessenen Lebensbedarfs entspricht dabei der im deutschen Recht, vgl. *Cheshire Fifoot Furmston's*, Ch. 15 2 E m.w.N.

458 *Debenham v. Mellon* (1880) 6 App. Cas. 24. Weitere Ausnahmen sind beipielsweise *Miss Gray Ltd. v. Earl of Cathcart* (1922) 38 T.L.R. 562 (persönliche Aufklärung des Dritten über mangelnde Vertretungsmacht) *Jolly v. Reese* (1864) 15 C.B. (N.S.) 628 (Verbot). Dazu vgl. *Billins*, A 5.42 m.w.N.

459 *Ryan v. Sams* (1848) 12 Q.B. 460; *Debenham v. Mellon* (1880) 6 A.C. 24, 33; *Munroe v. de Chemant* (1815) 4 Champ. 215; *Blades v. Free* (1829) 9 B. & C. 167. Leben die Parteien geographisch, aber nicht auf Scheidung gerichtet getrennt, gilt die Schlüsselgewalt ebenfalls, vgl. *Travers v. Sen* (1917) 33 T.L.R. 202.

460 Palandt-*Brudermüller*, § 1357 Rn 6; Erman-*Heckelmann*, § 1357 Rn. 8.

461 *In re Mawcon Ltd.* (1969) 1 W.L.R. 78, 83; *Presentaciones Musicales S.A. v. Secunda* (1994) 2 All E.R. 737; *Cheshire Fifoot Furmston's*, Ch. 15 2 C.

462 *Maclean v. Dunn* (1828) 4 Bing. 722; *Soames v. Spencer* (1822) 1 D. & R. 32; *Sheridan v. Higgins* (1971) I.R. 291; *Kidderminster Corpn. v. Hardwick* (1837) L.R. 9 Ex. 13; *Tupper v. Foulkes* (1861) 9 C.B. (N.S.) 797.

463 *Watson v. Swann* (1862) 11 C.B. (N.S.) 756, 771; *Lyell v. Kennedy* (1889) 14 A.C. 437; *Keighley, Maxsted & Co. v. Durant* (1901) A.C. 240; *National Oilwell (U.K.) Ltd. v. Davy Offshore Ltd.* (1993) 2 Lloyd's Rep. 582, 592 et seq.

selber abzuschließen.[464] Dies gilt auch für Gesellschaften, die zum Zeitpunkt des Geschäftsabschlusses noch nicht wirksam gegründet waren.[465] Die Genehmigung kann zum Schutz des Dritten[466] nur innerhalb einer angemessenen Frist erfolgen. Der Begriff der Angemessenheit ist schwierig zu bestimmen. In *Metropolitan Asylums Board v. Kingham & Sons*[467] wurde die Zeit bis zur Erbringung der geschuldeten Leistungen als angemessen angesehen; diese Regelung kann aber nur eine Möglichkeit sein und keinen allgemeinen Grundsatz darstellen. Auf jeden Fall darf eine Genehmigung in dem Zeitpunkt nicht mehr erfolgen, zu welchem der Vertrag nicht mehr wirksam hätte geschlossen werden können.[468] Liegt eine wirksame Genehmigung vor, so hat sie, wie im deutschen Recht, ex tunc-Wirkung und der Vertrag wird so behandelt als habe der Vertreter von vornherein Vertretungsmacht besessen.[469]

c) Die verdeckte Stellvertretung (undisclosed agency)

Einer der größten Unterschiede zwischen deutschem und englischem rechtsgeschäftlichem Stellvertretungsrecht ist die Behandlung der verdeckten Stellvertretung. Während im deutschen Recht die verdeckte Stellvertretung, mit Ausnahme des Geschäfts des täglichen Lebens, gegen das Offenkundigkeitsprinzip verstößt[470], ist sie im englischen Recht anerkannt.[471] Eine verdeckte Stellvertretung

---

464 Wann dies der Fall ist, vgl. *Kelner v. Baxter* (1866) L.R. 2 C.P. 174; *Presentaciones Musicales S.A. v. Secunda* (1994) Ch. 271, 277; *Cheshire Fifoot Furmston's*, Ch. 15 2 C; *Chitty*, II, 32-030.

465 *Newborne Sensolid (Great Britain) Ltd.* (1953) 2 W.L.R. 596; *Phonogram Ltd. v. Lane* (1981) 3 W.L.R. 736; *Chitty*, II, 31-29; *Halsbury's*, Bd. 1 para. 760; *Cheshire Fifoot Furmston's*, Ch. 15 2 C ii. Gemäß s 9 European Communities Act (bestätigt durch s 36 (4) Companies Act 1988) wird derjenige Vertragspartner, der für die noch nicht gegründete Gesellschaft handelt, vgl. *Billins*, A 5.30. Ausnahme hierzu *General Accident Fire & Life Assurance Corporation v. Tanter: „The Zephyr"* (1984) 1 Lloyd's Rep. 58, bei dem der Vertrag unter der Bedingung abgeschlossen wurde, dass die Gesellschaft als Geschäftsherr entstehen würde.

466 *Celthene Pty. Ltd. v. WKJ Hauliers Ltd.* (1981) 1 N.S.W.L.R. 606, 615; *Trident General Ins. Co. Ltd. v. McNiece Bros. Pty. Ltd.* (1987) 8 N.S.W.L.R. 270, 282-283; bestätigt (1988) 165 C.L.R. 107.

467 *Metropolitan Asylums Board v. Kingham & Sons* (1890) 9 T.L.R. 217, 218; vgl. auch *Dibbins v. Dibbins* (1896) 2 Ch. 348.

468 *Secured Residential Funding Plc. v. Douglas Goldberg Hendeles & Co.*, The Times, April 2000, C.A.; *Spiro v. Lantern* (1973) 1 W.L.R. 1002. Beispielsweise kann ein Versicherungsvertrag nicht mehr nach Schadenseintritt abgeschlossen werden.

469 *Multinational Gas and Petrochemical Co. v. Multinational Gas and Petrochemical Services Ltd.* (1983) Ch. 258; *Suncorp Insurance and Finance v. Milano Assicurazioni S.P.A.* (1993) 2 Lloyd's Rep. 225; *Cheshire Fifoot Furmston's*, Ch. 15 2 C.

470 Vgl. S. 5 „Handeln in fremdem Namen (Offenkundigkeitsprinzip)".

liegt vor, wenn der Dritte keine Kenntnis von der Stellvertretung hat und annimmt, Vertragspartner sei der Stellvertreter.[472] Voraussetzung der verdeckten Stellvertretung ist, dass der Stellvertreter wissentlich und willentlich für den Vertretenen handelt.[473] Des Weiteren muss er zum Zeitpunkt des Vertragsschlusses Vertretungsmacht innehaben und sich im Rahmen dieser halten. Eine Genehmigung des verdeckten Geschäft kann nicht erfolgen, da der Geschäftsherr bei Geschäftsabschluss zumindest bestimmbar sein muss.[474] Eine verdeckte Stellvertretung ist nicht möglich, wenn das Hinzufügen einer weiteren Vertragspartei explizit im Vertrag ausgeschlossen ist oder eine solche durch Vertragsauslegung als nicht gewollt ermittelt wird.[475] Auch wenn der Stellvertreter weiß, dass der Dritte mit seinem Geschäftsherr nicht kontrahieren will[476], kann er den Geschäftsherrn nicht an den Vertrag binden; gleiches gilt, wenn es entscheidend auf die Person des Vertragspartners ankommt.[477] Durch den Vertragsschluss eines verdeckten Stellvertreters wird zunächst der Vertreter an den Vertrag gebunden. Der Geschäftsherr hat das Recht, in den Vertrag „einzugreifen".[478] Sowohl Stellvertreter als auch Vertretener können aus dem Vertrag entstehende Rechte unabhängig nebeneinander geltend machen.[479] Der Dritte erhält ein Wahlrecht, gegen wen er vorgeht.[480] Hat er seine Wahl einmal

---

471 *Keighley, Maxsted & Co. v. Durant* (1901) A.C. 240, 261; *Savage/Bradgate*, Rn. 29.3.2; *Chitty*, II, 32-062; *Dreibus*, Teil 1 C I 4 b bb.

472 *Bowstead & Reynolds*, Rn. 1-008, 8-071; *Fridman*, Ch. 11, S. 215; *Triebel, Hodgson, Kellenter, Müller*, Rn. 413.

473 *Humble v. Hunter* (1842) 12 Q.B. 310, 316; *Keighley, Maxsted & Co. v. Durant* (1901) A.C. 240, 251; Anm. von *Diplock, L.J.*, in *Garnac Grain Co. Inc. v. H. M. F. Faure and Fairclough Ltd.* (1966) 1 Q.B. 650, 684; *Siu Yin Kwan v. Eastern Insurance Co. Ltd.* (1994) 2 A.C. 199, 207.

474 Vgl. S. 81 et seq. „Voraussetzungen einer wirksamen Stellvertretung".

475 *Humble v. Hunter* (1842) 12 Q.B. 310, 316; nicht gegen den Vertragszweck war *F. Drughorn Ltd. v. Rederiaktiebolaget Transatlantic* (1919) A.C. 203 und *Siu Yin Kwan v. Eastern Insurance Co. Ltd.* (1994) 2 A.C. 199; *Said v. Butt* (1920) 2 K.B. 497; *Greer v. Downs Supply Co.* (1927) 2 K.B. 28; *Cheshire Fifoot Furmston's*, Ch. 15 3 B; *Beatson*, Ch. 21 II (a); *Bernstorff*, § 3 4.

476 *Said v. Butt* (1920) 3 K.B. 497, 502; *Greer v. Downs Supply Co.* (1927) 2 K.B. 28, 35.

477 In diesem Zusammenhang ist strittig, bei welchen Handlungen es auf die Person des Vertragspartners ankommt, vgl. *Said v. Butt* (1920) 3 K.B. 497; *Greer v. Downs Supply Co.* (1927) 2 K.B. 28; *Collins v. Associated Greyhound Racecourses Ltd.* (1930) 1 Ch. 1; *Goodheart and Hamson* (1932) 4 C.L.J. 320, 341; *Siu Yin Kwan v. Eastern Insurance Co. Ltd.* (1994) 2 A.C. 199, 207.

478 *Chitty*, II, 32-063; *Markesinis/Munday*, S. 154.

479 *Pople v. Evans* (1969) 2 Ch. 255 = (1968) 2 All E.R. 743; *Cheshire Fifoot Furmston's*, Ch. 15 3 B räumt dem Geschäftsherrn den Vorrang ein, der die Geltendmachung von Ansprüchen des Vertreters sperrt, sobald er seine Rechte geltend macht.

Wahlrecht, gegen wen er vorgeht.[480] Hat er seine Wahl einmal getroffen, ist der andere aus der Haftung entlassen.[481]

d) Beendigung der Stellvertretung

Die Stellvertretung kann auf verschiedene Weise beendet werden. Der Vertretene kann die Vollmacht formlos widerrufen[482] oder der Stellvertreter auf die Vollmacht verzichten.[483] Der Widerruf kann solange erfolgen, wie der Stellvertreter keine unwiderruflichen Handlungen (*irrevocable steps*) unternommen hat, danach kann die Vollmacht nur noch mit der Zustimmung der Vertreters widerrufen werden.[484] Die Stellvertretung wird außerdem beendet, wenn sie unrechtmäßig ist.[485] Des Weiteren erlischt sie automatisch, wenn entweder der Stellvertreter oder der Geschäftsherr stirbt.[486] Ist die Vertretungsmacht beendet, entstehen grundsätzlich im Verhältnis zum Dritten keine Bindungen mehr. Erhält der Dritte jedoch keine Kenntnis von der Beendigung, so kommt eine Rechtsscheinvollmacht in Frage.[487] Unklar ist, ob die Vertretungsmacht des Vertreters automatisch erlischt und der Geschäftsherr nicht mehr gebunden werden kann, wenn

---

480 *Jenkins v. Hutchinson* (1849) 13 Q.B. 744, 752; *Siu Yin Kwan v. Eastern Insurance Co. Ltd.* (1994) 2 A.C. 199, 207; *Bowstead & Reynolds*, Rn. 8-070; *Savage/Bradgate*, Rn. 29.3.2.

481 *Cheshire Fifoot Furmston's*, Ch. 15 3 B; *Treitel*, Ch. 17 s 4 2 (1) (c); *Triebel, Hodgson, Kellenter, Müller*, Rn. 415; Sandrock-*Müller*, D Rn. 182. Für die Bestimmung des Zeitpunktes, wann das Wahlrecht ausgeübt wurde, vgl. *Chestertons v. Barone* (1987) 2 E.G. 87 und *Charleson Booker Ltd. v. Andjel* (1964) 3 W.L.R. 466.

482 Für Ausnahmen, wann die Zustimmung des Vertreters beim Widerruf vorliegen muss, vgl. *Smart v. Sanders* (1848) 5 C.B. 875; *Frith v. Frith* (1906) A.C. 254, 259; *Kiddill v. Farnell* (1857) 26 L.J. Ch. 28 (Eigeninteresse des Vertreters); *Reed v. Anderson* (1884) 13 Q.B.D. 779 (*lien*; Pfandrecht, Zurückbehaltungsrecht); für weitere Ausnahmen vgl. *Billins*, A 11.7.

483 *Frith v. Frith* (1906) A.C. 254, 259; *Beatson*, Ch. 23 I (a). Es sei denn, die Vollmacht wurde durch eine Urkunde (*deed*) erteilt, *Venning v. Bray* (1862) 2 B. & S. 502; *David Dickson & Cor William & Co.* (1889) 6 T.L.R. 316.

484 *Atlantic Underwriting Agencies Ltd. v. Cia. di Assicurazione di Milano S.P.A.* (1979) 2 Lloyd's Rep. 240; *Warlow v. Harrison (1859)* 1 E. & E. 309; *Creon v. Deane* (1959) I.R. 347; *Bovine Ltd. v. Dent Wilkinson* (1904) 21 T.L.R. 82; *Re Hare and O'More's Contract* (1901) 1 Ch. 93; *General Re-insurance Corp. v. Forsakringsaktiebolaget Fennia Patria* (1983) 3 W.L.R. 318.

485 Zum Beispiel, wenn Krieg ausbricht und der Vertretene zum Feind wird, vgl. *Stevenson & Sons Ltd. v. Aktiengesellschaft für Cartonnagen-Industrie* (1918) A.C. 239; *Tingley v. Müller* (1917) 2 Ch. 144.

486 *Friend v. Young* (1897) 2 Ch. 421; *Campanari v. Woodburn* (1854) 15 C.B. 400; *Blades v. Free* (1829) B. & C. 167; krit. *Billins*, A 11.19 m. N. *Stoud v. Ilberry* (1842) 10 M. & W. 1 und *Drew v. Nunn* (1879) 4 Q.B.D. 661, im Ergebnis aber zustimmend.

487 Vgl. die Ausführungen zu S. 91 „Rechtsscheinvollmacht (apparent *authority)*".

der Geschäftsherr geschäftsunfähig wird. Dies war der Fall in *Drew v. Nunn.*[488] In *Yonge v. Toynbee*[489] hingegen wurde der Vertretene nicht gebunden, sondern sein Vertreter, da die Vollmacht automatisch erloschen war. Die Unklarheit ist bis heute nicht ganz beseitigt, sondern in *Re Parks, Canada Permanent Trusts Co. v. Parks*[490] wurde nur entschieden, dass es für die Bindung des Vertreters an das Geschäft mit dem Dritten zumindest auf die Kenntnis der Geschäftsunfähigkeit ankommt.[491]

e) Rechtsscheinvollmacht (apparent authority)

Vertretungsmacht kann auch auf Grund von Rechtsschein entstehen. Rechtsscheinvollmacht entsteht dadurch, dass es für Dritte scheint, der Stellvertreter besitze zum Abschluss des Rechtsgeschäfts Vollmacht.[492] Liegt eine solche vor, so wird der Geschäftsherr so behandelt, als hätte er eine Vollmacht erteilt. Im englischen Recht wird der Begriff der Rechtsscheinvollmacht auf verschiedene Konstellationen angewandt. Zunächst sind solche Fälle erfasst, in denen der Geschäftsherr bei dem Dritten den Eindruck erweckt, sein Stellvertreter habe Vollmacht, wenn er in Wirklichkeit keine hat[493] oder diese widerrufen wurde.[494] Weiter sind Fälle umfasst, in denen der Geschäftsherr zulässt, dass der Stellvertreter den Eindruck erweckt, er habe mehr Vollmacht als er wirklich hat[495] und zuletzt Fälle, in denen der Vertretene die Vollmacht im Innenverhältnis beschränkt hat, dem Dritten dies aber nicht mitteilt.[496] Für die Rechtsscheinvollmacht muss der Geschäftsherr explizit oder konkludent gegenüber dem Dritten den Anschein der Bevollmächtigung erweckt haben. Dem Dritten muss bekannt sein, dass er es mit einem Stellvertreter zu tun hat. Nicht erforderlich ist, dass der Dritte die Person des Geschäftsherrn genau kennt, sondern es reicht die Bestimmbarkeit des Geschäftsherrn aus.[497] Schließlich muss der Dritte auf das Vor-

---

488 *Drew v. Nunn* (1879) 4 Q.B. 661, 667.

489 *Yonge v. Toynbee* (1910) 1 K.B. 215.

490 *Re Parks, Canada Permanent Trusts Co. v. Parks* (1957) 8 D.L.R. (2d) 155.

491 So auch *Beatson*, Ch. 23 I. (b) (iv).

492 *Hely-Hutchinson v. Brayhead Ltd.* (1968) 1 Q.B. 549, 583; *Waugh v. H.B. Clifford & Sons Ltd.* (1982) Ch. 374; *Armagas Ltd. v. Mundogas S.A.* (1986) 2 All E.R. 385; *Shears/Stephenson*, Ch. 9 1; *Cheshire Fifoot Furmston's*, Ch. 15 2 B.

493 *F. Mildner & Sons v. Noble* (1956) C.L.Y. 32; *Freeman & Lockyer v. Buckhurst Park Properties (Mangal) Ltd.* (1964) 2 Q.B. 480, 503.

494 *Summer v. Solomon* (1875) 7 E. & B. 879; *Rockland Industries Inc. v. Amerada Minerals Corp.* (1980) 108 D.L.R. (3d) 513.

495 *Todd v. Robinson* (1825) 1 Ry. & M. 217.

496 *Montaignac v. Shitta* (1890) 15 A.C. 357; *Waugh v. H.B. Clifford & Sons Ltd.* (1982) Ch. 374.

497 *Freeman v. Lockyer Buckhurst Park Properties (Mangal) Ltd.* (1964) 2 Q.B. 840; *Bowstead & Reynolds*, Rn. 8-014.

liegen einer wirksamen Stellvertretung vertraut und auf Grund des Vertrauens gehandelt haben.[498] Zudem darf der Stellvertreter keine ungewöhnlichen Rechtsgeschäfte abgeschlossen haben.[499] Liegen alle Voraussetzungen vor, kann der Geschäftsherr sich nicht auf die fehlende Vertretungsmacht seines Vertreters berufen (deshalb auch *agency of estoppel* genannt)[500] und wird dadurch an den Vertrag gebunden. Greifen die Rechtsscheingrundsätze nicht ein, haftet der Vertreter dem Dritten gegenüber als Vertreter ohne Vertretungsmacht, auf Grund einer vertraglichen Garantie für das Bestehen der Vollmacht (*breach of warranty of authority*).[501] Im Innenverhältnis haftet der Vertreter gegenüber seinem Geschäftsherrn aus Überschreitung seiner Vertretungsmacht (*acting in excess of his actual authority*).[502]

f) Der Handelsvertreter und weitere kaufmännische Hilfspersonen

Handelsvertreter werden als *agents* bezeichnet, obwohl sie oft selbständige Gewerbetreibende sind.[503] Das englische Recht kennt kein Sonderrecht für Kaufleute, (Sonderregelungen für den Handelskauf, Regelungen für die Prokura und das HGB), so dass das Handelsvertreterrecht dem normalen Zivil- und damit dem Stellvertretungsrecht zugeordnet wird.[504] Das Handelsvertreterrecht war bis Ende 1993 ausschließlich Richterrecht, das auf der Rechtsprechung zum Stellvertretungsrecht aufbaute. Am 01. Januar 1994 wurde mit der Umsetzung der EG-Richtlinie zum Handelsvertreterrecht in die *Commercial Agents (Council Directive) Regulations 1993*[505] eine Rechtsverordnung geschaffen, die im Hin-

---

498 *Rama Corp. v. Proved Tin and General Investments Ltd.* (1952) 2 Q.B. 147, 149 et seq.; *Caledonian Inc. v. Tractors and Equipment (1962) Ltd.* (1980) 31 N.B.R. (2d) 32, 40 et seq.; *Freeman v. Lockyer Buckhurst Park Properties (Mangal) Ltd.* (1964) 2 Q.B. 840; *Hely-Hutchinson v. Brayhead Ltd.* (1968) 1 Q.B. 549, 573; *Cheshire Fifoot Furmston's*, Ch. 15 4 A. Die Anforderungen an das Vertrauen sind nicht eindeutig festgelegt, vgl. *Dreibus*, Teil 2 B 3 a bb.

499 *Waugh v. H.B. Clifford & Sons Ltd.* (1982) Ch. 374; *United Bank of Kuwait Ltd. v. Hammoud* (1988) 1 W.L.R. 1051; *Gurtner v. Beaton* (1993) 2 Lloyds' Rep. 369.

500 *Leading case* hierzu: *Freeman & Lockyer v. Buckhurst Park Properties (Mangal) Ltd.* (1964) 2 Q.B. 480; *Rama Corp. Ltd. v. Proved Tin and General Investments Ltd.* (1952) 2 Q.B. 147, 149; *Cheshire Fifoot Furmston's*, Ch. 15 2 B; *Northey & Leigh's*, S. 149.

501 *Shears/Stephenson*, Ch. 9 1; *Treitel*, Ch. 17 s 4 2 (3).

502 *Atiyah*, S. 366; vgl. *Bowstead & Reynolds*, Rn. 9-060 et seq.

503 Der Begriff *agent* umfasst sowohl den selbstständigen Gewerbetreibenden (*independent agent*) als auch den angestellten Geschäftsvermittler (*employed agent*), vgl. *W.T. Lamb & Son v. Goring Brick Co.* (1932) 1 K.B. 710, 713 et seq.; *Halsbury's*, Bd. 1 para. 702.

504 Sandrock-*Müller*, D Rn. 177, 196; *Bernstorff*, § 14; *Triebel, Hodgson, Kellenter, Müller*, Rn. 421.

505 Umsetzung der EG-Richtlinie 86/653 in den *Commercial Agents (Council Directive) Regulations 1993* (S.I. 93/3053); ergänzt werden sie durch die *Commercial Agents (Council Directive) (Amendment) Regulations 1993* (S.I. 93/3173) und durch die *Com-*

blick auf die Rechte und Pflichten des Handelsvertreters und dessen Vergütungsanspruch Zweifelsfragen lösen soll. Des Weiteren werden auch kaufmännische Hilfspersonen wie beispielsweise Vertragshändler oder Broker als *agents* bezeichnet und unterfallen somit dem Stellvertretungsrecht.[506]

3. Vertretung von Gesellschaften

a) Allgemeines

Der Begriff des Gesellschaftsrechts (*Company Law*) umfasst im englischen Recht, im Unterschied zum deutschen Recht, nur das Recht der Kapitalgesellschaften. Personengesellschaften unterfallen dem Begriff der *Partnership*.[507] Außerdem kennt das englische Recht den *numerus clausus* der Gesellschaftsformen nicht. Trotz der Formenfreiheit gibt es in England weniger Gesellschaftsformen als in Deutschland, insbesondere weniger Mischformen (wie die GmbH & Co. KG).[508] Dies liegt im Wesentlichen daran, dass die einzelnen Rechtsformen im englischen Gesellschaftsrecht flexibel sind und deshalb kein Bedarf für Mischformen besteht.

b) Die Personengesellschaften (Law of Partnerships)

aa) Allgemeines

Das englische Recht kennt drei Arten von Personengesellschaften, die (gewöhnliche) Personengesellschaft (*General Partnership*), die beschränkte Personengesellschaft (*Limited Partnership*) und die Personengesellschaft mit beschränkter Haftung (*Limited Liability Partnership*[509]). Die *General Partnership* wird häufig der OHG und die *Limited Partnership* der KG gleichgestellt. Im englischen Recht kann eine Personengesellschaft jedoch jedes (erlaubte) Geschäft oder Gewerbe zu seinem Gesellschaftszweck erklären und ist nicht auf Handelsgeschäfte beschränkt, solange wie sie mit Gewinnerzielungsabsicht handelt[510], so dass die Gesellschaftsformen nicht vollständig deckungsgleich sind. Die Form der Personengesellschaft wird insbesondere von Angehörigen der freien Berufe, wie Wirtschaftsprüfern, Anwälten oder Ärzten gewählt, da ihnen das Standesrecht untersagt, eine Kapitalgesellschaft zu gründen. Geregelt wird das Recht

---

mercial Agents (Council Directive) (Amendment) Regulations 1998 (S.I. 98/2868), die aber lediglich Begriffsdefinitionen enthalten.

506 *Bowstead & Reynolds*, Rn. 11-001 et seq.; *Bernstorff*, § 14 III.

507 *Triebel, Hodgson, Kellenter, Müller*, Rn. 554; *Bernstorff*, § 15.

508 *Güthoff*, A II; *Triebel, Hodgson, Kellenter, Müller*, Rn. 568.

509 Diese Gesellschaftsform besteht erst seit Juli 2000.

510 *Prime/Scanlan*, Ch. 1 5; *Güthoff*, A II.

der Personengesellschaft durch den *Partnerships Act 1890*[511], den *Limited Partnerships Act 1907*[512] und den *Limited Liability Partnerships Act 2000*[513], die durch Fallrecht der Gerichte ergänzt werden.[514]

bb) Die (gewöhnliche) Personengesellschaft (*General Partnership*)

Die *General Partnership* ist gemäß s 1 (1) Partnerships Act 1890 ein Zusammenschluss von Personen, die ein Geschäft gemeinsam mit Gewinnerzielungsabsicht führen. Dabei ist der Begriff „Geschäft" weit auszulegen und erfasst gemäß s 45 Partnerships Act 1890 jedes Gewerbe, jeden Beruf oder jede sonstige kommerzielle Tätigkeit, sofern sie nicht gesetzlich verboten ist. Dabei muss die Gesellschaft nicht, wie im deutschen Recht gemäß § 105 Abs. 1 S. 1 HGB, unter einer gemeinsamen Firma auftreten.[515]

(1) Gründung der *General Partnership*

Die *General Partnership* wird mit Abschluss des formlosen Gesellschaftsvertrags (*partnership articles*) gegründet.[516] Die Gesellschaft muss mindestens zwei, darf aber nicht mehr als 20 Gesellschafter haben, vgl. s 716 (1) Companies Act 1985, was aber nicht für Berufsgruppen der Anwälte und Wirtschaftsprüfer gilt, vgl. s 716 (2) Companies Act 1985.[517] Damit sollen größere Unternehmen gezwungen werden, sich als Kapitalgesellschaft zu organisieren, die strengeren gesetzlichen Anforderungen unterliegt und besser überwacht werden kann.[518] Als Gesellschafter kommen natürliche und juristische Personen in Betracht.[519] Minderjährige können auch Gesellschafter sein, sie haften aber nicht für Verbindlichkeiten, die während ihrer beschränkten Geschäftsfähigkeit begründet wurden.[520] Die Gesellschaft kann selber wählen, wie sie im Rechtsverkehr auf-

---

511 *Partnership Act 1890*, 53 & 54 Vic. c. 39.

512 *Limited Partnership Act 1907*, 7 Edw. 7, c. 24.

513 http://www.hmso.gov.uk/acts/acts2000.

514 *Güthoff*, A II; *Bernstorff*, § 15 II.

515 *Morse*, S. 67 et seq.

516 *Bernstorff*, § 15 II 1; *Güthoff*, B I 2; *Triebel, Hodgson, Kellenter, Müller*, Rn. 791. Der Gesellschaftsvertrag kann auch in Schriftform oder gesiegelter Urkunde (*deed*) abgeschlossen werden, vgl. *Jackson v. White and Midland Bank Ltd.* (1967) 2 Lloyd's Rep. 68; *Dungate v. Lee* (1967) 1 All E.R. 241; *Prime/Scanlan*, Ch. 3. Ausführlich zur *Partnership Web/Molloy*, Principles on Partnership und *Hamilton*, Cases and Materials on Corporations, Including Partnerships and Limited Liability Companies.

517 Das Handelsministerium kann noch weitere Ausnahmen zulassen, vgl. Palmer's-*Milman*, Rn. 1.207.

518 *Prime/Scanlan*, Ch. 2; *Güthoff*, B I 3.

519 *Morse*, S. 23; *Bernstorff*, § 15 II; *Güthoff*, B I 3.

520 *In re A and M* (1926) Ch. 274; *In re A Debtor (No 564 of 1949), Ex Parte Commissioners of Customs and Excise v. The Deptor* (1950) Ch. 282; *Prime/Scanlan*, Ch. 2.

treten will. Sie kann beispielsweise unter dem Namen eines oder aller Gesellschafter auftreten oder eine Phantasiebezeichnung wählen.[521]

(2) Vertretung der *General Partnership*

Die Vertretung der *General Partnership* ist in s 5 Partnerships Act 1890 geregelt. Danach liegt *Einzelvertretung* (jeder Gesellschafter ist grundsätzlich allein vertretungsbefugt) vor.[522] Von diesem Grundsatz kann im Gesellschaftsvertrag oder durch einen Gesellschafterbeschluss abgewichen und *Gesamtvertretung* angeordnet werden.[523] Weiter kann auch vereinbart werden, dass nur wenige Gesellschafter gesamtvertretungsberechtigt sind und die Übrigen keine Vertretungsmacht innehaben.[524] Diese Beschränkungen gelten aber nur im Innenverhältnis, so dass im Außenverhältnis gegebenenfalls Rechtsscheingrundsätze eingreifen.[525] Neben den besonderen Regeln für die *General Partnership* gelten die oben dargestellten allgemeinen Grundsätze der (rechtsgeschäftlichen) Stellvertretung.[526]

(3) Umfang und Grenzen der Vertretungsmacht des Gesellschafters bei der *General Partnership*

Alle Gesellschafter werden durch die Handlung des Vertreters im vertraglichen und deliktischen Bereich mitberechtigt und verpflichtet (Doppelverpflichtung).[527] Der Umfang der Vertretungsmacht der Gesellschafter beschränkt sich auf Handlungen, die zum gewöhnlichen Geschäftsbetrieb (*usual authority*) gehören.[528] Welche Handlungen zum gewöhnlichen Geschäftsbetrieb gehören, kann aus dem Gesellschaftsvertrag der Personengesellschaft entnommen wer-

---

521 *Prime/Scanlan*, Ch. 3; *Triebel, Hodgson, Kellenter, Müller*, Rn. 792. Wählt die Gesellschaft eine Phantasiebezeichnung, darf keine Möglichkeit der Verwechslung gegeben sein und die Namenswahl unterliegt dem *Business Names Act 1985*, also den Regeln, die auch für die Namenswahl der Kapitalgesellschaften gelten, vgl. Vgl. *Croft v. Day* (1843) 7 Beav. 84; *Parker-Knoll Ltd v. Knoll International Ltd.* (1962) R.P.C. 265; *Erven Warnick BV v. J. Townend & Sons (Hull) Ltd. (No. 1)* (1980) R.P.C. 31.

522 *Halsbury's*, Bd. 35 para. 45; Underhill's-*Ivamy*, Ch. 4, S. 54; *Triebel, Hodgson, Kellenter, Müller*, Rn. 799; *Dreibus*, Teil 1 C I 4, Teil 2 A II 1.

523 *Dreibus*, Teil 2 A II 2.

524 *Lindley & Banks*, Rn. 10-80, 15-03.

525 Vgl. dazu unten S. 95 „Umfang und Grenzen der Vertretungsmacht des Gesellschafters bei der *General Partnership*".

526 Vgl. *Prime/Scanlan*, Ch. 6.

527 *Hely-Hutchinson v. Brayhead Ltd.* (1968) 1 Q.B. 549, 573; *Morse*, S. 74 et seq.; *Prime/Scanlan*, Ch. 6.

528 Für Beispiele vgl. *Mercantile Credit Co. v. Garrod* (1962) 3 All E.R. 1103; *Lindern Trawler Managers v. W.H.J. Trawlers* (1949) 83 Lloyd's Rep. 112; *Mann v. D'Arcy* (1968) 1 W.L.R. 893; *Re Bells Indenture* (1980) 1 W.L.R. 217. Vgl. s 5 Partnerships Act 1890; Underhill's-*Ivamy*, Ch. 4, S. 54; *Morse*, S. 76 et seq.

den, in dem die Gesellschafter den Unternehmensgegenstand festgelegt haben.[529] Der Gesellschafter kann alle Handlungen vornehmen, die normalerweise bei der Art des Unternehmens anfallen.[530] Im Innenverhältnis der Gesellschaft können Einschränkungen der Vertretungsmacht vereinbart werden.[531] Überschreitet der Gesellschafter die so beschränkte Vertretungsmacht, wird die Gesellschaft trotzdem nach den Grundsätzen des Rechtsscheins an den Vertrag mit einem Dritten gebunden, wenn der Dritte gutgläubig war und der Gesellschafter innerhalb seiner ihm unter normalen Umständen zustehende Vertretungsmacht gehandelt hat.[532] War dem Dritten die Beschränkung bekannt oder wusste er nicht, dass sein Vertragspartner eine *General Partnership* ist, kann er sich nicht auf eine gewöhnliche Vertretungsmacht berufen, vgl. s 8 Partnerships Act 1890. Handelt der Gesellschafter außerhalb seiner Vertretungsmacht, so werden die anderen Gesellschafter gemäß s 7 Partnerships Act 1890 grundsätzlich nicht gebunden. Der Vertreter haftet aber persönlich als Vertreter ohne Vertretungsmacht (*breach of warranty of authority*).[533]

Des Weiteren darf der Gesellschafter als Vertreter der Gesellschaft keine Grundlagengeschäfte durchführen, also Geschäfte, die Rechte und Pflichten der Gesellschafter zum Gegenstand haben.[534] Sie unterfallen nie dem gewöhnlichen Geschäftsbetrieb, so dass in diesem Fall alle Gesellschafter gemeinsam handeln müssen.

---

529 Dieser kann im Gesellschaftsvertrag aber nur generell festgelegt werden (wie der Vertrieb von Gemüse) und nicht auf einzelne Handlungen innerhalb einer Kategorie beschränkt werden (nur Salat).

530 *Mercantile Credit Co. Ltd. v. Garrod* (1962) 3 All E.R. 1103; *In re Bell's Indenture* (1980) 1 W.L.R. 1217; *United Bank of Kuwait Ltd. v. Hammoud* (1988) 1 W.L.R. 1051, 1063. Treibt die Gesellschaft beispielsweise Handel (*trading partnership*), so kann der Gesellschafter gewöhnlich Darlehensverträge abschließen, oder Sicherheiten für Kredite einräumen, vgl. *Wheatley v. Smithers* (1906) 2 K.B. 321, 322. Treibt sie keinen Handel (*non-trading partnership*), so kann der Gesellschafter auch keine so umfangreichen Befugnisse wahrnehmen, vgl. *Higgins v. Beauchamp* (1914) 3 K.B. 1192 et seq. Die Übernahme einer Bürgschaft ist jedoch bei keiner der beiden Gesellschaften in der gewöhnlichen Vertretungsmacht des Gesellschafters enthalten, vgl. *Brettel v. Williams* (1849) 4 Exch. 523. Für weitere Beispiele m. N. vgl. *Billins*, A. 13.8.

531 Underhill's-*Ivamy*, Ch. 4, S. 55; *Güthoff*, B I 13; Reithmann/Martiny-*Hausmann*, Rn. 1616.

532 *Hollis v. Burton* (1892) 3 Ch. 226; *Jacobs v. Morris* (1902) 1 Ch. 816; *Halsbury's*, Band 35, para. 45; zur Bindung der Gesellschaft bei Verträgen mit gutgläubigen Dritten vgl. *Prime/Scanlan*, Ch. 6.

533 *Prime/Scanlan*, Ch. 6.

534 *Lindley & Banks*, Rn. 19-56.

(4) Beendigung der Vertretungsmacht bei der *General Partnership*

Die Vertretungsmacht bleibt grundsätzlich so lange bestehen, bis die Gesellschaft aufgelöst wird oder der vertretungsberechtigte Gesellschafter selber seine Vertretungsmacht zurückgibt. Damit können die anderen Gesellschafter dem vertretungsberechtigten Gesellschafter nicht ohne Weiteres die Vertretungsmacht entziehen. Ausnahmsweise ist es doch möglich, wenn der Gesellschaftsvertrag eine Klausel enthält, in der die Gesellschafter berechtigt werden, einzelnen Gesellschaftern in bestimmten Situationen die Vertretungsmacht zu entziehen oder sie zu beschränken.[535] Diese Beschränkung wird aber wiederum durch das Prinzip der Rechtsscheinvollmacht eingegrenzt.

cc) Die beschränkte Personengesellschaft (*Limited Partnership*)

Für die *Limited Partnership*, eine im englischen Recht eher seltene Sonderform der Personengesellschaft[536], gelten grundsätzlich die Regeln des *Partnerships Act 1890*, es sei denn der *Limited Partnerships Act 1907* trifft abweichende Regelungen, vgl. s 7 Limited Partnerships Act 1907. Für die wirksame Errichtung einer *Limited Partnership* muss gemäß s 4 (2) Limited Partnerships Act 1907 mindestens ein Partner unbeschränkt und persönlich mit seinem ganzen Vermögen haften (*general partner*) und mindestens ein Gesellschafter in der Haftung auf seine Einlage beschränkt sein (*limited partner*).

(1) Gründung der Limited Partnership

Die *Limited Partnership* bedarf ebenfalls eines (formlosen) Gesellschaftsvertrags.[537] Des Weiteren muss sie sich gemäß s 5 Limited Partnerships Act 1907 beim Registerbevollmächtigten für Kapitalgesellschaften (*Registrar of Companies*) eintragen lassen.[538] Jede weitere Änderung muss eingetragen werden.

(2) Vertretung der Limited Partnership

Vertreter der *Limited Partnership* sind die unbeschränkt haftenden Gesellschafter (*general partner*).[539] Es liegt *Einzelvertretungsbefugnis* vor, die, wie auch bei der *General Partnership*, auf die gewöhnlichen Geschäfte beschränkt ist.[540] Die beschränkt haftenden Gesellschafter (*limited partner*) sind grundsätzlich von der Vertretung ausgeschlossen, können aber beratende Funktionen übernehmen, vgl. s 6 (1) Limited Partnerships Act 1907. Sollten sie tatsächlich an der Geschäftsführung teilnehmen, haften sie gemäß s 6 (1) Limited Partnerships Act

535 *Prime/Scanlan*, Ch. 6.

536 *Bernstorff*, § 15 II 2.

537 *Lindley & Banks*, Rn. 29-15; *Güthoff*, B II 2.

538 Vgl. s 8 Limited Partnerships Act 1907; *Morse*, S. 50; Underhill's-*Ivamy*, Ch. 11, S. 118.

539 *Morse*, S. 51; Reithmann/Martiny-*Hausmann*, Rn. 1617; *Dreibus*, Teil 1 C I 2 b aa, Teil 2 A II 1; *Triebel, Hodgson, Kellenter, Müller*, Rn. 811.

540 *Morse*, S. 81 et seq.; *Lindley & Banks*, Rn. 30-01.

führung teilnehmen, haften sie gemäß s 6 (1) Limited Partnerships Act 1907 für die während dieses Zeitraums eingegangenen Verbindlichkeiten unbeschränkt.

dd) Die Personengesellschaft mit beschränkter Haftung (*Limited Liability Partnership*)

Die *Limited Liability Partnership* wurde durch den *Limited Liability Partnerships Act 2000* neu in das englische Recht eingeführt. Diese Gesellschaftsform entspricht im deutschen Recht im Wesentlichen der GbR mbH[541] und stellt eine Zwischenform zwischen Kapital- und Personengesellschaft dar. Sinn und Zweck dieser neuen Gesellschaftsform ist es, die flexible Organisation und steuerlichen Vorteile der Personengesellschaft mit der beschränkten Haftung der Kapitalgesellschaft zu verbinden.[542] Gemäß s 1 (5) Limited Liability Partnerships Act 2000 ist das Recht der *General Partnership* nicht auf die *Limited Liability Partnership* anwendbar, es sei denn, der *Limited Liability Partnerships Act 2000* sieht dies explizit vor. Die *Limited Liability Partnership* muss gemäß s 2 (1) (a) Limited Liability Partnerships Act 2000 mindestens zwei Gesellschafter haben und jeder Gesellschafter muss die Gründungsdokumente (*documents of incorporation*) unterschrieben haben. Sie bedarf gemäß s 2 Limited Liability Partnerships Act 2000 der Eintragung beim Registerbevollmächtigten für Kapitalgesellschaften (*Registrar of Companies*). Im Gegensatz zu den anderen Personengesellschaften hängt das Bestehen der *Limited Liability Partnership* nicht vom Mitgliederbestand ab.

Vertretung der *Limited Liability Partnership*

Vertreter der Gesellschafter sind gemäß s 6 Limited Liability Act 2000 alle Gesellschafter. Die Vertreter müssen sich auch hier im Rahmen der gewöhnlichen Geschäftsführung halten. Die Vertretungsmacht endet mit dem Ausscheiden des Gesellschafters aus der Gesellschaft; hier können zu Gunsten des gutgläubigen Dritten die allgemeinen Rechtsscheingrundsätze greifen. Hat der Dritte Kenntnis von der Beendigung der Vertretungsmacht (vgl. s 6 ((2) et seq.) Limited Liability Act 2000) oder hat die Gesellschaft die Beendigung dem Registerbevollmächtigten bekannt gegeben, wird die Gesellschaft nicht an ein Geschäft gebunden. Gleiches gilt, wenn der Dritte nicht weiß, dass er mit einer Gesellschaft kontrahiert hat.

---

541 Eine GbR mbH ist in Deutschland nur zulässig, wenn die beschränkte Haftung ausdrücklich mit dem Vertragspartner vereinbart wurde, vgl. *BGHZ* 142, 315=WM 1999, 2071.

542 Vgl. *Explanatory Notes to Limited Liability Partnerships Act 2000*, www.hmso.gov.uk/acts/en/2000en12.htm, 29.05.2000. Ausführlich zur *Limited Liability Partnership* vgl. *Palmer's*, Limited Liability Partnership Law.

c) Die Kapitalgesellschaften (Company Law)

aa) Allgemeines

Das Kapitalgesellschaftsrecht wird im Wesentlichen durch den *Companies Act 1985* geregelt.[543] Es gibt grundsätzlich drei Gesellschaftstypen, die sich lediglich in den Haftungsmodalitäten bei der Abwicklung der Gesellschaft unterscheiden.[544] Diese sind die Gesellschaft mit beschränkter Haftung (*Company Limited by Shares*), die Gesellschaft mit beschränkter Nachschusspflicht (*Company Limited by Guarantee*) und die unbeschränkte Gesellschaft (*Unlimited Company*).[545] Sie können grundsätzlich als Publikums- und Privatgesellschaft (*Public* oder *Private Company*) errichtet werden. Die Privatgesellschaft ist die häufigste Gesellschaftsform, da für die öffentlich-rechtliche Gesellschaft strengere Voraussetzungen erfüllt werden müssen. Sie entspricht der deutschen GmbH (und für sie gibt es gemäß s 1 (3) Companies Act 1985 eine Vermutung), während die Publikumsgesellschaft im Wesentlichen der Aktiengesellschaft (AG) entspricht.[546] Anders als im deutschen Recht sind die beiden Gesellschaftsformen nicht voneinander getrennte Gesellschaftsarten, sondern Typen einer einheitlichen Gesellschaftsform.[547] Deshalb gilt der *Companies Act 1985* auch für beide.

Da sich die einzelnen Gesellschaftstypen nur in einigen Modalitäten unterscheiden, werden lediglich die allgemeinen Grundsätze des Gesellschaftsrechts innerhalb der „GmbH" (*Private Company Limited by Shares*) dargestellt und bei den weiteren Gesellschaftsformen nur noch die einzelnen Besonderheiten.

---

543 Ergänzende Funktion haben der *Criminal Justice Act 1993*, der *Business Act 1985* und der *Companies Consolidation Act 1985.*

544 Vgl. s 1 (2) Companies Act 1985.

545 Nähere Ausführungen vgl. S. 100 „Die Gesellschaft mit beschränkter Haftung (Private *Company Limited by Shares)*", S. 102 „Gesellschaft mit beschränkter Nachschusspflicht (Private *Company Limited by Guarantee)*", S. 102 „Unbeschränkte Gesellschaft (Unlimited *Company)*".

546 *Triebel, Hodgson, Kellenter, Müller*, Rn. 586; *Knoche*, MittRhNotK 1985, 165, 168; *Dreibus*, Teil 1 C I 2 a aa; Reithmann/Martiny-*Hausmann*; Rn. 1618.

547 *Shearman*, GmbHR 1992, 149; *Michalsky*, DStR 1991, 1660; *Triebel, Hodgson, Kellenter, Müller*, Rn. 575.

bb) Die Gesellschaft mit beschränkter Haftung (*Private Company Limited by Shares*)

(1) Gründung der Private Company Limited by Shares

Die Grundlage der *Private Company Limited by Shares* ist der Gesellschaftsvertrags.[548] Gemäß s 1 (1) Companies Act 1985 ist auch eine Einmann-*Private Company Limited by Shares* zugelassen.[549] Gesellschafter kann jede natürliche oder juristische Person sein, jedoch keine Personengesellschaft.[550] Der Gesellschaftsvertrag besteht aus zwei Teilen. Im ersten Teil, der Gründungsurkunde (*memorandum of association*), sind die Grundfragen und das Außenverhältnis der Gesellschaft geregelt, vgl. s 10 Companies Act 1985. Hier finden sich auch die nach s 2 Companies Act 1985 zwingend vorgeschriebenen Angaben (*compulsory clauses*). Im zweiten Teil ist das Innenverhältnis der Gesellschaft festgelegt.[551] Dies ist der eigentliche Gesellschaftsvertrag (*articles of association*[552]). Im Gegensatz zur deutschen GmbH bedarf die englische *Private Company Limited by Shares* keiner Mindestkapitaleinlage.[553] Mit Ausstellung des Gründungsdokuments (*certificate of incorporation*) erlangt die Gesellschaft ihre Rechtsfä-

548 Ausführlich dazu *Mayson, French & Ryan*, Rn. 15; *Bernstorff*, § 15 I 3 a; *Knoche*, MittRhNotK 1985, 165, 168.

549 Vgl. s 1 (3A) Companies Act 1985, der 1992 durch die *Companies (Single Member Private Limited Company) Regulations 1992* (SI 1992/1699) eingefügt wurde, die *Regulations* beruhen auf einer EG-Richtlinie. Allerdings darf der einzige Direktor (*director*) nicht gleichzeitig die Funktion des „Direktors mit Aufgabenbereich Finanzen und Verwaltung" (*company secretary*) inne haben und es darf keine unbeschränkte „GmbH" (*Unlimited Company*) errichtet werden.

550 *Boyle and Birds'*, 12.2; *Charlesworth & Morse*, S. 159 et seq.

551 *Triebel, Hodgson, Kellenter, Müller*, Rn. 589; *Dreibus*, Teil 1 C I 2 a aa. Werden in dem Gesellschaftsvertrag keine Regelungen für das Innenverhältnis getroffen, so gelten die in den *Companies (Table A to F) Regulations 1985* beschriebenen Musterregelungen.

552 Geregelt in den ss 7 et seq. Companies Act 1985.

553 *Dreibus*, Teil 1 C I 2 a aa; *Güthoff*, B IV 5. Es ist auch nicht nötig, die Einzahlung des Kapitals nachzuweisen.

higkeit (*legal capacity*[554]). Unmittelbar nach Erhalt der Gründungsurkunde kann die *Private Company Limited by Shares* ihre Geschäfte aufnehmen.[555]

(2) „Organe" der *Private Company Limited by Shares*

Die *Private Company Limited by Shares* hat drei Organe. Die Hauptversammlung der Aktionäre (*general meeting*), die für alle Entscheidungen (abgesehen von der Vertretung und Geschäftsführung) zuständig ist [556], den Vorstand (*board of directors*), der die Gesellschaft vertritt und die gewöhnlichen Geschäfte führt[557] und den Sekretär (*company secretary*).[558] Der Sekretär führt die Bücher und die Protokolle, sendet die Mitteilungen an das Registeramt und zeichnet alle Urkunden gegen. Das deutsche Recht kennt keinen Sekretär. Ein Aufsichtsrat, wie im deutschen Recht, ist als überwachendes „Organ" im englischen Gesellschaftsrecht nicht vorgesehen. Jedoch wird bei größeren Unternehmen innerhalb des Vorstands in geschäftsführende (*executive directors*) und nicht geschäftsführende Direktoren (*non-executive directors*) unterteilt. Letztere übernehmen dann die Funktion des Aufsichtsrates.[559]

(3) Haftung der *Private Company Limited by Shares*

Bei der *Private Company Limited by Shares* haften die Gesellschafter gemäß s 1 (2) (a) Companies Act 1985 in Höhe der Einlage, die sie zwar gezeichnet, aber noch nicht geleistet haben. Diese Gesellschaftsform ist in England am häufigsten.[560]

---

554 Palmer's-*Davies*, Rn. 2.601; *Charlesworth & Morse*, S. 16; *Major*, A. 42. Im englischen Recht umfasst die Rechtsfähigkeit (*legal capacity*) dabei sowohl die Handlungs- als auch die Rechtsfähigkeit. Eine Gesellschaft kann auch auf andere Weise als durch *incorporation* gegründet werden. Beispielsweise durch Erwähnung im *Royal Charter* in Ausübung des hoheitlichen Rechts, durch *Statute* in Ausübung der unumschränkten Macht des Parlaments, das mittels eines bestimmten Rechtsaktes eine Gesellschaft als wirksam gegründet erklären kann. Vgl. Hierzu ausführlich *Rajak*, ZGR 1999, 111, 114 et seq. Fn. 17 m.w.N.

555 *Shearman*, GmbHR 1992, 149, 150; *Dreibus*, Teil 1 C 2 a aa.

556 *Knoche*, MittRhNotK 1985, 165, 168.

557 *Farrar*, S. 304 et seq.; *Charlesworth & Morse*, S. 249 et seq.

558 *Pettet*, 10.3 G; *Michalsky*, DStR 1991, 1660, 1661.

559 Generell dazu *Bailey/McCallum*, S. 130; *Pennington*, Ch. 15, S. 775 et seq.; *Dreibus*, Teil 1 C I 2 a aa; *Triebel, Hodgson, Kellenter, Müller*, Rn. 714; *Knoche*, MittRhNotK 1985, 165, 169.

560 Vgl. s 306 et seq. Companies Act 1985. Die *Private Company Limited by Shares* existiert auch in der Variation, dass die Haftung der Direktoren unbeschränkt ist.

cc) Gesellschaft mit beschränkter Nachschusspflicht (*Private Company Limited by Guarantee*)

Bei der *Private Company Limited by Guarantee* ist die Haftung der Gesellschafter für Schulden und Verbindlichkeiten der Gesellschaft im Fall der Liquidation auf eine in der Gründungsurkunde festgelegte Summe beschränkt, vgl. s 1 (2) (b) Companies Act 1985. Diese Haftung besteht gemäß s 2 (4) Companies Act 1985 ein Jahr nach Ausscheiden des Gesellschafters weiter. Des Weiteren bedarf der Gesellschaftsvertrag einer in *Table C, Companies Act 1985* festgelegten Form, während die inhaltliche Ausgestaltung den Gesellschaftern freigestellt ist.[561] Die *Private Company Limited by Shares* wird als Gesellschaftsform häufig von Sportvereinen, bestimmten Versicherungen oder nicht gewinnorientierten Konzernen gewählt.[562]

dd) Unbeschränkte Gesellschaft (*Unlimited Company*)

Bei der Abwicklung der *Unlimited Company* haften die Gesellschafter gemäß s 1 (2) (c) Companies Act 1985 unbeschränkt persönlich für die Verbindlichkeiten der Gesellschaft, die während ihrer Mitgliedschaft entstanden sind.

ee) Aktiengesellschaft (*Public Company Limited by Shares*)

Die *Public Company Limited by Shares* wird mit der Aushändigung der Gründungsbescheinigung (*certificate of incorporation*) durch den Registerbevollmächtigten wirksam gegründet.[563] Davor besteht sie nicht, auch nicht als Vorgesellschaft.[564] Gemäß s 1 Companies Act 1985 muss die Gesellschaft von mindestens zwei Personen gegründet werden, eine Einmann-Gesellschaft ist nicht zulässig. Damit die *Public Company Limited by Shares* ihre Geschäfte aufnehmen kann, bedarf sie gemäß s 117 Companies Act 1985 einer Gewerbebescheinigung (*trading certificate*), die der Registerbevollmächtigte ausstellt, wenn die Ausgabe des Mindestkapitals von £ 50.000 gemäß s 118 Companies Act 1985 und die Bezahlung von mindestens einem Viertel des Nominalkapitals eidesstattlich versichert wurde.[565] Die *Public Company Limited by Shares* bedarf gemäß s 282 Companies Act 1985 mindestens zweier Direktoren.

Die *Public Company Limited by Shares* kann sich in keiner anderen Gesellschaftsform organisieren, vgl. s 1 (3), (4) Companies Act 1985.

561 *Boyle and Birds'*, 3.9.1; *Güthoff*, B IV 1 b.

562 *Fox & Bowen*, Ch. 19 C 1.

563 *Charlesworth & Morse*, S. 16; Palmer's-*Davies*, Rn. 2.209.

564 Die „AG“ kann auch nicht die Geschäfte der nichtexistenten Gesellschaft genehmigen, vgl. *Natal Land and Colonization Co. Ltd. v. Pauline Colliery and Development Syndicate Ltd.* (1904) A.C. 120; *Kelner v. Baxter* (1866) L.R. 2 C.P. 174.

565 *Bernstorff*, § 15 3 b; *Triebel, Hodgson, Kellenter, Müller*, Rn. 591.

ff) Vertretung der Kapitalgesellschaft

Da sich wesentliche Unterschiede der einzelnen Gesellschaftsformen nur bei der Haftung und bei der Gründung der Gesellschaft ergeben, die Regeln über die Stellvertretung aber bei allen Formen gleich sind, bedarf es diesbezüglich keiner differenzierenden Darstellung.

Das englische Kapitalgesellschaftsrecht unterscheidet nicht zwischen Innen- und Außenverhältnis der Gesellschaft, so dass die im Gesellschaftsvertrag festgelegten Grundsätze zur Geschäftsführung gleichzeitig für die Stellvertretung gelten.[566] Da im Kapitalgesellschaftsrecht die Mandatstheorie[567] herrscht und damit die Handlungen der bevollmächtigten Stellvertreter der Gesellschaft nur zugerechnet werden, ist das Stellvertretungsrecht (*Law of Agency*) auch auf die Vertretung von Gesellschaften anzuwenden.[568] Allein die Hauptversammlung ist ein Organ im Sinn der Organtheorie und besitzt originäre Rechte.

(1) Der Vorstand (*board of directors*)

Vertreter der Kapitalgesellschaft ist der Vorstand (*board of directors*).[569] Grundsätzlich ist bei der Kapitalgesellschaft *Gesamtvertretung* vorgesehen, jedoch kann von dieser Regelung abgewichen werden.[570] Gemäß s 282 (3) Companies Act 1985 kann ein einziger Direktor die Kapitalgesellschaft leiten; ihm obliegt gemäß Art. 70 Companies Act 1985, Table A sowohl die Geschäftsführungsbefugnis als auch die Vertretungsmacht. Direktor kann im Gegensatz zum deutschen Recht auch eine juristische Person sein.[571] Die Gesellschafter können bei einer größeren Kapitalgesellschaft die Befugnisse der Direktoren aufteilen. Ein Teil kann als Generaldirektoren umfassende Vertretungsmacht erhalten (*managing directors*). Diese sind meistens hauptberuflich für die Gesellschaft tätig. Einem anderen Teil kann ein bestimmter Aufgabenbereich zugewiesen werden (*executive directors*).[572] Die restlichen Direktoren (*non-executive directors*) überwachen die Handlungen der hauptberuflichen Direktoren. Dabei ist ihr Kom-

---

566 *Behrens*, GmbH, S. 25; *Savage/Bradgate*, Rn. 29.0.0; *Dreibus*, Teil 2 A I; *Findorff*, RIW/AWD 1973, 6, 7 Fn. 2; *Neuling*, S. 120.

567 Vgl. S. 80 „Arten der Stellvertretung“.

568 *Ferguson v. Wilson* (1866) 2 Ch. 77, 89; *Bailey/McCallum*, S. 155; Palmer's-*Davies*, Rn. 8.402; *Fischer-Zernin*, S. 20.

569 *Gower*, S. 179; *Farrar*, S. 329; *Shearman*, GmbHR 1992, 149, 154; *Kisker*, S. 61.

570 *Re County Palatine Loan and Discount Co., Cartmell's Case* (1874) 9 Ch. App. 691; *Hahlo's*, S. 451; *Pennington*, Ch. 5, S. 153; *Knoche*, MittRhNotK 1985, 165, 169; *Triebel, Hodgson, Kellenter, Müller*, Rn. 713; *Dierksmeier*, Kap. I H II.

571 *In re Bulawayo Market and Offices Co Ltd.* (1907) 2 Ch. 458; *Farrar*, S. 330.

572 *Freeman & Lockyer v. Buckhurst Park Properties (Mangal) Ltd.* (1964) 2 Q.B. 480; *Bruce*, 1.30 et seq.; *Knoche*, MittRhNotK 1985, 165, 169; *Neuling*, S. 120.

petenzbereich, im Unterschied zum deutschen Recht, weiter gefasst und schließt die Beteiligung an maßgeblichen Entscheidungen der Gesellschaft mit ein.[573] Die Bestellung und Abwahl der Direktoren erfolgt durch die Gesellschafter.[574]

Nicht nur Gesellschafter, sondern auch Außen stehende Dritte können zum Direktor bestellt werden[575] (das Prinzip der Selbstorganschaft gilt nicht), es sei denn der Gesellschaftsvertrag bestimmt, dass ein Direktor Anteile an der Gesellschaft haben muss. Auf sie sind dann wieder die allgemeinen Regeln der Stellvertretung anwendbar.

(2) Der Sekretär (*company secretary*)

In bestimmten Bereichen ist der Sekretär (*company secretary*) zusätzlicher Vertreter der Gesellschaft.[576] Er ist für die Erledigung von Verwaltungsaufgaben zuständig, das heißt, er führt die Gesellschaftsverzeichnisse, verfasst die Protokolle der Gesellschafterversammlung und reicht die Dokumente ein, die vom Registerbeamten veröffentlicht werden sollen.[577] Innerhalb seines Aufgabenbereichs steht dem Sekretär umfassende Vertretungsmacht zu. Besteht der Vorstand aus mehreren Direktoren, kann die Position des Sekretärs auch von einem der Direktoren übernommen werden.[578]

(3) Die Hauptversammlung (*general meeting*)

Auch die Hauptversammlung (*general meeting*) hat in bestimmten Situationen Vertretungsmacht. Art. 70 Companies Act 1985, Table A legt zwar eine umfassende Zuständigkeit des Vorstands fest, jedoch gibt es Bereiche, in denen der Hauptversammlung ausschließliche oder zum Vorstand konkurrierende Zuständigkeit zusteht. Innerhalb dieser Zuständigkeit ist sie ebenfalls zur Vertretung berechtigt.[579]

573 *Pennington*, Ch 15, S. 775 et seq.; *Dierksmeier*, Kap. I H II.

574 In Art. 73 et seq. Companies Act 1985, Table A ist festgelegt, dass bei der ersten Jahreshauptversammlung ein neuer Vorstand gewählt wird. In den folgenden Jahreshauptversammlungen wird dann jeweils ein Drittel der Direktoren neu gewählt, vgl. auch *Fox & Bowen*, Ch. 8 C 3.

575 *Gower*, S. 181; *Savage/Bradgate*, Rn. 29.2.1; *Dreibus*, Teil 2 A I 1 b; *Kisker*, S. 58.

576 *Panorama Developments (Guildford) Ltd. v. Fidelis Furnishing Fabrics Ltd.* (1971) 3 W.L.R. 440; *Pettet*, 10.3 G. Er wird in s 283 Companies Act 1985 genannt. Vgl. *Pennington*, Ch. 5, S. 154 et seq.; *Shearman*, GmbHR 1992, 149, 154; *Kisker*, S. 74.

577 Palmer's-*Walmsley*, Rn. 8.1101; *Bernstorff*, § 15 3 d; *Behrens*, GmbH, S. 30.

578 Rückschluss aus s 383 Companies Act 1985, der die Doppelfunktion bei einer Gesellschaft mit nur einem Direktor ausschließt.

579 *Alexander Ward & Co. Ltd. v. Samyang Navigation Co. Ltd.* (1975) 1 W.L.R. 673, 679; *Worcester Corsetry Ltd. v. Witting* (1936) Ch. 640, 648; *Pennington*, Ch. 15, S. 766; Beispiele vgl. S. 106 „Die Hauptversammlung".

gg) Umfang der Vertretungsmacht bei der Kapitalgesellschaft

(1) Der Vorstand und die Direktoren

Grundsätzlich ist zwischen der Vertretungsmacht des Vorstands und der Vertretungsmacht des einzelnen Direktors zu unterscheiden. Der Vorstand übt durch gemeinsames Handeln der Direktoren seine Vertretungsmacht aus (*Gesamtvertretung*).[580] Er leitet, auf Grund fehlender originärer (organschaftlicher) Rechte[581] seine Vertretungsmacht von der Hauptversammlung ab. Seine Kompetenzen werden in dem Gesellschaftsvertrag (*articles of association*) festgelegt.[582] Grundsätzlich wird dem Vorstand gemäß s 70 Companies Act 1985, Table A umfassende Vertretungsmacht übertragen, sie kann aber im Gegensatz zum deutschen Recht jederzeit durch die Änderung des Gesellschaftsvertrags beschränkt werden.[583] Da die Regelung der Gesamtvertretung durch alle Direktoren nicht sehr praktikabel ist, kann einem Direktor *Einzelvollmacht* erteilt werden.[584] Dies geschieht durch einen Beschluss des Vorstands, der seine Vertretungsmacht delegiert. Diese ausdrückliche Vollmacht (*express authority*)[585] wird durch die allgemeinen Grundsätze der konkludenten (*implied authority*)[586] und gewöhnlichen Vollmacht (*usual authority*)[587] ergänzt. Der Umfang der Vollmacht richtet sich auch nach der Position des Direktors. Steht ihm als Generaldirektor (*managing director*) umfassende Vertretungsmacht zu, kann er alle Aufgaben der gewöhnlichen Geschäftsführung wahrnehmen.[588] Wurde ihm ein bestimmter Aufgabenbereich zugewiesen (*executive director*), hat der Direktor innerhalb dessen umfassende Vertretungsmacht.[589] Diejenigen Direktoren, denen die Funktion des Aufsichtsrats zukommen (*non-executive directors*), haben

580 Wie viele Direktoren gemeinschaftlich handeln müssen, kann in dem Gesellschaftsvertrag oder durch den Vorstand festgelegt werden. Ist keine Regelung getroffen, so sieht Art. 89 Companies Act 1985, Table A ein Quorum von zwei Direktoren vor.

581 Vgl. S. 80 „Arten der Stellvertretung".

582 *Farrar*, S. 363 et seq.; *Pennington*, Ch. 15, S. 767; *Fischer-Zernin*, S. 20.

583 *Dreibus*, Teil 2 B I 2 a. Beispielsweise kann die Möglichkeit der Kreditaufnahme des Vorstands ab einer bestimmten Höhe von der Zustimmung der Hauptversammlung abhängen oder der Hauptversammlung ein Weisungsrecht bezüglich der Handlungen des Vorstands zustehen.

584 *TCB Ltd. v. Gray* (1986) Ch. 621, 637; *Güthoff*, B III 13 b aa.

585 Vgl. S. 84 „Die tatsächlich erteilte Vollmacht (actual *authority)*".

586 Vgl. S. 85 „Konkludente Vollmacht (implied *authority)*".

587 Vgl. S. 85 „Konkludente Vollmacht (implied *authority)*", S. 108 „Rechtsschein der gewöhnlichen Vertretungsmacht (usual *authority)*".

588 *Freeman & Lockyer v. Buckhurst Park Properties (Mangal) Ltd.* (1964) 2 Q.B. 480, 493 et seq.; *Gore-Browne*, Rn. 5.3.3; *Charlesworth & Morse*, S. 260 et seq.; *Dierksmeier*, Kap. I H II.

589 *Boyle and Birds'*, 5.29; *Gower*, S. 193 et seq.; *Baumann*, S. 114; *Bücker*, S. 63.

grundsätzlich keine über die Gesamtvertretung hinausgehenden Befugnisse, da ihnen in der Regel keine Einzelvollmacht erteilt wird.[590]

Neben seiner Mitgliedschaft im Vorstand, ist der Direktor, wie im deutschen Recht, mittels eines Dienstvertrages mit der Gesellschaft verbunden, aus dem sich für ihn weitere Rechte und Pflichten ergeben.[591]

(2) Der Sekretär

Die Vertretungsmacht des Sekretärs umfasst alle Rechtsgeschäfte, die zur Erfüllung seiner Verwaltungsaufgaben notwendig sind. Er stellt beispielsweise Angestellte ein, besorgt Büromaterial und darf Verträge, die der Vorstand als Gremium beschlossen hat, unterzeichnen.[592] Innerhalb der Unternehmensleitung kommt ihm keine Vertretungsmacht zu.[593] Ist ein Direktor der Sekretär, muss für den Umfang der Vertretungsmacht im Einzelfall festgestellt werden, in welcher Funktion er gehandelt hat.

(3) Die Hauptversammlung

Die Hauptversammlung hat im Bereich ihrer ausschließlichen Kompetenzen umfassende Vertretungsmacht. Darunter fallen die Grundlagengeschäfte, wie die Änderung des Gesellschaftsvertrages (*alteration of articles*), die Umwandlung (*conversion*), die Verschmelzung (*merging*) und die Abwicklung der Gesellschaft (*dissolution*).[594] Die Kompetenz zur Bestellung der Direktoren verbleibt ebenfalls bei der Hauptversammlung, wenn in dem Gesellschaftsvertrag keine anderweitige Regelung getroffen wurde. Auch Anstellungsverträgen der Direktoren, in denen eine Vergütung vereinbart wird oder die länger als fünf Jahre dauern, muss die Hauptversammlung zustimmen.[595] Innerhalb der konkurrierenden Zuständigkeit bleibt vorrangig der Vorstand zuständig. Nur wenn dieser beschlussunfähig ist, darf die Hauptversammlung handeln.[596] Konkurrierende Zuständigkeit liegt unter anderem bei der gerichtlichen Vertretung vor.

hh) Grenzen der Vertretungsmacht des Vorstands

Die Vertretungsmacht des Vorstandes wird verschiedentlich begrenzt.

---

590 *Boyle and Birds'*, 5.29; *Ranking & Spicer's*, Rn. 13.2.

591 Palmer's-*Davies*, Rn. 8.002; *Bailey/McCallum*, S. 132; *Güthoff*, B III 13 b aa.

592 *Panorama Developments (Guildford) Ltd. v. Fidelis Furnishing Fabrics Ltd.* (1971) 2 Q.B. 711, 717.

593 *In re Maidstone Buildings Provisions Ltd.* (1971) W.L.R. 1085, 1092; *Gower*, S. 197.

594 *Charlesworth & Morse*, S. 249; *Dreibus*, Teil 2 C I 2; *Michalsky*, DStR 1991, 1660, 1662.

595 *Pennington*, Ch. 15, S. 714, Ch. 17, S. 960; s 319 Companies Act 1985, *Güthoff*, B 13 b aa.

596 *Farrar*, S. 365; *Fox & Bowen*, Ch. 8 C 5; *Northey & Leigh's*, S. 148.

(1) Durch die Kompetenzen der Hauptversammlung

Der Vorstand hat keine Befugnis, die Handlungen vorzunehmen, die ausschließlich der Hauptversammlung zugewiesen sind.

(2) Durch den Gesellschaftsgegenstand (*Ultra-Vires* Lehre)

Der Umfang der Vertretungsmacht wird weiter durch den im Gesellschaftsvertrag festgelegten Gesellschaftsgegenstand (*object clause*) beschränkt. Grundsätzlich bestimmt der Gesellschaftsgegenstand das rechtliche Können der Kapitalgesellschaft.[597] Rechtsgeschäfte, die nicht von diesem Unternehmensgegenstand umfasst werden, liegen außerhalb des rechtlichen Könnens der Gesellschaft und sind somit nichtig (*Ultra-Vires* Lehre).[598] Da die Reichweite der Vertretungsmacht nicht weiter gehen kann als der Unternehmensgegenstand es der Gesellschaft selbst erlaubt, sind auch nicht vom Gesellschaftsgegenstand umfasste Vertretergeschäfte nach der *Ultra-Vires* Lehre unwirksam.[599] Die Gesellschaft kann die Geschäfte auch nicht genehmigen.[600] Im Außenverhältnis ist die *Ultra-Vires* Lehre heute nach ss 35 et seq. Companies Act 1985 nicht mehr anwendbar.[601] Das Geschäft ist wirksam, wenn der Dritte gutgläubig war.[602] An die Gutgläubigkeit sind keine hohen Anforderungen zu stellen, sondern der Dritte

597 *Ashbury Railway Carriage and Iron Co v. Riche* (1875) L.R. 7 H.L. 653, 672; *Rolled Steel Products (Holdings) Ltd. v. British Steel Corp.* (1986) Ch. 246; *Dreibus*, Teil 2 B I 1; *Triebel, Hodgson, Kellenter, Müller*, Rn. 618 et seq.

598 *Ashbury Railway Carriage and Iron Co v. Riche* (1875) L.R. 7 H.L. 653, 672; *Farrar*, S. 100; *Bailey/McCallum*, S. 195 et seq.; *Knoche*, MittRhNotK 1985, 165, 169.

599 *Knoche*, MittRhNotK 1985, 165, 169; Solche Geschäfte können die Kreditaufnahme oder unentgeltliche Zuwendungen der Gesellschaft wie freiwillige Ruhegeldzahlungen oder Entlassungsabfindungen sein, vgl. *Introductions Ltd. v. National Bank* (1969)2 W.L.R. 791. Um der Unwirksamkeit eines Geschäftes vorzubeugen kann die Gesellschaft verschiedene Unternehmensgegenstände benennen, auch wenn sie nicht mit dem eigentlichen Gegenstand verbunden sind, vgl. *Cotman v. Brougham* (1918) A.C. 514; *Egyptian Salt & Soda Co. v. Port Said Salt Association* (1931) A.C. 677 P.C.; *Anglo-Overseas Agencies v. Green* (1961) 1 Q.B. 1; *Bell Houses Ltd. v. City Wall Properties Ltd.* (1966) 2 Q.B. 656, bestätigt *House of Lords* (1967) 205 E.G. 535.

600 Die Gesellschaft kann für ein Rechtsgeschäft, das sie nicht befugt ist abzuschließen, keine Vertretungsmacht erteilen. Außerdem würde eine Genehmigungsfähigkeit bedeuten, dass die Gesellschaft auf diese Weise den Unternehmensgegenstand ändern und so die strengen gesetzlichen Anforderungen für die Änderung des Unternehmensgegenstands umgehen könnte, vgl. *Ashbury Railway Carriage and Iron Co v. Riche* (1875) L.R. 7 H.L. 653, 668, 693; Palmer's-*Davies*, Rn. 2.615 et seq.; *Billins*, B 1.6.

601 Dies erfolgt in Umsetzung der EG-Richtlinie vom 09. März 1968 (68/151/EWG) durch s 9 (1) European Communities Act 1972, der in s 35 Companies Act 1985 aufgenommen und durch den *Companies Act 1989* geändert wurde.

602 *Pennington*, Ch. 4, S. 123; *Farrar*, S. 109; *Ryan*, Abschn. 513; *Triebel, Hodgson, Kellenter, Müller*, Rn. 621.

gilt gemäß ss 35 A (2) (b, c), 35 B Companies Act 1985 als gutgläubig, bis ihm die Bösgläubigkeit nachgewiesen wird.[603] Nur ausnahmsweise, wenn ein Gesellschafter gemäß s 35 (2) Companies Act 1985 vor Geschäftsabschluss eine Unterlassungsverfügung erwirkt hat, ist das Rechtsgeschäft nichtig.[604] Im Innenverhältnis wirkt sich die *Ultra-Vires* Lehre dahingehend aus, dass sich die Direktoren gemäß s 35 (3) Companies Act 1985 gegenüber der Gesellschaft schadenersatzpflichtig machen. Sie können aber durch außerordentliche Gesellschaftsbeschlüsse (*special resolution*) aus der Haftung entlassen werden.[605]

(3) Durch Vereinbarung

Die Beschränkung der Vertretungsmacht durch die *Ultra-Vires* Lehre bildet nur die minimale Begrenzung der Vertretungsmacht der Direktoren. Sie kann im Innenverhältnis mittels einer Vereinbarung weiter beschränkt werden.[606]

ii) Rechtsscheinvollmacht

Handelt ein Direktor ohne Vollmacht, so kann die Gesellschaft trotzdem durch Rechtsschein an den Vertrag gebunden sein.

(1) Rechtsschein der gewöhnlichen Vertretungsmacht (*usual authority*)

Da die Hauptversammlung dem Vorstand die Vertretungsmacht überträgt und damit in jeder Gesellschaft der Umfang der Vertretungsmacht individuell bestimmt werden kann, gelten auch hier zum Schutz gutgläubiger Dritter die allgemeinen Rechtsscheingrundsätze.[607] Ansonsten müsste im Einzelfall ermittelt werden, ob der Handelnde für das Rechtsgeschäft Vertretungsmacht besaß. Im

---

603 Dabei reicht das Wissen um die Überschreitung des Gesellschaftszwecks nicht aus, der Dritte hat auch keine Nachforschungspflicht über bestehende Beschränkungen der Vertretungsmacht. Auch gibt es keine Vermutung für die Bösgläubigkeit mit dem Inhalt mehr, dass der Dritte den Inhalt der Gründungsurkunde und des Gesellschaftsvertrages kenne, da sie öffentliche Urkunden seien und jederzeit gemäß s 709 (1) Companies Act 1985 beim Registerbevollmächtigten eingesehen werden könnten (*doctrine of constructive notice)*, vgl. *Ernest v. Nicholls* (1857) 6 H.L. 401, 419; *Farrar*, S. 368; *Knoche*, MittRhNotK 1985, 165, 171.

604 *Charlesworth & Morse*, S. 55; *Fox & Bowen*, Ch. 5 D 2 (b); *Bailey/McCallum*, S. 204.

605 *Re Claridge's Patent Asphalt Co.* (1921) 1 Ch. 543; *Viscount of the Royal Court of Jersey v. Shelton* (1986) 1 W.L.R. 985. Vgl. s 35 (3) Companies Act 1985. Durch einen außerordentlichen Beschluss wird die Handlung der Direktoren genehmigt, mittels eines weiteren Beschlusses werden sie aus der Haftung entlassen. Zu den Voraussetzungen des außerordentlichen Beschlusses vgl. s 378 (2) Companies Act 1985, vgl. *Bailey/McCallum*, S. 184; *Triebel, Hodgson, Kellenter, Müller*, Rn. 621, 709.

606 *Ashbury Railway Carriage and Iron Co v. Riche* (1875) L.R. 7 H.L. 653, 668, 672.

607 Vgl. die Ausgührungen zur Rechtsscheinvollmacht B II 2 c bb; keine Haftung bei Bösgläubigkeit, vgl. *Howard v. Patent Ivory Co.* (1888) 38 Ch. D. 156.

Rahmen der gewöhnlichen Vertretungsmacht (*usual authority*)[608] ist die Gesellschaft demnach bei Eingreifen der Rechtsscheingrundsätze an den Vertrag gebunden, ohne dass der Dritte die Bestimmungen des Gesellschaftsvertrags kennen muss.[609] Außerhalb der gewöhnlichen Vertretungsmacht muss der Dritte für ein bindendes Rechtsgeschäft mit der Gesellschaft die in dem Gesellschaftsvertrag festgelegte Befugnis zur Vornahme des Geschäfts kennen. Zudem muss der Vorstand den Anschein erweckt haben, der Vertreter sei bevollmächtigt.[610]

(2) Organisationsverschulden im Innenrecht (*Rule in Turquand's Case*)

Hat ein Direktor im Innenverhältnis keine Vertretungsmacht gehabt, so kann die Gesellschaft trotzdem nach der *Rule in Turquand's Case*[611] an die abgeschlossenen Verträge gebunden sein. Die Gesellschaft kann sich grundsätzlich nicht auf Mängel der Direktorenstellung berufen, da ein gutgläubiger Dritter darauf vertrauen darf, dass die Gesellschaft sich im Innenverhältnis ordnungsgemäß organisiert (*indoor management*).[612] Nur in dem Fall, in dem gar keine Einzelvertretungsmacht erteilt wurde, greift zur Vermeidung der Ausuferung der Haftung die *Rule in Turquand's Case* nicht ein[613]; es kann nur eine Haftung aus Rechtsschein erfolgen.[614] Weiß der Dritte allerdings von den Mängeln oder unterlässt er trotz Zweifel Nachforschungen, so ist die Gesellschaft nicht an den Vertrag gebunden.[615] Dritte sind dabei alle außenstehenden Personen (*outsiders*).[616] Der Begriff beschränkt sich nicht nur auf Personen, die nicht mit der Gesellschaft in Verbindung stehen, sondern umfasst auch die Gesellschafter oder Direktoren. Die Gesellschafter können, da ihnen Informationsrechte gegenüber der Gesellschaft zustehen, nur dann Dritte im Sinne der *Rule in Turquand's Case* sein,

---

608 Vgl. S. 85 „Konkludente Vollmacht (implied *authority*)".

609 *Freeman & Lockyer v. Buckhurst Park Properties (Mangal) Ltd.* (1964) 2 Q.B. 480, 493 et seq.; *Mahoney v. East Holyford Mining Co.* (1875) L.R. 7 H.L. 869; *Boyle and Birds'*, 5.32; *Dreibus*, Teil 2 B I 3 a bb.

610 *Freeman & Lockyer v. Buckhurst Park Properties (Mangal) Ltd.* (1964) 2 Q.B. 480, 508; Palmer's-*Davies*, Rn. 3.315. Ansonsten entsteht keine Haftung, vgl. *Kreditbank Kassel GmbH v. Schenkers* (1927) 1 K.B. 826, C.A.; *British Bank of Middle East v. Sun Life Assurance Co. of Canada Ltd.* (1983) 2 Lloyd's Rep. 9, C.A.

611 Entwickelt wurde der Grundsatz aus der Entscheidung *Royal British Bank v. Turquand* (1856) 6 E. & B. 327, 332; hierzu ausführlich *Knoche*, MittRhNotK 1985, 165, 172.

612 Dazu gehören beispielsweise die unwirksame Bestellung des Direktors, die mangelnde Beschlussfähigkeit des Vorstands oder die fehlerhafte Erteilung der Einzelvertretungsmacht.

613 *Houghton & Co. v. Nothard, Lowe and Wills Ltd.* (1927) 1 K.B. 246, 267; *Kreditbank Cassel GmbH v. Schenkers Ltd.* (1927) 1 K.B. 826, 842; Palmer's-*Davies*, Rn. 3.317.

614 Vgl. S. 108 „Rechtsschein der gewöhnlichen Vertretungsmacht (usual *authority*)"; *Boyle and Birds'*, 5.34; *Gower*, S. 228, vgl. auch Fn. 31; *Northey & Leigh's*, S. 155.

615 *B. Liggett (Liverpool) Ltd. v. Barclays Bank Ltd.* (1928) 1 K.B. 48, 56.

616 *Boyle and Birds'*, 5.26; *Bailey/McCallum*, S. 160; *Dreibus*, Teil 2 B I 3 c.

wenn es keinen Anlass gab, wegen Unregelmäßigkeiten von dem Informationsrecht Gebrauch zu machen.[617] Direktoren können Dritte sein, wenn sie beim Abschluss des Rechtsgeschäfts nicht zugleich als Vertreter der Gesellschaft gehandelt haben.[618] Diese ungeschriebene Drittschutzregelung wurde in s 285 Companies Act 1985 aufgenommen.[619]

IV. Kollisionsrechtliche Einordnung

Das englische Recht hat keine kollisionsrechtlichen Normen entwickelt, die die Anknüpfung der Vollmacht festlegen. Daher muss die anwendbare Rechtsordnung, vom *Common Law* aus ermittelt werden.

1. Rechtsgeschäftliche Vertretung

Mit rechtsgeschäftlicher Vertretung ist auch im englischen IPR die auf Grund von Verträgen zustande gekommene Vertretung gemeint.

a) Allgemeines

Das englischen IPR unterscheidet, im Gegensatz zum materiellen Recht, zwischen dem Innen- (das Verhältnis Vertreter - Geschäftsherr) und dem Außenverhältnis (das Verhältnis Geschäftsherr - Dritter und das Verhältnis Vertreter - Dritter).[620]

b) Vorrangige Staatsverträge

Auch England hat, wie Deutschland, das Haager Übereinkommen über das auf die Stellvertretung anwendbare Recht von 1977 nicht unterzeichnet.[621] Das Übereinkommen über das auf vertragliche Schuldverhältnisse anzuwendende Recht vom 19. Juni 1980 (EVÜ; *The Rome Convention on the Law Applicable to Contractual Obligations 1980*)[622] wurde mittels dem *Contracts (Applicable Law) Act 1990*[623] mit Wirkung zum 01. April 1991 in englisches Recht umgesetzt. Zwar wird gemäß Art. 1 (2) (f) EVÜ die Anwendbarkeit des Abkommens auf Vertreterverträge im Verhältnis des Geschäftsherrn zu dem Dritten ausdrücklich ausgeschlossen, das englische Recht wendet es aber auf das Verhältnis

---

617 Vgl. *Pennington*, Ch. 5, S. 151, 153 *Pettet*, 7.5.

618 Vgl. *Hely-Hutchinson v. Brayhead Ltd.* (1968) 1 Q.B. 549, 562 et seq.; *Morris v. Kanssen* (1946) A.C. 459, H.L.

619 *Dawson v. African Consolidated Land and Trading Co.* (1898) 1 Ch. 6; *Morris v. Kanssen* (1946) A.C. 459, 471; *Re New Cedas Engineering Co Ltd.* (1994) 1 B.C.L.C. 797, 811; Palmer's-*Davies*, Rn. 8.025 et seq.

620 *Dicey & Morris*, Rn. 33-395; *Bowstead & Reynolds*, Rn. 12-001.

621 *Bowstead & Reynolds*, Rn. 12-001.

622 Vgl. Text abgedruckt in BGBl 1986 II, 809.

623 *Butterworths Handbook*, Jurisdiction, Foreign Judgments and Awards.

des Vertreters mit dem Dritten und auf das Verhältnis des Geschäftsherrn mit dem Vertreter an.[624]

c) Anknüpfungsmöglichkeiten der Vollmacht

Im englischen Recht ist die Anknüpfung der Vollmacht unstrittig. Die Literatur und Rechsprechung schließen sich im Wesentlichen der in dem Werk von *Dicey & Morris*[625] beschriebenen Anknüpfung an.[626] *Dicey & Morris* knüpfen die Vollmacht ausschließlich unselbstständig an, unterstellen sie entweder dem „auf den Vertrag anwendbaren Recht" (*Proper Law of the Contract*) oder dem EVÜ.

aa) Verträge, die dem *Proper Law of the Contract* unterfallen

Unter das „auf den Vertrag anwendbare Recht" (*Proper Law of the Contract*) fällt einerseits die Handlungsvollmacht in juristischen Angelegenheiten (*power of attorney*), da sie kein Vertrag im Sinne der Definition ist, sondern ein einseitiges Geschäft (*one-sided instrument*).[627] Des Weiteren unterfallen alle Verhältnisse dem „auf den Vertrag anwendbaren Recht" (*Proper Law of the Contract*), die explizit aus dem Anwendungsbereich des EVÜ ausgenommenen wurden (wie Wechselverträge, Personenstandssachen, etc. vgl. Art. 1 (2) et seq. EVÜ)[628], insbesondere auch das Verhältnis zwischen dem Geschäftsherrn und dem Dritten.[629] Andererseits fallen alle Verträge, die vor dem 01. April 1991 geschlossen wurden, darunter.[630] Das Recht, das auf den Vertrag anzuwenden ist, ist dasjenige, was mit dem Vertrag die engste Verbindung aufweist.[631] Für die Ermittlung der engsten Verbindung müssen viele Faktoren beachtet werden.[632]

---

624 Vgl. unten S. 113 „Verträge, die dem EVÜ unterfallen".

625 *Dicey & Morris*, The Conflicts of Laws, 13. Auflage 2000.

626 *Dicey & Morris*, Rn. 33-416 et seq.; sich uneingeschränkt anschließend, *Bowstead & Reynolds*, Rn. 12-003; *Fridman*, Ch. 19, S. 377 et seq.; *Billins*, A 10.16 et seq.; zustimmend *Triebel, Hodgson, Kellenter, Müller*, Rn. 182 et seq.; *Dreibus*, Teil 1 C I 4 c bb.

627 *Chatenay v. Brazilian Submarine Telegraph Co. Ltd.* (1891) 1 Q.B.D. 79 (C.A.); *Sinfra AG v. Sinfra Ltd.* (1939) 2 All E.R. 675; *Mauroux v. Pereira* (1972) 1 W.L.R. 962, 967; *Re Anglo-Austrian Bank* (1920) 1 Ch. 69.

628 *Dicey & Morris*, Rn. 396; *Triebel, Hodgson, Kellenter, Müller*, Rn. 1146.

629 Vgl. Art. 1 (2) (f) EVÜ.

630 Vgl. dazu *Vita Food Products Inc. v. Unus Shipping Co. Ltd.* (1939) A.C. 277, 289 et seq.; *Cheshire & North's*, S. 534 m.w.N.; so auch *Bernstorff*, § 15 I 3; Sandrock-*Müller*, D Rn. 168.

631 *Bonythorn v. Commonwealth of Australia* (1951) A.C. 201; *Tomkins v. First Pennsylvania Banking and Trust Co. Ltd.* (1961) A.C. 1007, 1061, 1081 et seq.; *James Miller & Partners Ltd. v. Whitworth Street Estates (Manchester Ltd.* (1970) A.C. 583; *Amin Rasheen Corp. v. Kuwait Insurance Co.* (1984) A.C. 50, 61; *Billins*, A 10.16.

632 Vgl. hierzu *Billins*, A 10.16; *Cheshire & North*, 11. Auflage, S. 447, 463 et seq.

(1) Das Innenverhältnis

Im Innenverhältnis besteht die engste Verbindung grundsätzlich mit dem Recht des Landes, in dem der Stellvertretungsvertrag zwischen dem Geschäftsherrn und dem Vertreter zustande gekommen ist.[633] Davon gibt es aber Ausnahmen. Wohnen Vertreter und Geschäftsherr nicht in demselben Land, so ist das Recht des Landes, in dem der Geschäftsherr seinen Betrieb führt, maßgeblich[634], insbesondere, wenn der Vertreter ihn in diesem Land aufgesucht hat.[635] Jedoch kann das auf die Stellvertretung anwendbare Recht auch das Recht des intendierten Gebrauchsorts sein, wenn der Wille der Parteien dahingehend feststellbar ist.[636] In der Regel ist das beispielsweise bei Immobilienmaklern die *lex rei sitae* des Grundstückes oder der Ort, an der sich die Börse des Börsenmaklers befindet, bei Prozessvollmachten die *lex fori* und bei Distanzgeschäften der Ort, von dem aus der Vertreter telefoniert oder schreibt.[637] Unabhängig davon kann in Ausnahmefällen eine engere Verbindung zu einer Rechtsordnung bestehen, wenn der Wille der Partei eindeutig daraufhin weist und wenn keine andere Interpretation des Willens möglich ist, als dass der Vertrag diesem Recht unterstellt werden soll[638]

(2) Das Außenverhältnis

Bei der Ermittlung des auf den Vertrag zwischen dem Geschäftsherrn und dem Dritten (Außenverhältnis) anwendbaren Rechts ist grundsätzlich das Recht des

633 *Arnott v. Redfern* (1825) 2 C. & P. 88; *Great Northern Railway v. Laing* (1848) 10 D. 1408; *Maspons v. Mildred* (1882) 9 Q.B. 530 (C.A.) bestätigt in *Mildred v. Maspons* (1883) 8 A.C. 874; *R v. Doutre* (1884) 9 A.C. 745; *In re Anglo-Austrian Bank* (1920) 1 Ch. 69; *J.H. Rayner (Mincing Lane) Ltd. v. Department of Trade and Industry* (1989) Ch. 72, 187; bestätigt (1990) 2 A.C. 418. Vgl. auch *Pattison v. Mills* (1828) 1 Dow & Clark 342, 363; *Chatenay v. Brazilian Submarine Telegraph Co. Ltd.* (1891) 1 Q.B.D. 79, 80 (C.A.); *Sinfra AG v. Sinfra Ltd.* (1939) 2 All E.R. 675; *Dicey & Morris*, Rn. 33-427.

634 *Arnott v. Redfern* (1825) 2 C. & P. 88; *In re Anglo-Austrian Bank* (1920) 1 Ch. 69; *Anthony v. Popowich* (1949) 4 D.L.R. 640; *Mauroux v. Soc. Com. Abel Pereira Da Fonseca Sarl* (1972) 1 W.L.R. 962;.

635 *Arnott v. Redfern* (1825) 2 C. & P. 88.

636 *Albeko Schuhmaschinen AG v. Kamborian Shoe Machine Co Ltd.* (1961) 111 L.J. 519; *SCF Finance Co. Ltd. v. Masri (No. 2)* (1986) 1 All E.R. 40; bestätigt (1987) Q.B. 1002, C.A.; *Atlantic Underwriting Agencies Ltd. and David Gale (Underwriting) Ltd. v. Compagnia di Assicurazione di Milano S.P.A.* (1979) 2 Lloyd's Rep. 240, 244.

637 *R v. Doutre* (1884) 9 A.C. 745; *Re Maugham* (1885) 2 T.L.R. 115; *Dudley Brothers v. Barnet* (1937) S.C. 632, 640 et seq.; *Ross v. Mc Mullen* (1971) 21 D.L.R. (3d) 228 (Alta).

638 *Wahbe Tamari & Sons Co. v. Bernard Rothfos Beteiligungsgesellschaft m.b.H.* (1980) 2 Lloyd's Rep. 553; Block *Bros. Realty Ltd v. Molland* (1981) 122 D.L.R. (3d) 323 (B.C.C.A.).

Landes maßgeblich, in dem der Vertreter handelt, also das Recht, das den Vertrag zwischen dem Vertreter und dem Dritten beherrscht.[639] Dieses Recht bestimmt auch, ob eine wirksame Stellvertretung vorliegt, also auch, ob die Form der Stellvertretung eingehalten wurde. Eine Ausnahme wird von diesem Grundsatz gemacht, wenn der Vertrag eine engere Verbindung zu einer anderen Rechtsordnung aufweist als die, innerhalb welcher der Vertreter handelt.[640] Eine weitere Ausnahme wird auch für den Vertreter gemacht, der ohne dazu eine Vollmacht erhalten zu haben, mit dem Dritten eine Rechtswahl für den Vertrag trifft. Der Geschäftsherr kann nur an den Vertrag gebunden werden, wenn er es nach dem Recht wäre, das ohne die getroffene Rechtswahl auf den Vertrag anwendbar ist. Schwierig sind die Fälle zu beurteilen, in denen der Vertreter zwar generell zu handeln befugt ist, die Vollmacht aber einer Einschränkung im Innenverhältnis unterliegt. Erhält der Vertreter beispielsweise eine Vollmacht, in Europa Waren anzukaufen, wobei England zum Ankauf explizit ausgeschlossen wird und handelt der Vertreter trotzdem in England, muss nach englischem Recht (das Recht des Handlungsorts) festgestellt werden, ob eine Rechtsscheinvollmacht vorliegt und so den Geschäftsherrn an den Vertrag bindet.[641]

bb) Verträge, die dem EVÜ unterfallen

Auf Stellvertretungsverträge, die nach dem 01. April 1991 geschlossen wurden, ist das EVÜ anwendbar[642], soweit die Vertretungsmacht rechtsgeschäftlich erteilt wurde.[643] Seine Anwendung verdrängt die Regeln des *Common Law*. Mit dem EVÜ wird das auf einen (Stellvertretungs-)Vertrag anzuwendende Recht

639 *Dicey & Morris*, Rn. 33-427; vgl. auch *Pattison v. Mills* (1828) 1 Dow & Clark 342, 363; *Chatenay v. Brazilian Submarine Telegraph Co. Ltd.* (1891) 1 Q.B.D. 79, 80 (C.A.); *Sinfra AG v. Sinfra Ltd.* (1939) 2 All E.R. 675.

640 *Dicey & Morris*, Rn. 33-427; *Dreibus*, Teil 1 C I 4 c bb.

641 Dabei zieht die Unwirksamkeit des Vertrages im Innenverhältnis auf Grund mangelnder Vertretungsmacht nicht die Unwirksamkeit des Vertrages zwischen dem Vertreter und dem Dritten nach sich. Ist nach der Rechtsordnung, die auf den Vertrag zwischen dem Vertreter und dem Dritten anwendbar ist, eine Rechtsscheinvollmacht gegeben, so wird der Geschäftsherr auch gebunden.

642 *Dicey & Morris*, Rn. 33-396; so auch *Triebel, Hodgson, Kellenter, Müller*, Rn. 1183.

643 Umstritten ist, ob es auch auf andere Formen der Erteilung der Vertretungsmacht anwendbar ist, vgl. *Dicey & Morris*, Rn. 33-399; für die Prozessvollmacht wird es abgelehnt, s. oben S. 111 „Verträge, die dem *Proper Law of the Contract* unterfallen". *Triebel, Hodgson, Kellenter, Müller*, Rn. 1183 läßt alle Formen der Erteilung darunterfallen. Obwohl Art. 1 (2) (f) EVÜ die Anwendbarkeit des Abkommens für Vertreterverträge ausdrücklich ausschließt, betreffe dies nur das Außenverhältnis, so dass nur die Frage ausgenommen sei, ob der Vertreter den Geschäftsherrn binden kann. Das Verhältnis des Vertreters zu seinem Geschäftsherrn und das Verhältnis des Vertreters dem Dritten falle unter das EVÜ, vgl. *Dicey & Morris*, Rn. 33-398; *Bowstead & Reynolds*, Rn. 12-001; *Giuliano-Lagarde*, Art. 1 Nr. 7; *Cheshire & North's*, S. 549.

ermittelt. Da das EVÜ im Stellvertretungsrecht nicht zwischen dem Innen- und dem Außenverhältnis differenziert, wird zunächst dargestellt, für welche Vollmachtsart welches Rechtsverhältnis maßgeblich ist, und ob eine solche Anknüpfung mit dem englischen *Case Law* vereinbar ist. Anschließend wird aufgezeigt, wie die maßgebliche Rechtsordnung nach dem EVÜ zu ermitteln ist.

(1) Anknüpfung der Rechtsscheinvollmacht (*apparent authority*), der verdeckten Stellvertretung (*undisclosed agency*) und wenn der Vertreter die Identität seines Geschäftherrn nicht preisgibt (*unnamed principal*)

Hat der Vertreter vom Geschäftsherrn keine Vollmacht erhalten, ist für die Bestimmung, ob der Vertretene trotzdem (nach Rechtsscheingrundsätzen) gebunden wird, das Verhältnis zwischen dem Stellvertreter und dem Dritten maßgeblich.[644] Dem gutgläubigen Dritten muss die Möglichkeit eingeräumt werden, wenn der Vertreter schon keine Vertretungsmacht erhalten hat, zumindest annehmen zu dürfen, dass die (Rechtsschein-)Vollmacht den gleichen Umfang hat, wie wenn der Vertreter nach dem Recht, das auf den Vertrag zwischen ihm und dem Vertreter anwendbar ist, wirksam bestellt worden wäre.[645] Auch im Fall der verdeckten Stellvertretung (*undisclosed agency*) und wenn der Vertreter die Identität seines Geschäftherrn nicht preisgibt (*unnamed principal*), ist das Recht maßgeblich, das den Vertrag zwischen dem Vertreter und dem Drittem beherrscht. Dieses Recht bestimmt, ob eine Rechtsscheinvollmacht überhaupt besteht[646], in welchem Umfang der Vertreter tätig werden durfte, welche Rechtsfolgen die fehlende Bevollmächtigung hat[647] und die Folge einer späteren Genehmigung. Es bestimmt ebenfalls, ob die Vollmacht von dem Geschäftsherrn widerrufen wurde, ob sie überhaupt widerruflich ist[648], ob sie automatisch mit dem Tod, der Insolvenz, der Geschäftsunfähigkeit des Geschäftsherrn oder durch Zeitablauf erloschen ist.[649]

---

644 Vgl. zu einzelnen Konstellationen Lindley, L.J. in *Maspons v. Mildred* (1882) 9 Q.B.D. 530, 539 (C.A.); *Presentaciones Musicales S.A. v. Secunda* (1994) Ch. 271, 283; *Merill Lynch Capital Services Inc. v. Municipality of Piraeus* (1997) C.L.C. 1214.

645 Vgl. *Chatenay v. Brazilian Submarine Telegraph Co. Ltd.* (1891) 1 Q.B.D. 79 (C.A.); *Presentaciones Musicales S.A. v. Secunda* (1994) Ch. 271, 283.

646 *Chatenay v. Brazilian Submarine Telegraph Co. Ltd.* (1891) 1 Q.B.D. 79 (C.A.).

647 *Presentaciones Musicales S.A. v. Secunda* (1994) Ch. 271, 283; *Merill Lynch Capital Services Inc. v. Municipality of Piraeus* (1997) C.L.C. 1214.

648 *Sinfra AG v. Sinfra Ltd.* (1939) 2 All E.R. 675.

649 Vgl. *Employer's Liability Assurance Corp. Ltd. v. Sedgwick Collins & Co. Ltd.* (1927) A.C. 95, 109; *First Russian Insurance Co. v. London and Lancashire Insurance Co.* (1928) Ch. 922, 938 et seq.

(2) Anknüpfung der tatsächlich erteilten Vollmacht (*actual authority*)

Unklarer ist die Anknüpfung der tatsächlich erteilten Vollmacht (*actual authority*), da es keine Entscheidung gibt, die dazu eindeutig Stellung bezieht.

Dicey & Morris[650] beurteilen die Vollmacht nach dem Recht, das auf den Vertrag zwischen dem Geschäftsherrn und dem Vertreter (Innenverhältnis) anwendbar ist, da der Geschäftsherr die Vertretungsmacht erteile und deren Umfang bestimme. Es sei merkwürdig, sie dem Recht, das auf den Vertrag zwischen dem Vertreter und dem Dritten anwendbar ist, zu unterstellen, obwohl weder der Vertreter noch der Dritte den Umfang der Vollmacht bestimmen kann. Eine Ausnahme davon machen sie allerdings. Hat der Vertreter nach dem Recht, das auf den Vertrag mit seinem Geschäftsherrn anwendbar ist, keine Vertretungsmacht inne, liegt eine Rechtsscheinvollmacht vor, die wiederum dem Recht zu unterstellen ist, das auf das Verhältnis zwischen dem Dritten und dem Vertreter anwendbar ist.[651]

(3) Vereinbarkeit der Anknüpfung mit englischen Gerichtsentscheidungen

Es stellt sich die Frage, wie sich verschiedene Gerichtsentscheidungen in das oben dargelegte Anknüpfungssystem einfügen lassen. Entscheidend sind dabei verschiedene Fälle. In dem Fall *Maspons v. Mildred*[652] (*Maspons*) hatte ein Vertreter die Identität seines Geschäftsherrn nicht offengelegt, sondern nur seine Vertretereigenschaft deutlich gemacht, indem er von einem Interessenten („*interesado*") sprach. Strittig war in diesem Fall, ob der Geschäftsherr die Rechte aus einer auf den Namen des Vertreters abgeschlossenen Versicherung geltend machen konnte. Die Frage, ob zwischen dem Geschäftsherrn und dem Dritten ein Vertrag zustande gekommen war, wurde nach dem Recht beurteilt, das auf den Vertrag zwischen dem Vertreter und dem Dritten anwendbar ist. In dem Fall *Ruby S.S. Corp. Ltd v. Commercial Union Assurance Co. Ltd*[653] (*Ruby*) wurde ein New Yorker Versicherungsmakler in New York beauftragt, für den Versicherungsnehmer eine Schiffsversicherung in England abzuschließen. Eine solche kann nur durch einen englischen Vermittler geschehen. Diese Versicherung war, mangels Zahlung, von dem New Yorker Versicherungsmakler mit Zustimmung des englischen Versicherers gekündigt worden. Strittig war in diesem Zu-

650 *Dicey & Morris*, Rn. 33-422; zustimmend *Fridman*, Ch. 19, S. 379 et seq.; *Plender/Wilderspin*, Rn. 4.38.

651 Vgl. oben S. 114 „Anknüpfung der Rechtsscheinvollmacht (apparent *authority*), der verdeckten Stellvertretung (undisclosed *agency*) und wenn der Vertreter die Identität seines Geschäftherrn nicht preisgibt (unnamed *principal*)".

652 *Maspons v. Mildred* (1882) 9 Q.B.D. 530 (C.A.).

653 *Ruby S.S. Corp. Ltd v. Commercial Union Assurance Co. Ltd* (1933) 150 L.T. 38 (C.A.).

sammenhang, ob eine Kündigung der Versicherung durch den New Yorker Versicherungsmakler ohne die Zustimmung des Versicherten erfolgen durfte. Es wurde angenommen, dass der Vertrag zwischen dem Vertreter des Versicherten (Versicherungsmakler) und dem Dritten (Versicherer) dem englischem Recht unterstehe, während die Frage, ob der Vertreter die Vollmacht besaß, die Versicherung zu kündigen, New Yorker Recht (dem Innenverhältnis) unterfiel.[654] Der Fall *Ruby* scheint auf den ersten Blick nicht in das oben dargelegte Anknüpfungssystem zu passen. In den Entscheidungen wird oft nicht klar, um welche Vollmachtsart es sich handelt, ob eine (konkludent) erteilte Vollmacht vorliegt oder Rechtsscheinvollmacht. Beide Vollmachtsarten werden vielfach verwechselt, so dass eine Trennung der beiden Arten zwar erkennbar ist, aber nicht bewusst vollzogen wurde.[655] Man könnte die Entscheidung *Ruby* als Ausrutscher werten, der eine Ausnahmeentscheidung darstellt[656], die nicht wiederholt werden darf. Dies ist aber nicht nötig, wendet man die oben dargestellten Grundsätze an.[657] In *Ruby* geht es um die Frage, ob der Vertreter tatsächliche (*actual authority*) besaß. Daher ist es durchaus gerechtfertigt, diese Frage dem Recht zu unterstellen, das der Vertrag zwischen Versichertem (Geschäftsherr) und Vertreter (Innenstatut) anwendbar ist. Die Vereinbarung der Entscheidung *Ruby* mit dem oben dargelegten Anknüpfungssystem kann auch anders vollzogen werden. Man könnte die Frage der Vollmacht des Vertreters unter das auf den Vertrag zwischen dem Geschäftsherrn und dem Vertreter anwendbare Recht (Innenverhältnis) fallen lassen und nur die Frage, ob der Vertreter die zusätzliche Vertretungsmacht besaß, seinen Geschäftsherrn zu binden, unter das Recht, das auf den Vertrag zwischen dem Dritten und dem Vertreter (Außenverhältnis) anwendbar ist. Auf jeden Fall ist festzustellen, dass die Entscheidung nicht aus dem System herausfällt, sondern sich gut darin unterbringen lässt, wenn man die oben dargestellten Regeln anwendet. Dem steht auch nicht der Fall *Maspons* entgegen. In *Maspons* ging es um die Frage, ob zwischen dem Geschäftsherrn und dem Dritten (trotz Verschweigens der Identität des Geschäftsherrn) eine vertragliche Bindung zustande gekommen ist. Diese wird nach den oben dargestellten Regelungen dem Recht unterstellt, das auf den Vertrag zwischen dem Vertreter und dem Dritten anwendbar ist.

---

654 In den USA herrscht ebenfalls eine territoriale Rechtsspaltung, vgl. *Blumenwitz*, § 1. Englisches Recht sah keine Möglichkeit der Kündigung bei fehlender Zahlung ohne Zustimmung des Versicherten vor, während dies nach New Yorker Recht zulässig war.

655 *Dicey & Morris*, Rule 198, Fn. 61; zustimmend *Bowstead & Reynolds*, Rn. 3-005.

656 *Dicey & Morris*, 11. Auflage, pp. 1343 et seq.

657 Vgl. S. 111 „Verträge, die dem *Proper Law of the Contract* unterfallen".

Auch die Entscheidung *Chatenay v. Brazilian Submarine Telegraph Co.*[658] (*Chatenay*) lässt sich mit den oben dargelegten Grundsätzen vereinbaren, da es in diesem Fall um die Frage der Rechtsscheinvollmacht ging (*apparent authority*), die ebenfalls dem Recht untersteht, das auf den Vertrag zwischen dem Vertreter und dem Dritten anwendbar ist. In *Chartenay* ging es um die Frage, ob der Vertreter, ohne dass ihm die nach englischem Recht dazu erforderliche spezielle Vollmacht erteilt wurde, die Übertragung von Aktien, vornehmen durfte. Die Vollmacht wurde in Brasilien erteilt und war in portugiesischer Sprache verfasst. Es wurde entschieden, dass die Beurteilung der Vollmacht unter englisches Recht falle (das Recht, das auf den Vertrag zwischen dem Geschäftsherrn und dem Dritten anwendbar ist), da der Wille des Vollmachtgebers auf den Gebrauch in einem fremden Land zielte.

cc) Ermittlung des anwendbaren Rechts nach dem EVÜ

Die Ermittlung des auf die verschiedenen Verhältnisse anwendbaren Rechts erfolgt einheitlich nach dem EVÜ.

(1) Anknüpfung der Vollmacht ohne Rechtswahl

Ist für den (Stellvertretungs-)Vertrag keine Rechtswahl feststellbar, wird die anwendbare Rechtsordnung nach Art. 4 EVÜ bestimmt. Danach unterliegt der Vertrag dem Recht des Staates, mit dem der Vertrag im Abschlusszeitpunkt die engste Verbindung aufweist. Eine Vermutungsregel der engsten Verbindung ist in Art. 4 (2) EVÜ festgelegt. Sie wird mit dem Staat vermutet, in dem die Partei, die die charakteristische Leistung erbringt, im Zeitpunkt des Vertragsschlusses ihren gewöhnlichen Aufenthalt hat. Dabei wird unter der charakteristischen Leistung diejenige verstanden, die im Gegenzug zum Geld erbracht wird.[659] Fraglich ist bei einem Stellvertretungsvertrag, wer die charakteristische Leistung erbringt. Grundsätzlich wird angenommen, dass der Vertreter diese erbringt.[660] Damit ist das Recht seines gewöhnlichen Aufenthaltes oder, wenn er kaufmännische Hilfsperson ist, das Recht seiner Niederlassung maßgeblich. Dieser Grundsatz erfährt jedoch in Art. 4 (5) EVÜ eine Einschränkung, wenn sich die charakteristische Leistung nicht bestimmen lässt oder wenn die Gesamtheit der Umstände ergibt, dass eine engere Verbindung mit einem anderen Staat als dem des gewöhnlichen Aufenthaltes besteht. Dies kann sein, wenn der Vertreter in einem Land handelt, in dem er keinen gewöhnlichen Aufenthalt oder Niederlas-

---

658 *Chatenay v. Brazilian Submarine Telegraph Co Ltd.* (1891) 1 Q.B.D. 79 (C.A.).

659 *D'Oliviera*, 309-310; *Giuliano-Lagarde*, Art. 4 Nr. 3; *Dicey & Morris*, Rn. 32-113.

660 *Bank of Baroda v. Vysya Bank Ltd.* (1994) 2 Lloyd's Rep. 87; *Bank of Credit and Commerce Hong Kong Ltd. (in liquidation) v. Sonali Bank* (1995) 1 Lloyd's Rep. 227; *HIB Ltd. v. Guardian Insurance Co. Inc.* (1997) 1 Lloyd's Rep. 412; *Giuliano-Lagarde*, Art. 4 Nr. 3; *Plender/Wilderspin*, Rn. 4.38.

sung hat. In dem Fall besteht die engste Verbindung des Stellvertretervertrags mit dem Staat, in dem der Geschäftsherr seinen gewöhnlichen Aufenthalt oder Betrieb hat.[661] Auch in den Fällen, in denen der Vertreter in allen Ländern, in denen er handeln soll, eine Niederlassung hat, wird die engste Verbindung des Vertrags mit dem Aufenthaltsort oder der Betriebsstätte des Geschäftsherrn angenommen. Dies insbesondere dann, wenn der Vertreter den Geschäftsherrn in seinem Land aufgesucht hat, den Vertretungsvertrag dort verhandelt und abgeschlossen hat.[662] Art. 4 (3), (4) EVÜ legen Ausnahmen für Immobilien und Beförderungsverträge fest. Auch Verbraucherverträge stellen eine Ausnahme dar. Bei ihnen ist gemäß Art. 5 (3) EVÜ das Recht des gewöhnlichen Aufenthaltes des Verbrauchers maßgeblich. Verbraucher ist dabei regelmäßig der Geschäftsherr, dem der Vertreter eine Dienstleistung erbringt. Die Dienstleistung darf nicht in die berufliche oder gewerbliche Tätigkeit des Geschäftsherrn fallen. Verbraucherverträge sind beispielsweise Verträge mit Immobilienmaklern, Rechtsanwälten und Börsenmaklern.[663]

(2) Anknüpfung der Vollmacht bei Rechtswahl

Wie im deutschen Recht, kann im englischen Recht die Vollmacht ebenfalls durch Rechtswahl einer bestimmten Rechtsordnung unterstellt werden. Zunächst muss festgestellt werden, ob im Stellvertretungsvertrag eine Rechtswahl erfolgt ist, das heißt, ob ein auf den Vertrag anwendbares materielles Recht gewählt wurde. Die Feststellung einer Rechtswahl richtet sich nach Art. 3 EVÜ. Gemäß Art. 3 (1) EVÜ muss sie entweder ausdrücklich erfolgen oder sich mit hinreichender Sicherheit aus dem (Stellvertretungs-)Vertrag oder den Umständen ergeben. Die Parteien können ihre Rechtswahl jederzeit ändern, vgl. Art. 3 (2) EVÜ, es werden jedoch Rechte Dritter oder die Formgültigkeit des Vertrages nicht berührt. Die Rechtswahl ist aber nicht frei; verschiedene Vorschriften schränken sie ein. In Art. 3 (3) EVÜ ist festgelegt, dass die zwingenden Vorschriften eines Staates zu beachten sind, wenn alle Umstände des Sachverhaltes mit einem Staat in enger Verbindung stehen und trotzdem eine Rechtswahl getroffen wird. Die zwingenden Vorschriften des Landes, zu dem der Sachverhalt eine alleinige Verbindung aufweist, sind aber nur dann beachtlich, wenn dieses Recht, seine zwingenden Vorschriften unabhängig von der anwendbaren Rechtsordnung für beachtlich erklärt (*overriding statute*)[664], wie der Ratenkauf

---

661 *Dicey & Morris*, Rn. 33-401.

662 *Mauroux v. Soc. Com. Abel Pereira Da Fonseca S.A.R.L.* (1972) 1 W.L.R. 962.

663 *Dudley Brothers v. Barnet* (1937) S.C. 632, 640 et seq.; *Anthony v. Popowich* (1949) 4 D.L.R. 640 (Man.); *Block Bros. Reality Ltd v. Mollard* (1981) 122 D.L.R. (3d) 323 (B.C.C.A.); *Ross v. Mc Mullen* (1971) 21 D.L.R. (3d) 228 (Alta).

664 *Morse* (1982) 2 Yb. Eur. L. 123; *Cheshire & North's*, S. 558; *Dicey & Morris*, Rn. 32-071.

in Schottland[665] und Australien.[666] Greifen die zwingenden Regelungen nach dem Recht des Landes, mit dem der Sachverhalt die alleinige Verbindung hat, bei der Wahl einer anderen Rechtsordnung nicht ein, sind sie auch nicht zu beachten. Eine weitere Einschränkung regelt Art. 7 EVÜ, die nicht nur bei einer Rechtswahl greift, sondern immer, wenn ein Recht auf Grund dieses Übereinkommens ermittelt wurde (vgl. Art. 7 (1) EVÜ). Weist der Sachverhalt auch mit einem anderen Recht als nach dem EVÜ ermittelten eine enge Verbindung auf, sind dessen zwingenden Regelungen zu beachten, wenn dieser Staat sie unabhängig davon anwendet, welchem Recht der Vertrag unterfällt. Dabei sind zur Beurteilung der Anwendbarkeit die Natur, Gegenstand und die Folgen zu beachten, die sich aus der Anwendung oder Nichtanwendung der Regelungen ergeben.[667] Ausgenommen davon sind gemäß Art. 7 (2) EVÜ die Bestimmungen des Landes der *lex fori*. Sie gelten immer, ohne Rücksicht auf das auf den Vertrag anwendbare Recht. Des Weiteren ist bei Verbraucherverträgen (vgl. Art. 5 EVÜ) zu beachten, dass dem Verbraucher nicht der Schutz des Staates seines gewöhnlichen Aufenthaltes entzogen wird. Trifft eine der in Art. 5 Abs. 2 EVÜ genannten Alternativen auf den Sachverhalt zu, sind die Schutzregelungen beachtlich. Bei Arbeitsverträgen (vgl. Art. 6 EVÜ) sind die Regelungen beachtlich, die zwingend innerhalb der Rechtsordnung zu beachten sind, die ohne Rechtswahl anwendbar wäre. Welche Rechtsordnung mangels Rechtswahl zur Anwendung kommt, ist in Art. 6 (2) EVÜ geregelt. Für die Feststellung, ob eine Rechtswahl erfolgt ist, ist nicht die gewählte Rechtsordnung heranzuziehen, sondern es erfolgt eine autonome Auslegung, ist also dem Abkommen selber zu entnehmen.[668] Eine ausdrückliche Rechtswahl liegt dann vor, wenn die Parteien sich ausdrücklich auf eine Rechtsordnung beziehen (*express choice of law*). Dabei kann auch ein Recht gewählt werden, das von einer Rechtsordnung unabhängig ist, wie das *lex mercatoria*.[669] Die Rechtswahl kann für einen Teil oder für den gesamten Vertrag getroffen werden, vgl. Art. 3 (1) EVÜ.

Um die Rechtswahl wirksam zu vollziehen, müssen die Vertragspartner beide zustimmen (*consensus ad idem*). Des Weiteren müssen gemäß Art. 3 (4) EVÜ

---

[665] *English v. Donnelly* (1958) S.C. 494.

[666] *Kay's Leasing Corp. Pty Ltd. v. Fletcher* (1964) 116 C.L.R. 124; *Akai Pty. Ltd. v. People's Insurance Co. Ltd.* (1998) 1 Lloyd's Rep. 90.

[667] Vgl. hierzu den Fall *Hollandia* (1983) 1 A.C. 565.

[668] *Egon Oldendorff v. Liberia Corporation* (1996) 1 Lloyd's Rep. 380, 387; *Dicey & Morris*, Rn. 32-078.

[669] *Lagarde*, Rev. crit. 80 (1991), 287, 300 et seq.; *Rigaux*, Cah. d eur. 1988, 306, 318; ablehnend *F.A. Mann* (1987) 36 I.C.L.Q. 437, 447 et seq. und *North*, Ch. V, S. 111, der eine Rechtsordnung als Anknüpfungspunkt zwingend voraussetzt.

die Artt. 8 (Einigung und materielle Wirksamkeit), 9 (Form) und 11 (Rechts-Geschäfts- und Handlungsfähigkeit) EVÜ beachtet werden.

(3) Anknüpfung der Vollmacht bei konkludenter Rechtswahl

Eine Rechtswahl kann konkludent erfolgen, wenn die Parteien sich im Vertrag nicht explizit auf eine Rechtsordnung beziehen (*implied choice of law*). Dann muss sich die Rechtswahl aus den Umständen des Falls ergeben. Dabei wird der Wille der Parteien beim Vertragsschluss mit einbezogen.[670] Beispielsweise deuten das Gebrauchen eines Standardvertrages, der einer bestimmten Rechtsordnung untersteht[671] oder wenn die Parteien in früheren Verträgen eine explizite Rechtswahl getroffen haben, auf eine konkludente Rechtswahl hin.[672] Auch der Verweis auf bestimmte Vorschriften eines Staates[673] oder das Verwenden von Schiedsgerichtsklauseln (*arbitrary clauses*) können auf eine konkludente Rechtswahl hindeuten.[674] Schiedsgerichtsklauseln begründen aber nur eine Rechtswahl, wenn die Klauseln gewisse Anforderungen erfüllen.[675] Starkes Indiz für eine konkludente Rechtswahl ist, wenn die Nationalität der Schiedsrichter festgelegt wird.[676] Schwächeres Indiz ist dagegen, wenn das Auswahlverfahren der Schiedsrichter nicht festgelegt wurde, es sei denn, die Auswahl wird einem international anerkannten Institut, wie der Internationalen Handelskammer (*International Chamber of Commerce*), überlassen.[677]

670 *Dicey & Morris*, Rn. 32-089; *Morris*, S. 329; *Cheshire & North's*, S. 534.

671 *Amin Rasheed Shipping Corp. v. Kuwait Insurance Co.* (1984) A.C. 50. Für Beispiele vgl. *Giuliano-Lagarde*, Art. 3 Nr. 3.

672 *In re United Railways of the Havana and Regla Warehouses Ltd.* (1960) Ch. 52, 94; *Tomkinson v. First Pennsylvania Banking and Trust Co.* (1961) A.C. 1007; *Dimskal Shipping Co. S.A. v. The International Transport Federation („The Evia Luck")* (1986) 2 Lloyd's Rep. 165, 172-173.

673 *Stensby* (1948) 64 T.L.R. 89; *Keiner v. Keiner* (1952) 1 All E.R. 643; *Anspach & Co Ltd v. Canadian National Railway Co.* (1950) 3 D.L.R. 26 (Ont.).

674 *Compagnie d'Armement Maritime S.A. v. Compagnie Tunisienne de Navigation S.A.* (1971) A.C. 572; *„The SLS Everest" Bangladesh Chemical Industries Corp. v. Henry Stephens Shipping Co. Ltd. and Tex-Dilan Shipping Ltd.* (1981) 2 Lloyd's Rep. 389; *The Paramouth* (1982) 2 Lloyd's Rep. 351 (C.A.); *The Mariannina* (1983) 1 Lloyd's Rep. 12 (C.A.); *Steel Authority of India Ltd v. Hind Metals Inc.* (1984) 1 Lloyd's Rep. 405; *The Castle Alpha* (1989) 2 Lloyd's Rep. 383; *Star Shipping A.S. v. China National Foreign Trade Transportation Corp. („The Star Texas")* (1993) 2 Lloyd's Rep. 445 (C.A.).

675 *Dicey & Morris*, Rn. 32-094; *Giuliano-Lagarde*, Art. 3 Nr. 1 et seq.

676 *N.V. „Vulcaan" v. A/S J. Ludwig Mowinckels Rederi* (1938) 2 All E.R. 152, 156; *The Mariannina* (1983) 1 Lloyd's Rep. 12 (C.A.).

677 *Egon Oldendorff v. Liberia Corporation* (1996) 1 Lloyd's Rep. 380, 389 et seq.; vgl. auch *Egon Olendorff v. Liberia Corporation* (1995) 2 Lloyd's Rep. 64; a.A. *Atlantic Underwriting Agencies Ltd. and David Gale (Underwriting) Ltd. v. Compagnia di As-*

(4) Geltungsumfang des anwendbaren Rechts

Die auf Grund des EVÜ ermittelte anwendbare Rechtsordnung bestimmt unter anderem die Erteilung, den Umfang und die Beendigung der Vollmacht sowie die Entlohnung des Vertreters, vgl. Art. 10 EVÜ.[678] Jedoch müssen beim Vorliegen einer Rechtswahl die oben dargestellten zwingenden Vorschriften[679] zum Schutz der Vertreter beachtet werden, wenn der Sachverhalt ausschließlich einen Bezug zu einer anderen als der gewählten Rechtsordnung aufweist.

(5) Form der Vollmacht

Die Form der Vollmacht richtet sich nach Art. 9 EVÜ. Befinden sich beide Parteien des Vollmachtsvertrages in einem Land, so ist der Vertrag, gemäß Art. 9 (1) EVÜ formwirksam, wenn er entweder nach dem auf den Vertrag anwendbaren Recht oder nach dem Recht des Landes, in dem der Vertrag geschlossen wurde, formgültig ist. Befinden sich die beiden Parteien in verschiedenen Ländern, ist der Vertrag gemäß Art. 9 (2) EVÜ formwirksam, wenn er nach dem auf den Vertrag anwendbaren Recht oder nach dem Recht einer der Staaten, in denen sich die Parteien befinden, wirksam ist. Art. 9 (3) EVÜ enthält eine Sonderregelung für von Vertretern geschlossene Verträge, die aber nach *Dicey & Morris* nicht für den Vertrag zwischen Geschäftherr und Vertreter gelten.[680]

(6) Anknüpfung bei Distanzgeschäften

Die Vollmacht wird bei Distanzgeschäften dem Recht des Ortes unterstellt, an dem die charakteristische Leistung erbracht wird, also dem Recht des Ortes, von dem aus der Vertreter handelt (telefoniert, etc.).[681]

(7) Anknüpfung von Kapitänsvollmachten

Die Vertretungsmacht eines Kapitäns (während seiner Reise) wird an das Recht der Flagge geknüpft.[682]

---

sicurazione di Milano S.P.A. (1979) 2 Lloyd's Rep. 240; *Steel Authority of India v. Hind Metals Inc.* (1984) 1 Lloyd's Rep. 405.

678 *HIB Ltd. v. Guardian Insurance Co. Inc.* (1997) 1 Lloyd's Rep. 412; *Arnott v. Redfern* (1825) 2 C. & P. 88; *Great Northern Railway v. Laing* (1848) 10 D. 1408; *Maspons v. Mildred* (1882) 9 Q.B. 530 (C.A.); bestätigt in *Mildred v. Maspons* (1883) 8 A.C. 874; *R v. Doutre* (1884) 9 A.C. 745; *In re Anglo-Austrian Bank* (1920) 1 Ch. 69; *J.H. Rayner (Mincing Lane) Ltd. v. Department of Trade and Industry* (1989) Ch. 72, 187; bestätigt (1990) 2 A.C. 418.

679 Vgl. S. 118 „Anknüpfung der Vollmacht bei Rechtswahl".

680 *Dicey & Morris*, Rn. 33-403, 33-432. Dies deshalb, weil es in Art. 9 (3) EVÜ explizit um den Vertrag zwischen Vertreter und Dritter geht.

681 *Dicey & Morris*, Rn. 32-111 et seq.

682 Zur Definition des Flaggenrechts vgl. S. 30 „Anknüpfung der Kapitänsvollmachten"; *The Luna* (1920) P. 22; *Owners of the Vessel „Frances and Jane" v. Owners of Sailing Vessel „Luna" and Owners of Steam Tug „Kingston"* (1919) 1 Loyd's Rep. 475; *The*

(8) Anknüpfung bei Vollmachten für Immobiliar- und Mobiliarverfügungen

Bei Immobilien und Mobilien wird die Vollmacht, wie im deutschen IPR, an die *lex rei sitae* angeknüpft.[683]

(9) Anknüpfung von Börsen-, Messen- und Märktevollmachten

Die Anknüpfung der Vollmacht auf Börsen, Messen und Märkten erfolgt an das Recht des Orts der Börse, der Messe oder des Markts.[684]

(10) Anknüpfung bei kaufmännischen Hilfspersonen

Im Bereich der kaufmännischen Hilfspersonen gibt es, im Gegensatz zu den selbstständigen kaufmännischen Vertretern, keine gesonderten Anknüpfungsregelungen; es muss auf die allgemeinen Regelungen des Stellvertretungsrechts zurückgegriffen werden.[685]

(11) Anknüpfung bei kaufmännischen Vertretern

Für Handlungen (*conducting activities*) einer unabhängigen kaufmännischen Hilfsperson (*self-employed commercial agent*) gelten in England die *Commercial Agents (Council Directive) Regulations 1993*[686]. Diese wurden durch die *Commercial Agents (Council Directive) (Amendments) Regulations 1998* abgeändert.[687] S 3 (a) der Commercial Agents (Council Directive) (Amendments) Regulations 1998 erklärt die Rechtsordnung eines Mitgliedstaates auf den Vollmachtsvertrag für anwendbar, wenn die Parteien diese gewählt haben. Gemäß S 3 (b) Commercial Agents (Council Directive) (Amendments) Regulations 1998 kommt englisches Recht zur Anwendung, wenn die Parteien es gewählt haben, auch wenn der Vertrag in einem anderen Mitgliedstaat erfüllt werden soll. Dies allerdings nur dann, wenn der betreffende Mitgliedstaat eine solche Rechtswahl

---

Tolla (1921) P. 22; *Dicey & Morris*, Rn. 33-272; so auch *Wolff*, Rn. 426, 424; *Spellenberg*, I. Kap. III.

683 *Cammell v. Sewell* (1860) 5 H. & N. 728; *The Gratitudine* (1801) 3 C. Rob 258; *Kaltenbach, Fischer & Co. v. Lewis & Peat* (1885) 10 A.C. 617, 642; *Inglis v. Robertson and Baxter* (1898) A.C. 616; *Dicey & Morris*, Rn. 33-429; *Morris*, S. 382 et seq., 398; so auch *Triebel, Hodgson, Kellenter, Müller*, Rn. 1181; Sandrock-*Müller*, D Rn. 175.

684 *Lloyd v. Guibert* (1865) 1 Q.B. 115; *Spellenberg*, I. Kap. III, der annimmt, dass derjenige, der einen Vertrag an solchen Orten abschließt, sich auch diesem Recht unterwerfen wolle.

685 *Triebel, Hodgson, Kellenter, Müller*, Rn. 1180.

686 *Bowstead & Reynolds*, Appendix zu Ch. 12, S. 617 et seq.; *Dicey & Morris*, Rn. 33-405 et seq.; *Billins*, A 10.39. Diese Regelung beruht auf der europäischen Richtlinie 86/653/EWG, die selbstständigen Handelsvertreter betreffend, abgedruckt ABlEG 1986 L 382, S. 17.

687 S 1 (3) Commercial Agents (Council Directive) Regulations 1993 erklärte englisches Recht für maßgeblich, es sei denn, die Parteien haben die Rechtsordnung eines anderen Mitgliedsstaates für den Vollmachtsvertrag gewählt.

zulässt. Die Regelungen der *Commercial Agents (Council Directive) (Amendments) Regulations 1998* gelten nur für Handlungen innerhalb der EU.[688] Der Begriff Handlung (*conducting activities*) ist nicht in den Regulations definiert.[689] Es werden aber grundsätzlich verschiedene Handlungen darunter gefasst, wie zum Beispiel Verhandlungen zu führen oder einen Vertrag abzuschließen.[690] Dabei muss der Vertreter nicht selber im Land anwesend sein, es reicht, wenn die Handlungen auf den englischen Markt abzielen (zum Beispiel per Telefon, Fax, Website). Um Umgehungen dieser Bestimmungen zu vermeiden, sind sie auch dann anwendbar, wenn nur der Vertreter seinen Aufenthalt innerhalb der EU hat und/oder eine Rechtsordnung außerhalb der EU gewählt wurde.[691]

d) Anknüpfungsvorschläge der deutschen Literatur

Im deutschen Schrifttum haben sich verschiedene Ansätze herausgebildet, wie die Anknüpfung der Vollmacht im englischen Recht erfolgen soll.

Wolff[692] knüpft die Vollmacht selbstständig an. Erteile der Geschäftsherr dem Vertreter eine Vollmacht, dann richte sich die Wirksamkeit, der Umfang, die Dauer und die Möglichkeit des Widerrufs nach dem Recht des Gebrauchsorts der Vollmacht. Werde die Vollmacht in verschiedenen Ländern ausgeübt, könne

688 *Billins*, A 10.40.

689 Eine Definition wurde in *Parks v. Esso Petroleum Ltd.* (2000) Eu. L.R. 25 versucht. Jemand, der lediglich als „*distributor*" auftritt, ist kein Vertreter im Sinne der *Regulations*, vgl. *AMB Imballagi Plastici SRL v. Pcflex*, The Times July 8, 1999, C.A..

690 Siehe hierzu *St. Albans City and District Council v. ICL* (1996) 4 All E.R. 481(nicht umfasst); *Tamarid International Ltd. v. Eastern Natural Gas (Retail Ltd.*, The Times, June 27, 2000 (umfasst). Weitere Beispiele vgl. *Billins*, A. 10.39.

691 Vgl. *Ingmar G.B. Ltd v. Eaton Leonard Technologies Inc.* (1998) C.L.Y. 115; in diesem Fall ging es um die Frage, ob ein Handelsvertreter die gemäß s 1 der Commercial Agents Regulations 1993 festgelegte Entschädigung verlangen kann, auch wenn sein Vertrag ausdrücklich einer außereuropäischen Rechtsordnung (in diesem Fall kalifornischem Recht) unterstellt wurde. Der *EuGH* hat auf Vorlage des Court of Appeal entschieden (vgl. *EuGH*, EuZW 2001, 50 m. Anm. *Reich*, EuZW 2001, 51 et seq.), dass eine Anwendung der Handelsvertreterrichtlinie auf einen innerhalb der EU handelnden Handelsvertreter erfolgen müsse, unabhängig davon, welches Recht für den Handelsvertretervertrag gewählt wurde. Dies ergebe sich daraus, daß der Handelsvertreter bei Vertragsbeendigung besonders schutzwürdig sei. Vgl. dazu kritisch *Freitag/Leible*, RIW/AWD 2001, 287, 290 et seq.; *Jayme*, IPRax 2001, 190.

692 *Wolff*, Rn. 424; Belege dafür seien *Chatenay v. Brazilian Submarine Telegraph Co. Ltd.* (1891) 1 Q.B.D. 79, 83 et seq. (C.A.); *Sinfra AG v. Sinfra Ltd.* (1939) 2 All E.R. 675. Zustimmend *Rabel*, RabelsZ 3 (1929), 807, 819; so auch noch *Cheshire and North's*, 10. Aufl., S. 238. *Breslauer*, Jurid. Rev. 50 (1938), 282, 283 et seq. hält den Begriff „Gebrauchsort" für nicht treffend genug und plädiert für die „engste Verbindung" (*most substantial connection*).

die Beurteilung derselben Vollmacht unterschiedlich ausfallen. Die Rechtsscheinvollmacht knüpft *Wolff*[693] an den Sollwirkungsort an. Der gutgläubige Dritte müsse darauf vertrauen dürfen, dass ein ausländischer Vertreter eine vergleichbare Vertretungsmacht hat, die ein örtlicher Vertreter in derselben Position nach dem Recht des Vertragsabschlussorts auch erhalten hätte.

Ruthig[694] unterstellt alle die Vollmacht betreffenden Fragen dem Geschäftsstatut, knüpft also einheitlich unselbstständig an.[695]

Spellenberg[696] meint, dass es neben der unselbstständigen Anknüpfung, zum Schutz des Geschäftsherrn, einen Vorbehalt zu Gunsten des Rechts am Wohnsitz des Geschäftsherrn geben müsse. Das Recht des Wohnsitzes sei maßgeblich für die Frage, ob der Gechäftsherr überhaupt einen Vertreter bestellen wollte, und ob er mit dessen Handeln unter einer fremden Rechtsordnung einverstanden war.[697]

Bernstorff[698] trennt zwischen dem Innen- und Außenverhältnis. Das Innenverhältnis (Verhältnis zwischen dem Vertreter und dem Geschäftsherrn) werde dem Recht des Orts unterstellt, an dem der Geschäftsherr tätig ist und an dem die Vertretungsmacht erteilt wird. Für das Außenverhältnis (die Frage, ob der Vertreter seinen Geschäftsherrn binden kann) sei das Recht des Hauptvertrages maßgeblich.

---

693 *Wolff*, Rn. 424; zustimmend *Rabel*, RabelsZ 3 (1929), 807, 819, der die Fälle *Pattison v. Mills* (1828) Dow & Clark I 342 und *Maspons v. Mildred* (1882) 9 Q.B.D. 530 (C.A.) anführt. *Rabel* merkt an, dass so dem Vertretenen bei der Erteilung der Vertretungsmacht der Wille unterstellt werde, die Beurteilung der Vertretungsmacht unter das Recht des Orts zu stellen, an dem der Vertreter die Vollmacht gebrauchen soll.

694 *Ruthig*, § 3 B I 4; so auch Sandrock-*Müller*, D Rn. 172, 175 et seq.; zustimmend *Spellenberg*, I. Kap. III, der *Maanss v. Henderson* (1801) 1 East. 335=102 E.R. 130 (zur verdeckten Stellvertretung) anführt; *Breslauer*, Jurid. Rev. 50 (1938), 282 et seq.

695 Entscheidend sei *Chatenay v. Brazilian Submarine Telegraph Co. Ltd.* (1891) 1 Q.B.D. 79, 83 et seq. (C.A.).

696 *Spellenberg*, I. Kap. III; dies entspreche auch dem Prinzip der Einheit von Geschäftsherr und Vertreter (*fiction of identity*), das mehr oder weniger als Grundlage des Vertretungsrechts angesehen werde.

697 Dies bestätige *Chatenay v. Brazilian Submarine Telegraph Co. Ltd.* (1891) 1 Q.B.D. 79, 83 et seq. (C.A.). Zum Sachverhalt vgl. S. 115 „Vereinbarkeit der Anknüpfung mit englischen Gerichtsentscheidungen". Möglicherweise gelte dies aber nur (noch) für die Vertretungsmacht, (die Fähigkeit, den Geschäftsherrn an einen Vertrag zu binden, *power*), die Vollmacht (*authority*) könne ganz nach dem Innenstatut beurteilt werden.

698 *Bernstorff*, § 20 I 3.

Steding[699] knüpft die Vollmacht grundsätzlich an den Gebrauchsort[700] an, also selbstständig. Alle Fragen der Entstehung, des Umfangs, der Ausübung, der Dauer[701] und der Beendigung der Vollmacht fielen darunter. Es sei „unfair", den Dritten auf das für den Vertrag zwischen dem Vertreter und dem Geschäftsherrn geltende Recht zu verweisen. Dem Dritten könnte dieses Recht unbekannt sein. Nur Probleme im Innenverhältnis zwischen Geschäftsherr und Vertreter sollen unter das Innenstatut fallen. Jedoch könne die Vollmacht nur dann dem Recht des Gebrauchsorts unterstellt werden, wenn der Geschäftsherr den Vertreter zum Handeln in diesem Land ermächtigt hat (*principle of causation*).[702] Habe der Geschäftsherr den Vertreter nicht ermächtigt, müsse an das Recht am Aufenthaltsort des Geschäftsherrn angeknüpft werden. Die Natur und der Umfang der verdeckten Stellvertretung (*undisclosed agency*) sei wiederum dem Recht des Geschäftsstatuts zu unterstellen.[703]

e) Eigene Stellungnahme

Das englische Fallrecht weist bei der Anknüpfung der rechtsgeschäftlichen Stellvertretung keine einheitlichen Linie auf. Dies liegt vor allem daran, dass in den Entscheidungen keine klare Abgrenzung der Vollmachtarten erfolgt. So ist der Fall *Chatenay*[704] nicht geeignet, für die eine oder andere Anknüpfungsweise als entscheidend angeführt zu werden, da in diesem nicht klar wird, um welche Art von Vollmacht es sich handelt. Nimmt man an, dass es um die Besonderheit der Handlungsvollmacht (*power of attorney*)[705] und die Frage einer Spezialvollmacht ging, kann diese dem *Proper Law of Contract* unterstellt werden und damit grundsätzlich dem Recht des Ortes, an dem der Vertreter handelt, da vor dem 01. April 1993 abgeschlossene Vertreterverträge dem Recht des Landes unterliegen, wo sie zustande gekommen sind. Fraglich war hier, ob die Ausnahme des intendierten Gebrauchsorts eingriff, da die Parteien in verschiedenen Län-

699 *Steding*, ZVglRWiss 86 (1987), 25, 36 et seq.

700 Dies werde in *Sinfra AG v. Sinfra Ltd.* (1939) 2 All E.R. 675 und *Ruby S.S. Corp. Ltd v. Commercial Union Assurance Co. Ltd.* (1933) 150 L.T. 38 (C.A.) deutlich.

701 Entscheidend seien hier *Employer's Liability Assurance Corp. Ltd. v. Sedgwick Collins & Co. Ltd.* (1927) A.C. 95; *First Russian Insurance Co. v. London and Lancashire Insurance Co.* (1928) Ch. 922, 938.

702 Entscheidend sei hier *Risdon Iron and Locomotive Works v. Furness* (1906) 1 K.B. 49. Diese Entscheidung sei aber nicht zu verallgemeinern, da es sich um „organschaftliche" Vertretung gehandelt habe. Fragen der Vollmacht würden im Gesellschaftsrecht dem Recht des Hauptsitzes der Gesellschaft unterworfen.

703 Steding führt hier *Maspons v. Mildred* (1882) 9 Q.B.D. 530 (C.A.) als entscheidenden Fall an.

704 Zum Sachverhalt vgl. S. 115 „Vereinbarkeit der Anknüpfung mit englischen Gerichtsentscheidungen".

705 Eine zumindest schriftlich zu erteilende Vollmacht.

dern wohnten. Dies wurde bejaht, also war englisches Recht anwendbar. Auf den Vertrag zwischen dem Vertreter und dem Dritten war aber auch englisches Recht anwendbar, so dass in diesem Fall keine unterschiedlichen Rechtsordnungen zur Anwendung kamen.[706] In dem Fall *Sinfra AG v. Sinfra Ltd.*[707], der oft zitiert wird, war es ähnlich. In diesem ging es darum, dass ein Vertreter Handlungsvollmacht (*power of attorney*) erhielt, um Patente in verschiedenen Ländern zu vermarkten. Diese Vollmacht wurde widerrufen, jedoch handelte der Vertreter weiter. Das Gericht entschied, dass die Handlungsvollmacht mit der Intention erteilt wurde, sie in verschiedenen Ländern auszuüben. Da die spezielle Vollmacht in England ausgeübt werden sollte, unterlag sie also englischem Recht (und die Vollmachten für die anderen Länder den entsprechenden Rechtsordnungen). Dies deutet auf die Anknüpfung an den Gebrauchsort hin. Die Frage, ob die Handlungsvollmacht widerrufen werden konnte, wurde dem Innenverhältnis zwischen Geschäftsherrn und Vertreter unterworfen. Die Problematik des Vertretergeschäftes wurde jedoch nicht weiter erläutert (sie war nicht relevant), so dass auch diese Entscheidung keine erschöpfende Antwort geben kann. In *Maspons*[708] wird auch kein klarer Hinweis darauf gegeben, wie die Vollmacht anzuknüpfen ist. Hier ging es nicht um die Frage, ob eine Vollmacht vorlag, sondern ob ein nicht genannter Geschäftsherr an den Vertrag gebunden sein kann. Diese Frage wurde, da der Versicherungsvertrag in England abgeschlossen und aus diesem geklagt wurde, dem englischen Recht unterstellt. Das spanische Recht (das Recht, das im Innenverhältnis zwischen Geschäftsherr und Vertreter galt) konnte für Fragen über die Natur und den Umfang der Vollmacht herangezogen werden. Das Gericht machte nicht deutlich, nach welchen Kriterien es die Vollmacht dem spanischen Recht unterstellte. Es könnte auch nur einen Hinweis darauf gegeben haben, dass im IPR das Innen- und Außenverhältnis getrennt werden. Das Innenverhältnis, der Vertrag zwischen Vertretenem und Vertreter wurde dem auf diesen Vertrag anwendbaren Recht unterstellt, die Frage, ob der Vertreter den Geschäftsherrn an einen Vertrag mit einem Dritten binden kann, wurde dem auf den Vertrag zwischen dem Vertreter und dem Dritten anwendbaren Recht unterstellt. Außerdem trennte das Gericht die Figur der verdeckten Stellvertretung (der Dritte hält den Vertreter für seinen Vertragspartner) und des ungenannten Vertretenen (der Dritte weiß, dass er mit einem Vertreter kontrahiert, kennt aber die Identität des Vertretenen nicht) nicht sauber.

---

706 So auch *Spellenberg*, I. Kap. III.

707 *Sinfra AG v. Sinfra Ltd.* (1939) 2 All E.R. 675.

708 Zum Sachverhalt vgl. S. 115 „Vereinbarkeit der Anknüpfung mit englischen Gerichtsentscheidungen“.

Die beispielhaft aufgeführten Fälle zeigen deutlich, dass es im englischen Fallrecht keine einheitliche Linie gibt. Die Fälle behandeln stets nur kleine Ausschnitte der Gesamtproblematik und die Entscheidungen beziehen nur zu dem speziellen Fall Stellung. Problematisch ist insbesondere, dass Vertretungsarten wie die verdeckte Stellvertretung, die Handlungsvollmacht und der ungenannte Geschäftsherr (unter Umständen) als Sonderfälle anders als die „normale“ Stellvertretung angeknüpft werden. Außerdem wurden die Fälle alle vor 1991 entschieden, so dass der *Contracts (Applicable Law) Act 1990*, nicht zum Tragen kam. Das englische Fallrecht ist in den einschlägigen Entscheidungen nicht präzise genug, um eine Linie herauszuarbeiten, da auch die Begriffe „Außen- und Innenverhältnis“, *power* und *authority* nicht einheitlich gebraucht werden. Des Weiteren kommt es oft auch nicht auf eine Differenzierung der Anknüpfung an, da im Endergebnis das gleiche Recht anzuwenden ist. In solchen Fällen machen sich die Gerichte (wohl) nicht die Mühe, ihre Anknüpfung (ausführlich) zu begründen. In manchen Entscheidungen erscheint es auch, dass die Gerichte sich gerade auf keine feste Anknüpfung festlegen wollen, da sie sich, wie in *Ruby*[709], die Möglichkeit vorbehalten wollen, aus Billigkeit das Recht anzuwenden, das der Partei, die sie begünstigen wollen, den Anspruch gewährt.

2. Vertretung von Gesellschaften

Die Anknüpfung der Vertretung von Gesellschaften ist nicht so umstritten wie im deutschen Recht.

a) Allgemeines

Bezüglich der Vertretung von Gesellschaften gilt der *Contracts (Applicable Law) Act 1990* im Außenverhältnis ebenfalls nicht, vgl. Art. 4 (2) (f) Contracts (Applicable Law) Act 1990. Bei der Anknüpfung unterscheidet das englische IPR nicht zwischen Kapitalgesellschaften und Personengesellschaften gemacht, so dass die Ausführungen für beide Gesellschaftskategorien gelten. In England bestimmt das Gesellschaftsstatut, wie auch im deutschen Recht, nach welcher Rechtsordnung die Gesellschaft zu beurteilen ist. Diese Rechtsordnung regelt alle Fragen, die die Gesellschaft betreffen, die Rechts- und Parteifähigkeit, die in-

---

[709] Bei *Ruby* ist außerdem zu beachten, dass der Vertreter im Wege des Briefverkehrs von dem Ort aus gehandelt hat, in dem auch das Auftragsverhältnis zwischen Geschäftsherr und Vertreter entstanden ist. Daher liegt in dem Fall der Gebrauchsort der Vollmacht in dem Land, dessen Recht auch für das Innenverhältnis maßgeblich ist, vgl. dazu *Steding*, ZVglRWiss 86 (1987), 25, 38.

nere Organisation, die Auflösung, die Abwicklung der Gesellschaft und auch die Vertretung.[710]

c) Vorrangige Staatsverträge

Im Gesellschaftsrecht sind keine Staatsverträge über die Stellvertretung abgeschlossen worden; insbesondere ist das EWG-Übereinkommen über die gegenseitige Anerkennung von Gesellschaften und juristischen Personen vom 29.02.1968 nicht in Kraft getreten.[711]

c) Ermittlung des Gesellschaftsstatuts

Das englische Recht folgt für die Ermittlung des Gesellschaftsstatuts der Gründungstheorie.[712] Anknüpfungspunkt ist das Recht an dem Ort der Gründung (*place of incorporation*), der auch *domicile* genannt wird.[713] Der Gründungsort kann nicht verändert werden[714], so dass eine Gesellschaft nur ein *domicile* haben kann. Dieses muss zum Beispiel bei der *Limited Company* in dem Gesellschaftsvertrag (*memorandum of association*) festgelegt werden.

In anderen Fragen knüpft das englische Recht, abweichend von dem grundsätzlichen Konzept, an andere Umstände an. Bezüglich der Gerichtsbarkeit wurde die Definition des *domicile* durch den *Civil Jurisdiction and JudgmentAct 1982* (EuGVÜ) dahingehend geändert, dass nunmehr der Sitz der Gesellschaft maßgeblich ist, also der Ort, an dem die Gesellschaft ihren Hauptverwaltungssitz, eine Niederlassung oder eine andere offizielle Adresse hat.[715] Dies hat zur Folge, dass die Gesellschaft unter Umständen mehrere *domiciles* haben kann. Im Steuerecht knüpft das englische Recht an den Ort der Verwaltung (*residence*) an[716], also an den Ort, an dem die Direktoren der Gesellschaft zu ihren Sitzungen zusammenkommen; der Gründungsort kann dabei ein Indiz für den Ort der Ver-

---

710 *Banco de Bilbao v. Sancha* (1938) 2 K.B. 176, 194 et seq.; *Risdon Iron and Locomotive Works v. Furness* (1906) 1 K.B. 49, 56; *Lazard Bros. and Co. v. Midland Bank Ltd.* (1933) A.C. 289, 297.

711 Vgl. dazu auch S. 56 „Vorrangige Staatsverträge".

712 *Banco de Bilbao v. Sancha* (1938) 2 K.B. 176; vgl. Staudinger-*Großfeld*, IntGesR, Rn. 156; *Dreibus*, Teil 1 C I 4 c bb.

713 Ob ein Gründungsort als Staat anerkannt wird und dessen Rechtsordnung damit maßgeblich sein kann, bestimmt der *Foreign Corporation Act 1991*.

714 *Gasque v. Commissioners of Inland Revenue* (1940) 2 K.B. 80; *Morris*, S. 43 et seq.

715 *Dicey & Morris*, Rn. 30-002 Fn. 6, 30-005; *Triebel, Hodgson, Kellenter, Müller*, Rn. 1186.

716 *Cesena Sulphur Co. v. Nicholson* (1876) 1 Ex. D. 428; vgl. auch die *Daily Mail* Entscheidung *EuGH*, NJW 1989, 2186

waltung sein. Auch hier kann die Gesellschaft mehrere Orte der Verwaltung (*residences*) haben.[717]*Auswirkungen der Gründungstheorie*

Das Abstellen auf den Gründungsort hat zur Folge, dass alle Gesellschaften, die nach dem Recht ihres Gründungsorts wirksam gegründet wurden, nach englischem Recht grundsätzlich anerkannt werden.[718] Dabei bestimmt das Recht des Gründungsortes, um welche Art der Gesellschaft es sich handelt. Liegt eine Kapitalgesellschaft vor, wird sie als solche mit allen Rechten und Pflichten in England anerkannt[719], liegt eine Personengesellschaft vor, kann sie auch nur als solche in England anerkannt werden.[720] Jedoch müssen alle Gesellschaften, die außerhalb von England, Wales oder Schottland gegründet wurden (*oversea companies*, also auch Gesellschaften, die in einem Mitgliedstaat der EU wirksam gegründet wurden) und ihren Verwaltungssitz (*established place of business*) nach England verlegen möchte, beim Registerbevollmächtigten verschiedene Dokumente einreichen. Die Anmeldung beim Registerbevollmächtigten muss innerhalb eines Monats nach Einrichtung des Geschäftssitzes in England erfolgt sein, vgl. ss 691 et seq. Companies Act 1985.[721] Außerdem muss die Gesellschaft in ihrem Geschäftslokal einen Hinweis auf ihr Herkunftsland aushängen und einen entsprechenden Hinweis in ihren Briefkopf und auf Prospekten aufnehmen.[722] Bleibt die Gesellschaft im Ausland und entsendet von dort aus lediglich Vertreter nach England, muss keine Anmeldung beim Registerbevollmächtigten erfolgen, wenn sie in England kein Büro einrichtet.[723] Die Stellvertretung unterfällt dann, aus Sicht des englischen Rechts, dem Recht des Gründungsorts der Gesellschaft, unabhängig davon, wo der tatsächliche Verwaltungssitz eingе-

---

717 *Swedish Central Railway Co. v. Thompson* (1925) A.C. 495; *Dicey & Morris*, Rn. 30-006.

718 *Centro Latino Americano de Commercio Exterior S.A. v. Owners of the Ship „Kommunar"* (No. 2) (1997) 1 Lloyd's Rep. 8; *Rowan Companies Inc. and Rowan Drilling U.K v. Lambert Eggink Offshore Transport Consultants VOF Kirkstead Ltd. and I.C.E. Shipping Ltd. („The Gilbert Rowe")* (1997) 2 Lloyd's Rep. 218.

719 *Henriques v. Dutch West India Co.* (1728) 2 Ld. Raydam 1532, 1535; *Lazard Bros. and Co. v. Midland Bank Ltd.* (1933) A.C. 289, 297; *Global Container Lines Ltd. v. Bonyad Shipping Co.* (1999) 1 Lloyd's Rep. 287.

720 *Von Hellfeld v. Rechnitzer and Mayer Frères & Co.* (1914) 1 Ch. 748; *Dreyfus v. C.I.R.* (1929) 14 T.C. 560, 576 et seq.; *The Saudi Prince* (1982) 2 Lloyd's Rep. 255; *Rayner (Mincing Lane) Ltd. v. Department of Trade and Industry* (1990) 2 A.C. 418, 509.

721 Es müssen beispielsweise eine beglaubigte Abschrift und Übersetzung vom Gesellschaftsvertrag, ein Verzeichnis der Geschäftsführer oder Vorstandsmitglieder, vgl. s 692 Companies Act 1985, sowie ein Jahresabschluss eingereicht werden. Weiter muss eine Anschrift für Zustellungen in Großbritannien genannt werden.

722 *Triebel, Hodgson, Kellenter, Müller*, Rn. 1190.

723 *Rakusens Ltd. (A Company) v. Baser Ambalaj Plastik Sanayi Ticaret* (2001) WL 1251832; *Lord Advocate v. Huron and Erie Loan Co.* (1911) S.C. 612.

richtet wird. Hat die Gesellschaft ihren Verwaltungssitz in England oder einem anderen Staat, kann sie diesen aus englischer Sicht, ohne ihre Handlungsfähigkeit zu verlieren, jederzeit verlegen. Will die Gesellschaft ihren Verwaltungssitz hingegen nach England verlegen, muss sie, um handlungsfähig zu bleiben, die oben genannten Vorschriften des englischen Rechts erfüllen.

C. Vorschläge zur Vereinheitlichung der Anknüpfung der Vollmacht im IPR

Im Folgenden sollen Möglichkeiten dargestellt werden, wie die Anknüpfung der rechtsgeschäftlichen und organschaftlichen Stellvertretung im IPR vereinheitlicht werden kann. Zunächst sollen bestehende Abkommen analysiert, sodann Lösungsvorschläge für eine Vereinheitlichung des IPR vorgestellt werden.

I. Rechtsgeschäftliche Vertretung

Das EVÜ hat die rechtsgeschäftliche Stellvertretung (zumindest das Verhältnis zwischen dem Geschäftsherrn und dem Dritten)[724] aus seinem Anwendungsbereich herausgenommen. Von einer Angleichung wurde abgesehen, weil bei der Harmonisierung in Bezug auf schuldrechtliche Verträge Eile geboten und die bestehenden Regelungen der einzelnen Staaten zu unterschiedlich waren, um sie in relativ kurzer Zeit zu harmonisieren.[725]

Art. 28 Abs. 2 EVÜ stellt den einzelnen Staaten die Art der Geltungsverschaffung des Abkommens frei. Ein Vertragsstaat kann das Übereinkommen in Kraft setzten, indem er es entweder für unmittelbar anwendbar erklärt oder indem er es in geeigneter Form in seine innerstaatlichen Rechtsvorschriften aufnimmt.[726]

Deutschland hat sich für die Einbeziehung des Abkommens in das nationale Recht entschieden[727] und im EGBGB eigene Regelungen für schuldrechtliche Verträge eingeführt. Das Zustimmungsgesetz zum EVÜ[728] erklärt in Art. 1 Abs. 2, dass die Artt. 1 - 21 des EVÜ keine unmittelbare innerstaatliche Anwendung mehr finden. Die Stellvertretung wird in Art. 37 Nr. 3 EGBGB von der Anwendbarkeit der Artt. 27 ff. EGBGB ausgenommen.[729]

---

724 Vgl. *Giuliano-Lagarde*, Art. 1 Nr. 7.

725 Vgl. den Auszug der Rede von Vogelaar bei *Giuliano-Lagarde*, Introduction 2.

726 Vgl. *Giuliano-Lagarde*, zu Art. 28 Abs. 2 EVÜ.

727 Dies ist ungewöhnlich, reicht es doch für die unmittelbare Geltung des Abkommens, wenn in dem Verfahren zu der Übernahme der völkerrechtlichen Verpflichtung die Zustimmung der zuständigen Gesetzgebungskörperschaft eingeholt wird, vgl. Art. 59 Abs. 2 GG; *Hoffmann*, IPRax 1984, 10. Dieses Verfahren wird normalerweise bei der Inkraftsetzung von Abkommen für das deutsche Recht gewählt.

728 „Gesetz zu dem Übereinkommen vom 19. Juni 1980 über das auf vertragliche Schuldverhältnisse anzuwendende Recht" vom 25. Juli 1986.

729 Vgl. die Ausführungen oben S. 26 „Vorrangige Staatsverträge" Fn. 139.

Das englische Recht hat sich hingegen mit dem *Contracts (Applicable Law) Act 1990*[730] für die unmittelbare Geltung des EVÜ entschieden. Da nach englischem Verständnis lediglich das Außenverhältnis aus dem Anwendungsbereich des EVÜ ausgenommen ist[731], ist das EVÜ sowohl auf das Innenverhältnis (Verhältnis zwischen dem Vertreter und dem Geschäftsherr) als auch auf das Verhältnis zwischen dem Vertreter und dem Dritten anwendbar.

Das englische Recht bedürfte also grundsätzlich nur noch einer einheitlichen Regelung im Außenverhältnis. Dadurch kommt es aber zu einer unnatürlichen Aufspaltung der einzelnen Rechtsverhältnisse, da Innen- und Außenverhältnis unter verschiedene Regelungen (EVÜ und IPR der *lex fori*) fallen. Eine einheitliche Regelung ist deshalb durchaus sinnvoll. Bei einer einheitlichen Regelung kann sich zwar das Problem ergeben, dass nicht klar abgegrenzt werden kann, welchem der einzelnen Vertretungsverhältnisse eine Frage bezüglich der Stellvertretung zuzuordnen ist. Dieses Problem ergibt sich jedoch auch bei der getrennten Anknüpfung. Die Auswirkungen einer „falschen" Zuordnung sind bei einer einheitlichen Anknüpfung nicht so stark wie bei einer getrennten, da die einheitliche Anknüpfung häufig zur Maßgeblichkeit derselben Rechtsordnung führt. Außerdem kann im Rahmen der getrennten Anknüpfung nur schwer differenziert werden, welche Frage welchem Rechtsverhältnis zuzuordnen ist. Um solche Unsicherheiten zu vermeiden, ist es auch für das englische Recht sinnvoll, eine einheitliche Regelung für alle Rechtsverhältnisse zu schaffen.

Den Versuch einer einheitlichen kollisionsrechtlichen Regelung unternahm eine von der 13. Haager Konferenz eingesetzte Spezialkommission im Sommer 1977, die den „Haager Konventionsentwurf über das auf die Stellvertretung anwendbare Recht" (Haager Entwurf) erarbeitete.[732] Die Konvention war als einheitliches Recht (*loi uniforme*) gedacht, bei dem die Regelungen des Haager Entwurfs unabhängig davon zur Anwendung kommen, ob sie einen Teil des Rechts eines Vertragsstaats darstellen (vgl. Art. 4 Haager Entwurf).[733]

---

730 *Butterworths Handbook*, Jurisdiction, Foreign Judgments and Awards.

731 Vgl. Ausführungen oben S. 110 „Vorrangige Staatsverträge"; *Giuliano-Lagarde*, Art. 1 Nr. 7.

732 *Müller-Freienfels*, RabelsZ 43 (1979), 80; Text des Abkommens vgl. RabelsZ 43 (1979), 176 ff. Das Abkommen ist seit dem 01.05.1992 für Argentinien, Frankreich und Portugal in Kraft getreten und gilt jetzt auch für die Niederlande.

733 *Müller-Freienfels*, RabelsZ 43 (1979), 80 (85).

1. Regelungsgehalt des Haager Entwurfs

Zunächst soll dargestellt werden, auf welchen Anwendungsbereich der Entwurf zielt.

a) Allgemeines

Der Entwurf regelt, wie das Vollmachtsstatut zu ermitteln ist. Grundsätzlich folgt er der selbstständigen Anknüpfung der Vollmacht. Er bemüht sich dabei, einen Ausgleich zwischen den unterschiedlichen Rechtssystemen und den widerstreitenden Interessen der Beteiligten zu schaffen.[734]

Das Interesse der Parteien liegt in erster Linie darin, das anwendbare Recht leicht erkennen und ermitteln zu können. Dies wird dadurch erreicht, dass die Regelungen des Haager Entwurfs nicht auf das IPR eines Staates verweisen, sondern direkt auf das Sachrecht (*internal law*) eines Staates (vgl. beispielsweise Artt. 5 Abs. 1, 6 Abs. 1, 11 Abs. 1 Haager Entwurf). Damit wird die Unsicherheit des *renvoi* ausgeschlossen, da der Verweis auf das Sachrecht einen solchen ausschließt. Des Weiteren spielt der Drittschutz eine wichtige Rolle. Bei Erstellen des Haager Entwurfs war zu beachten, dass viele Länder einen ausgeprägten Drittschutz in ihrem materiellen Recht normiert haben, der durch weitere Drittschutzregeln im Entwurf unter Umständen noch verstärkt werden könnte, so dass Dritte durch die Kombination der Regelungen viel zu stark geschützt würden.[735] Außerdem schafft der Entwurf eine einheitliche Anknüpfungsregel, indem er unter anderem bei der Anknüpfung nicht nach Art der Vollmacht unterscheidet und auch für kaufmännische Vertreter dieselben Regelungen zur Anwendung kommen lässt (vgl. Art. 1 Abs. 3 Haager Entwurf).

b) Anwendungsbereich des Entwurfs

Der Entwurf unterscheidet bei Sachverhalten mit internationalem Charakter gemäß Art. 1 Abs. 1 drei Rechtsverhältnisse. Das Verhältnis zwischen dem Geschäftsherrn und dem Vertreter (Innenverhältnis), das Verhältnis zwischen dem Geschäftsherrn und dem Dritten (Außenverhältnis) sowie das Verhältnis zwischen dem Vertreter und dem Dritten.

Art. 2 Haager Entwurf nimmt Fragen, die die Geschäftsfähigkeit der Parteien betreffen, aus seinem Anwendungsbereich heraus. Des Weiteren sind Formerfordernisse (vgl. Art. 2 b) Haager Entwurf), familienrechtliche Vollmachten (vgl. Art. 2 c) Haager Entwurf), Prozess- und Kapitänsvollmachten (vgl. Art. 2

734 *Steding*, ZVglRWiss 86 (1987), 25 (45); *Ruthig*, § 5 B II.

735 *Ruthig*, § 5 B II; *Lüderitz*, FS Uni Köln, 271 (281) am Beispiel des Art. 18 Abs. 1, 2 EGBGB; *Lorenz*, ZRP 1982, 148 (151).

e) und f) Haager Entwurf) ausgenommen. Auch die (organschaftliche) Vertretung jeglicher Gesellschaftsform, ob juristische Person oder nicht, wird gemäß Art. 3 a) Haager Entwurf aus dem Anwendungsbereich ausgenommen. Das Verhältnis vom *Trustee* zum *Trust*, ein dem deutschen Treuhandverhältnis ähnliches Verhältnis[736], wird ebenfalls gemäß Art. 3 b) Haager Entwurf vom Anwendungsbereich ausgenommen.

c) Das Verhältnis zwischen dem Geschäftsherrn und dem Vertreter (Innenverhältnis)

Die Artt. 5 - 10 des Entwurfes regeln das Innenverhältnis.[737]

Gemäß Art. 5 Haager Entwurf haben die Parteien die Möglichkeit, eine explizite oder konkludente Rechtswahl über die Anwendbarkeit eines bestimmten Sachrechts zu treffen. Die konkludente Rechtswahl muss sich gemäß Art. 5 Abs. 2 Haager Entwurf mit hinreichender Wahrscheinlichkeit aus dem Wortlaut des Stellvertretungsvertrags ergeben und aus den Umständen des Einzelfalls zu entnehmen sein.

Wurde keine Rechtswahl getroffen, so bestimmt Art. 6 Abs. 1 Haager Entwurf, dass grundsätzlich das Sachrecht das Innenverhältnis bestimmt, in dessen Land der Vertreter seine Niederlassung oder - mangels dieser - seinen gewöhnlichen Aufenthalt hat. Soll der Schwerpunkt des Vertreterhandelns hauptsächlich in dem Land liegen, in dem der Geschäftsherr seine Niederlassung oder - mangels dieser - seinen gewöhnlichen Aufenthalt hat, ist gemäß Art. 6 Abs. 2 Haager Entwurf das Sachrecht des intendierten Handlungs-/Gebrauchsorts im Innenverhältnis anzuwenden, unabhängig davon, in welchem Staat der Vertreter seine Niederlassung hat. Hat der Geschäftsherr oder Vertreter mehrere Niederlassungen, so ist gemäß Art. 6 Abs. 3 Haager Entwurf diejenige maßgeblich, zu der das Innenverhältnis die engste Verbindung aufweist.

Liegt ein gemischter Vertrag vor, der auch eine Erteilung der Stellvertretung enthält, sind gemäß Art. 7 die Artt. 5 - 10 Haager Entwurf nur dann anwendbar, wenn die Erteilung der Vollmacht den Schwerpunkt des Vertrages bildet (vgl. Art. 7 a) Haager Entwurf) oder der Vertragsteil über die Stellvertretung vom Restvertrag abtrennbar ist (vgl. Art. 7 b) Haager Entwurf).

---

736 Vgl. *Peter*, S. 21; *Bernstorff*, § 10 I. 4.

737 Das Innenverhältnis ist bei Arbeitsverhältnissen aus dem Anwendungsbereich ausgenommen (vgl. Art. 10 Haager Entwurf), dieses wird zur Vermeidung von Unbilligkeiten mittels des IPR der *lex fori* ermittelt.

Art. 8 Haager Entwurf legt fest, was dem Recht des Innenverhältnisses unterfällt. Dies sollen beispielsweise die Erteilung, der Umfang und die Beendigung der Vollmacht sein, insbesondere auch die Überschreitung der Vollmacht, das Recht zur Unterbevollmächtigung und ob der Vertreter bei einem Interessenkonflikt einen Vertrag abschließen kann.

Eine Sonderregelung für die Art und Weise der Leistungserbringung ist in Art. 9 des Entwurfs festgelegt. Hiernach muss bei ihr, unabhängig welches Recht auf das Innenverhältnis anwendbar ist, auch das Recht des Leistungsortes einbezogen und beachtet werden.[738]

d) Das Verhältnis zwischen dem Geschäftsherrn und dem Dritten (Außenverhältnis)

Die Artt. 11 - 15 Haager Entwurf regeln das Außenverhältnis, also das Verhältnis zwischen dem Geschäftsherrn und dem Dritten.

Die in Art. 11 Haager Entwurf getroffenen Anknüpfungsregelungen sind dieselben wie in Art. 6 Haager Entwurf.[739] Die Frage, ob Vertretungsmacht im Außenverhältnis besteht, ihr Umfang und die Rechtsfolgen des Vertreterhandelns werden gemäß Art. 11 Abs. 1 Haager Entwurf auch hier grundsätzlich dem Sachrecht des Staates unterstellt, in dem der Vertreter seine Niederlassung beziehungsweise - mangels dieser - zum Zeitpunkt seiner „relevanten Handlungen" seinen Ort des gewöhnlichen Aufenthalts hat. Auf das Recht des tatsächlichen Handlungs-/Gebrauchsorts ist gemäß Art. 11 Abs. 2 a) Haager Entwurf abzustellen, wenn der Geschäftsherr in diesem Staat seine Niederlassung oder - mangels einer solchen - seinen gewöhnlichen Aufenthalt und der Vertreter seine Stellvertretung offen gelegt hat. Ebenso ist gemäß Art. 11 Abs. 2 b) Haager Entwurf das Sachrecht des Handlungsorts anzuwenden, wenn der Dritte seine Niederlassung in dem Land oder - mangels dieser - seinen gewöhnlichen Aufenthalt hat. Dieser ist gemäß Art. 11 Abs. 2 c) Haager Entwurf auch maßgeblich, wenn der Vertreter an einer Börse beziehungsweise einer Auktion gehandelt oder gemäß Art. 11 Abs. 2 c) Haager Entwurf, wenn er keine Niederlassung hat. Bei den Ausnahmen des Art. 11 Abs. 2 b) - d) Haager Entwurf fehlt die Bedingung des Offenlegens der Stellvertretung. Haben Geschäftsherr, Vertreter oder Dritter mehrere Niederlassungen, kommt es gemäß Art. 11 Abs. 3 Haager Entwurf auf die Niederlassung an, die die engste Verbindung mit den „entscheidenden Handlungen" des Vertreters aufweist.

---

738 Entscheidend ist der tatsächliche Leistungsort.

739 Vgl. dazu S. 146 „Art. 6 Haager Entwurf".

Für die Grundregel der Anknüpfung an den Ort der Niederlassung des Vertreters bestimmt Art. 12 Haager Entwurf für Vertreter auf Grund von Arbeitsverträgen, dass als Niederlassung des Vertreters im Sinne des Art. 11 Abs. 1 Haager Entwurf, wenn er selbst keine hat, die des Arbeitgebers anzusehen ist.

Liegt ein Distanzgeschäft vor, so ist der nach Art. 11 Abs. 2 Haager Entwurf maßgebliche Handlungsort gemäß Art. 13 Haager Entwurf der der Niederlassung des Vertreters oder - mangels einer solchen - der Ort seines gewöhnlichen Aufenthalts.

Die Grundregel des Art. 11 Haager Entwurf ist durch eine Rechtswahl abdingbar. Gemäß Art. 14 Haager Entwurf ist das gewählte Recht für das Außenverhältnis maßgeblich, wenn die andere Partei einer schriftlich formulierten Rechtswahl ausdrücklich zugestimmt hat.

Nach Art. 15 Haager Entwurf gelten die Regelungen für das Handeln des Vertreters mit Vertretungsmacht, der sich innerhalb der Grenzen seiner Vertretungsmacht hält, für das Handeln des Vertreters, der seine Vertretungsmacht überschreitet und für das Handeln des Vertreters ohne Vertretungsmacht.

e) Das Verhältnis zwischen dem Vertreter und dem Dritten

Das Verhältnis zwischen dem Vertreter und dem Dritten regelt der Entwurf nicht zusätzlich. Art. 15 Haager Entwurf erklärt die Regelungen für das Verhältnis zwischen dem Geschäftsherrn und dem Dritten auch für das Verhältnis zwischen dem Vertreter und dem Dritten anwendbar. Dies gilt gemäß Art. 15 Haager Entwurf auch für das Handeln des Vertreters ohne Vertretungsmacht. Damit beurteilt sich nach einer Rechtsordnung, ob der Geschäftsherr nach den Grundsätzen der Anscheinsvollmacht haftet oder der Vertreter selbst als *falsus procurator*[740] und welche Rechtsfolgen eine Genehmigung des vollmachtlosen Handelns hat.[741]

---

740 Ausführungen vgl. S. 10 „Die Anscheinsvollmacht"; S. 7 „Umfang der Vertretungsmacht".

741 *Müller-Freienfels*, RabelsZ 43 (1979), 80 (112). Damit unterstellt der Entwurf die Behandlung des *falsus procurator* dem Vollmachtsstatut. Diese Auffassung wird auch von einigen Autoren im deutschen IPR vertreten, vgl. dazu Fn. 190; S. 35 „Anknüpfung der Vollmacht beim Vertreter ohne Vertretungsmacht (falsus *procurator)*". Die im englischen Recht vertretene Ansicht, dass der Vertreter wegen einer vertraglichen Garantie des Bestehens der Vollmacht (*breach of warranty of authority*) haftet und deshalb auch die Behandlung des Vertreters ohne Vertretungsmacht grundsätzlich dem Recht des Hauptgeschäfts zu unterstellen ist, hat also in diese Regelung keinen Eingang gefunden. Vgl. hierzu die Ausführungen S. 91 „Rechtsscheinvollmacht (apparent *authority)*"; S.

f) Allgemeine Regelungen

Der Entwurf enthält in den Artt. 16 - 22 allgemeine Regelungen.

Art. 16 gibt den einzelnen Staaten die Möglichkeit, ihre zwingenden Regelungen für anwendbar zu erklären, wenn der Sachverhalt eine Verbindung zu dem Land aufweist.[742]

Weiter kann ein Staat gemäß Art. 17 Haager Entwurf die Anwendung des durch ihn ermittelten Rechts verweigern, wenn es gegen das *ordre public* verstößt. Außerdem ist es den Staaten erlaubt, verschiedene in Art. 18 Haager Entwurf festgelegte Stellvertretungsformen in ihrem Land aus dem Geltungsbereich herauszunehmen.

Die territoriale Rechtsspaltung (beispielsweise in Großbritannien und in den USA) wurde ebenfalls berücksichtigt, indem Art. 19 Haager Entwurf jeden Landesteil mit eigenen Regelungen als eigene selbstständige Einheit anerkennt. Die einzelnen Landesteile dürfen selber bestimmen, ob sie dem Abkommen Geltung zukommen lassen.

g) Abschließende Regelungen

In den Artt. 23 - 28 Haager Entwurf sind Regelungen bezüglich des Geltungszeitraums des Haager Entwurfs, der Geltungsverschaffung und dem Beitritt zum Abkommen getroffen worden. In Art. 23 Abs. 2 Haager Entwurf wird dem Vertragsstaat für die Geltungsverschaffung des Abkommens die Wahlmöglichkeit der unmittelbaren Geltungsverschaffung oder der Aufnahme in nationale Rechtsvorschriften eingeräumt.

2. Analyse des Haager Entwurfs und Lösungsvorschläge

In diesem Abschnitt soll der Entwurf auf Probleme untersucht und Lösungsvorschläge erarbeitet werden.

---

114 „Anknüpfung der Rechtsscheinvollmacht (apparent *authority),* der verdeckten Stellvertretung (undisclosed *agency)* und wenn der Vertreter die Identität seines Geschäftherrn nicht preisgibt (unnamed *principal)*".

742 Art. 16 Haager Entwurf bezieht sich auf das Innen- und Außenverhältnis, vgl. *Verhagen*, 4.4.4. Die zwingenden Regelungen greifen jedoch nicht schon dann ein, wenn sie allein vom internen Sachrecht für anwendbar erklärt werden, sondern sie müssen auch gerade gegenüber dem eigenen Kollisionsrecht Vorrang haben und somit internationale Geltung beanspruchen, vgl. *Müller-Freienfels*, RabelsZ 43 (1979), 80 (98); für Beispiele vgl. *Verhagen*, 4.4.10.

a) Allgemeines

Ziel des Haager Entwurfs ist es, einen Entscheidungseinklang zwischen den Vertragsstaaten bezüglich desselben Streitfalles herbeizuführen, ohne die Vielfalt der nationalen Vertretungsrechte zu beseitigen.[743] Als *loi uniforme* soll der Entwurf als Einheitsrecht gelten, so dass er unmittelbare Wirkung entfaltet[744] und dem nationalen Recht vorgeht.[745]

b) Auslegung des Entwurfs

Kommt es zu Unsicherheiten, wie der Normtext eines Abkommens zu verstehen ist, muss er ausgelegt werden. Bei Einheitsrecht, das unabhängig von einer bestimmten Rechtsordnung besteht, ist eine autonome Auslegung geboten. Der Vertrag ist mittels einer objektiven Interpretation des Vertragstextes aus sich selbst heraus, unter Einbeziehung seines Ziels, auszulegen.[746] Mangels eines zuständigen internationalen Gerichts obliegt die Auslegung den nationalen Gerichten.[747] Die Gerichte können dazu auf die klassischen Auslegungsmethoden zurückgreifen.[748]

aa) Art. 1 Haager Entwurf, Anwendungsbereich des Entwurfs

Art. 1 Haager Entwurf weist einige Begriffe auf, die der genaueren Betrachtung und Auslegung bedürfen.

(1) Art. 1 Abs. 1 Haager Entwurf

In Art. 1 Abs. 1 Haager Entwurf bedürfen die Begriffe des internationalen Bezugs (*international character*), der Vollmacht zu handeln (*authority to act*) und das Handeln für einen anderen/auf fremde Rechnung (*on behalf of*) der näheren Betrachtung.

---

743 *Basedow*, RabelsZ 45 (1981), 196 (212); *Verhagen*, 3.1.19.

744 *Kropholler*, Internationales EinheitsR, § 1 I; *Siehr*, Anh. I. „*loi uniforme*" und „Einheitsrecht"; *Hoffmann*, IPRax 1984, 10; im Gegensatz zu Einheitsrahmenrecht, bei dem die Bestimmungen nur anwendbar sind, wenn sie durch den nationalen Gesetzgeber in nationale Rechtsvorschriften umgesetzt wurden.

745 Vgl. *Kropholler*, § 1 III; *Hoffmann*, § 1 Rn. 76-78.

746 *Kropholler*, Internationales EinheitsR, § 19 III 1; *Verhagen*, 3.1.17. ff. Auslegungsregeln sind für völkerrechtliche Verträge in den Artt. 31, 32, 33 der Wiener Vertragskonvention festgelegt, vgl. *Wiener Konvention über das Recht der Verträge vom 25. Mai 1969*, Am. J. Int. L. 63 (1969) 875.

747 *Kropholler*, § 9 V.

748 Wobei sich für die einzelnen Methoden in Bezug auf das internationale Einheitsrecht Besonderheiten ergeben. Ausführlich zu den einzelnen Auslegungskriterien vgl. *Kropholler*, Internationales EinheitsR, § 19 III ff.; *Kropholler*, § 9 V; *Verhagen*, 3.1.17.

(a) Der internationale Bezug (*international character*)

Die Bestimmung, wann ein Sachverhalt einen internationalen Bezug aufweist, obliegt dem Richter der *lex fori*.[749] Er muss unter Einbeziehung aller Umstände des Falles feststellen, ob ein internationaler Bezug gegeben ist, auch wenn scheinbar nur eine Rechtsordnung betroffen ist oder nur ein scheinbarer Bezug besteht, etwa wenn lediglich der Vertragsschluss in einem anderen Land erfolgte.[750]

(b) Die Vollmacht zu handeln (*authority to act*)

Für die Beurteilung, welche Arten der Stellvertretung vom Anwendungsbereich des Haager Entwurfs erfasst werden, muss der Begriff „Vollmacht zu handeln" (*authority to act*) genauer betrachtet werden. Da er in verschiedenen Ländern unterschiedliche Fälle erfasst, ist eine Auslegung erforderlich.[751] Der Wortlaut des Art. 1 Abs. 3 Haager Entwurf stellt klar, dass es nicht darauf ankommt, ob der Vertreter in eigenem Namen oder in fremdem Namen handelt, so dass die verdeckte Stellvertretung in seinen Anwendungsbereich einbezogen ist.[752] Des Weiteren bezieht Art. 1 Abs. 3 Haager Entwurf explizit regelmäßig und gelegentlich tätig werdende Vertreter in seinen Anwendungsbereich ein.[753] Der Begriff „Vorgeben zu handeln" (*purports to act*) in Art 1 Abs. 1 a.E. Haager Entwurf stellt weiter klar, dass nicht nur die Fälle der erteilten Vollmacht, sondern auch die Fälle des *falsus procurators*, die Notfallstellvertretung, das *negotiorum gestio* und die Überschreitung der erteilten Vollmacht in den Anwendungsbereich fallen.[754] Jedoch ist nicht jede Art der Stellvertretung vom Anwendungsbe-

749 *De Nova*, FS Murad Ferrid, 307 (321); *Hay/Müller-Freienfels*, 27 Am. J. Comp. L. (1979), 1 (36 f.); *Basedow*, RabelsZ 45 (1981), 196 (207); *Verhagen*, 3.1.7. Der Richter der *lex fori* muss über den streitigen Sachverhalt entscheiden und dazu feststellen, ob gegebenenfalls (auch) eine andere Rechtsordnung als die der *lex fori* zur Anwendung kommt.

750 Wenn sich beispielsweise ein deutscher Vertreter eines deutschen Geschäftsherrn mit einem Deutschen am Flughafen in London trifft, um einen Vertrag abzuschließen, dann ist der internationale Bezug fraglich.

751 So erstreckt das deutsche Recht beispielsweise die Vollmacht ausschließlich auf das Handeln in fremdem Namen, vgl. dazu oben S. 5 „Handeln in fremdem Namen (Offenkundigkeitsprinzip)". Das englische Recht bezieht hingegen auch das Handeln in eigenem Namen für einen verdeckten Stellvertreter mit ein, vgl. oben S. 88 „Die verdeckte Stellvertretung (undisclosed *agency)*".

752 Vgl. auch *Karsten Report*, III., S. 9; *Verhagen*, 3.2.3.

753 Vgl. *Hay/Müller-Freienfels*, 27 Am. J. Comp. L. (1979), 1 (37).

754 Vgl. *Karsten Report*, III., S. 10; *Hay/Müller-Freienfels*, 27 Am. J. Comp. L. (1979), 1 (37); *Verhagen*, 3.2.5 mit einer umständlichen Herleitung. Anders als im englischen Recht, vgl. dazu oben S. 80 „Arten der Stellvertretung"; anders *Badr*, RdC I 1984, 1 (142), der zwar das *negotium gestio* von dem Anwendungsbereich des Entwurfs erfasst

reich des Haager Entwurfs erfasst. So ist in Art. 3 Haager Entwurf festgelegt, dass die organschaftliche Vertretung aus dem Anwendungsbereich herausfällt, da sie unter anderem auf Gesetz beruht.[755] Dies lässt den Rückschluss zu, dass es sich bei der Vollmacht im Sinne des Art. 1 Abs. 1 Haager Entwurf um eine auf einem Willen beruhende (vermeintlich) erteilte Vollmacht handeln muss.[756]

Der Begriff der Vollmacht muss also weit gefasst werden. In Fragen des Anwendungsbereichs ist der Entwurf damit dem Anglo-Amerikanischen System angenähert.

(c) Für einen anderen/auf fremde Rechnung handeln (*on behalf of*)

Der Begriff „für einen anderen/auf fremde Rechnung handeln" (*on behalf of*) bedingt seinem Wortlaut nach ein Handeln des Vertreters für einen Dritten oder das Vorgeben eines solchen Handelns. Sein Handeln muss darauf gerichtet sein, dass die rechtlichen Konsequenzen seines Handelns den (vermeintlichen) Geschäftsherrn treffen. Da der *falsus procurator* auch erfasst ist, ist dabei unerheblich, ob eine Vollmacht tatsächlich erteilt wurde.

Es ist in manchen Fällen schwer zu beurteilen, ob jemand als Vertreter auftritt oder in eigenem Namen handelt. Die äußere Bezeichnung des Handelns kann dabei irreführend wirken. Jedoch können als Anhaltspunkte das Auftreten nach außen, die Umstände des Falls, das Interesse des Vertreters am Geschäft und der Wille der Parteien herangezogen werden.

(2) Art. 1 Abs. 2 und 3 Haager Entwurf

Der Anwendungsbereich des Haager Entwurfs erstreckt sich gemäß Art. 1 Abs. 2 und 3 Haager Entwurf auch auf reine Vermittlertätigkeiten, wie bei Maklern, und umfasst die verdeckte Stellvertretung.

bb) Art. 2 Haager Entwurf, Nichtanwendbarkeit des Entwurfs auf bestimmte Vollmachtsarten

In Art. 2 Haager Entwurf sind Vollmachtsarten aufgeführt, die aus dem Anwendungsbereich des Vertrags herausfallen. Sie wurden deshalb nicht aufgenom-

---

sieht, aber nicht die Notfallstellvertretung. Sie falle nicht unter die auf „einem Willen beruhende" Stellvertretung.

755 Vgl. im Detail unten S. 142 „Art. 3 Haager Entwurf, weitere Fälle der Nichtanwendbarkeit".

756 So auch *Badr*, RdC I 1984, 1 (142); *Verhagen*, 3.2.3, der die Art. 2 und 3 Haager Entwurf anführt; weitergehend *Hay/Müller-Freienfels*, 27 Am. J. Comp. L. (1979), 1 (37, Fn. 190), der auch die Art der Stellvertretung als umfasst ansieht, die funktional der willentlichen Vollmacht ähnlich ist.

men, da sie entweder als nicht relevant erachtet wurden oder man Konflikte mit anderen Anknüpfungsregeln befürchtete.[757]

Auffallend ist bezüglich der Ausnahmen vom Anwendungsbereich, dass zwar die Form und die Kapitänsvollmacht aus dem Anwendungsbereich des Haager Entwurfs herausgenommen werden, jedoch nicht die Vollmachten bezüglich Verträgen über Grundstücke und Mobilien. Vollmachten bezüglich Verträgen über Grundstücke und Mobilien werden im IPR grundsätzlich dem Recht der *lex rei sitae* unterstellt. Dieser Anknüpfungspunkt ist in den meisten Ländern mit geringen Variationen anerkannt. So unterstellt sowohl das deutsche als auch das englische IPR die Vollmacht grundsätzlich dem Recht des Belegenheitsorts.[758] Dieser Grundsatz wird durch den Entwurf aufgehoben, da hierfür keine Ausnahme normiert wurde. Zwar wird häufig auch nach der allgemeinen Regelung des Art. 11 Haager Entwurf[759], der an die Niederlassung oder den gewöhnlichen Aufenthalt des Vertreters anknüpft, im Ergebnis das Recht des Belegenheitsorts zur Anwendung kommen. Dies ist allerdings nicht zwingend, da der Vertreter auch von dem Geschäftsherrn vom Ausland aus zum Belegenheitsort geschickt werden kann. Es wäre unbillig, dann das Recht der Niederlassung oder des gewöhnlichen Aufenthalts anzuwenden, da dem Recht des Belegenheitsorts ein viel stärkeres Gewicht zukommt.

Das Problem kann auf zwei verschiedenen Wegen gelöst werden.

Ein möglicher Ansatz ist, in Art. 11 EGBGB eine weitere Ausnahmeregelung einzufügen, die das Recht des Handlungsorts zur Anwendung bringt, wenn es sich um Vollmachten für Verträge über Immobilien und Mobilien handelt. Da der Vertreter grundsätzlich im Land des Belegenheitsorts handelt und die nötigen Eintragungen vornimmt, kommt das Sachrecht der *lex rei sitae* zur Anwen-

---

757 Auch im englischen und deutschen IPR finden sich eigene Anknüpfungsregelungen. Beispielsweise wird die Form eigenständig angeknüpft, die Prozessvollmacht der *lex fori* und die Kapitänsvollmacht dem Recht der Flagge unterstellt, vgl. hierzu im deutschen Recht S. 31 „Anknüpfung der Prozessvollmachten", S. 30 „Anknüpfung der Kapitänsvollmachten", S. 54 „Form der Vollmacht"; für England vgl. S. 121 „Form der Vollmacht" S. 121 „Anknüpfung von Kapitänsvollmachten", S. 111 „Verträge, die dem *Proper Law of the Contract* unterfallen".

758 Für Deutschland vgl. S. 31 „Anknüpfung der Vollmachten über Immobiliar- und Mobiliarverfügungen"; für England vgl. S. 111 „Verträge, die dem *Proper Law of the Contract* unterfallen", S. 122 „Anknüpfung bei Vollmachten für Immobiliar- und Mobiliarverfügungen".

759 Siehe dazu unten S. 150 „Art. 11 Haager Entwurf, ohne Rechtswahl", S. 146 „Art. 6 Haager Entwurf, ohne Rechtswahl".

dung. Um im Einzelfall Unbilligkeiten zu vermeiden, kann die *lex rei sitae* zurücktreten, wenn die unten vorgeschlagene Ausnahmeregel der engeren Verbindung greift.[760]

Ein anderer - vorzugswürdiger - Ansatz ist, die Vollmacht für Verträge über Grundstücke und Mobilien aus dem Anwendungsbereich des Entwurfs herauszunehmen. Dann muss die Ermittlung des auf die Vollmacht für Verträge über Immobilien und Mobilien anwendbaren Rechts mittels der Regelungen des IPR der *lex fori* stattfinden. Auf diese Weise werden keine Regelungen geschaffen, denen sich jeder Staat gegebenenfalls anpassen muss, sondern er kann seine eigenen Regelungen mit den nationalen Abweichungen beibehalten. Diesem Ansatz kann auch nicht entgegengehalten werden, er führe zu Unbilligkeiten. Denn der Grundsatz der *lex rei sitae* ist auch im IPR nicht unumstößlich, wie die Regelung des Art. 28 Abs. 5 EGBGB im deutschen Recht zeigt. Liegt eine engere Verbindung mit einem anderen Staat als mit dem Belegenheitsort vor, so ist das Recht dieses Staats maßgeblich. Das Grundsstücks- und Mobiliarrecht bedarf somit keiner gesonderten Regelung durch das Abkommen, sondern es reichen die Regelungen der einzelnen Staaten völlig aus.[761]

cc) Art. 3 Haager Entwurf, weitere Fälle der Nichtanwendbarkeit

Art. 3 a) Haager Entwurf nimmt die organschaftliche Vertretung (beziehungsweise die Vertretung von Gesellschaften oder gesellschaftsähnlichen Vereinigungen) von seinem Anwendungsbereich aus.[762] Die organschaftliche Vertretung muss dabei entweder auf Gesetz beruhen oder die Vertretungsmacht durch verfassungsgemäße Dokumente (*constitutive documents*) der Gesellschaft übertragen worden sein. Dies ist nachvollziehbar, da hier schon eigene Anknüpfungsregeln bestehen. So wird in Deutschland und in England etwa eine solche Vollmacht unproblematisch dem Gesellschaftsstatut unterstellt. Problematisch ist lediglich die sekundäre Ebene, die Ermittlung des Gesellschaftsstatuts.[763]

Damit zeigt sich, dass der Entwurf die organschaftliche Stellvertretung (sogar auch bei (nichtrechtsfähigen) gesellschaftsähnlichen Vereinigungen) als eigenständige Kategorie der Stellvertretung versteht, die durch das Abkommen nicht geregelt werden soll.[764]

---

760 Vgl. unten zu Art. 11 Haager Entwurf, S. 150 zu „Art. 11 Haager Entwurf, ohne Rechtswahl".

761 Im Ergebnis so auch *Ruthig*, § 7 B II 1.

762 Hierzu ausführlich *Verhagen*, 3.4.

763 Vgl. dazu die Ausführungen zum deutschen Recht S. 57 ff. „Möglichkeiten der Anknüpfung", zum englischen Recht S. 128 „Ermittlung des Gesellschaftsstatuts".

764 So auch *Verhagen*, 3.4.1.

(1) Die „Vertretungsmacht auf Grund von Gesetz oder durch verfassungsgemäße Dokumente der Gesellschaft übertragen"

Die Wendung „Vertretungsmacht auf Grund von Gesetz oder durch verfassungsgemäße Dokumente der Gesellschaft übertragen" ist nicht eindeutig gefasst. Dem Wortlaut nach ist lediglich die direkt auf den verfassungsmäßigen Dokumenten beruhende Vertretungsmacht erfasst. Damit würde nach dem Wortlaut des Art. 3 a) Haager Entwurf die Beurteilung der Vertretung von Kapitalgesellschaften in England in den Anwendungsbereich der Konvention fallen, da es im englischen Kapitalgesellschaftsrecht keine gesetzliche Vertretungsmacht gibt, sondern die Erteilung der Vertretungsmacht nach der Mandatstheorie rechtsgeschäftlich erfolgt. Dies kann nicht beabsichtigt sein, wie auch die Klausel über die verfassungsmäßigen Dokumente zeigt. Im englischen Recht werden in den verfassungsmäßigen Dokumenten nur die Grundsätze der Geschäftsführung festgelegt und nicht die der Stellvertretung selbst. Da das englische Recht jedoch nicht nach Innen- und Außenverhältnis trennt und sich die Vertretungsmacht nach den im Gesellschaftsvertrag festgelegten Grundsätzen der Geschäftsführungsbefugnis richtet[765], muss die Klausel nach ihrem Sinn und Zweck so zu verstehen sein, dass lediglich ein mittelbarer Zusammenhang mit den Gründungsdokumenten ausreicht.

Somit fällt auch die Vertretung von Kapitalgesellschaften im englischen Recht nicht in den Anwendungsbereich des Haager Entwurfs.

(2) Handlungen, die eng mit dem Gesellschaftsrecht verbunden sind

Auch Handlungen, die eng mit dem Gesellschaftsrecht verbunden sind, können nicht in den Anwendungsbereich des Haager Entwurfs fallen. Dies gilt beispielsweise für die stellvertretende Ausübung des Stimmrechts eines Aktionärs oder im Fall der *Ultra-Vires* Lehre.[766] Eine Einbeziehung in den Anwendungsbereich des Haager Entwurfs wäre in solchen Fällen unbillig, da die Handlungen auf Grund der engen Beziehung zu dem Gesellschaftsgegenstand bzw. den Gründungsdokumenten eher dem Recht der Gesellschaft zuzuordnen sind, als dem Recht der Stellvertretung. Gerade auch diese Art der Stellvertretung sollte jedoch nach dem Sinn und Zweck des Entwurfs nicht in seinen Anwendungsbereich fallen, um Kollisionen mit bestehenden Regelungen zu vermeiden.

(3) Überschreitung der Vertretungsmacht und *falsus procurator*

Problematisch ist, ob die Fälle der Überschreitung der Vertretungsmacht durch ein Organ oder das Handeln als *falsus procurators* in den Anwendungsbereich

---

765 Vgl. dazu S. 103 „Vertretung der Kapitalgesellschaft".

766 Ausführlich dazu *Verhagen*, 3.4.9 ff; vgl. zur *Ultra-Vires* Lehre S. 107 „Durch den Gesellschaftsgegenstand (Ultra-VIres Lehre)".

des Entwurfs fallen. Das Organ handelt hier nicht wesentlich anders als ein Dritter, der seine von einer Gesellschaft erhaltene Vertretungsmacht überschreitet oder den Anschein einer Vertretungsmacht der Gesellschaft erweckt.[767] Die Beurteilung der vermeintlichen Vollmacht fällt im Verhältnis zu Dritten auf Grund der Rechtsgeschäftlichkeit jedoch in den Anwendungsbereich des Haager Entwurfs, so dass auch die vermeintliche Vollmacht der organschaftlichen Vertreter in den Anwendungsbereich des Haager Entwurfs fallen müsste.

Eine Möglichkeit wäre, zwischen der Überschreitung der Vollmacht und der Rechtsscheinvollmacht zu differenzieren. Die Rechtsscheinvollmacht müsste, weil das Organ keine auf Gesetz oder den Gründungsdokumenten beruhende Vertretungsmacht erhalten hat und nicht anders handelt als ein Dritter, in den Anwendungsbereich des Abkommens fallen. Dies wird ebenfalls durch den *Karsten Report*[768] gestützt. Die Kommission war bei der Beratung der Ansicht, dass bei Nichtanwendbarkeit der Regelungen des Haager Entwurfs einerseits eine zu große Regelungslücke entstünde und andererseits bei der Abwägung der praktische Nutzen gegenüber den potentiellen Schwierigkeiten überwiege.[769] Die Überschreitung der organschaftlichen Vertretungsmacht muss jedoch, da eine auf Gesetz oder Gründungsdokumenten beruhende Vollmacht vorliegt (deren Umfang lediglich überschritten wurde) und auf Grund der Nähe zum Gesellschaftsgegenstand und damit zu den Gründungsdokumenten der Gesellschaft, aus dem Anwendungsbereich des Haager Entwurfs fallen. Diese Differenzierung ist in der Praxis jedoch äußerst schwierig durchzuführen. Die Zuordnung zur einen oder anderen Vollmachtsart ist nicht immer sicher zu vollziehen. Die Unsicherheiten bezüglich der Anknüpfung laufen dem Ziel der einfachen, klaren und sicheren Anwendung des Abkommens zuwider.

Vorzugswürdig ist somit die andere Möglichkeit, die sowohl die Rechtsscheinvollmacht als auch die Überschreitung der Vollmacht aus dem Anwendungsbereich des Abkommens herausnimmt. Gerade auch bei der Rechtsscheinvollmacht übt das Organ Tätigkeiten aus, die mit seiner Stellung und der Gesellschaft in enger Verbindung stehen. Da die Regelungen des Art. 3 a) Haager Entwurf Konflikte mit anderen gesellschaftsrechtlichen Regelungen im IPR

767 Unproblematisch fällt die Beurteilung der Vollmacht in den Anwendungsbereich des Entwurfs, wenn ein Organ zusätzlich rechtsgeschäftliche Vertretungsmacht erhalten hat.

768 Zu Art. 3 a) Haager Entwurf, *Karsten Report*, III., S. 10 (Art. 2).

769 „(...) but it (Anm: the Commission) considered, firstly, that the exclusion of all such questions would create an unacceptably large gap in the Convention, and, secondly, that the potential difficulties were outweighed by the practical advantages, in terms of international uniformity, of applying the Convention's choice of law rules to those cases which could properly be treated as subject to principles of agency law".

vermeiden sollen, kann folglich alles, was mit der Stellung des Organs an sich in Beziehung steht, auch nicht in den Anwendungsbereich des Haager Entwurfs fallen.[770]

dd) Art. 5 Haager Entwurf, Rechtswahl

Gemäß Art. 5 Abs. 1 des Entwurfes können Geschäftsherr und Vertreter als Ausfluss der Parteiautonomie für das Innenverhältnis (mit internationalem Bezug, vgl. Art. 1 Abs. 1 Haager Entwurf) explizit oder konkludent jedes Sachrecht wählen, solange die Regelungen der Artt. 16 und 17 Haager Entwurf dem nicht entgegen stehen.[771] Art. 5 Abs. 1 Haager Entwurf macht damit deutlich, dass die einseitige Rechtswahl nicht möglich sein soll.[772]

(1) Die explizite Rechtswahl

Die formelle Wirksamkeit der Rechtswahl ist implizit in Art. 5 Haager Entwurf geregelt. Da Art. 5 Haager Entwurf an die Rechtswahl keine Anforderungen stellt, kann sie formlos erfolgen. Die materielle Wirksamkeit der Rechtswahl ist jedoch weder explizit noch implizit im Entwurf geregelt.[773] Sie müsste mittels Regelungen des IPR des Forumstaats bestimmt werden. Unter Umständen käme dann ein Recht zur Anwendung, nach dem die Rechtswahl nicht gültig wäre. Damit wird den Parteien zwar ausdrücklich zugestanden, eine Rechtswahl zu treffen, um sich Rechtssicherheit bezüglich des anwendbaren Rechts zu verschaffen. Jedoch müssen sie sich zwingend, um sicherzustellen, dass ihre Rechtswahl Bestand hat, vorher kundig machen, welche Rechtsordnung die Gültigkeit der Rechtswahl bestimmt. Ist dann auch noch strittig, welche Rechtsordnung das ist und ist eine Rechtswahl voraussichtlich nach einer Rechtsordnung nichtig und nach der anderen wirksam, so werden die Parteien von einer Rechtswahl absehen, da die Anforderungen an ihre Wirksamkeit (um im Zweifelsfall beiden Rechtsordnungen zu genügen) zu hoch sind. Die von dem Entwurf angestrebte Vereinfachung wird durch diese Art der Auslegung der Regelung nicht erreicht, beziehungsweise werden Unsicherheiten nur auf die (für die Parteien nicht auf den ersten Blick erkennbare) Ebene der Wirksamkeit der Rechtswahl verlagert.

---

770 So auch *Hay/Müller-Freienfels*, 27 Am. J. Comp. L. (1979), 1 (36 Fn. 184).

771 Auch eine Rechtswahl lediglich bezüglich eines Teils des Vertrags und eine nachträgliche Rechtswahl sind möglich, auch wenn sie in Art. 5 Haager Entwurf nicht ausdrücklich erwähnt werden, vgl. *Verhagen*, 4.2.9 f., der auf die Regelung des Art. 3 Abs. 1, 2 EVÜ verweist. Es kann auch in einem Vertrag ohne internationalen Bezug ein anderes Recht gewählt werden, jedoch werden dann lediglich die nicht zwingenden Regeln der *lex fori* beseitigt, vgl. dazu auch Art. 3 Abs. 3 des EVÜ; *Verhagen*, 4.2.3

772 Dies ist zur Wahrung des Drittschutzes auch sinnvoll.

773 So auch *Müller-Freienfels*, RabelsZ 43 (1979), 80 (94).

Zur Lösung des Problems sind zwei Ansätze denkbar. Man könnte den Wortlaut des Art. 5 Abs. 1 Haager Entwurf weit auslegen. Dann enthielte der Wortlaut des Art. 5 Abs. 1 Haager Entwurf implizit, dass das gewählte Sachrecht auch über die Gültigkeit der Rechtswahl entscheidet. Dafür finden sich aber zu wenig Ansatzpunkte in Art. 5 Abs. 1 Haager Entwurf. Daher ist ein anderer Ansatz vorzugswürdig. In Art. 5 Abs. 1 Haager Entwurf sollte ergänzend eingefügt werden, dass das gewählte Sachrecht auch für die Gültigkeit der Rechtswahl maßgeblich ist.[774] Zwar geht dieser Zusatz zu Lasten der einfachen Anwendbarkeit des Haager Entwurfs, jedoch muss in diesem Fall das Interesse an der Rechtssicherheit für die Parteien gegenüber der einfachen Anwendbarkeit des Entwurfs überwiegen.

(2) Die konkludente Rechtswahl

Die konkludente Rechtswahl ist in Art. 5 Abs. 2 Haager Entwurf geregelt. Wann eine solche vorliegt, ist im Haager Entwurf nicht geregelt, sie muss lediglich mit einiger Gewissheit aus dem Vertrag zu entnehmen sein. Zur Ermittlung, ob eine konkludente Rechtswahl erfolgt ist, müssen sowohl der Vertrag zwischen dem Geschäftsherrn und dem Vertreter als auch die Umstände des Falls, insbesondere der Wille der Parteien herangezogen werden. Zwei mögliche Anhaltspunkte für das Vorliegen einer konkludenten Rechtwahl werden im *Karsten Report*[775] genannt. Zum einen, dass der Vertreter schon öfter unter gleichen Bedingungen und unter dem gleichen Recht für seinen Geschäftsherrn gehandelt hat, aber in einem Einzelfall der Vertrag nicht schriftlich geschlossen wurde. Dann soll die Vermutung nahe liegen, dieser Vertrag unterliege demselben Recht wie die anderen Verträge. Zum anderen, dass die Parteien Verhandlungen geführt haben, die sich auf eine Rechtsordnung beziehen. Darüber hinaus kann auf die Kriterien, die für das Vorliegen einer konkludenten Rechtswahl zu Art. 3 Abs. 1 EVÜ herausgearbeitet wurden, zurückgegriffen werden.

ee) Art. 6 Haager Entwurf, ohne Rechtswahl

Art. 6 Abs. 1 Haager Entwurf bestimmt bei fehlender Rechtswahl als grundsätzlichen Anknüpfungspunkt die Niederlassung (*business establishment*) des Vertreters oder der Ort seines gewöhnlichen Aufenthalts (*habitual residence*) als maßgeblichen Anknüpfungspunkt.[776] Damit wird ein stärkeres Gewicht auf die

774 Eine solche Regelung wurde auch im EVÜ getroffen, vgl. Art. 3 Abs. 4 EVÜ, der auf Artt. 8 f., 11 EVÜ verweist. Vgl. dazu auch im deutschen Recht Art. 27 Abs. 4 EGBGB.

775 *Karsten Report*, III., S. 13.

776 Bei Verträgen mit mehreren Vertretern muss jeder Vertrag einzeln betrachtet werden. Können die Verträge nicht getrennt werden, ist die engste Verbindung eines Vertretervertrags mit einer Niederlassung maßgeblich, ansonsten ist die Niederlassung/der gewöhnliche Aufenthaltsort des Vertreters maßgeblich, vgl. *Verhagen*, 4.3.9.

Person des Vertreters gelegt.[777] Mit einer solchen neutralen Anknüpfungsweise wird ein Anknüpfungsmoment gewählt, das von den Parteien schnell und sicher zu ermitteln ist und keine der Vertragsparteien bevorzugt.[778]
Nach dem Entwurf ist grundsätzlich das Land der Niederlassung oder der Ort des gewöhnlichen Aufenthalts des Vertreters maßgeblich[779], unabhängig davon, in wie vielen Ländern der Vertreter handelt. Eine Ausnahme zu der Anknüpfung an die Niederlassung oder mangels dieser an den Ort des gewöhnlichen Aufenthalts des Geschäftsherrn ist in Art. 6 Abs. 2 Haager Entwurf geregelt. Die Bestimmung der Niederlassung und des Orts des gewöhnlichen Aufenthalts ist dabei für den Vertreter und für den Geschäftsherrn gleich.

(1) Die Niederlassung (*business establishment*)

Der Begriff ist nicht in dem Entwurf und auch nicht in dem *Karsten Report* definiert. Dem Wortlaut des Art. 6 Abs. 1 Haager Entwurf ist zu entnehmen, dass es sich um einen Ort handeln muss, an dem sich der Vertreter niedergelassen hat und von dort aus in irgendeiner Weise eine kommerzielle Tätigkeit entfaltet. Diese Interpretation entspricht auch dem Ziel des Haager Entwurfs, einen klaren und sicheren Anknüpfungspunkt zu finden. Anzeichen für eine Niederlassung können dabei die Adresse auf dem Briefkopf sein, von der aus die Korrespondenz geführt wird, an die die Rechnungen gehen und bei der der Schwerpunkt der kommerziellen Tätigkeit liegt. Dabei muss sich der Anknüpfungspunkt nach Sinn und Zweck der Regelung auf alle Vertreter beziehen, die eine Niederlassung haben, auch wenn sie nur gelegentlich von dort aus handeln. Es entspräche

777 Der Grund, dass das Gewicht stärker auf die Person des Vertreters gelegt wird, liegt darin, dass dem Vertreter im internationalen Handel eine zunehmend stärkere Position zukommt. Die in Anspruchnahme örtlicher Vertreter, die vom Geschäftsherrn instruiert Verträge abschließen, wird seltener; zunehmend handeln professionelle Vertreter, oft ohne Instruktion der Geschäftsherrn, die am Markt schnell und flexibel für den Geschäftsherrn reagieren können, vgl. *Badr*, RdC I 1984, 1 (155).

778 Vgl. auch *Badr*, RdC I 1984, 1 (148). Die neutrale Anknüpfung ist dem deutschen Recht auch nicht fremd, da in Art. 28 Abs. 2 EGBGB die Vermutung der engsten Verbindung mit dem Recht des Ortes besteht, an dem derjenige, der die charakteristische Leistung erbringt, zum Zeitpunkt des Vertragsschlusses seinen gewöhnlichen Aufenthalt hat. Außerdem werden durch sie Probleme, die beispielsweise das deutschen IPR bei der selbstständigen Anknüpfung an den Gebrauchsort hat, umgangen. Hierbei ergeben sich nämlich schon oft bei der Ermittlung des Gebrauchsortes Probleme (wenn der Vertreter beispielsweise in mehreren Ländern handelt oder der Vertragsabschluss an einem für die Parteien bequemeren Ort stattfindet) und sie bedarf einer starken Fallgruppenbildung, vgl. S. 27 ff. „Selbstständige Anknüpfung".

779 Beurteilungszeitpunkt ist dabei der Abschluss des Vertrages. Dies macht deutlich, dass sich die Beurteilung nicht mehr ändert, auch wenn der Vertreter oder Geschäftsherr nachträglich seine Niederlassung verlegt oder sich danach eine andere engere Verbindung ergibt.

nicht dem Sinn des Haager Entwurfs, eine allgemeine und möglichst vielfältig anwendbare Regelung zu finden, den Anwendungsbereich der Niederlassung nur auf kommerzielle Vertreter zu beschränken. Dies entspräche auch weder dem Prinzip der Rechtssicherheit noch dem des Drittschutzes. Die oft schwer zu vollziehende Differenzierung, ob es sich um einen kommerziellen oder Gelegenheitsvertreter handelt, führt zudem zu einer Unsicherheit bezüglich des anzuwendenden Sachrechts. Es ist dem Dritten auch nicht zuzumuten, sich kundig zu machen, ob der Vertreter ihm gegenüber kommerziell oder nur als gelegentlicher Vertreter auftritt.

(2) Der Ort des gewöhnlichen Aufenthalts (*habitual residence*)

Auch der Ort des gewöhnlichen Aufenthalts ist weder in dem Entwurf noch im *Karsten Report* definiert. Ausgehend vom Wortlaut des Art. 6 Abs. 1 Haager Entwurf kann dieser nur faktisch ermittelt werden. „Gewöhnlich“ bedeutet, dass sich der Vertreter zumindest einen bedeutenden Teil seiner Zeit an diesem Ort aufhalten muss. Der Aufenthalt sollte dabei eine gewisse Regelmäßigkeit haben, wobei die ständige Anwesenheit aber nicht erforderlich ist. Anhaltspunkte können dafür auch hier die Rechnungsanschrift sein, die Adresse von der aus die Korrespondenz erledigt wird, unter Umständen, wo der Vertreter als ansässig gemeldet ist, wo er sein Konto hat, wo er eine Wohnung angemietet/gekauft hat, also wo sich sein soziales Umfeld (Freunde, Verwandte, Eltern, Partner, etc.) befindet.[780]

(3) Schwerpunkt der Handlung (*primarily to act*)

Art. 6 Abs. 2 Haager Entwurf ist eine Ausnahme zu dem Grundfall des Abs. 1. Zur Ermittlung des geforderten Schwerpunkts der Handlung muss der Vertrag zwischen Vertreter und Geschäftsherr befragt werden. Im Vertrag muss im Voraus explizit oder konkludent der Schwerpunkt der Handlung in dem Land festgelegt werden, in dem der Geschäftsherr seine Niederlassung beziehungsweise - mangels dieser - seinen Ort des gewöhnlichen Aufenthaltes hat. In Zweifelsfällen, wenn beispielsweise der Schwerpunkt der Handlung nicht feststellbar ist oder er im Nachhinein zufällig im selben Land wie die Niederlassung des Vertreters liegt, muss auf die Grundregel des Art. 6 Abs. 1 Haager Entwurf, also die Niederlassung des Vertreters als Anknüpfungspunkt zurückgegriffen werden.

780 Für den seltenen Fall, dass der Vertreter mehrere gewöhnliche Aufenthaltsorte hat, ist derjenige maßgeblich, an dem der Vertreter oder Geschäftsherr sich im Zeitpunkt des Vertragsschlusses aufgehalten hat. Hat der Vertreter keinen Ort des gewöhnlichen Aufenthalts, so ist der Ort maßgeblich, an dem er sich im Zeitpunkt des Vertragsschlusses vorübergehend aufgehalten hat.

(4) Mehrere Niederlassungen

In Art. 6 Abs. 3 Haager Entwurf ist festgelegt, dass bei mehreren Niederlassungen des Vertreters diejenige maßgeblich ist, mit der der Vertrag zwischen dem Vertreter und dem Geschäftsherrn am engsten verbunden ist. Damit soll verhindert werden, dass ein Sachrecht, das außer der Niederlassung des Vertreters keine Beziehung zum Vertrag aufweist, zur Anwendung kommt. Wichtigster Anhaltspunkt zur Bestimmung der engsten Verbindung ist, in welchem Land der Vertreter handelt. Außerdem können auch wieder die Korrespondenz- und Rechnungsanschrift Anhaltspunkt sein. Des Weiteren kann auf die zu Art. 4 Abs. 1 EVÜ entwickelten Anhaltspunkte zurückgegriffen werden. Ist keine enge Verbindung des Innenverhältnisses mit einer Niederlassung festzustellen, so ist nach Sinn und Zweck der Regelung auf den Ort des gewöhnlichen Aufenthalts des Vertreters abzustellen.[781]

(5) Ausnahme der engeren Verbindung

Die Regelung des Art. 6 Haager Entwurf ist recht starr und kann in einigen Fällen zu Unbilligkeiten führen. Daher ist es sinnvoll, den Vertrag zwischen dem Vertreter und dem Geschäftsherrn einer anderen Rechtsordnung als der nach Art. 6 Abs. 1 - 3 Haager Entwurf ermittelten zu unterstellen, wenn der Vertrag zu dieser eine engere Verbindung aufweist. So kann vermieden werden, dass der Vertrag einer Rechtsordnung unterstellt wird, zu der er keinen wirklichen Bezug aufweist. Zwar schafft diese Regelung Rechtsunsicherheit, sie ist jedoch nicht so groß, dass sie die Vorteile der flexiblen Handhabe überwiegt.[782] Als Anhaltspunkte einer engeren Beziehung müssen dabei die gesamten Umstände des Falls herangezogen werden.

ff) Art. 8 Haager Entwurf, Geltungsumfang der ermittelten Rechtsordnung

Sowohl Art. 8 als auch Art. 11 Haager Entwurf sprechen von *authority*, so dass fraglich ist, wie das Verhältnis des „Innenrechts“ zum „Außenrecht“ der Stellvertretung ist. Beide Artikel trennen nicht klar zwischen dem „dürfen“ im Innenverhältnis (*authority*) und dem „können“ im Außenverhältnis (*power*). Dem Wortlaut nach könnte der Begriff *authority* so verstanden werden, dass er auch den Begriff *power* umfasst. Jedoch macht dann die in dem Entwurf festgelegte

---

781 Dieser Grundsatz muss aber auch für den Vertreter gelten, der nur eine Niederlassung hat. So *Karsten Report*, III., S. 14; *Verhagen*, 4.3.6.

782 Außerdem ist die engere Verbindung auch in Art. 4 Abs. 1 EVÜ festgelegt (vgl. auch im deutschen Recht Art. 28 Abs. 5 EGBGB), ohne dass große Einbußen bezüglich der Rechtssicherheit zu befürchten sind. Man könnte zwar auch daran denken, Unbilligkeiten zu lösen, indem man in diesen Fällen eine konkludente Rechtswahl annimmt. Jedoch wird sich häufig eine solche nicht annehmen lassen, da keine Anhaltspunkte dafür vorliegen.

Trennung der einzelnen Rechtsverhältnisse keinen Sinn mehr. Daher müssen die Begriffe *authority* und *power* getrennt behandelt und mit eigenen Anwendungsbereichen ausgestattet werden. Der Begriff *authority* des Art. 8 Haager Entwurf muss also teleologisch reduziert werden, so dass er sich ausschließlich auf das Innenverhältnis bezieht und nur die *power* umfasst. Der Begriff *authority* des Art. 11 Abs. 1 Haager Entwurf umfasst folglich nur Fragen des Außenrechts. Die Bestimmung, welche Frage dem Innen- und welche dem Außenverhältnis zuzuordnen ist, muss dann unter Einbeziehung aller Umstände des Falls erfolgen.

gg) Art. 11 Haager Entwurf, ohne Rechtswahl

Art. 11 Haager Entwurf ist die zentrale Norm zur Beurteilung der Verhältnisse zwischen dem Geschäftsherrn und dem Dritten und zwischen dem Vertreter und dem Dritten. Sie bestimmt das im Außenverhältnis anzuwendende Sachrecht.[783] Die Begriffsbestimmung der Niederlassung und des Orts des gewöhnlichen Aufenthalts in Art. 11 Abs. 1 Haager Entwurf sind dieselben wie in Art. 6 Abs. 1 Haager Entwurf. Daher kann auf die dortigen Ausführungen verwiesen werden.[784]

(1) Die „relevanten Handlungen" (*relevant acts*)

Welche Handlungen nach Art. 11 Abs. 1 Haager Entwurf „relevant" sein sollen, wird in dem Entwurf nicht dargelegt. Der Begriff unterliegt also der Interpretation durch den Richter. Die „relevante Handlung" ist insbesondere schwierig zu ermitteln, wenn der Vertreter in verschiedenen Ländern handelt. Zur Ermittlung der „relevanten Handlung" müssen alle Umstände des Falls herangezogen und gewichtet werden. Diese Methode erzeugt jedoch Rechtsunsicherheit und läuft dem Sinn der Regelung zuwider, eine sichere und klare Anknüpfung zu finden, die einfach zu ermitteln ist. Sinnvoller ist es, sich auf eine Liste von Indizien zu einigen, die nicht abschließend ist und im Einzelfall vom Richter ergänzt werden kann.[785] Indizien können dabei der Vertragsschluss sein, die Häufigkeit des Treffens der Parteien an einem Ort, die Dauer der Verhandlung und ob an einem bestimmten Ort über für den Vertragsschluss entscheidende Punkte oder nur über Details verhandelt wurde.

783 Dazu auch *Müller-Freienfels*, RabelsZ 43 (1979), 80 (86).

784 Vgl. dazu oben S. 146 ff. „Art. 6 Haager Entwurf, ohne Rechtswahl". Bei einer Unterbevollmächtigung kommt es allein auf die Person des Unterbevollmächtigten an.

785 Die Ergänzungsfähigkeit der Liste trägt darüber hinaus noch zur Flexibilität der Anwendbarkeit des Haager Entwurfs bei.

(2) Offenlegen der Stellvertretung (*in the name of the principal*)

Die Anwendbarkeit der in Art. 11 Abs. 2 a) Haager Entwurf festgelegten Ausnahmeregel macht erforderlich, dass der Vertreter seine Stellvertretung offen gelegt hat. Damit gilt die Regelung nicht für die verdeckte Stellvertretung. Da für die in Art. 11 b), c) und d) Haager Entwurf gemachten Ausnahmen die Bedingung des Handelns in fremdem Namen fehlt, wird deutlich, dass es sich bei dieser Klausel um eine Schutzbestimmung zu Gunsten der Erkennbarkeit des anwendbaren Rechts handelt, sie also dem Drittschutz dient. Der Dritte kann bei der verdeckten Stellvertretung nicht erkennen, dass er sich eventuell mit einer anderen Rechtsordnung auseinandersetzen muss. Bei den Anknüpfungsmöglichkeiten in Art. 11 b), c) und d) Haager Entwurf ist die Erkennbarkeit der anzuwendenden Rechtsordnung nicht gefährdet. Die Anknüpfungspunkte sind für den Dritten leicht zu ermitteln, so dass es dort einer solchen Schutzklausel nicht bedarf.

(3) Die engste Verbindung mit der „relevanten Handlung" (*most closely connected with the relevant acts*)

Die in Art. 11 Abs. 3 Haager Entwurf geregelte engste Verbindung mit der „relevanten Handlung" (*most closely connected*), wenn eine Partei mehrere Niederlassungen hat, kann ebenfalls Unsicherheiten auslösen. Eine genaue Definition enthält der Entwurf nicht, so dass der Richter die engste Verbindung ermitteln muss.[786] Zur Ermittlung kann auf die zu Art. 6 Abs. 3 Haager Entwurf beschriebenen Anhaltspunkte zurückgegriffen werden.[787]

(4) Ausnahme der engeren Verbindung

Wie in Art. 6 Haager Entwurf[788] ist es hier sinnvoll, eine Ausnahmeregel bezüglich der engeren Verbindung des Außenverhältnisses zu einer anderen Rechtsordnung einzufügen, um Unbilligkeiten zu vermeiden[789] und um die Handhabe des Haager Entwurfs flexibler zu gestalten.

hh) Art. 14 Haager Entwurf, Rechtswahl

Art. 14 Haager Entwurf regelt die Rechtswahl im Außenverhältnis.

---

786 Beispielsweise, wer die charakteristische Leistung erbringt, Reithmann/Martiny-*Martiny*, Rn. 106 ff.

787 Vgl. Ausführungen oben S. 149 „Mehrere Niederlassungen".

788 Vg. S. 149 „Ausnahme der engeren Verbindung".

789 Beispielsweise, wenn der Vertreter von einem Land aus den ganzen Vertrag vorbereitet und nur zum Vertragsschluss in ein anderes Land fährt, in dem der Dritte oder der Geschäftsherr eine Niederlassung oder seinen gewöhnlichen Aufenthalt hat. Dann ist nach der Ausnahmeregelung das Sachrecht des Niederlassungsstaats des Dritten oder Geschäftsherrn für die Stellvertretung maßgeblich. Zu diesem Land besteht aber außer dem Vertragsschluss keinerlei Verbindung.

(1) Das wählbare Recht (*law*)

Auffällig ist, dass im Vergleich zu anderen Artikeln, insbesondere zu der in Art. 5 festgelegten Rechtswahl, nicht auf das Sachrecht verwiesen wird, sondern nur generell auf das „Recht" (*law*). Damit stellt sich die Frage, welches Recht gewählt werden kann. Vergleicht man den Wortlaut des Art. 14 Haager Entwurf mit dem des Art. 5 Haager Entwurf, der die Rechtswahl im Innenverhältnis regelt, so ergeben sich Unterschiede. Art. 5 Haager Entwurf bestimmt, dass nur ein bestimmtes Sachrecht (*internal law*) gewählt werden kann. Dies deutet darauf hin, dass Art. 14 Haager Entwurf eine besondere Regel ist und im Außenverhältnis diesbezüglich keine Einschränkung der Parteiautonomie stattfindet. Die Partein sollen die Möglichkeit haben, das Außenverhältnis nach ihrem Willen zu gestalten. Darunter fällt auch, dass sie eine Rechtswahl vornehmen können. Es ist kein Grund ersichtlich, warum es ihnen verwehrt werden sollte, das IPR eines bestimmten Staates zu wählen. Unbilligkeiten können durch die Anwendbarkeit der Artt. 16 und 17 Haager Entwurf (zwingende Normen und das *ordre public*) korrigiert werden.

Zwar kann es zu Unsicherheiten kommen, wenn die Parteien das IPR eines Staats gewählt haben. Dieses kann durch *renvoi* auf eine andere Rechtsordnung verweisen. Nimmt diese Rechtsordnung den Verweis an, kann unter Umständen eine andere Rechtsordnung zur Anwendung kommen als die Gewählte. Treffen die Parteien aber eine solche Rechtswahl, haben sie damit zu rechnen und bedürfen deshalb keines besonderen Schutzes.

(2) Die Wirksamkeit der Rechtswahl

Des Weiteren ist auch in Art. 14 Haager Entwurf, ebenso wie in Art. 5 Haager Entwurf, nicht geregelt, welches Recht über die Gültigkeit der Rechtswahl entscheidet. Auch hier sollte zur Vermeidung von Unsicherheiten die zu Art. 5 Haager Entwurf vorgeschlagene Ergänzung der Geltung der gewählten Rechtsordnung auch für die Wirksamkeit der Rechtswahl vorgenommen werden.[790]

(3) Die Zulässigkeitsvoraussetzungen einer Rechtswahl

Art. 14 legt fest, dass eine wirksame Rechtswahl schriftlich erfolgen und die andere Partei die Rechtswahl ausdrücklich bestätigen muss. Dadurch soll verhindert werden, dass die Gegenpartei mit der Anwendbarkeit einer fremden Rechtsordnung konfrontiert wird, mit der sie nicht zu rechnen braucht. Dieses Erfordernis führt aber zu dem Ergebnis, dass neben dem Ausschluss der konkludenten Zustimmung zu einer ausdrücklichen Rechtswahl (beispielsweise das sich Einlassen auf den Vertrag bei Kenntnis der Rechtswahl) auch eine konklu-

[790] Vgl. dazu oben S. 145 „Die explizite Rechtswahl".

dente Rechtswahl für das Außenverhältnis ausgeschlossen wird. Auf diese Weise wird jedoch der Grundsatz der Parteiautonomie zu sehr eingeschränkt und auf den Drittschutz ein zu großes Gewicht gelegt. Vielmehr kann eine, im Folgenden dargestellte, weniger einschneidende Regelung den gleichen Schutz der Parteien erreichen.[791]

(a) Das Zustimmungserfordernis zur Rechtswahl

Bezüglich des Zustimmungserfordernisses zur Rechtswahl bedarf es einer differenzierten Betrachtung der Schutzbedürftigkeiten. Grundsätzlich muss die Partei, die außerhalb des Rechtsverhältnisses steht, in dem die Rechtswahl getroffen wurde, stärker geschützt werden, da sie auf die Rechtswahl keinen Einfluss hatte.[792] Der Drittschutz erfolgt dadurch, dass grundsätzlich eine Zustimmung zu der Rechtswahl gefordert wird. Eine Zustimmung ist insbesondere sinnvoll, wenn sich durch die Rechtswahl für die Beteiligten etwas ändert.[793] Wird der Vertrag nach der gewählten Rechtsordnung jedoch genauso wie nach der Rechtsordnung behandelt, die ohne Rechtswahl zur Anwendung käme, wäre es auf Grund der Schutzwürdigkeit der Parteien, die die Rechtswahl getroffen haben, unbillig, die Rechtswahl mangels ausdrücklicher Zustimmung als unwirk-

791 Dies zeigt auch ein rechtsvergleichender Blick in das englische und das deutsche IPR. Beide lassen sowohl die explizite als auch die konkludente Rechtswahl zu, vgl. für Deutschland S. 51 „Anknüpfung der Vollmacht bei Rechtswahl", S. 53 „Anknüpfung der Vollmacht bei konkludenter Rechtswahl" und für England S. 111 „Verträge, die dem *Proper Law of the Contract* unterfallen", S. 118 „Anknüpfung der Vollmacht bei Rechtswahl".

792 Dabei ist der Wortlaut des Art. 14 Haager Entwurf missverständlich. Nicht nur eine durch den Geschäftsherrn (*by*) getroffen Rechtswahl ist gemeint, sondern nach Sinn und Zweck der Norm auch die durch den dazu ausdrücklich oder konkludent ermächtigten Vertreter erfolgte Rechtswahl; kritisch dazu *Badr*, RdC I 1984, 1 (146), der es als zu einschränkend ansieht, dass der Vertreter ausdrücklich oder konkludent zur Rechtswahl ermächtigt sein muss. Es reiche zum Schutz des Geschäftsherrn aus, dass er seinem Vertreter keine Rechtswahl untersagt habe, und der Vertreter mit dem Dritten bei der Rechtswahl nicht zum Nachteil des Geschäftsherrn handeln wollte. Diese Ansicht schränkt den Grundsatz der Parteiautonomie und der Erleichterung des Handelsverkehrs zu sehr ein. Der Geschäftsherr würde unter Umständen mit einer Rechtsordnung konfrontiert werden, an die er bei Vollmachtserteilung nicht gedacht hat oder die er gar nicht wollte. Ist die Rechtswahl wirksam erfolgt, bestünde für den Geschäftsherrn keine Möglichkeit mehr, sich von der eigenmächtigen Handlung des Vertreters zu distanzieren. Außerdem wird der Geschäftsherr gezwungen, bei jeder Vollmachtserteilung eine Rechtswahl explizit auszuschließen oder die Vollmacht auf bestimmte Rechtsordnungen zu beschränken, wenn er nicht gegebenenfalls an eine ungewollten Rechtsordnung „gebunden" werden will.

793 Wenn der Geschäftsherr beispielsweise an ein Geschäft gebunden wird oder der Vertreter einer Haftung ausgesetzt ist.

sam anzusehen. Zum Schutz der außenstehenden Partei reicht es aus, dass sie sich in Kenntnis der Rechtswahl auf den Vertrag einlässt.[794] Dies gilt aber auch, wenn sich für die außenstehende Partei etwas ändert. Zu ihrem Schutz reicht ebenfalls ein Einlassen auf den Vertrag bei Kenntnis der Rechtswahl aus. Will die Partei die Änderungen nicht gegen sich gelten lassen, hat sie die Möglichkeit, sich nicht auf den Vertrag einzulassen.

Hierdurch wird zwar die Anwendbarkeit des Entwurfes schwieriger gestaltet. Jedoch führen die Regelungen weder zu einer erheblichen Rechtsunsicherheit, noch sind sie so unübersichtlich, dass keine klare Anwendung mehr möglich ist. Vielmehr kann auf diese Weise dem Grundsatz der Parteiautonomie mehr Rechnung getragen werden, da beispielsweise die einseitige Rechtswahl gestattet wird. Außerdem ist kein Grund ersichtlich, warum der Schutz der Parteien im Außenverhältnis stärker sein soll als im Innenverhältnis, da Art. 5 Haager Entwurf ebenfalls eine konkludente Zustimmung zur Rechtswahl zulässt. Allein die Tatsache, dass ein Vertreter im Außenverhältnis für den Geschäftsherrn handelt und damit eine dritte Person beteiligt ist, kann dies nicht rechtfertigen.

Um zu erreichen, dass für die Rechtswahl im Außenverhältnis die konkludente Zustimmung genügt, muss das Erfordernis der expliziten Zustimmung (*expressly*) in Art. 14 Haager Entwurf gestrichen werden.

Zur Beurteilung, ob eine Zustimmung vorliegt, müssen alle Umstände des Falls herangezogen werden.

(b) Das Schriftformerfordernis der Rechtswahl

Es ist nicht ersichtlich, warum strengere Anforderungen für das Schriftformerfordernis im Außen- als im Innenverhältnis gelten sollen.[795] Zwar bedeutet das Zulassen einer konkludenten Rechtswahl einen zusätzlichen Unsicherheitsfaktor bezüglich der Anwendbarkeit des Haager Entwurfs, der zu Lasten der Rechtssicherheit und der einfachen und klaren Anwendbarkeit der Regeln geht. Jedoch wird der Drittschutz nicht erheblich beeinträchtigt[796] und dem Grundsatz der Privatautonomie so besser Rechnung getragen. Außerdem ist dadurch eine fle-

---

794 So auch *Ruthig*, § 6 B. Das Erfordernis der ausdrücklichen Zustimmung, die möglichst auch in Schriftform erfolgen sollte, ist im Streitfall eine Frage des späteren Beweises der Rechtswahl. In dem Fall der nachträglichen Rechtswahl, wenn der Vertrag bereits geschlossen wurde, müssen jedoch alle Parteien zustimmen, da ein Eingriff in bereits bestehende Rechte erfolgt, vgl. hierzu *Ruthig*, § 6 B.

795 Vgl. dazu die Ausführungen S. 145 „Die explizite Rechtswahl“.

796 Vgl. die Ausführungen oben S. 153 „Das Zustimmungserfordernis zur Rechtswahl“.

xiblere Handhabe des Haager Entwurfs für den Einzelfall möglich, so dass eine konkludente Rechtswahl zulässig sein sollte.

Die Umsetzung im Entwurf kann hier durch Streichen des Schriftformerfordernisses (*written*) erfolgen. Zur Sicherheit kann noch eine klarstellende Regelung der „relativen Sicherheit" (*reasonable certainty*), wie sie sich in Art. 5 Abs. 2 Haager Entwurf findet[797], als zweiter Absatz eingefügt werden.

Zur Ermittlung der konkludent erfolgten Rechtswahl kann auf die zu Art. 5 Abs. 2 Haager Entwurf entwickelten Anhaltspunkte zurückgegriffen werden.[798]

3. Umsetzung des Entwurfes in Deutschland und England

Die Umsetzung des Haager Entwurfes für Deutschland und England sollte in den beiden Ländern unterschiedlich geschehen.

a) Umsetzung in Deutschland

Da das deutsche IPR keine Regelung bezüglich des Stellvertretungsrechts getroffen hat, ergibt sich bei der Umsetzung keine Konkurrenz zu anderen Abkommen oder Regelungen. Der Entwurf enthält, wie das EVÜ, in Art. 23 Abs. 2 ein Wahlrecht für seine Umsetzung. Somit kann die Umsetzung des Haager Entwurfs entweder durch Erklärung der direkten Anwendbarkeit oder durch Umsetzung in innerstaatliche Rechtsvorschriften erfolgen.[799] Deutschland hat beim EVÜ die Technik der Inkorporation gewählt. Im Zuge einer einheitlichen Umsetzung bietet sich ebenfalls die Einarbeitung des Entwurfes in das EGBGB an, obwohl das EVÜ nur von europäischen Staaten, der Haager Entwurf hingegen von jedem Staat umgesetzt werden kann; insbesondere bietet sich eine Inkorporation in das EGBGB an, da sich das EVÜ auch mit schuldrechtlichen Verträgen, also einer ähnlichen Thematik befasst. Die Umsetzung kann im Wege der Erweiterung von bestehenden oder im Wege der Neuschaffung von Regelungen im EGBGB erfolgen. Damit wird der Entwurf (wie das EVÜ) zu einfachem Gesetzesrecht.[800] Außerdem müsste in einem Zustimmungsgesetz die unmittelbare Geltung des Haager Entwurfs explizit ausgeschlossen werden.

b) Umsetzung in England

Bei der Umsetzung in das englische IPR ergibt sich das Problem, dass das englische IPR das EVÜ auf das Innenverhältnis und das Verhältnis zwischen dem

797 Vgl. S. 146 „Die konkludente Rechtswahl".
798 Vgl. dazu oben S. 146 „Die konkludente Rechtswahl".
799 Vgl. die Ausführungen oben S. 131 „Rechtsgeschäftliche Vertretung".
800 *Hoffmann*, § 1 Rn. 76-78.

Vertreter und dem Dritten anwendet. Damit gibt es im englischen IPR schon eine Regelung, die mit den Regelungen des Entwurfes zumindest in weiten Teilen konkurriert. Art. 22 Haager Entwurf gibt keine Antwort auf die Frage, welches Abkommen der Vorrang einzuräumen ist.[801] Jedoch gilt hier der Grundsatz *lex specialis derogat legi generali.*[802] Der Entwurf ist das speziellere Gesetz in Bezug auf das Recht der Stellvertretung, so dass nach seiner Ratifizierung und der Verschaffung direkter Geltung durch einen *Act* im englischen Recht das „Haager Abkommen über das auf die Stellvertretung anwendbare Recht" in seinem Anwendungsbereich den allgemeineren Regelungen des EVÜ vorgeht.

4. Abschließende Betrachtung

Der Entwurf kann im Ergebnis einen gerechten Ausgleich zwischen den widerstreitenden Interessen schaffen, ohne in seiner Anwendung zu umständlich oder zu kompliziert zu werden. Die vorgeschlagenen Änderungen ermöglichen zudem eine flexiblere Anwendung auf den Einzelfall, ohne eine erheblich größere Rechtsunsicherheit bezüglich der zu ermittelnden Rechtsordnung zu schaffen. Des Weiteren ist die Umsetzung des Haager Entwurfs in beiden Ländern problemlos möglich. Der Entwurf der Haager Konvention über das auf die Stellvertretung anwendbare Recht ist deshalb geeignet, eine einheitliche Regelung für das deutsche und englische IPR in Bezug auf die Stellvertretung zu finden.[803]

II. Organschaftliche Vertretung

Die Vollmacht wird bei der organschaftlichen Vertretung unstrittig dem Recht unterstellt, das auf die Gesellschaft anzuwenden ist.[804] Die Ermittlung des Gesellschaftsstatuts als Sekundärebene ist hingegen problematisch und bedarf der genaueren Betrachtung.

Auf europäischer Ebene wurden durch die Verabschiedung der „Verordnung des Rates über das Statut der Europäischen Gesellschaft (SE)" (Societas Europaea;

801 Art. 22 Haager Entwurf lässt andere Abkommen, denen ein Vertragsstaat beigetreten ist oder beitritt, unberührt.

802 „Das speziellere Gesetz geht dem allgemeineren vor", vgl. *Siehr*, § 46 I 4 b; *Verhagen*, 3.1.14; so auch *Hoffmann*, § 1 Rn. 76 ff.

803 *Ruthig*, § 5 B III 6 hält eine Neuregelung der Anknüpfung durch ein Abkommen zumindest für die Verhältnisse, die im EVÜ geregelt seien, für nicht sinnvoll. Eine (gegebenenfalls analoge) Anwendung der in Art. 27 ff. EGBGB für die vertraglichen Schuldverhältnisse getroffenen Regelungen sei ausreichend. Diese Regelungen seien einheitlich und leicht anwendbar. Wie oben schon dargelegt, vgl. oben S. 131 „Rechtsgeschäftliche Vertretung", würde dies aber zu einer unnatürlichen Spaltung der einzelnen Verhältnisse führen, so dass eine einheitliche Regelung sinnvoll ist.

804 Vgl. dazu für Deutschland S. 55 „Allgemeines" und für England S. 127 „Allgemeines".

SE-VO), die am 08. Oktober 2004 in Kraft tritt (vgl. Art. 70 SE-VO), einheitliche Regelungen zur Errichtung und Sitzverlegung einer europäischen Aktiengesellschaft geschaffen.[805] Daneben sind einheitliche europäische Regelungen auch für andere Gesellschaftsformen vorgesehen, die in dem „Vorschlag für eine 14. Richtlinie des Europäischen Parlaments und des Rates über die Verlegung des Sitzes einer Gesellschaft in einen anderen Mitgliedstaat mit Wechsel des für die Gesellschaft maßgebenden Rechts“[806] erarbeitet wurden; die Richtlinie ist noch nicht verabschiedet worden. Die Regelungen des Richtlinienvorschlags orientieren sich wesentlich an denen der Verordnung, so dass Verordnung und Richtlinienvorschlag fast deckungsgleich sind. Deshalb sollen hier zunächst die Grundzüge der Regelungen in der Verordnung dargestellt, analysiert und kritisiert werden, bevor auf die Abweichungen in dem Vorschlag eingegangen wird.

1. Die Verordnung über das Statut der Europäischen Gesellschaft (SE; Societas Europaea)

Ziel der Verordnung ist, die grenzüberschreitende Sitzverlegung der SE zu ermöglichen, ohne dass sie aufgelöst und neu gegründet werden muss. Damit sollen Handelsverkehrshindernisse beseitigt und das wirtschaftliche Potential der Europäischen Gemeinschaft besser genutzt werden.[807] Dem Drittschutz wird bei der Sitzverlegung in umfangreichen Schutzregelungen Rechnung getragen, was sich in Regelungen für den Wegzugsstaat, für Gläubiger, Minderheitengesellschafter und Arbeitnehmer niedergeschlagen hat.

Die SE unterliegt gemäß Art. 9 SE-VO verschiedenen Regelungen. Außer den in der SE-VO selbst getroffenen Regelungen unterliegt sie zusätzlich in den dort nicht oder nur teilweise geregelten Bereichen den für die SE und die AG getroffenen Regelungen des Mitgliedstaats, in dem sie ihren Sitz hat.

a) Gründung der SE

Die Verordnung regelt verschiedene Entstehungstatbestände für die SE. Die Gründung kann durch Neugründung (vgl. Artt. 2 ff., 15 SE-VO), Verschmelzung (vgl. Artt. 17 ff. SE-VO), Umwandlung (vgl. Artt. 37 ff. SE-VO), Gründung einer Tochter- (vgl. Artt. 35 f. SE-VO) oder Holding-SE (vgl. Artt. 32 ff. SE-VO) erfolgen. Im Folgenden werden beispielhaft die Gründung durch Neuerrichtung, Verschmelzung und Umwandlung dargestellt.

---

805 Die Verordnung Nr. 2157/2001 ist seit dem 08. Oktober 2001 beschlossen, vgl. ABlEG 2001, L 294.

806 Vgl. ZIP 1997, 1721.

807 *Thoma/Leuering*, NJW 2002, 1449 (1450); Überblick zur SE vgl. *Lutter*, BB 2002, 1; *Blanquet*, ZGR 2002, 20; Hohloch-*Hohloch*, Supranationales Recht, Rn. 79 ff.

aa) Entstehung der SE durch Neugründung

Die SE kann gemäß Art. 1 Abs. 1 SE-VO innerhalb des Gebiets der Europäischen Gemeinschaft gegründet werden. Sie bedarf gemäß Art. 6 SE-VO einer Satzung, die zugleich Gründungsurkunde ist. Das gezeichnete Kapital muss mindestens 120 000,- € betragen.[808] Der (Satzungs-)Sitz und der Sitz der Hauptverwaltung der SE müssen sich gemäß Art. 7 SE-VO in einem Mitgliedstaat befinden.[809] Maßgebliche Rechtsordnung zur Beurteilung der Gesellschaft ist gemäß Art. 3 Abs. 1 SE-VO grundsätzlich die des (Satzungs-)Sitzmitgliedsstaats. Die Eintragung der SE in ein (gemäß Art. 12 Abs. 1 SE-VO von dem Sitzstaat zu bestimmendes) Register ist ebenfalls erforderlich. Diese ist gemäß Art. 14 Abs. 3 SE-VO im Amtsblatt der Europäischen Gemeinschaft zu veröffentlichen.

Wurde die SE wirksam gegründet, so besitzt sie gemäß Artt. 1 Abs. 3, 16 Abs. 1 SE-VO mit ihrer Eintragung Rechtspersönlichkeit und die Gesellschafter haften gemäß Art. 1 Abs. 2 SE-VO nur bis zur Höhe des von ihnen gezeichneten Kapitals. Nimmt die SE schon vor der Eintragung ihre Geschäfte auf, so können die daraus entstandenen Verbindlichkeiten gemäß Art. 16 Abs. 2 SE-VO von der SE übernommen werden. Geschieht dies nicht, so haften diejenigen, die die Geschäfte vorgenommen haben, unbegrenzt und gesamtschuldnerisch, es sei denn sie haben andere Vereinbarungen getroffen. Die SE wird gemäß Art. 10 SE-VO in den Mitgliedstaaten wie eine nach dem Recht des Sitzstaats gegründete Aktiengesellschaft behandelt und muss gemäß Art. 11 SE-VO den Namenszusatz „SE" tragen.

bb) Gründung der SE durch Verschmelzung

Bei der Gründung durch Verschmelzung können gemäß Art. 2 Abs. 1 SE-VO nur Aktiengesellschaften zu einer SE verschmelzen, die in Anhang I der Verordnung als solche genannt sind[810], nach dem Recht eines Mitgliedstaates gegründet wurden und ihren (Satzungs-)Sitz und Verwaltungssitz in der Europäischen Gemeinschaft haben. Die Verschmelzung ist aber nur dann möglich, wenn zumindest zwei der Aktiengesellschaften dem Recht verschiedener Mitgliedstaaten unterliegen. Gemäß Art. 20 SE-VO muss von den Leitungs- oder Verwaltungsorganen der verschmelzenden Gesellschaften ein Verschmelzungsplan auf-

---

808 Die Mitgliedstaaten können auch höhere Beträge festlegen, wenn die SE ihren Sitz in dem betreffenden Staat hat, vgl. Art. 4 SE-VO.

809 Den Mitgliedstaaten bleibt vorbehalten, diesbezüglich noch weitere Einschränkungen zu machen, indem sie festlegen, dass beide Sitze sich auch an demselben Ort in ihrem Land befinden.

810 Für Deutschland ist in Anhang I der SE-VO nur die AG genannt, für England die *Public Company Limited by Shares* und die *Public Company Limited by Guarantee Having a Share Capital.*

gestellt werden.[811] Die Hauptversammlungen der verschmelzenden Gesellschaften müssen dem Plan gemäß Art. 23 Abs. 1 SE-VO zustimmen; die Arbeitnehmer müssen ebenfalls beteiligt werden. Gemäß Art. 21 SE-VO muss die Verschmelzung in den Amtsblättern der jeweils betroffenen Mitgliedstaaten bekannt gemacht werden. Bei dem Verschmelzungsakt gelten gemäß Art. 24 Abs. 1 SE-VO gegenüber der verschmelzenden Gesellschaft die von den beteiligten Mitgliedstaaten getroffenen Regelungen für die Verschmelzung zum Schutz der Gläubiger und der Inhaber von mit „Sonderrechten gegenüber der verschmelzenden Gesellschaft ausgestatten Wertpapieren".[812] Durch die Eintragung der Verschmelzung in das von dem Sitzstaat bestimmte Register wird die SE gegründet.[813]

cc) Gründung der SE durch Umwandlung

Eine Aktiengesellschaft kann in eine SE umgewandelt werden, wenn sie seit mindestens zwei Jahren eine Tochtergesellschaft besitzt, die dem Recht eines anderen Mitgliedstaates unterliegt, vgl. Art. 2 Abs. 4 SE-VO. Das Leitungs- oder Verwaltungsorgan erstellt einen Umwandlungsplan, der die rechtlichen und wirtschaftlichen Konsequenzen der Umwandlung unter Berücksichtigung des Drittschutzes erläutert. Der Plan ist offen zu legen und zu genehmigen.[814] Die Umwandlung bewirkt gemäß Art. 37 Abs. 2 SE-VO weder die Auflösung noch die Neugründung der Gesellschaft.[815]

---

811 Dieser muss unter anderem den geplanten Sitz der neuen Gesellschaft, Einzelheiten bezüglich Wert, Umtauschswert und Übertragung der Aktien, unter welchen Voraussetzungen ein Recht auf Gewinnbeteiligung entsteht und die Art und Weise, wie Vereinbarungen über die Beteiligung der Arbeitnehmer getroffen werden, enthalten.

812 Zusätzlich hat der betroffene Mitgliedstaat gemäß Art. 24 Abs. 2 SE-VO das Recht, Schutzvorschriften zu Gunsten von Minderheitsaktionären anzuwenden, wenn er solche erlassen hat.

813 Auf die SE gehen gemäß Art. 29 Abs. 1 SE-VO das gesamte Vermögen der verschmelzenden Gesellschaften sowie bestehende Arbeitsverhältnisse über. Die Aktionäre der verschmelzenden Gesellschaften werden Aktionäre der SE. Die Eintragung der Gesellschaft erfolgt nur, wenn die in der Verordnung und den betroffenen Mitgliedstaaten festgelegten Voraussetzungen der Verschmelzung erfüllt sind und die zuständige Behörde über die Erfüllung der Voraussetzungen eine Bescheinigung ausstellt. Gemäß Art. 19 SE-VO kann das Recht eines Mitgliedstaats vorsehen, dass eine zuständige Behörde gegen die Verschmelzung Einspruch erhebt, wenn ein öffentliches Interesse vorliegt. Gegen den Einspruch muss aber ein Rechtsmittel vor Gericht zulässig sein.

814 Gemäß Art. 37 Abs. 8 SE-VO kann die für die Genehmigung der Umwandlung erforderliche Mehrheit von jedem Mitgliedstaat selber festgelegt werden. Über die Erfüllung der Voraussetzung für eine Umwandlung, insbesondere das Vorhandensein des Mindestkapitals, ist gemäß Art. 37 Abs. 6 SE-VO eine Bescheinigung auszustellen.

815 Bestehende Arbeitsverhältnisse gehen gemäß Art. 37 Abs. 9 SE-VO auf die SE über.

dd) Gründung einer Tochter-SE

Juristische Personen des öffentlichen und Privatrechts können gemäß Art. 2 Abs. 3 SE-VO eine Tochter-SE gründen. Dazu müssen sie zunächst nach dem Recht eines Mitgliedstaates gegründet worden sein und sowohl den (Satzungs-)Sitz als auch den Verwaltungssitz innerhalb der Europäischen Gemeinschaft haben. Außerdem müssen entweder mindestens zwei von der die SE gründenden juristischen Personen dem Recht verschiedener Mitgliedstaaten unterliegen oder alternativ seit mindestens zwei Jahren eine Tochtergesellschaft oder Zweigniederlassung besitzen, die dem Recht eines anderen Mitgliedstaates unterfällt.

ee) Gründung einer Holding-SE

AG und GmbH im Sinne des Anhangs II können gemäß Art. 2 Abs. 2 SE-VO eine Holding-SE gründen.[816] Die Holding-SE muss (unter Beachtung des Drittschutzes) einen Gründungsplan erstellen, der genehmigt werden muss. Die Gründung muss offengelegt und im Register eingetragen werden.

ff) Beteiligung einer Gesellschaft mit Verwaltungssitz außerhalb der Europäischen Gemeinschaft an der Gründung einer SE

Unter engen Voraussetzungen kann auch eine Gesellschaft, die den Sitz ihrer Hauptverwaltung nicht in der Europäischen Gemeinschaft hat, an der Gründung der SE beteiligt werden. Dies gilt aber gemäß Art. 2 Abs. 5 SE-VO nur, wenn ein Mitgliedstaat es zulässt, die Gesellschaft nach dem Recht eines Mitgliedstaates gegründet wurde, ihren (Satzungs-)Sitz in dem Mitgliedstaat hat und mit der Wirtschaft eines Mitgliedstaates in tatsächlicher und dauerhafter Verbindung steht.

b) Organisatorischer Aufbau der SE

Beim organisatorischen Aufbau der SE wird sowohl das englische als auch das deutsche System zugelassen. Die SE muss gemäß Art. 38 SE-VO über eine Hauptversammlung der Aktionäre verfügen. In Anlehnung an das in England herrschende monistische System bedarf sie eines Verwaltungsorgans, das auch die Geschäfte führt, Art. 43 SE-VO.[817] Alternativ kann sie nach dem in Deutschland herrschenden dualistischen System ein Aufsichts- und ein Leitungsorgan

---

816 AG und GmbH im Sinne des Anhangs II sind dabei für Deutschland die AG und GmbH, für England die *Public Company Limited by Shares*, die *Public Company Limited by Guarantee Having a Share Capital*, die *Private Company Limited by Shares* und die *Private Company Limited by Guarantee Having a Share Capital*.

817 Die Mitglieder des Verwaltungsorgans werden gemäß Art. 43 Abs. 3 SE-VO durch die Hauptversammlung bestellt, die Mitglieder des ersten Verwaltungsorgans können durch die Satzung bestellt werden. Spätestens alle drei Monate tritt das Verwaltungsorgan zusammen, um über die laufenden Geschäfte zu beraten, dabei steht jedem Mitglied ein Informationsrecht zu.

einrichten. In diesem Fall führt das Leitungsorgan dann gemäß Art. 39 Abs. 1 SE-VO die Geschäfte.[818] Den Mitgliedstaaten bleibt es überlassen, eine Übertragung der Geschäftsführungsbefugnis auf einzelne oder mehrere Geschäftsführer zuzulassen.

c) Sitzverlegung der SE

Gemäß Art. 8 SE-VO kann die SE ihren Sitz in einen anderen Mitgliedstaat verlegen, ohne dass eine Auflösung oder Neugründung erfolgen muss. Die identitätswahrende Sitzverlegung ist aber nur unter bestimmten Voraussetzungen möglich. Zunächst muss das Leitungs- oder Verwaltungsorgan gemäß Art. 8 Abs. 2 SE-VO einen Verlegungsplan erstellen.[819] Zwei Monate nach Offenlegung des Verlegungsplans kann gemäß Art. 8 Abs. 6 SE-VO die Verlegung beschlossen werden. Um die Sitzverlegung durchführen zu können, muss eine im Sitzstaat zuständige öffentliche Stelle (Gericht, Notar, Behörde) gemäß Art. 8 Abs. 8 SE-VO eine Bescheinigung ausstellen, dass die Sitzverlegung zulässig ist und alle Voraussetzungen erfüllt wurden. Insbesondere die Interessen der Gläubiger der SE müssen gewahrt worden sein, Art. 8 Abs. 7 SE-VO. Mit der Bescheinigung kann gemäß Art. 8 Abs. 9 SE-VO die Eintragung in ein Register im neuen Sitzstaat beantragt werden, wenn die Erfordernisse für die Eintragung in dem Staat erfüllt sind. Mit Eintragung unterfällt die SE gemäß Art. 8 Abs. 10 SE-VO dem Recht des neuen Sitzstaats. Die Eintragung im alten Sitzstaat wird erst gelöscht, wenn die neue Eintragung erfolgt ist. Der Umzug muss offenge-

---

818 Grundsätzlich bestellt das Aufsichtsorgan die Mitglieder des Leitungsorgans. Die Mitgliedstaaten können aber auch festlegen, dass die Mitglieder des Leitungsorgans von der Hauptversammlung bestellt werden. Die Mitglieder des Aufsichtsorgans werden gemäß Art. 40 Abs. 2 SE-VO von der Hauptversammlung bestellt, das erste Aufsichtsorgan kann auch durch die Satzung bestellt werden. Ein Mitglied des Leitungsorgans darf nicht gleichzeitig in das Aufsichtsorgan und das Leitungsorgan berufen werden. Wird eine Person aus dem Aufsichtsorgan in das Leitungsorgan berufen, ruht sein Amt im Aufsichtsorgan gemäß Art. 39 Abs. 3 SE-VO. Das Aufsichtsorgan überwacht die Führung der Geschäfte. Das Leitungsorgan muss das Aufsichtsorgan in regelmäßigen Abständen, mindestens alle drei Monate, über die Geschäfte unterrichten, außerdem steht dem Aufsichtsorgan bezüglich aller Umstände, die für die Überwachung der Geschäfte erforderlich sind, ein umfassendes Informationsrecht zu. Jedes Mitglied hat das Recht, von den Informationen Kenntnis zu nehmen.

819 In diesem müssen der vorgesehene neue Sitz, etwaige Folgen einer Verlegung, der vorgesehen Zeitplan und vorgesehene Schutzrechte von Gläubigern und/oder Aktionären bezeichnet sein. Insbesondere die rechtlichen und wirtschaftlichen Folgen für Gläubiger und Aktionäre müssen gemäß Art. 8 Abs. 3 SE-VO im Einzelnen detailliert dargelegt werden und den Betroffenen zur Einsicht zugänglich gemacht werden. Die Mitgliedstaaten haben dabei noch das Recht, für den Schutz von Minderheitsaktionären, die der Verlegung widersprochen haben, zusätzliche Regelungen zu treffen.

legt und im Amtsblatt der Europäischen Gemeinschaft mit den Umzugsdaten veröffentlicht werden. Die Mitgliedstaaten können sich vorbehalten, dass die Behörde, die die Bescheinigung ausstellt, innerhalb von zwei Monaten gegen die Sitzverlegung Einspruch einlegen kann, wenn das öffentliche Interesse einer solchen entgegensteht, Art. 8 Abs. 14 SE-VO.[820] Für Forderungen, die vor der Sitzverlegung der SE entstanden sind, gilt das Recht des alten Sitzstaates, auch wenn die SE erst nach der Verlegung verklagt wird.

Eine Verlegung des Sitzes kommt gemäß Art. 8 Abs. 15 SE-VO nicht in Betracht, wenn gegen die SE ein Verfahren wegen Auflösung, Liquidation, Zahlungsunfähigkeit oder vorläufiger Zahlungseinstellung oder ein vergleichbares Verfahren eröffnet wurde. Außerdem darf eine Sitzverlegung gemäß Art. 37 Abs. 3 SE-VO nicht anlässlich der Umwandlung einer AG in eine SE erfolgen.

d) Analyse der Verordnung

Die Verordnung räumt trotz ihrer doch recht detaillierten Regelungen den Mitgliedsstaaten relativ viel Handlungs- und Entscheidungsfreiheit ein. Sie haben beispielsweise die Möglichkeit, weitgehende Schutzbestimmungen für Minderheiten zu erlassen[821] und können die Sitzverlegung von ihrer Zustimmung abhängig machen.[822] Auch werden die nationalen Unterschiede und Gegebenheiten der einzelnen Mitgliedstaaten beachtet, da die Verordnung an einigen Stellen auf nationales Aktienrecht verweist und diesem uneingeschränkte Geltung zukommt.[823]

Die Verordnung geht grundsätzlich von der Gründungstheorie aus, da sie den (Satzungs-)Sitz für maßgeblich erklärt. Die Sitztheorie wird dann zur Einschränkung der Gründungstheorie verwendet. Die Verordnung versucht einen Ausgleich zwischen Sitz- und Gründungstheorie zu schaffen, in dem es den starken Dritt- und Verkehrsschutz der Sitztheorie mit der Klarheit und Flexibilität der Gründungstheorie kombiniert.

aa) Die Gründung der SE

Das Zusammenspiel von Gründungs- und Sitztheorie zeigt sich beispielsweise deutlich bei der Gründung und der grenzüberschreitenden Sitzverlegung der SE. Hinsichtlich der Gründungsanforderungen erklärt die Verordnung grundsätzlich die Rechtsordnung des (Satzungs-) Sitzes für maßgeblich (Gründungstheorie),

---

820 Gegen den Einspruch muss aber ein Rechtsmittel vor einem Gericht eingelegt werden können.

821 Vgl. dazu zum Beispiel Art. 8 Abs. 5 SE-VO.

822 Vgl. dazu Art. 8 Abs. 14 SE-VO.

823 Vgl. *Neuling*, S. 227.

vgl. Artt. 2 ff., 15 ff. SE-VO. Diese Regelung wird relativiert, da sich gemäß Art. 7 SE-VO der Verwaltungssitz der SE zumindest in demselben Mitgliedstaat befinden muss. Damit wird verhindert, dass Verwaltungssitz und Satzungssitz verschiedenen Rechtsordnungen unterfallen. Diese Regelung entspricht dem Ansatz der Sitztheorie, die gerade dieses Ziel verfolgt. Gemäß Art. 7 SE-VO können die Mitgliedstaaten verlangen, dass sowohl Satzungs- als auch Verwaltungssitz der SE sich an demselben Ort befinden. Gäbe es diese Regelung nicht, könnten beide Sitze der SE in Ländern mit territorialer Rechtsspaltung (beispielsweise Großbritannien) zwar in einem Land liegen, aber trotzdem verschiedenen Rechtsordnungen unterfallen, so dass das Ziel einer Beurteilung der SE nach einer einheitlichen Rechtsordnung nicht erreicht würde.

bb) Die Sitzverlegung

Art. 8 SE-VO geht bei der Sitzverlegung grundsätzlich von der Gründungstheorie aus, da er auf den (Satzungs-)Sitz abstellt. Um den Anforderungen der SE-VO, dass Satzungs- und Verwaltungssitz sich in einem Land befinden, zu genügen, muss jedoch die Hauptverwaltung zwingend mit umziehen. Es kann also nicht allein der (Satzungs-)Sitz der Gesellschaft verlegt werden, da dies einen Verstoß gegen Art. 7 SE-VO bedeuten würde.

cc) Der Drittschutz

Die Regelungen der Sitztheorie kommen insbesondere bei der Frage des Drittschutzes zum Tragen. Großen Wert legt die Verordnung vor allem auf den Arbeitnehmerschutz durch häufigen Verweis auf die Richtlinie hinsichtlich der Beteiligung von Arbeitnehmern.[824] Haben die Mitgliedstaaten noch keine eigenen Schutznormen, müssen sie diese einführen.

Des Weiteren muss die SE nachweisen, dass ihre Gläubiger (bei der Vollstreckung der Forderungen gegen die SE) angemessen geschützt sind, bevor sie ihren Sitz verlegen darf. Minderheitenaktionäre können zusätzlich (beispielsweise bei der Gründung der SE) durch Regelungen in den Mitgliedstaaten besonders geschützt werden.

e) Kritik an der Verordnung

Die Verordnung weist einige Probleme auf, die nachfolgend näher erörtert werden.

aa) Die Gründung der Gesellschaft

Schon die Anforderungen an eine wirksame Gründung der SE sind zu hoch.

---

[824] *Richtlinie 2001/86/EG*, ABlEG 2001, L 294 S. 22.

Das Grundkapital muss 120.000,- € betragen, so dass die SE für kleinere und mittelständische Firmen (für die diese Gesellschaftsform nach der Verordnung grundsätzlich auch interessant sein sollte), die das Grundkapital schwer aufbringen können, keine sinnvolle Gesellschaftsform ist.[825]

Auch sind die Anforderungen zur Beteiligung von Gesellschaften an einer SE zu hoch. Nur eine Gesellschaft, die schon fast als eine „inländische" zu bezeichnen ist, hat nach Art. 2 Abs. 5 SE-VO[826] die Möglichkeit, sich an der SE zu beteiligen. Dies fördert zwar den Drittschutz, da sich außereuropäische Gesellschaften nur unter engen Voraussetzungen an der SE beteiligen können und ihre Bonität schwer zu kontrollieren ist. Der Handelsverkehr wird aber zu sehr eingeschränkt, da der Anreiz einer Beteiligung nicht groß ist. Auch die Regelung des Art. 7 SE-VO ist viel zu starr. Will die Gesellschaft den Verwaltungssitz verlegen, muss sie wegen des Erfordernisses, dass Satzungs- und Verwaltungssitz zumindest in demselben Staat liegen müssen[827], gemäß Art. 8 SE-VO auch ihren Satzungssitz verlegen. Diese Regelung ist umständlich und lässt sich mit dem Ziel der Verordnung, eine zügige Verwaltungssitzverlegung ohne Verlust der Rechtsnatur in einen anderen Mitgliedsstaat zu ermöglichen, schwer vereinbaren.

bb) Der Arbeitnehmerschutz

Des Weiteren ist die Beteiligung und der Schutz der Arbeitnehmer[828] bei der SE zu stark. Ein so stark ausgeprägter Schutz und Mitbestimmung der Arbeitnehmer sind nur für Firmen interessant, die Schutzregelungen und eine Beteiligung der Arbeitnehmer schon kennen.[829] In Ländern, in denen es kaum oder keine Arbeitnehmerbeteiligung beziehungsweise keinen Arbeitnehmerschutz gibt, wird das Leitungsorgan kein Interesse daran haben, sich bei der Beteiligung oder Umwandlung in einer SE sich seiner umfassenden Bestimmungsgewalt beschneiden zu lassen.

---

825 So auch *Joris*, I.F.L.R. 2002, 19 (23).

826 Vgl. die Ausführungen S. 160 „Beteiligung einer Gesellschaft mit Verwaltungssitz außerhalb der Europäischen Gemeinschaft an der Gründung einer SE"; Art. 2 Abs. 5 SE-VO bestimmt, unter welchen Umständen sich eine Gesellschaft, die ihren Verwaltungssitz in keinem Mitgliedsstaat hat, an einer SE beteiligen kann. Dazu muss sie kumulativ ihren Satzungssitz in dem Staat haben, nach dessen Recht gegründet worden sein und noch mit der Wirtschaft eines Mitgliedsstaates in dauerhafter Verbindung stehen.

827 Sogar noch mit der Option, dass beide an demselben Ort liegen müssen.

828 Vgl. beispielsweise Art. 23 Abs. 2 SE-VO. Kritische Betrachtung dazu vgl. *Herfs-Röttgen*, NZA 2002, 358 (365).

829 Vgl. *Joris*, I.F.L.R. 2002, 19 (23).

cc) Das öffentliche Interesse

Auch der in Art. 8 Abs. 14 SE-VO geregelte Schutz des (Satzungs-) Sitzstaates schränkt die Bewegungsfreiheit der SE ein. Der Sitzstaat kann die Sitzverlegung der Gesellschaft ablehnen, wenn hieran ein öffentliches Interesse besteht. Wann ein solches besteht, wird nicht geregelt, so dass die Fälle des öffentlichen Interesses sehr weit gefasst werden könnten. Geht es einem Mitgliedsstaat beispielsweise wirtschaftlich schlecht oder will er die Gesellschaft aus anderen Gründen im Land halten, kann er gegebenenfalls ein öffentliches Interesse geltend machen und die Sitzverlegung verhindern. Damit wird dem Mitgliedstaat „durch die Hintertür" ein wirtschaftspolitisches Machtinstrument in die Hand gegeben, das dem Sinn der Verordnung widerspricht.

dd) Das Insolvenzverfahren

Ein weiterer Kritikpunkt ist Art. 8 Abs. 15 SE-VO. Es ist lediglich geregelt, dass die Verlegung des Sitzes nicht möglich ist, wenn schon ein Insolvenzverfahren oder ein vergleichbares Verfahren gegen die Gesellschaft eingeleitet wurde. Damit kann die SE den Sitz noch verlegen, wenn ein solches Verfahren droht oder für die Zukunft möglich erscheint. Diese Regelung verwirklicht zwar Flexibilität in der Anwendbarkeit der Verordnung, der Drittschutz ist aber erheblich gefährdet. Die SE kann sich dem drohenden Insolvenzverfahren durch Sitzverlegung unter Umständen entziehen oder die Durchführung zumindest erschweren. Dadurch besteht die Gefahr des insolvenzrechtlichen „Forumshoppings", das Gläubigerrechte erheblich gefährdet. Zwar könnte hier das Merkmal des öffentlichen Interesses gemäß Art. 8 Abs. 14 SE-VO greifen und die Sitzverlegung untersagt werden. Jedoch ist das Geltendmachen des öffentlichen Interesses nur optional und damit kein ausreichender Schutz der Gläubigerinteressen.

f) Umsetzung der Regelungen in Deutschland und England

aa) Unmittelbare Geltung

Die Verordnung gilt gemäß Art. 249 Abs. 1 EG unmittelbar in jedem Mitgliedstaat, so dass es in einem Staat keines Umsetzungsaktes in nationales Recht mehr bedarf.[830]

Soweit die Verordnung auf nationales Aktiengesellschaftsrecht verweist, können im deutschen AktG Ergänzungen eingefügt werden, die die Regelungen auf die SE für anwendbar erklären.

830 *Streinz*, Rn. 377; *Thoma/Leuering*, NJW 2002, 1449; sie regelt einen generell abstrakten Sachverhalt und jede einzelne Regelung ist verbindlich.

In England können in die entsprechenden Artikel des *Company Law Act 1985* ebenfalls Ergänzungen für die SE eingefügt werden.

bb) Zusätzliche Schutzregeln

Soweit die Verordnung den Mitgliedstaaten gestattet, zusätzlich zu den in der Verordnung enthaltenen, eigene nationale Regelungen für die SE zu schaffen, gibt es zwei Möglichkeiten. Entweder kann der Staat ein eigenes Gesetz für die SE schaffen oder in bestehende Regelungen Verweise und Ergänzungen einfügen.

(1) Regelungen in Deutschland

Im deutschen Recht wäre es sinnvoll, die SE in das AktG aufzunehmen, da die SE mit der AG fast identisch ist. Dazu könnten entweder die bestehenden Regelungen im AktG um Absätze erweitert werden oder aber die SE erhält einen eigenen Abschnitt im AktG, von dem aus gegebenenfalls auf schon bestehende Regelungen verwiesen wird. Aus Gründen der Übersicht und Klarheit der Normen ist die zweite Variante vorzuziehen. Aufgrund der starken Ähnlichkeit der SE mit der AG ist die Schaffung eines eigenes Gesetz nicht notwendig.

(2) Regelungen im englischen Recht

Im englischen Recht könnte entweder ein eigenes Gesetz für die SE geschaffen werden, bestehende Regelungen erweitert oder der SE könnte ein eigener Abschnitt im *Companies Act 1985* gewidmet werden. Am Sinnvollsten wäre hier zwar auch aus Gründen der Klarheit für die SE einen eigenen Abschnitt im *Companies Act 1985* zu schaffen. Am Beispiel der *Limited Liability Partnership* wird jedoch deutlich, dass das englische Recht die Möglichkeit bevorzugt, die betroffenen *Acts* nur zu ergänzen.[831] Damit ist zu vermuten, dass das englische Recht wohl ergänzende Regelungen für die SE in den *Companies Act 1985* aufnehmen wird.

g) Abschließende Betrachtung

Da die Anknüpfung der Stellvertretung unstreitig ist und sich nach dem Gesellschaftsstatut richtet, kommt es, wie bereits oben dargelegt, für die Anknüpfung der Stellvertretung auf die Sekundärebene an. Auf dieser ist die Verordnung angesiedelt. Sie erweist sich aber insgesamt als zu starr und unflexibel, um einen sinnvollen Ansatz zur Ermittlung des Gesellschaftsstatuts und damit des auf die Stellvertretung anwendbaren Rechts zu bieten.[832]

---

[831] Die für Kapitalgesellschaften gedachten Vorschriften wurden für die *Limited Liability Partnership* als anwendbar erklärt und ergänzt, vgl. *Limited Liability Partnership Regulations 2001*.

[832] Obwohl die Verordnung schon flexibler gestaltet ist als die Vorentwürfe, vgl. *Blanquet*, ZGR 2002, 20 (64).

Der Drittschutz ist insgesamt zu stark ausgeprägt. Er verhindert eine flexible und einfache Regelung bezüglich der Sitzverlegung. Einerseits sind die Regelungen zu kompliziert, andererseits nimmt die Sitzverlegung auf Grund der verschiedenen Schritte zur wirksamen Sitzverlegung verhältnismäßig viel Zeit in Anspruch. Dies schafft keinen großen Anreiz für die Gesellschaft, ihren Sitz zu verlegen. Schließlich fehlt der Drittschutz an einer Stelle, an der er zum Schutz der Gläubiger unbedingt notwendig wäre, nämlich im Fall der drohenden Insolvenz.

4. Der Vorschlag der Kommission einer 14. Richtlinie zur Verlegung des Gesellschaftssitzes innerhalb der EU

Die Europäische Kommission hat eine Richtlinie vorgeschlagen, die die grenzüberschreitende Verlegung des Gesellschaftssitzes innerhalb der EU ermöglichen soll.[58] Diese Richtlinie trägt der in Art. 293 Spiegelstrich 3 EG vorgesehenen Ermöglichung der grenzüberschreitenden Sitzverlegung durch die Mitgliedsstaaten Rechnung.

a) Allgemeines

Der Vorschlag zur Richtlinie (14. RL) zielt auf die identitätswahrende grenzüberschreitende Sitzverlegung von juristischen Personen[59], die nach dem Recht eines Mitgliedsstaats wirksam gegründet wurden. Weiteres Ziel der Richtlinie ist, die Sitzverlegung transparent zu machen und die Interessen der betroffenen Gläubiger und Gesellschafter zu schützen. Die Richtlinie will ihr Ziel nicht durch Harmonisierung der einzelnen Regelungen der Mitgliedsstaaten erreichen, sondern lässt die Anknüpfung der Gesellschaft nach der Gründungs- oder Sitztheorie in den Ländern bestehen.[60] Verlegt die Gesellschaft ihren Satzungs- oder Verwaltungssitz, muss sie ihre Satzung zunächst der neuen Rechtsordnung, der sie nach Sitzverlegung unterfällt, anpassen. Knüpft der Zuzugsstaat an den Verwaltungssitz der Gesellschaft an, muss sie den Satzungs- und Verwaltungssitz verlegen[61], um dem neuen Recht zu unterfallen. Knüpft der Zuzugsstaat hingegen an den Satzungssitz an, muss die Gesellschaft grundsätzlich nur diesen verlegen, wenn sie dem neuen Recht unterfallen will. Wichtigste Voraussetzung für die identitätswahrende Sitzverlegung der Gesellschaft ist (wie bei der SE) die Eintragung in das Register des Zuzugsstaates.

---

58 Vgl. *Di Marco*, ZGR 1999, 3;

59 Vgl. *Vorentwurf des Richtlinienvorschlags*, ZGR 1999, 157; allgemein dazu *Rammeloo*, 2 M.J.L. (1999), 105.

60 *Vorentwurf des Richtlinienvorschlags*, ZGR 1999, 157 (160); dies geschieht in Anwendung des Subsidiaritätsgrundsatzes, vgl. *Priester*, ZGR 1999, 36 (37).

61 Vgl. S. 62 ff. „Nachträgliches Auseinanderfallen von Verwaltungs- und Satzungssitz".

Der Richtlinienentwurf ist der Verordnung über die SE nachgebildet, so dass sie sich in weiten Teilen entsprechen.[62]

b) Regelungsgehalt des Vorschlags

Gemäß Art. 1 14. RL umfasst der Vorschlag sowohl die Verlegung des Satzungs- als auch des Verwaltungssitzes innerhalb der EU[63], wobei unter „satzungsmäßigem" Sitz (Art. 2 a) 14. RL) der Ort der Eintragung, unter „tatsächlichem" Sitz (Art. 2 b) 14. RL) der Ort der Hauptverwaltung zu verstehen ist.

Gemäß Artt. 4 - 9 14. RL muss zur Sitzverlegung ein Verlegungsplan, mit denselben Zustimmungserfordernissen wie bei der SE, erstellt werden.[64] Sie ist mit Eintragung in das Register des Zuzugsstaats abgeschlossen (vgl. Art. 11 Abs. 1 14. RL). Die Sitzverlegung muss bekannt gemacht werden, vgl. Art. 11 Abs. 4 14. RL. Eine Gesellschaft, die sich in Liquidation befindet oder der gegenüber ein Verfahren wegen Zahlungsunfähigkeit eröffnet wurde, kann ihren Sitz nicht verlegen, Art. 12 14. RL.

c) Analyse und Kritik des Vorschlags

Der Vorschlag enthält die gleichen hohen Anforderungen für die Sitzverlegung wie die Verordnung über das Statut der Europäischen Gesellschaft.[65] Damit ist er ebenso wenig flexibel zu handhaben. Des Weiteren fallen nur Kapitalgesellschaften[66] in den Anwendungsbereich, so dass Handelsgesellschaften trotz zwingender Registereintragung und Gesellschaften, die sich nicht in ein Register eintragen müssen, nicht erfasst werden. Für sie bleibt es in der Zukunft abzuwarten, ob ihnen eine identitätswahrende grenzüberschreitende Sitzverlegung gestattet wird. Außerdem ergibt sich aus dem Vorschlag kein Hinweis, welche Rechtsform die Gesellschaften annehmen müssen, die in dem Zuzugsstaat keine entsprechenden Gesellschaftsformen haben oder ob sie von dem Vorschlag ganz ausgenommen werden.

---

62 *Hoffmann*, ZHR 164 (2000), 43 (51); *Di Marco*, ZGR 1999, 3 (7).

63 Anders *Di Marco*, ZGR 1999, 3 (5), der nur eine Regelung bezüglich der Verlegung des Satzungssitzes für sinnvoll hält.

64 Vgl. die Ausführungen S. 161 „Sitzungsverlegung der SE".

65 *Rajak*, ZGR 1999, 111 (125) fordert sogar, dass in Art. 8 Vorschlag zusätzlich eine Regelung eingefügt wird, um juristische Personen des öffentliche Rechts zu schützen.

66 Obwohl der Begriff „Gesellschaften" des Art. 48 Abs. 2 EG auch die Handelsgesellschaften und die GbR, etc. umfasst. *Neye*, ZGR 1999, 13 (14); *Hoffmann*, ZHR 164 (2000), 43 (51); im englischem Recht bezieht sich die Richtlinie auf nach dem *Companies Act 1985* gegründete Gesellschaften, *Rajak*, ZGR 1999, 111 (119 f.).

Zu begrüßen ist jedoch, dass der Vorschlag nicht versucht, die nationalen Unterschiede zwischen Sitz- und Gründungstheorie zu harmonisieren, so dass jeder Mitgliedsstaat seine nationalen Regelungen beibehalten kann. Damit vermeidet der Vorschlag, eine Entscheidung zu Gunsten einer Theorie zu treffen und respektiert gleichzeitig die Souveränität der einzelnen Staaten.[842]

d) Umsetzung des Vorschlags in Deutschland und England

Im Gegensatz zu einer Verordnung entfaltet die Richtlinie grundsätzlich keine unmittelbare Geltung im nationalen Recht, so dass sie der Umsetzung in nationale Rechtsvorschriften bedarf.[843] Zu beachten ist, dass nach der Umsetzung der Richtlinie die Regelungen zwingend für alle Kapitalgesellschaften der Mitgliedsstaaten gelten, die SE aber auch, nach in Krafttreten der SE-VO, nur eine fakultative Institution im europäischen Gesellschaftsrecht ist.[844]

aa) Umsetzung in Deutschland

Die Umsetzung der Richtlinie kann in Deutschland auf zweierlei Weise erfolgen. Es kann ein Spezialgesetz erlassen werden. Damit wäre aber nur die Sitzverlegung innerhalb Europas geregelt. Es ist hingegen sinnvoller, die Richtlinie im Umwandlungsgesetz umzusetzen, da so klargestellt werden kann, ob die transformierten Regelungen nur für europäische Gesellschaften gelten oder auch außereuropäische Gesellschaften erfassen. Die Umsetzung im UmwG ist auch deshalb sinnvoll, weil die Gesellschaft durch den Statutenwechsel eine andere Rechtsform erhält und im UmwG schon Regelungen über einen identitätswahrenden Reformwechsel existieren. Mit der Aufhebung der in § 1 Abs. 1 UmwG normierten Beschränkung auf Inlandssachverhalte muss der Gesetzgeber auch zu der Zulässigkeit der identitätswahrenden grenzüberschreitenden Sitzverlegung außerhalb des Anwendungsbereichs der Richtlinie Stellung beziehen.[845] In

842 *Di Marco*, ZGR 1999, 3 (6) sieht in der Harmonisierung der Anknüpfungskriterien einen zu großen Eingriff in bestehendes nationales Recht.

843 *Streinz*, Rn. 391, 398.

844 *Neye*, ZGR 1999, 13 (18).

845 Vgl. auch *Hoffmann*, ZHR 164 (2000), 43 (62); *Schmidt*, ZGR 1999, 20 (31 f.) hält dagegen die spezialgesetzliche Umsetzung für vorzugswürdig.

dem UmwG müssten Regelungen über den Weg- und den Zuzug eingefügt werden.[846]

bb) Umsetzung in England

In England kann die Umsetzung durch ergänzende Vorschriften im *Companies Act 1985* erfolgen.

846 Ausführlich dazu *Hoffmann*, ZHR 164 (2000), 43 (62 ff.).

D. Rechtsvergleichende Zusammenfassung

Das englische und das deutsche Vertretungsrecht weisen viele Regelungen auf, die gleich oder ähnlich sind. Jedoch gibt es auch einige Unterschiede zwischen den beiden Rechtssystemen. Der bemerkenswerteste Unterschied ist, dass die Wirksamkeit der Vollmacht im englischen materiellen Recht von der Wirksamkeit des Grundgeschäfts abhängt. Nur im Kollisionsrecht wird sie vom Grundgeschäft abstrahiert.[847] Das deutsche materielle Recht abstrahiert die Vollmacht nur dann nicht vom Grundgeschäft, wenn dieses selbst erlischt.[848] Des Weiteren bestehen wesentliche Unterschiede bezüglich des Umfangs der Stellvertretung. Anders als im deutschen materiellen Recht, umfasst die Stellvertretung im englischen materiellen Recht nicht nur das rechtsgeschäftliche Tätigwerden des Vertreters, sondern auch das deliktische.[849]

I. Vergleich der materiellrechtlichen Regelungen

1. Die rechtsgeschäftliche Stellvertretung

Im englischen Recht ist die rechtsgeschäftliche Stellvertretung nicht gesetzlich geregelt, sondern fällt unter das gewohnheitsrechtliche *Law of Agency*.[850] Im deutschen Recht ist sie hingegen in den §§ 164 ff. BGB festgeschrieben.[851]

a) Arten der Stellvertretung

Das englische Vertretungsrecht weist Besonderheiten bezüglich verschiedener Arten der Stellvertretung auf. Beispielsweise kennt es die vermutete Vertretungsmacht von Lebenspartnern (*presumed agency of cohabitation*), die im deutschen Recht ausdrücklich auf Ehepartner beschränkt ist (Schlüsselgewalt gemäß § 1357 BGB).[852] Des Weiteren ist im englischen Recht unter gewissen Voraussetzungen eine verdeckte Stellvertretung (*undisclosed agency*) zulässig.[853] Diese verstößt im deutschen Recht gegen das Prinzip der Offenkundigkeit (ausgenommen der Geschäfte des täglichen Lebens). Legt der Vertreter sein Handeln für einen anderen nicht offen, wird er nach deutschem materiellen Recht selbst verpflichtet; die Stellvertretungsregeln sind nicht anwendbar.[854]

---

847 Vgl. S. 84 „Abstraktheit der Vollmacht"; S. 110 „Allgemeines".
848 Vgl. S. 7 „Abstraktheit der Vollmacht".
849 Vgl. S. 79 „Vertretungsrecht in England (agency)" und Fn. 418.
850 Vgl. S. 79 „Vertretungsrecht in England (agency)".
851 Vgl. S. 4 „Rechtsgeschäftliche Vertretung".
852 Vgl. S. 85 „Konkludente Vollmacht (implied *authority)*".
853 Vgl. S. 88 „Die verdeckte Stellvertretung (undisclosed *agency)*".
854 Vgl. S. 5 „Handeln in fremdem Namen (Offenkundigkeitsprinzip)".

b) Die Begründung des Stellvertretungsverhältnisses

Zur Erteilung der Vollmacht bedarf es in England eines zweiseitigen Vertrags, während in Deutschland eine einseitige empfangsbedürftige Willenserklärung ausreicht. Daher kann die Vollmacht im deutschen Recht als Innen-, Außen- oder nach außen kundgemachte Vollmacht erteilt werden, während sie auf Grund des Vertragscharakters nur wirksam als Innenvollmacht (im Verhältnis zwischen Vertreter und Geschäftsherr) erteilt werden kann.[855] Bezüglich der Form der Erteilung der Vollmacht ergeben sich keine Unterschiede in den beiden Rechtsordnungen, da die Erteilung der Vollmacht grundsätzlich, mit Ausnahme von bestimmten Geschäften, formfrei ist.[856] Im englischen Recht muss auf das Institut der Personenidentität von Vertreter und Geschäftsherrn (*fiction of identity*) zurückgegriffen werden, um einen Verstoß gegen den Grundsatz der *privity of contract* zu verhindern. Der *Contracts (Rights of Third Parties) Act 1999* ist auf die Stellvertretung nicht anwendbar.[857] Das deutsche materielle Recht bedarf keiner solchen Regelung, da es keine *privity of contract* kennt[858], sondern von dem Repräsentationsprinzip ausgeht.

c) Die Person des Geschäftsherrn und des Vertreters

In beiden Rechtsordnungen ist die volle Geschäftsfähigkeit keine zwingende Voraussetzung für eine wirksame Stellvertretung. Geschäftsunfähige können jedoch nach beiden Rechtsordnungen keine Geschäftsherrn sein.[859] Minderjährige können Geschäftsherrn sein, wenn sie das Geschäft selbst vornehmen können.[860] Minderjährige können nach beiden Rechtsordnungen Vertreter sein; Unterschiede ergeben sich im deutschen und englischen Recht lediglich bei der Altersgrenze für die Vertreterfähigkeit. In Deutschland muss der Vertreter über sieben Jahre alt sein[861], in England reicht es aus, dass der Minderjährige seine Vertretertätigkeit begreift.[862] Damit hängt die Fähigkeit, Stellvertreter zu sein, im englischen Recht von der Einsichtsfähigkeit des Minderjährigen ab, so dass auch ein

855 Für England vgl. S. 81 „Begründung der Vertretungsmacht"; für Deutschland vgl. S. 6 „Begründung der Vertretungsmacht".

856 Für England vgl. S. 81 „Begründung der Vertretungsmacht"; für Deutschland vgl. S. 6 „Begründung der Vertretungsmacht".

857 Vgl. S. 82 „Identität von Vertreter und Vertretenem (fiction *of identity)*".

858 Vgl. S. 4 „Rechtsgeschäftliche Vertretung".

859 Für Deutschland vgl. S. 4 „Eigene Willenserklärung"; für England vgl. S. 84 „Abstraktheit der Vollmacht".

860 Für Deutschland vgl. S. 6 „Begründung der Vertretungsmacht"; S. 10 „Die Anscheinsvollmacht"; für England vgl. S. 84 „Abstraktheit der Vollmacht".

861 Vgl. S. 4 „Eigene Willenserklärung".

862 Vgl. S. 83 „Wirksame Erteilung der Vertretungsmacht".

Geschäftsunfähiger Vertreter sein kann, wenn er seine Tätigkeit als Vertreter zu erfassen vermag.

d) Die Rechtsscheinvollmacht

Der Begriff der Rechtsscheinvollmacht ist im englischen Recht weiter gefasst als im deutschen, da das englische Recht keine strikte Trennung zwischen Anscheins- und Duldungsvollmacht durchführt. Außerdem fällt die nach außen kundgemachte Vollmacht oder Außenvollmacht im englischen Recht ebenfalls unter die Rechtscheinvollmacht, weil die Vollmacht nicht gegenüber einem Dritten erteilt werden kann.[863]

e) Das Erlöschen der Vollmacht

Für das Erlöschen der Vollmacht ergeben sich in beiden Rechtsordnungen lediglich im Detail Unterschiede.

aa) Erlöschen der Vollmacht in Deutschland

Die Vollmacht erlischt im deutschen Recht trotz Weiterbestehen des Grundverhältnisses mit Zweckerreichung, Zeitablauf oder Widerruf. Sie erlischt ebenfalls gemäß § 168 S. 1 BGB zusammen mit dem Grundgeschäft. Des Weiteren erlischt die Vollmacht automatisch mit dem Grundgeschäft, wenn der Bevollmächtigte stirbt oder geschäftsunfähig wird. Stirbt hingegen der Geschäftsherr oder wird er geschäftsunfähig, so wirkt sich die Abstraktheit der Vollmacht aus. Die Vollmacht erlischt nicht automatisch mit dem Grundgeschäft (dem Auftrag), sondern es muss durch Auslegung ermittelt werden, ob nach dem Willen der Parteien die Vollmacht erlöschen soll. Ist die Vollmacht erloschen, so kann der Bevollmächtigte nur noch als *falsus procurator* (Vertreter ohne Vertretungsmacht) handeln. Hier greifen dann die §§ 177 ff. BGB.[864]

bb) Erlöschen der Vollmacht in England

Die Vollmacht kann im englischen Recht durch formlosen Widerruf, oder Verzicht des Stellvertreters erlöschen. Der Widerruf kann solange erfolgen, wie der Stellvertreter keine unwiderruflichen Handlungen (*irrevocable steps*) unternommen hat. Danach kann die Vollmacht nur noch mit der Zustimmung des Vertreters widerrufen werden. Die Stellvertretung wird außerdem beendet, wenn sie unrechtmäßig ist oder wenn entweder der Stellvertreter oder der Geschäftsherr sterben. Unklar ist, ob die Vertretungsmacht des Vertreters automatisch erlischt, wenn der Geschäftsherr geschäftsunfähig wird. Diese Unklarheit ist bis

---

[863] Für England vgl. S. 91 „Rechtsscheinvollmacht (apparent *authority)*"; für Deutschland vgl. S. 9 „Rechtsscheinvollmacht".

[864] Vgl. S. 8 „Erlöschen der Vollmacht und die Rechtsfolgen"; vgl. auch die Ausführungen S. 7 „Umfang der Vertretungsmacht".

heute nicht beseitigt, sondern es wurde nur entschieden, dass es für die Bindung des Vertreters an das Geschäft mit dem Dritten zumindest auf die Kenntnis der Geschäftsunfähigkeit ankommt.[865] Ist die Vollmacht erloschen, so kann der Stellvertreter den Geschäftsherrn nur noch nach Rechtsscheingrundsätzen verpflichten.[866]

2. Die organschaftliche Stellvertretung

Für die organschaftliche Vertretung ergeben sich in beiden Rechtsordnungen nicht so viele Unterschiede wie bei der rechtsgeschäftlichen Stellvertretung. Die Vertretung der Gesellschaften wird im englischen Recht in verschiedenen *Partnerships* und *Companies Acts* geregelt, während sie im deutschen Recht gesetzlich festgeschrieben ist.[867] Außerdem kennt das englische Gesellschaftsrecht grundsätzlich keinen Aufsichtsrat. Jedoch werden in größeren Unternehmen die Aufgaben der Direktoren so aufgeteilt, dass die nicht geschäftsführenden Direktoren (*non-executive direktors*) die Funktion des Aufsichtsrats übernehmen.[868]

a) Die Gesellschaftsformen

Das englische materielle Recht kennt die Gesellschaftsform der GbR nicht sondern nur die *General Partnership*, die der OHG gleicht.[869] Bei der *General Partnership* werden im rechtsgeschäftlichen und deliktischen Bereich sowohl die Gesellschaft als auch die Gesellschafter verpflichtet[870], während bei der deutschen OHG grundsätzlich nur die Gesellschaft verpflichtet wird. Die Haftung der Gesellschafter ergibt sich auf Grund der Akzessorietät aus § 128 HGB.[871] Die gleichen Grundsätze gelten nach dem Urteil vom 29.01.2001 auch für die GbR.[872] Die deutsche KG und die englische *Limited Partnership* sind in beiden Rechtsordnungen identisch.[873] Die *Limited Liability Partnership* ent-

865 Vgl. S. 90 „Beendigung der Stellvertretung".

866 Vgl. S. 90 „Beendigung der Stellvertretung".

867 Vgl. für England S. 80 „Arten der Stellvertretung"; für Deutschland vgl. Seite 12 „Organschaftliche Vertretung".

868 Vgl. für England S. 101 „Organe" der *Private Company Limited by Shares*"; für Deutschland S. 22 „Die Kapitalgesellschaften".

869 Vgl. S. 93 „Allgemeines".

870 Vgl. S. 95 „Umfang und Grenzen der Vertretungsmacht des Gesellschafters bei der *General Partnership*".

871 Vgl. S. 18 „Die offene Handelsgesellschaft (OHG)"; S. 21 „Person des Vertretenen bei der OHG".

872 Vgl. S. 17 „Person des Vertretenen bei der GbR".

873 Vgl. für Deutschland S. 21 „Die Kommanditgesellschaft (KG)"; für England S. 97 „Die beschränkte Personengesellschaft (Limited *Partnership)*".

spricht der deutschen GbR mbH.[874] Im Kapitalgesellschaftsrecht gleichen sich die Gesellschaftsformen beider Rechtsordnungen ebenfalls sehr. Im englischen Recht sind jedoch die *Private Company* („GmbH") und *Public Company* („AG") keine getrennten Gesellschaftsarten sondern Varianten einer einheitlichen Gesellschaftsform. Sowohl bei der *Private Company* („GmbH") als auch bei der *Public Company* („AG") können jeweils drei verschiedene Haftungsformen der Gesellschafter vereinbart werden.[875]

b) Die Vertretung der Gesellschaften

aa) Die Vertretung bei Personen(handels)gesellschaften

Bei den Personen(handels)gesellschaften wird die Vollmacht im englischen materiellen Gesellschaftsrecht nicht vom Grundgeschäft getrennt, so dass die Geschäftsführungsbefugnis grundsätzlich mit der Vertretungsmacht identisch ist.[876] Im deutschen Recht laufen die Vertretungs- und die Geschäftsführungsbefugnis zwar häufig parallel, werden jedoch strikt von einander getrennt. Die Geschäftsführungsbefugnis regelt das Innenverhältnis, während die Vertretungsmacht sich auf das Außenverhältnis bezieht.[877]

bb) Die Vertretung bei Kapitalgesellschaften

Die Vertretung der Kapitalgesellschaften ist im englischen Recht nach der Mandatstheorie rechtsgeschäftlich. Damit ist auch das *Law of Agency* auf sie anzuwenden. Nur die Hauptversammlung ist ein Organ der Gesellschaft im Sinne der Organtheorie. Vertreter der Gesellschaft kann eine natürliche oder juristische Person sein.[878] Im deutschen Kapitalgesellschaftsrecht beruht die Vertretung der Gesellschaft hingegen auf Gesetz; Vertreter kann ausschließlich eine natürliche Person sein.[879]

Die „Vertretungsorgane" der Kapitalgesellschaft

Grundsätzlich ist sowohl im deutschen als auch im englischen Kapitalgesellschaftsrecht der Vorstand für die Vertretung der Gesellschaft zuständig.[880] Im englischen Recht ist *Gesamtvertretung* vorgesehen; davon kann aber im Gesell-

---

874 Vgl. S. 98 „Die Personengesellschaft mit beschränkter Haftung (Limited *Liability Partnership)*".

875 Vgl. S. 99 „Allgemeines".

876 Vgl. S. 103 „Vertretung der Kapitalgesellschaft".

877 Vgl. S. 14 „Vertretung der GbR"; S. 19 „Vertretung der OHG".

878 Vgl. S. 80 „Arten der Stellvertretung"; S. 103 „Vertretung der Kapitalgesellschaft".

879 Vgl. S. 23 „Vertretung der AG"; S. 24 „Vertretung der GmbH".

880 Für England vgl. S. 103 „Der Vorstand (board *of directors)*"; für Deutschland vgl. S. 22 „Die Kapitalgesellschaften".

schaftsvertrag abgewichen werden.[881] Das deutsche Recht wählt einen differenzierenden Ansatz. Bei der GbR, AG und GmbH ist grundsätzlich *Gesamtvertretung*, bei der OHG und KG *Einzelvertretung* vorgesehen. Davon kann im Gesellschaftsvertrag ebenfalls abgewichen werden.[882] Die Vertretungsmacht der Direktoren ist in der Regel umfassend, wird jedoch im englischen Recht durch die *Ultra-Vires* Lehre, durch interne Vereinbarungen, durch den Rechtsschein der gewöhnlichen Vertretungsmacht (*usual authority*) und durch die Organisation im Innenrecht (*Rule in Turquant's Case*) beschränkt.[883] Im deutschen Recht kann die Vertretungsmacht grundsätzlich nicht beschränkt werden. Die in § 82 Abs. 2 AktG genannten Einschränkungen gelten nur im Innenverhältnis. Lediglich in den Fällen des Missbrauchs der Vertretungsmacht oder Kollusion kann die Vertretungsmacht ausnahmsweise beschränkt werden.[884]

Das englische Kapitalgesellschaftsrecht sieht in bestimmten Bereichen für den Sekretär und die Hauptversammlung eine ergänzende oder eine ausschließliche Vertretungsmacht vor.[885] Die Stellvertretung durch diese „Organe" ist dem deutschen Recht fremd.[886]

II. Vergleich der kollisionsrechtlichen Regelungen

Auch bei der kollisionsrechtlichen Anknüpfung der Stellvertretung ergeben sich für Deutschland und England Gemeinsamkeiten und Unterschiede.

1. Die rechtsgeschäftliche Stellvertretung

Weder für England noch für Deutschland bestehen wirksame Staatsverträge, die für die Anknüpfung der rechtsgeschäftlichen Stellvertretung vorrangig zu beachten sind.[887] Anders als im materiellen Recht trennt das englische Kollisionsrecht wie das deutsche Recht zwischen der Vollmacht und der Vertretung.[888]

---

881 Vgl. 103 „Der Vorstand (board *of directors)*".

882 Vgl. S. 14 „Arten der Vertretung der GbR"; S. 21 „Vertretung der KG, Arten und Grenzen"; S. 23 „Umfang, Grenzen und Beendigung der Vertretungsmacht bei der AG"; S. 24 „Vertretung der GmbH".

883 Vgl. S. 106 „Grenzen der Vertretungsmacht des Vorstands".

884 Vgl. S. 23 „Umfang, Grenzen und Beendigung der Vertretungsmacht bei der AG"; S. 24 „Umfang, Grenzen und Beendigung der Vertretungsmacht bei der GmbH".

885 Vgl. S. 103 „Vertretung der Kapitalgesellschaft".

886 Vgl. für England S. 104 „Der Sekretär (company *secretary)*" und S. 104 „Die Hauptversammlung (general *meeting)*"; für Deutschland S. 22 „Die Kapitalgesellschaften".

887 Für England vgl. S. 110 „Vorrangige Staatsverträge"; für Deutschland vgl. S. 26 „Vorrangige Staatsverträge".

888 Für England vgl. S. 110 „Allgemeines"; für Deutschland vgl. S. 25 „Allgemeines".

Die Anknüpfung der Vollmacht ist umstritten.

a) Anknüpfung der Vollmacht ohne Rechtswahl

aa) Anknüpfung in Deutschland

Für die Anknüpfung der Vollmacht mangels Rechtswahl werden im deutschen Kollisionsrecht die selbstständige und unselbstständige Anknüpfung vertreten.[889]

(1) Die selbstständige Anknüpfung

Die selbstständige Anknüpfung unterstellt die Vollmacht einem von dem Grundgeschäft unabhängigen Vollmachtsstatut. Die Ermittlung des Vollmachtsstatuts geschieht nicht einheitlich. Die *herrschende Meinung*[890] unterstellt die Vollmacht dem Recht des Wirkungs- oder Gebrauchsorts; seine Ermittlung ist umstritten. Für eine einfachere Handhabung der Ermittlung des Vollmachtsstatuts haben die Vertreter dieser Anknüpfungsart Fallgruppen gebildet, innerhalb derer die Anknüpfung wiederum nicht unumstritten ist.[891] *Lüderitz*[892] unterstellt die Vollmacht dem Recht, unter dem der Vertreter erkennbar auftritt. *Kegel*[893] unterstellt die Vollmacht dem Recht des Sitzes des Geschäftsherrn. *Luther*[894] kumuliert die Anwendung des Rechts des Wirkungslandes und des Rechts am Aufenthaltsort des Geschäftsherrn. *Klinke*[895] unterstellt die Vollmacht der Rechtsordnung desjenigen, der das Handeln des Vertreters in dem fremden Rechtskreis veranlasst hat.

Bei der selbstständigen Anknüpfung ist weiter umstritten, welche die Vollmacht betreffenden Fragen unter das Vertretergeschäft (Hauptgeschäft) und welche unter die Vollmacht fallen.[896]

(2) Die unselbstständige Anknüpfung

Die *unselbstständige Anknüpfung* von *Spellenberg*[897] unterstellt die Vollmacht grundsätzlich dem Recht des Hauptgeschäfts, mit Ausnahme von Vollmachten für Mobilien- und Immobiliengeschäfte.[898]

---

889 Vgl. S. 27 „Anknüpfungsmöglichkeiten der Vollmacht ohne Rechtswahl".
890 Vgl. S. 27 „Anknüpfung der Vollmacht an das Wirkungsland".
891 Vgl. dazu unten ab S. 182 „Anknüpfung bei Vollmachten für Distanzgeschäfte" bis S. 184 „Anknüpfung von Börsen-, Messen- und Märktevollmachten".
892 Vgl. S. 36 „Rechtsordnung, unter der der Vertreter erkennbar auftritt".
893 Vgl. S. 36 „Anknüpfung der Vollmacht an den Sitz des Geschäftsherrn".
894 Vgl. S. 37 „Kumulative Anknüpfung der Vollmacht".
895 Vgl. S. 37 „Anknüpfung der Vollmacht nach dem Veranlasserprinzip".
896 Vgl. S. 38 „Anwendungsbereich des Vollmachtsstatuts".
897 Vgl. S. 41 „Unselbstständige Anknüpfung".

bb) Anknüpfung in England

Die Anknüpfung der Vollmacht ist im englischen Recht unstrittig. Die Vollmacht wird ausschließlich unselbstständig angeknüpft.

(1) Das „auf den Vertrag anwendbare Recht" (*Proper Law of the Contract*)

Handelt es sich um einseitige, explizit aus dem Anwendungsbereich des EVÜ ausgenommene Verträge und Vollmachtsverträge, die vor dem 01. April 1991 geschlossen wurden, fallen sie insbesondere was das Außenverhältnis angeht unter das „auf den Vertrag anwendbare Recht" (*Proper Law of the Contract*).[899] Das Recht, das auf den Stellvertretungsvertrag im Innenverhältnis anzuwenden ist, ist dasjenige, welches mit dem Vertrag die engste Verbindung aufweist. Die engste Verbindung besteht dabei grundsätzlich mit dem Recht des Landes, in dem der Stellvertretungsvertrag zwischen dem Geschäftsherrn und dem Vertreter zustande gekommen ist. Davon gelten aber im Einzelfall Ausnahmen, wenn eine engere Verbindung zu einer anderen Rechtsordnung besteht. Im Außenverhältnis besteht die engste Verbindung zu dem Recht des Landes, in dem der Vertreter handelt, also dem Recht, das auch den Vertrag zwischen dem Vertreter und dem Dritten beherrscht. Eine Ausnahme von diesem Grundsatz gilt, wenn der Vertrag eine engere Verbindung mit einer anderen Rechtsordnung aufweist, oder wenn der Vertreter, ohne dazu eine Vollmacht erhalten zu haben, mit dem Dritten eine Rechtswahl für den (Haupt-)Vertrag trifft. Dann wird der Geschäftsherr nur an den Vertrag gebunden, wenn er dies nach dem Recht wäre, das ohne die getroffene Rechtswahl auf den Vertrag anwendbar ist.

(2) Das EVÜ

Auf alle Vollmachtsverträge, die nicht unter das „auf den Vertrag anwendbare Recht" (*Proper Law of the Contract*) fällt, ist das EVÜ anwendbar.[900] Ohne erkennbare Rechtswahl wird die anwendbare Rechtsordnung nach Art. 4 EVÜ bestimmt.[901] Der Vertrag unterliegt dem Recht des Staates, mit dem der Vertrag zum Abschlusszeitpunkt die engste Verbindung aufweist, wobei sie gemäß Art. 4 (2) EVÜ mit dem Staat vermutet wird, in dem die Partei, die die charakteristische Leistung erbringt, zum Zeitpunkt des Vertragsschlusses ihren gewöhnlichen Aufenthalt hat. Beim Stellvertretervertrag wird grundsätzlich angenommen, dass der Vertreter die charakteristische Leistung erbringt. Dieser Grundsatz erfährt jedoch in Art. 4 (5) EVÜ eine Einschränkung, wenn sich die charak-

---

898 Vgl. S. 42 „Anknüpfung bei Vollmachten über Immobiliar- und Mobiliarverfügungen"; S. 42 „Anknüpfung bei Rechtsscheinvollmachten". Vgl. auch dazu unten S. 182 „Anknüpfung bei Prozessvollmachten".

899 Vgl. S. 111 „Verträge, die dem *Proper Law of the Contract* unterfallen".

900 Vgl. S. 113 „Verträge, die dem EVÜ unterfallen".

901 Vgl. S. 117 „Anknüpfung der Vollmacht ohne Rechtswahl".

teristische Leistung nicht bestimmen lässt oder wenn die Gesamtheit der Umstände ergibt, dass eine engere Verbindung mit einem anderen Staat als dem des gewöhnlichen Aufenthalts besteht.

Handelt es sich um eine tatsächlich erteilte Vollmacht (*actual authority*), ist für die Ermittlung der Anknüpfung ohne Rechtswahl gemäß Art. 4 EVÜ das Innenverhältnis (zwischen dem Geschäftsherrn und dem Vertreter) das maßgebliche Verhältnis.[902] Für die Rechtsscheinvollmacht (*apparent authority*), die verdeckte Stellvertretung (*undisclosed agency*) und den Fall, dass der Vertreter die Identität seines Geschäftherrn nicht preisgibt (*unnamed principal*), ist das Verhältnis zwischen dem Dritten und dem Vertreter maßgeblich.[903]

b) Anknüpfung der Vollmacht bei Rechtswahl

aa) Anknüpfung in Deutschland

Wurde eine Rechtswahl getroffen, wird die Vollmacht nach dem gewählten materiellen Recht beurteilt.[904]

Sowohl nach der selbstständigen als auch nach der unselbstständigen Anknüpfung kann eine Rechtswahl grundsätzlich durch den Vollmachtgeber alleine, also durch einseitiges Rechtsgeschäft erfolgen. Umstritten ist jedoch, in wieweit die Zustimmung des Dritten zur Rechtswahl notwendig ist. Nach der *unselbstständigen Anknüpfung* und einem *Teil der Vertreter der selbstständigen Anknüpfung* ist die Zustimmung des Dritten zur Rechtswahl notwendig. Ein *anderer Teil der Vertreter der selbstständigen Anknüpfung* lässt es für den Verkehrsschutz genügen, dass der Dritte die Rechtswahl erkennen konnte und von dem Geschäft keinen Abstand nimmt. Im Ergebnis unterscheiden sich die Auffassungen nicht wesentlich, denn auch diejenigen, die eine Zustimmung des Dritten verlangen, lassen es für die Erteilung der Zustimmung genügen, dass der Dritte sich auf das Rechtsgeschäft mit dem Vertreter einlässt, obwohl ihm der Vorschlag zur Rechtswahl bekannt oder deutlich erkennbar war. Die Rechtswahl kann weiter auch in einem Vertrag des Geschäftsherrn mit dem Vertreter oder mit dem Dritten getroffen werden. Ausgeschlossen ist lediglich eine einseitige Rechtswahl durch den Geschäftsherrn bei einseitigen Geschäften des Vertreters.[905]

---

902 Vgl. S. 115 „Anknüpfung der tatsächlich erteilten Vollmacht (actual *authority)*".

903 Vgl. S. 114 „Anknüpfung der Rechtsscheinvollmacht (apparent *authority),* der verdeckten Stellvertretung (undisclosed *agency)* und wenn der Vertreter die Identität seines Geschäftherrn nicht preisgibt (unnamed *principal)*".

904 Vgl. S. 51 „Anknüpfung der Vollmacht bei Rechtswahl".

905 Vgl. S. 52 „Wirksamkeit der Rechtswahl".

bb) Anknüpfung in England

(1) Anknüpfung nach dem „auf den Vertrag anwendbaren Recht“ (*Proper Law of the Contract*)

Maßgeblich ist nach dem „auf den Vertrag anwendbaren Recht“ (*Proper Law of the Contract*) auch in England die von den Parteien gewählte Rechtsordnung. Eine Ausnahme davon gilt in dem Fall, in dem der Vertreter mit dem Dritten eine Rechtswahl für den Vertrag trifft, ohne dazu eine Vollmacht erhalten zu haben. Dann kann der Geschäftsherr nur an den Vertrag gebunden werden, wenn er es nach dem Recht wäre, das auf den Vertrag ohne die getroffene Rechtswahl anwendbar ist.[906]

(2) Anknüpfung nach dem EVÜ

Gemäß Art. 3 (1) EVÜ muss eine Rechtswahl entweder ausdrücklich im Vertrag erfolgen oder sich mit hinreichender Sicherheit aus dem (Stellvertretungs-)Vertrag oder den Umständen ergeben.[907] Dabei kann auch ein Recht gewählt werden, das von einer Rechtsordnung unabhängig ist, oder auch nur eine Rechtswahl für einen Teil des Vertrags getroffen werden. Die Parteien können ihre Rechtswahl jederzeit ändern. Es werden jedoch Rechte Dritter oder die Formgültigkeit des Vertrages nicht berührt. Außerdem wird die Rechtswahl durch verschiedene Regelungen im EVÜ beschränkt.[908]

Für die tatsächlich erteilte Vollmacht (*actual authority*) ist bei der Rechtswahl wieder auf das Innenverhältnis abzustellen.[909] Wohingegen für die Rechtsscheinvollmacht (*apparent authority*), die verdeckte Stellvertretung (*undisclosed agency*) und für den Fall, dass der Vertreter die Identität seines Geschäftherrn nicht preisgibt (*unnamed principal*), ebenfalls wieder das Verhältnis zwischen dem Dritten und dem Vertreter maßgeblich ist.[910]

c) Anknüpfung der Vollmacht bei konkludenter Rechtswahl

aa) Anknüpfung in Deutschland

Im deutschen Kollisionsrecht wird eine konkludente Rechtswahl grundsätzlich für möglich gehalten[911], sie kann aber nicht ohne Weiteres vermutet werden.

906 Vgl. S. 111 „Verträge, die dem *Proper Law of the Contract* unterfallen“.

907 Vgl. S. 117 „Anknüpfung der Vollmacht ohne Rechtswahl“.

908 Vgl. Artt. 3, 5, 6, 7 EVÜ.

909 Vgl. S. 115 „Anknüpfung der tatsächlich erteilten Vollmacht (actual *authority)*“.

910 Vgl. S. 114 „Anknüpfung der Rechtsscheinvollmacht (apparent *authority),* der verdeckten Stellvertretung (undisclosed *agency)* und wenn der Vertreter die Identität seines Geschäftherrn nicht preisgibt (unnamed *principal)*“.

911 Vgl. S. 53 „Anknüpfung der Vollmacht bei konkludenter Rechtswahl“.

Vielmehr muss eine deutlich feststellbare Vorstellung der Parteien zur Rechtswahl vorliegen, wobei bei der Ermittlung der Vorstellung der Parteien darauf zu achten ist, ob die Parteien gerade für Fragen, die die Vollmacht betreffen, ein bestimmtes Recht zur Anwendung bringen wollten.

bb) Anknüpfung in England

Auch das englische Kollisionsrecht lässt sowohl nach dem auf „den Vertrag anwendbaren Recht" (*Proper Law of the Contract*) als auch nach dem EVÜ eine konkludente Rechtswahl zu.[912] Sie muss sich wie in Deutschland aus den Umständen des Falls ergeben. Dabei wird auch hier der Wille der Parteien beim Vertragsschluss mit einbezogen.

d) Anknüpfung der Rechtsscheinvollmacht

aa) Anknüpfung in Deutschland

Nach der *selbstständigen Anknüpfung* wird die Rechtsscheinvollmacht im deutschen Kollisionsrecht grundsätzlich selbstständig an das Vollmachtsstatut geknüpft. Die Anscheins- und Duldungsvollmacht wird nach dem Recht des Landes beurteilt, in dem der Rechtsschein entstanden ist und sich ausgewirkt hat.[913] Die *unselbstständige Anknüpfung* unterstellt die Rechtsscheinvollmacht ebenfalls dem Gesellschaftsstatut.[914]

bb) Anknüpfung in England

(1) Anknüpfung nach dem „auf den Vertrag anwendbaren Recht" (*Proper Law of the Contract*)

Nach dem „auf den Vertrag anwendbaren Recht" (*Proper Law of the Contract*) ist das Recht des Handlungsorts maßgeblich, ob der Geschäftsherr nach Rechtsscheingrundsätzen an das Geschäft gebunden wird.[915]

(2) Anknüpfung nach dem EVÜ

Für die Ermittlung einer Rechtsscheinvollmacht nach dem EVÜ ist das Verhältnis zwischen dem Stellvertreter und dem Dritten maßgeblich.[916] Dem gutgläubi-

912 Vgl. S. 120 „Anknüpfung der Vollmacht bei konkludenter Rechtswahl"; S. 111 „Verträge, die dem *Proper Law of the Contract* unterfallen".

913 Vgl. S. 33 „Anknüpfung der Rechtsscheinvollmachten". Umstritten ist bei der *selbstständigen Anknüpfung* der Rechtsscheinvollmacht, ob der Vertretene sich gemäß Art. 31 Abs. 2 EGBGB analog darauf berufen kann, das Recht seines gewöhnlichen Aufenthaltsorts sähe keine Rechtsscheinhaftung vor und er müsste als Geschäftsherr mit der Anwendung eines anderen Rechtes nicht rechnen.

914 Vgl. S. 42 „Anknüpfung bei Rechtsscheinvollmachten".

915 Vgl. S. 111 „Verträge, die dem *Proper Law of the Contract* unterfallen".

gen Dritten muss die Möglichkeit eingeräumt werden, wenn der Vertreter schon keine Vertretungsmacht erhalten hat, zumindest annehmen zu dürfen, dass die (Rechtsschein-) Vollmacht den gleichen Umfang hat, wie wenn der Vertreter nach dem Recht, welches auf den Vertrag zwischen ihm und dem Vertreter anwendbar ist, wirksam bestellt worden wäre.

e) Anknüpfung bei Vollmachten für Distanzgeschäfte

Für Distanzgeschäfte ist sowohl im deutschen[917] als auch im englischen[918] (sowohl nach dem „auf den Vertrag anwendbaren Recht“ (*Proper Law of the Contract*) als auch nach dem EVÜ) Kollisionsrecht der Ort maßgeblich, an dem der Vertreter seine Erklärung abgibt, also der Ort, von dem aus er einen Brief absendet oder telefoniert.

f) Anknüpfung bei Kapitänsvollmachten

Die Vertretungsmacht eines Kapitäns (während seiner Reise) wird sowohl nach deutschem[919] als auch nach englischem Kollisionsrecht an das Recht der Flagge geknüpft.[920]

g) Anknüpfung bei Prozessvollmachten

Die Prozessvollmacht wird sowohl im deutschen[921] als auch im englischen[922] Kollisionsrecht in vollem Umfang der *lex fori* unterworfen.

h) Anknüpfung bei Vollmachten für Immobiliar- und Mobiliarverfügungen

Sowohl im deutschen[923] als auch im englischen[924] Kollisionsrecht wird die Vollmacht bei Immobiliar- und Mobiliarverfügungen dem Recht der *lex rei sitae* unterstellt.

---

916 Vgl. S. 114 „Anknüpfung der Rechtsscheinvollmacht (apparent *authority),* der verdeckten Stellvertretung (undisclosed *agency)* und wenn der Vertreter die Identität seines Geschäftherrn nicht preisgibt (unnamed *principal)*“.

917 Vgl. S. 30 „Anknüpfung der Vollmachten für Distanzgeschäfte“.

918 Vgl. S. 111 „Verträge, die dem *Proper Law of the Contract* unterfallen“; S. 121 „Anknüpfung bei Distanzgeschäften“.

919 Vgl. S. 30 „Anknüpfung der Kapitänsvollmachten“.

920 Vgl. S. 121 „Anknüpfung von Kapitänsvollmachten“.

921 Vgl. S. 31 „Anknüpfung der Prozessvollmachten“.

922 Vgl. S. 111 „Verträge, die dem *Proper Law of the Contract* unterfallen“; Die Prozessvollmacht fällt nicht in den Anwendungsbereich des EVÜ und wird deshalb nach dem *Common Law* ermittelt.

923 Vgl. S. 31 „Anknüpfung der Vollmachten über Immobiliar- und Mobiliarverfügungen“; S. 42 „Anknüpfung bei Vollmachten über Immobiliar- und Mobiliarverfügungen“.

924 Vgl. S. 111 „Verträge, die dem *Proper Law of the Contract* unterfallen“ und S. 122 „Anknüpfung bei Vollmachten für Immobiliar- und Mobiliarverfügungen“.

i) Anknüpfung der Vollmacht bei kaufmännischen Hilfspersonen und Vertretern

aa) Anknüpfung in Deutschland

Bei der selbstständigen Anknüpfung ist die Anknüpfung der Vollmacht bei kaufmännischen Hilfspersonen und kaufmännischen Vertretern umstritten. Die *Rechtsprechung* differenziert nicht mehr, ob es sich um einen ständigen oder nicht-ständigen Vertreter handelt, sondern knüpft generell als Gebrauchsort an das Recht des Niederlassungsorts des Vertreters an. Ob das Recht der Niederlassung auch gelten soll, wenn der Vertreter außerhalb des Orts der Niederlassung handelt, hat der *BGH* bisher offen gelassen. *Ein Teil der Literatur* unterstellt die Vertretungsmacht kaufmännischer Vertreter mit Niederlassung (ständig oder nicht-ständig) grundsätzlich dem Ortsrecht der Niederlassung, so lange es für den Dritten erkennbar bleibt, dass der Vertreter von einer festen Niederlassung aus handelt. Handelt der Vertreter außerhalb des Landes seiner Niederlassung und war dem Dritten die Niederlassung nicht bekannt, kommt das Recht des Orts des tatsächlichen Gebrauchs zur Anwendung. *Ein anderer Teil der Literatur* unterstellt die Anknüpfung der Vollmacht von kaufmännischen Vertretern immer dem Recht des Gebrauchsorts. *Heldrich* unterstellt die Anknüpfung der Vollmacht generell dem Recht der Niederlassung.[925]

Für kaufmännische und Gelegenheitsvertreter ohne ständige Niederlassung im Ausland ist die Anknüpfung weitgehend unstrittig. Es erfolgt eine selbstständige Anknüpfung an den Gebrauchsort.

Die oben dargestellten Grundsätze gelten nach der *selbstständigen Anknüpfung* auch für handelsrechtliche Vertreter.

bb) Anknüpfung in England

Im Bereich der kaufmännischen Hilfspersonen gibt es keine gesonderten Anknüpfungsregelungen; es muss auf die allgemeinen Regelungen des Stellvertretungsrechts zurückgegriffen werden.[926]

Für Handlungen (*conducting activities*) einer unabhängigen kaufmännischen Hilfsperson (*self-employed commercial agent*) gelten die *Commercial Agents (Council Directive) Regulations 1993*. Diese wurden durch die *Commercial Agents (Council Directive) (Amendments) Regulations 1998* abgeändert. Nach diesen Regelungen ist die Rechtsordnung eines Mitgliedstaats auf den Vollmachtsvertrag anwendbar, die die Parteien gewählt haben, auch wenn der Ver-

---

925 Vgl. S. 31 „Anknüpfung der Vollmacht bei Börsen-, Märkte- und Messenvollmachten".

926 Vgl. S. 122 „Anknüpfung bei kaufmännischen Hilfspersonen".

trag in einem anderen Mitgliedstaat erfüllt werden soll; sie gelten aber nur für Handlungen innerhalb der EU. Der Begriff Handlung (*conducting activities*) ist nicht in den *Regulations* definiert, es werden aber verschiedene Handlungen darunter gefasst, wie Verhandlungen zu führen oder einen Vertrag abzuschließen. Dabei muss der Vertreter nicht selber im Land anwesend sein, es reicht, wenn die Handlungen auf den englischen Markt abzielen. Um Umgehungen dieser Bestimmungen zu vermeiden, sind sie auch dann anwendbar, wenn nur der Vertreter seinen Aufenthalt innerhalb der EU hat und/oder eine Rechtsordnung außerhalb der EU gewählt wurde.[927]

j) Anknüpfung von Börsen-, Messen- und Märktevollmachten

Die Anknüpfung der Vollmacht auf Börsen, Messen und Märkten erfolgt nach beiden Kollisionsrechten an das Recht des Orts der Börse, der Messe oder des Markts.[928]

k) Anknüpfung der verdeckten Stellvertretung (undisclosed agency) und in dem Fall, dass der Vertreter die Identität seines Geschäftherrn nicht preisgibt (unnamed principal)

Für den Fall der nach englischem Recht zulässigen, verdeckten Stellvertretung (*undisclosed agency*) und in dem Fall, dass der Vertreter die Identität seines Geschäftherrn nicht preisgibt (*unnamed principal*), ist das Recht für die Vollmacht maßgeblich, das den Vertrag zwischen dem Vertreter und dem Dritten beherrscht.[929]

l) Die Form der Vollmacht

aa) In Deutschland

Die Form der Vollmacht wird im deutschen IPR als Teilfrage gesondert angeknüpft. Gemäß Art. 11 Abs. 1 EGBGB muss sie entweder der Ortsform oder dem Geschäftsrecht genügen. Dabei versteht sich unter Geschäftsrecht nach der selbstständigen Anknüpfung das Vollmachtsstatut, nach der unselbstständigen Anknüpfung das Hauptgeschäftsstatut. Unter Ortsrecht versteht sich das Recht an dem Ort, an dem die Vollmacht erteilt wurde.[930]

---

927 Vgl. S. 122 „Anknüpfung bei kaufmännischen Vertretern".

928 Vgl. für England S. 122 „Anknüpfung von Börsen-, Messen- und Märktevollmachten"; für Deutschland S. 31 „Anknüpfung der Vollmacht bei Börsen-, Märkte- und Messenvollmachten", S. 36 „Rechtsordnung, unter der der Vertreter erkennbar auftritt".

929 Vgl. S. 114 „Anknüpfung der Rechtsscheinvollmacht (apparent *authority),* der verdeckten Stellvertretung (undisclosed *agency)* und wenn der Vertreter die Identität seines Geschäftherrn nicht preisgibt (unnamed *principal)*".

930 Vgl. S. 54 „Form der Vollmacht".

bb) In England

Der Vollmachtsvertrag ist nach dem „auf den Vertrag anwendbaren Recht" formwirksam, wenn er dem Recht entspricht, das auf den Vertrag im Außenverhältnis anzuwenden ist.[931]

Nach dem EVÜ ist der Vollmachtsvertrag formwirksam, wenn er entweder nach dem auf den Vertrag anwendbaren Recht oder nach dem Recht des Landes, in dem der Vertrag geschlossen wurde, formgültig ist. Befinden sich die beiden Parteien in verschiedenen Ländern, ist der Vertrag formwirksam, wenn er nach dem auf den Vertrag anwendbaren Recht oder dem Recht einer der Staaten, in denen sich die Parteien befinden, wirksam ist.[932]

m) Anknüpfungsvorschläge der deutschen Literatur für die Anknüpfung der Vollmacht im englischen Kollisionsrecht

In der *deutschen Literatur* haben sich verschiedene Anknüpfungsmöglichkeiten herausgebildet, wie die Anknüpfung der Vollmacht im englischen Recht erfolgen soll. Es gibt Vorschläge für eine *selbstständige* und für eine *unselbstständige Anknüpfungsweise* sowie für eine *Mischform*. Keiner der Vorschläge hat sich jedoch im englischen Recht durchsetzen können.[933]

n) Eigene Stellungnahme bezüglich der rechtsgeschäftlichen Anknüpfung im deutschen und englischen Kollisionsrecht

aa) Bezüglich der Anknüpfung in Deutschland

Im Ergebnis ist die *unselbstständige Anknüpfung* im deutschen Kollisionsrecht nicht praktikabel sondern weist Ausnahmen und Unsicherheiten auf. Außerdem beachtet die *unselbstständige Anknüpfung* die Abstraktheit der Vollmacht nicht. Die *selbstständige Anknüpfung* der Vollmacht an das Wirkungsland ist vorzugswürdig. Sie setzt die im materiellen Recht festgelegte Abstraktheit der Vollmacht im IPR fort und findet trotz der Unsicherheiten bei der Anknüpfung an das Wirkungsland, insbesondere der starken Einzelfallbildung, einen gerechten Ausgleich zwischen den verschiedenen widerstreitenden Interessen der Parteien.[934]

bb) Bezüglich der Anknüpfung im englischen Kollisionsrecht

Im englischen Fallrecht ist bezüglich der Anknüpfung der Vollmacht keine einheitliche Linie zu erkennen, da sich die Entscheidungen auf Einzelfälle beziehen

931 Vgl. S. 111 „Verträge, die dem *Proper Law of the Contract* unterfallen".
932 Vgl. S. 121 „Form der Vollmacht".
933 Vgl. S. 123 „Anknüpfungsvorschläge der deutschen Literatur".
934 Vgl. S. 43 „Eigene Stellungnahme".

und oft eine gesonderte Anknüpfung der Vollmachtsarten erfolgt. Außerdem ist das Fallrecht für die Erarbeitung einer einheitlichen Anknüpfung nicht präzise genug, da eine saubere Differenzierung zwischen den einzelnen Vollmachtsarten oft nicht stattfindet und häufig auf Grund der Anwendung derselben Rechtsordnung die Einordnung der Vollmacht im Ergebnis unerheblich war.[935]

2. Die Stellvertretung der Gesellschaften

Im Gesellschaftsrecht knüpfen beide Länder im Kollisionsrecht die Vollmacht an das Gesellschaftsstatut an.[936] Allein die Ermittlung des Gesellschaftsstatuts ist unterschiedlich.

a) Anknüpfung in Deutschland

Im deutschen IPR gilt grundsätzlich die Sitztheorie, die an den tatsächlichen Verwaltungssitz der Gesellschaft anknüpft.[937] Auf materiell-rechtlicher Ebene gilt sie heute auf Grund des Verstoßes gegen Artt. 43, 48 EG nicht mehr; umstritten ist, ob sie auch auf kollisionsrechtlicher Ebene eine Einschränkung erfahren hat. Ungeachtet der vorherrschenden Sitztheorie werden weitere Ansätze zur Ermittlung des Gesellschaftsstatuts vertreten.[938] Im Wesentlichen hat heute zum Einen noch die *Überlagerungstheorie* Bestand.[939] Nach ihr gilt grundsätzlich die Gründungstheorie, es seien aber zwingende materielle Regelungen des Sitzstaates anzuwenden, wenn sie eine rechtspolitische Funktion im Inland erfüllen. Zum anderen hat *die Ansicht*[940] bestand, die die Sitztheorie auch auf kollisionsrechtlicher Ebene als verworfen ansieht und dort allein die Gründungstheorie gelten lässt. Nur im Fall einer Gesellschaftsgründung in Deutschland erlangt sie noch Bedeutung.

b) Anknüpfung in England

Das englische Kollisionsrecht folgt ausschließlich der Gründungstheorie.[941] Die Gesellschaft unterfällt dem Recht des *domicile*, dem Gründungsort. Im Steuerrecht und bei Ermittlung der Gerichtsbarkeit wird dieser Begriff anders definiert, so dass das *domicile* nicht der Gründungsort sein muss.

---

935 Vgl. S. 125 „Eigene Stellungnahme".

936 Für Deutschland vgl. S. 55 „Organschaftliche Vertretung"; für England vgl. S. 127 „Vertretung von Gesellschaften".

937 Vgl. S. 57 ff. „Sitztheorie".

938 Vg. S. 73 „Gründungstheorien".

939 Vgl. S. 73 „Sandrocks Überlagerungstheorie".

940 Vgl. S. 74 „Der Ansatz von Behrens".

941 Vgl. S.128 „Ermittlung des Gesellschaftsstatuts".

III. Vorschläge zur Vereinheitlichung der Anknüpfung der Vollmacht im IPR

1. Die rechtsgeschäftliche Stellvertretung

Für die rechtsgeschäftliche Stellvertretung sind im Haager Konventionsentwurf über das auf die Stellvertretung anwendbare Recht (Haager Entwurf) Regelungen enthalten, die für die Vereinheitlichung des Kollisionsrechts zwischen England und Deutschland geeignet sind. Die als *loi uniforme* gedachten Regelungen sind an einigen Stellen nicht unproblematisch, so dass eine Ergänzung vorgenommen werden muss.[942]

a) Allgemeines

Obwohl nach dem englischen Recht das Verhältnis zwischen dem Geschäftsherrn und dem Vertreter (Innenverhältnis) sowie das Verhältnis zwischen dem Vertreter und dem Dritten in den Anwendungsbereich des EVÜ fallen, ist es sinnvoll, eine einheitliche Anknüpfung der verschiedenen Rechtsverhältnisse vorzunehmen, um eine unnatürliche Aufspaltung der einzelnen Rechtsverhältnisse zu vermeiden.[943] Der Haager Entwurf ordnet die Anknüpfung der Vollmacht nach den einzelnen Vertragsverhältnissen. Er unterscheidet das Innenverhältnis zwischen dem Geschäftsherrn und dem Vertreter, das Außenverhältnis zwischen dem Geschäftsherrn und dem Dritten sowie das Verhältnis zwischen dem Vertreter und dem Dritten.[944]

b) Anwendungsbereich des Entwurfs

Der Anwendungsbereich des Haager Entwurfs ist in Art. 1 Haager Entwurf festgelegt.[945] Der Richter der *lex fori* bestimmt, ob ein Sachverhalt internationalen Charakter aufweist und ob ein Fall der Stellvertretung vorliegt. Dabei ist der Begriff der Stellvertretung weit zu fassen. Sowohl der regelmäßig als auch der gelegentlich tätig werdende Vertreter, der *falsus procurator*, die Notfallstellvertretung und die Beurteilung der Überschreitung der erteilten Vollmacht als auch das *negotiorum gestio* fallen in den Anwendungsbereich des Haager Entwurfs.

Vom Anwendungsbereich des Entwurfs werden gemäß Art. 2 Haager Entwurf Fragen der Geschäftsfähigkeit der Parteien, Formerfordernisse, familienrechtli-

---

[942] Vgl. S. 131 „Rechtsgeschäftliche Vertretung“.

[943] Vgl. S. 131 „Rechtsgeschäftliche Vertretung“.

[944] Vgl. S. 134 „Das Verhältnis zwischen dem Geschäftsherrn und dem Vertreter (Innenverhältnis)“, S. 135 „Das Verhältnis zwischen dem Geschäftsherrn und dem Dritten (Außenverhältnis)“, S. 136 „Das Verhältnis zwischen dem Vertreter und dem Dritten“.

[945] Vgl. S. 133 „Anwendungsbereich des Entwurfs“; S. 138 „Auslegung des Entwurfs“.

che Vollmachten, Prozess- und Kapitänsvollmachten und das Verhältnis vom *Trustee* zum *Trust* ausgenommen.[946] Die (organschaftliche) Vertretung jeglicher Gesellschaftsform ist ebenfalls aus dem Anwendungsbereich des Entwurfs ausgenommen. Die Erteilung der Stellvertretungsmacht für Gesellschaften muss dabei entweder auf Grund von Gesetz erfolgen oder zumindest mittelbar auf den Gründungsdokumenten beruhen.[947] Der Stellvertretung der Gesellschaft sind dabei alle Fragen zuzuordnen, die eine enge Beziehung zum Gesellschaftsgegenstand und der Position des „Organs" aufweisen. Somit werden sowohl die Überschreitung der Vollmacht und die Rechtsscheinvollmacht, als auch der *falsus procurator* bei Gesellschaften von dem Anwendungsbereich des Entwurfs ausgenommen, obwohl sie in diesen Fällen nicht anders als Dritte handeln.[948]

Der Entwurf nimmt die Vollmacht bezüglich Grundstücken und Mobilien nicht aus seinem Anwendungsbereich aus. Obwohl die Regelungen im Haager Entwurf grundsätzlich auch die im IPR vorherrschende[949] Anknüpfung an die *lex rei sitae* beinhalten. Da diese Anknüpfung im Entwurf nicht zwingend ist und im Einzelfall zu Unbilligkeiten führen kann, ist eine Erweiterung der Ausnahmen von dem Anwendungsbereich für Vollmachten, die Immobilien- und Mobilienverträge betreffen, notwendig.[950]

c) Das Verhältnis zwischen dem Geschäftsherrn und dem Vertreter (Innenverhältnis)

Gemäß Art. 5 Haager Entwurf haben die Parteien die Möglichkeit eine explizite oder konkludente Rechtswahl über die Anwendbarkeit eines bestimmten Sachrechts zu treffen solange die Regelungen der Artt. 16 und 17 Haager Entwurf dem nicht entgegen stehen.[951] Die konkludente Rechtswahl muss sich mit hinreichender Wahrscheinlichkeit aus dem Wortlaut des Stellvertretungsvertrags ergeben und aus den Umständen des Einzelfalls zu entnehmen sein.[952] Eine einseitige Rechtswahl ist nicht möglich. Die materielle Wirksamkeit der Rechts-

---

946 Vgl. S. 133 „Anwendungsbereich des Entwurfs".

947 Vgl. S. 143 „Die „Vertretungsmacht auf Grund von Gesetz oder durch verfassungsgemäße Dokumente der Gesellschaft übertragen".

948 Vgl. S. 143 „Überschreitung der Vertretungsmacht und *falsus procurator*".

949 Vgl. S. 31 „Anknüpfung der Vollmachten über Immobiliar- und Mobiliarverfügungen"; S. 42 „Anknüpfung bei Vollmachten über Immobiliar- und Mobiliarverfügungen"; S. 122 „Anknüpfung bei Vollmachten für Immobiliar- und Mobiliarverfügungen"; S. 182 „Anknüpfung bei Vollmachten für Immobiliar- und Mobiliarverfügungen".

950 Vgl. S. 140 „Art. 2 Haager Entwurf, Nichtanwendbarkeit des Entwurfs auf bestimmte Vollmachtsarten".

951 Vgl. S. 134 „Das Verhältnis zwischen dem Geschäftsherrn und dem Vertreter (Innenverhältnis)"; S. 145 „Art. 5 Haager Entwurf, Rechtswahl".

952 Vgl. S. 146 „Die konkludente Rechtswahl".

wahl ist nicht in Art. 5 Haager Entwurf geregelt. Um eine klare und einfache Anwendbarkeit der Regelung zu garantieren, muss eine ergänzende Regelung in Art. 5 Haager Entwurf eingefügt werden, die das gewählte Sachrecht auch für die Wirksamkeit der Rechtswahl für maßgeblich erklärt.[953]

Wurde keine Rechtswahl getroffen, so bestimmt Art. 6 Abs. 1 Haager Entwurf, dass grundsätzlich das Sachrecht das Innenverhältnis bestimmt, in dessen Land der Vertreter seine Niederlassung oder - mangels dieser - seinen gewöhnlichen Aufenthalt hat. Soll der Schwerpunkt des Vertreterhandelns in dem Land liegen, in dem der Geschäftsherr seine Niederlassung oder - mangels dieser - seinen gewöhnlichen Aufenthalt hat, ist gemäß Art. 6 Abs. 2 Haager Entwurf das Sachrecht des intendierten Handlungs-/Gebrauchsorts im Innenverhältnis anzuwenden, unabhängig in welchem Staat der Vertreter seine Niederlassung hat. Hat der Geschäftsherr oder Vertreter mehrere Niederlassungen, so ist gemäß Art. 6 Abs. 3 Haager Entwurf diejenige maßgeblich, zu der das Innenverhältnis die engste Verbindung aufweist.[954] Dabei wird sowohl die Niederlassung des kommerziell als auch die des gelegentlichen tätig werdenden Vertreters erfasst.[955] Die Ermittlung sowohl des gewöhnlichen Aufenthalts als auch des Schwerpunkts der Handlung muss nach den Umständen des Einzelfalls erfolgen.[956] Um Unbilligkeiten bei der Anknüpfung zu vermeiden und eine flexiblere Handhabe des Entwurfs zu erreichen, ist es sinnvoll, Art. 6 Haager Entwurf um eine Regelung der engeren Verbindung zu ergänzen. Weist das Innenverhältnis eine engere Verbindung zu einer anderen als der nach Art. 6 Haager Entwurf ermittelten Rechtsordnung auf, so ist das Innenverhältnis dieser Rechtsordnung zu unterstellen.[957]

d) Das Verhältnis zwischen dem Geschäftsherrn und dem Dritten (Außenverhältnis)

aa) Anknüpfung ohne Rechtswahl

Zentrale Norm des Haager Entwurfs ist Art. 11 Haager Entwurf. Die dort getroffenen Anknüpfungsregelungen sind dieselben wie in Art. 6 Haager Entwurf.[958]

---

953 Vgl. S. 145 „Die explizite Rechtswahl".

954 Vgl. S. 134 „Das Verhältnis zwischen dem Geschäftsherrn und dem Vertreter (Innenverhältnis)"; S. 146 „Art. 6 Haager Entwurf, ohne Rechtswahl".

955 Vgl. S. 147 „Die Niederlassung (business *establishment)*".

956 Vgl. S. 148 „Der Ort des gewöhnlichen Aufenthalts (habitual *residence)*"; S. 148 „Schwerpunkt der Handlung (primarily *to act)*".

957 Vgl. S. 149 „Ausnahme der engeren Verbindung".

958 Vgl. dazu S. 146 „Art. 6 Haager Entwurf, ohne Rechtswahl"; S. 134 „Das Verhältnis zwischen dem Geschäftsherrn und dem Vertreter (Innenverhältnis)".

Auch im Außenverhältnis kommt es grundsätzlich auf die Niederlassung des Vertreters beziehungsweise - mangels dieser - auf den Ort seines gewöhnlichen Aufenthalts an. Auf das Recht des tatsächlichen Handlungs-/Gebrauchsorts ist abzustellen, wenn der Geschäftsherr in diesem Staat seine Niederlassung oder - mangels einer solchen - seinen gewöhnlichen Aufenthalt und der Vertreter seine Stellvertretung offen gelegt haben. Damit ist diese Regelung nicht auf die verdeckte Stellvertretung anwendbar.[959] Das Sachrecht des Handlungsorts ist nur anzuwenden, wenn der Dritte seine Niederlassung oder - mangels dieser - seinen gewöhnlichen Aufenthalt in dem Land der Handlung hat. Der Handlungsort ist auch maßgeblich, wenn der Vertreter an einer Börse beziehungsweise einer Auktion gehandelt oder wenn er keine Niederlassung hat. Da bei diesen Regelungen die Bedingung des Offenlegens der Stellvertretung fehlt, sind sie auch auf die verdeckte Stellvertretung anwendbar.[960] Haben Geschäftsherr, Vertreter oder Dritter mehrere Niederlassungen, kommt es auf die Niederlassung an, die die engste Verbindung mit den „relevanten Handlungen“ des Vertreters aufweist. Für die Ermittlung der „relevanten Handlungen“ ist es sinnvoll, mangels Definition in Art. 11 Haager Entwurf, eine Indizienliste für das Vorliegen von „relevanten Handlungen“ zu erstellen.[961] Bei der Ermittlung für die engste Verbindung kann außerdem auf die zu Art. 6 Abs. 3 Haager Entwurf beschriebenen Anhaltspunkte zurückgegriffen werden. Auch für die Anknüpfung im Außenverhältnis ist es sinnvoll eine Regelung der engeren Verbindung wie in Art. 6 Haager Entwurf einzufügen.[962]

bb) Anknüpfung bei Rechtswahl

Die Grundregel des Art. 11 Haager Entwurf ist durch eine Rechtswahl abdingbar. Gemäß Art. 14 Haager Entwurf ist das gewählte Recht für das Außenverhältnis maßgeblich, wenn die andere Partei einer schriftlich formulierten Rechtswahl ausdrücklich zugestimmt hat.[963] Im Gegensatz zu Art. 5 Haager Entwurf können die Parteien sowohl das IPR eines Landes als auch das Sachrecht wählen. Ergänzend muss auch hier eingefügt werden, dass das gewählte Sachrecht für die Rechtswahl maßgeblich sein. Das Erfordernis der Schriftform und der ausdrücklichen Zustimmung sind jedoch unflexibel zu handhaben und schließen außerdem die konkludente Rechtswahl aus. Es muss daher ausreichen, dass sich die Gegenpartei bei Kenntnis der Rechtswahl auf den Vertrag einlässt.

959 Vgl. S. 151 „Offenlegen der Stellvertretung (in *the name of the principal)*“.
960 Vgl. S. 151 „Offenlegen der Stellvertretung (in *the name of the principal)*“.
961 Vgl. S. 150 „Die „relevanten Handlungen“ (relevant *acts)*“.
962 Vgl. S. 149 „Ausnahme der engeren Verbindung“.
963 Vgl. S. 151 „Art. 14 Haager Entwurf, Rechtswahl“.

Dafür ist sowohl das Erfordernis der Schriftform[964] als auch das Erfordernis der expliziten Zustimmung[965] in Art. 14 Haager Entwurf zu streichen.

e) Das Verhältnis zwischen dem Vertreter und dem Dritten

Das Verhältnis zwischen dem Vertreter und dem Dritten regelt der Entwurf nicht zusätzlich. Gemäß Art. 15 Haager Entwurf gelten die Regelungen für das Verhältnis zwischen dem Geschäftsherrn und dem Dritten auch umfassend für das Verhältnis zwischen dem Vertreter und dem Dritten.[966]

f) Die Umsetzung des Entwurfs in Deutschland und England

In Deutschland sollte die Umsetzung des Entwurfs durch Erweiterung bestehender oder Schaffung neuer Normen im EGBGB erfolgen.[967] Die Umsetzung im englischen Recht sollte durch Erklärung der unmittelbaren Anwendung in einem *Act* erfolgen, wobei dann die bestehenden Regelungen im EVÜ von den spezielleren Regelungen des Entwurfs verdrängt werden.[968]

g) Abschließende Betrachtung

Der Entwurf kann im Ergebnis einen gerechten Ausgleich zwischen den widerstreitenden Interessen schaffen, ohne in seiner Anwendung zu umständlich oder zu kompliziert zu werden. Die vorgeschlagenen Änderungen ermöglichen zudem eine flexiblere Anwendung auf den Einzelfall, ohne eine erheblich größere Rechtsunsicherheit bezüglich der zu ermittelnden Rechtsordnung zu schaffen. Des Weiteren ist die Umsetzung des Haager Entwurfs in beiden Ländern problemlos möglich. Der Entwurf der Haager Konvention über das auf die Stellvertretung anwendbare Recht ist deshalb geeignet, eine einheitliche Regelung für das deutsche und englische IPR in Bezug auf die Stellvertretung zu finden.[969]

2. Die organschaftliche Stellvertretung

Auf europäischer Ebene wurde durch die Verabschiedung der „Verordnung des Rates über das Statut der Europäischen Gesellschaft (SE)" (SE-VO) eine einheitliche Regelung für die Errichtung und Sitzverlegung einer europäischen AG geschaffen.[970] Außerdem sind einheitliche europäische Regelungen auch für an-

---

964 Vgl. S. 153 „Das Zustimmungserfordernis zur Rechtswahl".

965 Vgl. S. 154 „Das Schriftformerfordernis der Rechtswahl".

966 Vgl. S. 191 „Das Verhältnis zwischen dem Vertreter und dem Dritten"; S. 136 „Das Verhältnis zwischen dem Vertreter und dem Dritten".

967 Vgl. S. 155 „Umsetzung in Deutschland".

968 Vgl. S. 155 „Umsetzung in England".

969 Vgl. S. 156 „Abschließende Betrachtung".

970 Vgl. S. 157 „Die Verordnung über das Statut der Europäischen Gesellschaft (SE; Societas Europaea)".

dere Gesellschaftsformen vorgesehen, die in dem „Vorschlag für eine 14. Richtlinie des Europäischen Parlaments und des Rates über die Verlegung des Sitzes einer Gesellschaft in einen anderen Mitgliedstaat mit Wechsel des für die Gesellschaft maßgebenden Rechts“[971] (14. RL) erarbeitet wurden.

a) Die „Verordnung des Rates über das Statut der Europäischen Gesellschaft (SE)“

aa) Die Gründung der SE

Die Gründung einer SE kann durch Neugründung, Verschmelzung, Umwandlung, Gründung einer Tochter- oder Holding-SE erfolgen. Das gezeichnete Kapital der SE muss mindestens 120 000,- € betragen und sowohl der (Satzungs-)Sitz als auch der Hauptverwaltungssitz müssen in einem Mitgliedsstaat liegen. Maßgebliche Rechtsordnung zur Beurteilung der Gesellschaft ist grundsätzlich die des Satzungssitzmitgliedstaats. Außerdem ist für die Gründung der SE die Eintragung in ein Register erforderlich. Ist die SE wirksam gegründet worden, so besitzt sie mit der Eintragung Rechtspersönlichkeit und die Gesellschafter haften nur bis zur Höhe des von ihnen gezeichneten Kapitals. Nimmt die SE vor der Register-Eintragung ihre Geschäfte schon auf, so können die daraus entstandenen Verbindlichkeiten gemäß Art. 16 Abs. 2 SE-VO von der SE übernommen werden. Geschieht dies nicht, so haften diejenigen, die die Geschäfte vorgenommen haben, unbegrenzt und gesamtschuldnerisch, es sei denn, sie haben andere Vereinbarungen getroffen. Die SE wird in den einzelnen Mitgliedstaaten wie eine nach dem Recht des Sitzstaats gegründete AG behandelt und muss den Namenszusatz „SE“ tragen. Unter strengen Voraussetzungen kann auch eine Gesellschaft, die den Sitz ihrer Hauptverwaltung nicht in der Europäischen Gemeinschaft hat, an der Gründung der SE beteiligt werden.[972]

bb) Der organisatorische Aufbau der SE

Die SE kann entweder nach dem englischen monistischen System einen Vorstand oder nach dem deutschen dualistischen System einen Vorstand und einen Aufsichtsrat einrichten.[973]

cc) Die Sitzverlegung der SE

Die SE kann ihren Sitz in einen anderen Mitgliedstaat verlegen, ohne dass eine Auflösung oder Neugründung erfolgen muss. Die identitätswahrende Sitzverlegung ist dabei nur unter bestimmten Voraussetzungen möglich.[974] Eine Verle-

971 Vgl. S. 167 „Der Vorschlag der Kommission einer 14. Richtlinie zur Verlegung des Gesellschaftssitzes innerhalb der EU“.
972 Vgl. S. 157 „Gründung der SE“.
973 Vgl. S. 160 „Organisatorischer Aufbau der SE“.
974 Vgl. S. 161 „Sitzverlegung der SE“.

gung des Sitzes kommt nicht in Betracht, wenn gegen die SE ein Verfahren wegen Auflösung, Liquidation, Zahlungsunfähigkeit, vorläufiger Zahlungseinstellung oder ein vergleichbares Verfahren eröffnet wurde. Für Forderungen, die vor der Sitzverlegung der SE entstanden sind, gilt das Recht des alten Sitzstaats, auch wenn die SE erst nach der Verlegung verklagt wird. Außerdem darf eine Sitzverlegung nicht anlässlich der Umwandlung einer AG in eine SE erfolgen.

dd) Analyse der Verordnung

Die Verordnung versucht einen Ausgleich zwischen Sitz- und Gründungstheorie zu schaffen, in dem es den starken Dritt- und Verkehrsschutz der Sitztheorie mit der Klarheit und Flexibilität der Gründungstheorie kombiniert. Die Verordnung geht grundsätzlich von der Gründungstheorie aus, da sie den (Satzungs-)Sitz für maßgeblich erklärt. Die Sitztheorie wird zur Einschränkung der Gründungstheorie verwendet.[975]

ee) Kritik an der Verordnung

Die Verordnung weist folgende Probleme auf:

(1) Die Gründung der Gesellschaft

Schon die Anforderungen an eine wirksame Gründung sind zu hoch. Das Grundkapital muss 120.000,- € betragen, so dass die SE für kleine und mittelständische Firmen keine interessante Gesellschaftsform ist.

Außerdem sind die Anforderungen für die Beteiligung an einer SE zu hoch. Nur eine Gesellschaft, die schon fast als eine „inländische" zu bezeichnen ist, hat die Möglichkeit, sich an der SE zu beteiligen. Der Handelsverkehr wird zu sehr eingeschränkt, da der Anreiz einer Beteiligung nicht groß ist. Auch sind die Regelungen bezüglich der Verlegung des Verwaltungssitzes umständlich, die verlangen, dass der Satzungs- und Verwaltungssitz zumindest in demselben Staat (bzw. sogar an demselben Ort) befinden müssen. Zudem lassen sie sich mit dem Ziel der Verordnung, eine zügige Verwaltungssitzverlegung in einen anderen Mitgliedsstaat ohne Verlust der Rechtsnatur zu ermöglichen, schwer vereinbaren.[976]

(2) Der Arbeitnehmerschutz

Des Weiteren sind die Beteiligung und der Schutz der Arbeitnehmer bei der SE zu stark. Eine so stark ausgeprägte Form von Schutz und Mitbestimmung sind nur für Firmen interessant, die Schutzregelungen und eine Beteiligung der Arbeitnehmer schon kennen. In Ländern, in denen es kaum oder keine Arbeitnehmerbeteiligung beziehungsweise keinen Arbeitnehmerschutz gibt, wird das Lei-

975 Vgl. S. 162 „Analyse der Verordnung".
976 Vgl. S. 163 „Die Gründung der Gesellschaft".

tungsorgan kein Interesse daran haben, sich bei der Beteiligung oder Umwandlung in eine SE seine umfassende Bestimmungsgewalt beschneiden zu lassen.[977]

(3) Das öffentliche Interesse

Der in der Verordnung geregelte Schutz des Sitzstaats schränkt die Bewegungsfreiheit der SE ein, da der Sitzstaat die Sitzverlegung der Gesellschaft ablehnen kann, sofern ein öffentliches Interesse dagegen steht. Da nicht geregelt ist, wann ein solches gegeben sein soll, könnte der Begriff des öffentlichen Interesses sehr weit gefasst werden und dem Mitgliedstaat „durch die Hintertür" ein wirtschaftspolitisches Machtinstrument in die Hand geben, das dem Sinn der Verordnung widerspricht.[978]

(4) Das Insolvenzverfahren

Geregelt ist in der Verordnung lediglich, dass die Verlegung des Sitzes nicht möglich ist, wenn schon ein Insolvenzverfahren oder ein vergleichbares Verfahren gegen die Gesellschaft eingeleitet wurde. Damit kann sie noch ihren Sitz verlegen, wenn ein solches Verfahren droht oder in Zukunft möglich erscheint. In diesem Fall ist der Drittschutz erheblich gefährdet, da sich die SE dem drohenden Insolvenzverfahren durch Sitzverlegung unter Umständen entziehen oder die Durchführung zumindest erschweren kann. Dadurch besteht die Gefahr des insolvenzrechtlichen „Forumshoppings", das Gläubigerrechte erheblich gefährdet. Zwar könnte hier das Merkmal des öffentlichen Interesses gemäß Art. 8 Abs. 14 SE-VO greifen und die Sitzverlegung untersagt werden. Jedoch ist die Geltendmachung des öffentlichen Interesses nur optional und damit kein ausreichender Schutz der Gläubigerinteressen.[979]

ff) Umsetzung der Regelungen in Deutschland und England

Die Verordnung der Europäischen Gemeinschaft gilt gemäß Art. 249 Abs. 1 EG unmittelbar in jedem Mitgliedsstaat und bedarf keines Umsetzungsakts in nationales Recht mehr.[980]

(1) Verweis auf nationales Aktiengesellschaftsrecht

Soweit die Verordnung auf nationales Aktiengesellschaftsrecht verweist, können im deutschen AktG Ergänzungen eingefügt werden, die die Regelungen auf die SE für anwendbar erklären.

In England können in die entsprechenden Artikel des *Company Law Act 1985* ebenfalls Ergänzungen für die SE eingefügt werden.[981]

---

977 Vgl. S. 164 „Der Arbeitnehmerschutz".
978 Vgl. S. 165 „Das öffentliche Interesse".
979 Vgl. S. 165 „Das Insolvenzverfahren".
980 Vgl. S. 165 „Unmittelbare Geltung".

(2) Zusätzliche Schutzregeln

Soweit die Verordnung den Mitgliedsstaaten gestattet zusätzlich zu den in der Verordnung enthaltenen nationale Regelungen für die SE zu schaffen, gibt es zwei Möglichkeiten. Entweder kann der Staat ein eigenes Gesetz für die SE schaffen oder in bestehende Regelungen Verweise und Ergänzungen einfügen.[982]

(a) Regelungen in Deutschland

Im deutschen Recht wäre es sinnvoll die SE in das AktG aufzunehmen, da die SE mit der AG fast identisch ist. Aus Gründen der Übersicht und Klarheit der Normen sollte der SE im AktG ein eigener Abschnitt gewidmet werden, anstatt die bestehenden Regelungen im AktG um Absätze zu erweitern.

(b) Regelungen im englischen Recht

Im englischen Recht ist auf Grund der bisherigen Praxis zu vermuten, dass ergänzende Regelungen für die SE in den *Companies Act 1985* aufgenommen werden.

gg) Abschließende Betrachtung

Da die Anknüpfung der Stellvertretung unstrittig ist und sich nach dem Gesellschaftsstatut richtet, kommt es, wie bereits oben dargelegt, für die Anknüpfung der Stellvertretung auf die Sekundärebene an. Auf dieser ist die Verordnung angesiedelt.

Betrachtet man die Verordnung im Ganzen, so ist der Drittschutz zu stark. Er verhindert eine flexible und einfache Regelung bezüglich der Sitzverlegung und schafft keinen großen Anreiz für die Gesellschaft, ihren Sitz zu verlegen. Außerdem fehlt der Drittschutz an einer unbedingt notwendigen Stelle, nämlich im Fall der drohenden Insolvenz. Die Verordnung ist insgesamt zu starr und unflexibel, um einen sinnvollen Ansatz zur Ermittlung des Gesellschaftsstatuts und damit des auf die Stellvertretung anwendbaren Rechts zu bieten.[983]

b) Der Vorschlag der Kommission für eine 14. Richtlinie zur Verlegung des Gesellschaftssitzes innerhalb der EU

Der Vorschlag zur Richtlinie (14. RL), der der in Art. 293 Spiegelstrich 3 EG vorgesehenen Ermöglichung der grenzüberschreitenden Sitzverlegung durch die Mitgliedsstaaten Rechnung trägt, zielt auf die identitätswahrende grenzüberschreitende Sitzverlegung von juristischen Personen ab, die nach dem Recht ei-

981 Vgl. S. 165 „Unmittelbare Geltung".
982 Vgl. S. 195 „Zusätzliche Schutzregeln".
983 Vgl. S. 166 „Abschließende Betrachtung".

nes Mitgliedsstaats wirksam gegründet wurden. Dabei lässt die Richtlinie die Anknüpfung der Gesellschaft nach der Gründungs- oder Sitztheorie in den Mitgliedsstaaten bestehen. Verlegt die Gesellschaft ihren Satzungs- oder Verwaltungssitz, muss sie ihre Satzung zunächst der neuen Rechtsordnung anpassen. Knüpft der Zuzugsstaat an den Verwaltungssitz der Gesellschaft an, so muss sie den Satzungs- und Verwaltungssitz verlegen, um wirksam dem neuen Recht zu unterfallen. Knüpft der Zuzugsstaat hingegen an den Satzungssitz an, so muss die Gesellschaft grundsätzlich nur diesen verlegen, wenn sie dem neuen Recht unterfallen will. Wichtigste Voraussetzung für die identitätswahrende Sitzverlegung der Gesellschaft ist (wie bei der SE) die Eintragung in das Register des Zuzugsstaats.[984]

aa) Regelungsgehalt des Vorschlags

Der Richtlinienentwurf ist der Verordnung über die SE nachgebildet und daher in weiten Teilen gleich gestaltet. Der Vorschlag bezieht sowohl die Verlegung des Satzungs- als auch des Verwaltungssitzes innerhalb der EU in seinen Anwendungsbereich ein. Die Sitzverlegung ist mit Eintrag in das Register des Zuzugsstaats abgeschlossen und muss bekannt gemacht werden. Eine Gesellschaft, die sich in Liquidation befindet oder gegen die ein Verfahren wegen Zahlungsunfähigkeit eröffnet wurde, kann ihren Sitz nicht verlegen.[985]

bb) Analyse und Kritik des Vorschlags

Der Vorschlag enthält ebenfalls, wie die SE, hohe Anforderungen an die Sitzverlegung. Damit ist auch er nicht flexibel zu handhaben. Des Weiteren bezieht er sich nur auf Kapitalgesellschaften. Außerdem gibt der Vorschlag keinen Hinweis darauf, welche Rechtsform die Gesellschaften annehmen müssen, für die es in dem Zuzugsstaat keine entsprechenden Gesellschaftsformen gibt oder ob sie von dem Vorschlag ganz ausgenommen werden. Vorteilhaft ist an dem Vorschlag jedoch, dass er nicht versucht, die Anknüpfung nach der Sitz- und Gründungstheorie zu harmonisieren, so dass jeder Mitgliedsstaat seine nationalen Regelungen beibehalten kann. Damit vermeidet der Vorschlag eine Entscheidung zu Gunsten einer Theorie zu treffen, und respektiert gleichzeitig die Souveränität der einzelnen Staaten.[986]

cc) Umsetzung des Vorschlags in Deutschland und England

Die Richtlinie entfaltet grundsätzlich keine unmittelbare Geltung für das nationale Recht, so dass sie der Umsetzung in nationale Rechtsvorschriften bedarf.[987]

---

984 Vgl. S. 167 „Allgemeines“.

985 Vgl. S. 168 „Regelungsgehalt des Vorschlags“.

986 Vgl. S. 168 „Analyse und Kritik des Vorschlags“.

987 Vgl. S. 165 „Umsetzung der Regelungen in Deutschland und England“.

Zu beachten ist weiterhin, dass nach der Umsetzung der Richtlinie die Regelungen zwingend für alle Kapitalgesellschaften der Mitgliedsstaaten gelten, die SE aber nur eine fakultative Institution im europäischen Gesellschaftsrecht ist.

Die Umsetzung der Richtlinie sollte in Deutschland nicht in einem Spezialgesetz, sondern im Umwandlungsgesetz erfolgen.[988] In England kann die Umsetzung durch ergänzende Vorschriften im *Companies Act 1985* erfolgen.[989]

988 Vgl. S. 169 „Umsetzung in Deutschland".
989 Vgl. S. 170 „Umsetzung in England".

Abschließende Zusammenfassung

Die deutschen und englischen Regelungen zum Stellvertretungsrecht sind trotz unterschiedlicher Rechtssysteme in vielen Bereichen deckungsgleich. Beide Rechtssysteme gehen davon aus, dass unter Stellvertretung das Handeln für eine andere Person zu verstehen ist, bei der allein der Geschäftsherr an das Geschäft gebunden wird. Zwar kennt das englische Recht die organschaftliche Stellvertretung nicht, sondern wendet die Regeln der rechtsgeschäftlichen Vertretung an, jedoch unterscheidet sich die Behandlung der Stellvertretung von Gesellschaften im Ergebnis nicht von der deutschen organschaftlichen Vertretung.

Trotz der grundsätzlich bestehenden Gemeinsamkeiten weist jede Rechtsordnung ihre nationalen Eigenheiten auf. Insbesondere bei der kollisionsrechtlichen Anknüpfung der rechtsgeschäftlichen Vollmacht ergeben sich Unterschiede und Probleme. Im englischen Kollisionsrecht erfolgt die Anknüpfung entweder nach dem „auf den Vertrag anwendbaren Recht" (*Proper Law of Contract*) oder dem EVÜ, während im deutschen Kollisionsrecht die Anknüpfung der rechtsgeschäftlichen Vollmacht sehr umstritten ist. Es stehen im Wesentlichen die selbstständige Anknüpfung (in verschiedenen Varianten) und die unselbstständige Anknüpfung gegenüber. Dabei ist die selbstständige Anknüpfung für das deutsche Kollisionsrecht vorzugswürdig, da sie der Abstraktheit der Vollmacht auch im IPR Rechnung trägt.

Da die umstrittene Anknüpfungsweise zu Rechtsunsicherheiten im IPR führt, ist es sinnvoll, einheitliche Regelungen für die Anknüpfung der Vollmacht zu schaffen. Der Haager Entwurf über das auf die Stellvertretung anwendbare Recht bietet eine geeignete Grundlage für eine einheitliche Regelung, jedoch ist die Handhabe nicht flexibel. Um den Haager Entwurf flexibler zu gestalten, wurden - unter Berücksichtigung des Charakters des Entwurfs als einheitliches Recht und mittels einer autonomen Auslegung des Abkommens - ergänzende Regelungen für den Entwurf erarbeitet.[990] Diese Regelungen sollen Unbilligkeiten bei der Ermittlung des Vollmachtsstatuts vermeiden und dem Grundsatz der Parteiautonomie weitergehende Geltung verschaffen, ohne die Rechtssicherheit zu gefährden. Der Entwurf stellt mit seinen Ergänzungen eine sinnvolle Möglichkeit dar, eine einheitliche Anknüpfung im IPR zu finden, die keine nationale Rechtsordnung bevorzugt. Außerdem schafft er einen gerechten Ausgleich zwischen den Interessen der am Geschäft beteiligten Personen. Die Umsetzung des Entwurfs ist sowohl in England als auch in Deutschland unproblematisch. In

[990] Vgl. Teil C der Arbeit, S. 137 ff.

Deutschland sollte die Umsetzung im EGBGB erfolgen, in England sollte der Entwurf in einem *Act* für unmittelbar anwendbar erklärt werden.

Im Kollisionsrecht des Gesellschaftsrechts erfolgt die Anknüpfung der Vollmacht an das Gesellschaftsstatut. Lediglich die sekundäre Ebene der Ermittlung des Gesellschaftsstatuts ist problematisch. Im Wesentlichen stehen sich die in Deutschland herrschende Sitztheorie und die in England herrschende Gründungstheorie gegenüber. Strittig ist bezüglich der Sitztheorie, in wieweit sie nach dem *Centros*-Urteil auf kollisionsrechtlicher Ebene noch Bestand hat. Zumindest auf materiell-rechtlicher Ebene hat die Sitztheorie bereits ihre Bedeutung verloren. Mit der Ende 2004 in Kraft tretenden Verordnung zur SE wurde eine einheitliche Regelung bezüglich der europäischen Aktiengesellschaft geschaffen. In der Verordnung wird keine Entscheidung zu Gunsten der Gründungs- oder Sitztheorie gefällt. Vielmehr wird der starke Drittschutz der Sitztheorie mit der Flexibilität der Gründungstheorie kombiniert. Jedoch ist die Verordnung im Ergebnis zu starr und unflexibel. Außerdem sind die Anforderungen an die Gründung und die Sitzverlegung der SE zu hoch, als dass sie eine attraktive und sinnvolle einheitliche Regelung bieten könnte. Insbesondere fehlt bei der SE der Drittschutz gerade bei der drohenden Insolvenz, wo er am Wichtigsten ist.

Zur Frage der Ermittlungs des Gesellschaftsstatuts wurde außerdem der „Vorschlag für eine 14. Richtlinie zur Verlegung des Gesellschaftssitzes innerhalb der EU" erarbeitet, der der Verordnung in weiten Teilen nachgebildet ist. Er enthält ausschließlich Regelungen für Kapitalgesellschaften. Andere Gesellschaftsformen werden nicht einbezogen. Außerdem wird nicht festgelegt, welche Rechtsform eine Kapitalgesellschaft bei ihrer Sitzverlegung annehmen soll, wenn der Zuzugsstaat keine entsprechende Rechtsform kennt. Im Ergebnis sind auch diese Regelungen starr und die Anforderungen an die Gründung und die Sitzverlegung der Kapitalgesellschaften zu hoch, um eine attraktive Möglichkeit einer einheitlichen Regelung zu bieten.

Beide gesellschaftsrechtlichen Regelwerke unternehmen den Versuch die Ermittlung des Gesellschaftststatuts einfach und schnell zu ermitteln. Jedoch sind sie nicht geeignet, einfache, flexible und klare Regelungen für die Ermittlung des Gesellschaftsstatuts zu treffen. Damit können die Regelwerke im Ergebnis auch die Anknüpfung der Vollmacht keine sinnvollen einheitlichen Regelungen treffen.

STUDIEN ZUM VERGLEICHENDEN UND INTERNATIONALEN RECHT

Herausgeber: Bernd von Hoffmann, Erik Jayme und Heinz-Peter Mansel

Band 1 Ferdinand Henke: Die Datenschutzkonvention des Europarates. 1986.

Band 2 Peter Czermak: Der express trust im internationalen Privatrecht. 1986.

Band 3 Peter Kindler: Der Ausgleichsanspruch des Handelsvertreters im deutsch-italienischen Warenverkehr. Eine rechtsvergleichende und kollisionsrechtliche Untersuchung. 1987.

Band 4 Wilhelm Denzer: Stellung und Bedeutung des Engineers in den FIDIC-Bauvertragsbedingungen. 1988.

Band 5 Marijan-Maximilian Lederer: Die internationale Enteignung von Mitgliedschaftsrechten unter besonderer Berücksichtigung der französischen Enteignungen 1982. 1989.

Band 6 Rainer Esser: Klagen gegen ausländische Staaten. 1990.

Band 7 Chang Jae-Ok: Auf dem Weg zu einer Materialisierung des Immateriellen ? Personen-, Persönlichkeitsschutz und Geldersatz des immateriellen Schadens in rechtsvergleichender Hinsicht am Beispiel des koreanischen und japanischen Zivilrechts unter besonderer Berücksichtigung des deutschen Rechts. 1990.

Band 8 Paul-Frank Weise: Lex mercatoria. Materielles Recht vor der internationalen Handelsschiedsgerichtbarkeit.1990.

Band 9 Werner Born: Der Auftrittsvertrag für Musikgruppen im Bereich der Rock- und Popmusik. 1990.

Band 10 Ralf Erich Jürgens: IPR und Verfassung in Italien und in der Bundesrepublik Deutschland. 1990.

Band 11 Rainer Gildeggen: Internationale Schieds- und Schiedsverfahrensvereinbarungen in Allgemeinen Geschäftsbedingungen vor deutschen Gerichten. 1991.

Band 12 Klaus Grabinski: Die kollisionsrechtliche Behandlung des Durchgriffs bei rechtlich verselbständigten Unternehmen in privater oder öffentlicher Hand. 1991.

Band 13 Dieter Stummel: Konkurs und Integration. Konventionsrechtliche Wege zur Bewältigung grenzüberschreitender Insolvenzverfahren. 1991.

Band 14 Joachim Güntzer: Die Rechtsstellung des Geschäftsführers im spanischen Aktienrecht. Die Neuregelung des spanischen Aktienrechts nach dem Beitritt Spaniens zur EG. 1991.

Band 15 Sabine Isenburg-Epple: Die Berücksichtigung ausländischer Rechtshängigkeit nach dem Europäischen Gerichtsstands- und Vollstreckungsübereinkommen vom 27.9.1968. Untersuchungen zum Anwendungsbereich von Art. 21 EuGVÜ unter schwerpunktmäßiger Behandlung der Frage nach der Bestimmung eines europäischen Streitgegenstandsbegriffs. 1992.

Band 16 Ulrich Nickl: Die Qualifikation der culpa in contrahendo im Internationalen Privatrecht. 1992.

Band 17 Theo Rauh: Leistungserschwerungen im Schuldvertrag. Eine rechtsvergleichende Untersuchung des englischen, US-amerikanischen, französischen und deutschen Rechts unter besonderer Berücksichtigung der gerichtlichen Praxis. 1992.

Band 18 Bernadette Chaussade-Klein: Vorvertragliche "obligation de renseignements" im französichen Recht. 1992.

Band 19 Josef Sievers: Verbraucherschutz gegen unlautere Vertragsbedingungen im französischen Recht. Vom Code civil zum "Code de la consommation" – die Entstehung eines Sonderprivatrechts für Verbraucher. 1993.

Band 20 Achim Schäfer: Grenzüberschreitende Kreditsicherung an Grundstücken, unter besonderer Berücksichtigung des deutschen und italienischen Rechts. 1993.

Band 21 Eugenio Hernández-Breton: Internationale Gerichtsstandsklauseln in Allgemeinen Geschäftsbedingungen. Unter besonderer Berücksichtigung des deutsch-südamerikanischen Rechtsverkehrs (dargestellt am Beispiel Argentinien, Brasilien und Venezuela). 1993.

Band 22 Ingo Reng: Unterhaltsansprüche aufgrund nichtehelicher Lebensgemeinschaft – Internationales Privatrecht und ausländisches materielles Recht. 1994.

Band 23 Stefanie Roloff: Die Geltendmachung ausländischer öffentlicher Ansprüche im Inland. 1994.

Band 24 Katharina Ludwig: Der Vertragsschluß nach UN-Kaufrecht im Spannungsverhältnis von Common Law und Civil Law. Dargestellt auf der Grundlage der Rechtsordnungen Englands und Deutschlands. 1994.

Band 25 Malte Diesselhorst: Mehrparteienschiedsverfahren. Internationale Schiedsverfahren unter Beteiligung von mehr als zwei Parteien. 1994.

Band 26 Manfred Kost: Konsensprobleme im internationalen Schuldvertragsrecht. 1995.

Band 27 Wolff-Heinrich Fleischer: Das italienische Wettbewerbsrecht und die Probleme des selektiven Parfümvertriebs unter Berücksichtigung der Rechtslage in Frankreich und Deutschland. 1995.

Band 28 Angelika Fuchs: Lateinamerikanische Devisenkontrollen in der internationalen Schuldenkrise und Art. VIII Abschn. 2 b) IWF-Abkommen. 1995.

Band 29 Jacques Matthias Aull: Der Geltungsanspruch des EuGVÜ: "Binnensachverhalte" und Internationales Zivilverfahrensrecht in der Europäischen Union. Zur Auslegung von Art. 17 Abs. 1 S. 1 EuGVÜ. 1996.

Band 30 Hartmut Ost: EVÜ und fact doctrine. Konflikte zwischen europäischer IPR-Vereinheitlichung und der Stellung ausländischen Rechts im angelsächsischen Zivilprozeß. 1996.

Band 31 Stefan Wagner: Die Testierfähigkeit im Internationalen Privatrecht. 1996.

Band 32 Wolfgang Jakob Hau: Positive Kompetenzkonflikte im Internationalen Zivilprozeßrecht. Überlegungen zur Bewältigung von *multi-fora disputes*. 1996.

Band 33 Markus Schütz: UN-Kaufrecht und *Culpa in contrahendo*. 1996.

Band 34 Volker Geyrhalter: Das Lösungsrecht des gutgläubigen Erwerbers. Ein "vergessener" Kompromiß und die Auswirkungen auf das heutige deutsche Recht unter besonderer Berücksichtigung des internationalen Sachenrechts. 1996.

Band 35 Andreas Kramer: Abwicklungsstörungen bei Kaufverträgen. Die Lieferung vertragswidriger Sachen im deutschen und italienischen Recht. 1996.

Band 36 Petra Krings: Erfüllungsmodalitäten im internationalen Schuldvertragsrecht. 1997.

Band 37 Tonja Gaibler: Der rechtsgeschäftliche Irrtum im französischen Recht. 1997.

Band 38 Dirk Otto: Rechtsspaltung im indischen Erbrecht. Bedeutung und Auswirkungen auf deutsch-indische Nachlaßfälle. 1997.

Band 39 Gregor W. Decku: Zwischen Vertrag und Delikt. Grenzfälle vertraglicher und deliktischer Haftung dargestellt am Beispiel der Berufs- und Expertenhaftung zum Schutze des Vermögens Dritter im deutschen und englischen Recht. 1997.

Band 40 Ulrike Höpping: Auswirkungen der Warenverkehrsfreiheit auf das IPR unter besonderer Berücksichtigung des Internationalen Produkthaftungsrechts und des Internationalen Vertragsrechts. 1997.

Band 41 Andreas Bartosch: Die vermögensrechtlichen Beziehungen der Ehegatten bei bestehender Ehe im englischen Recht – Eigentum, Besitz, Schuldvertrag. 1997.

Band 42 Helene Boriths Müller: Die Umsetzung der europäischen Übereinkommen von Rom und Brüssel in das Recht der Mitgliedstaaten. Dargestellt am Beispiel Deutschlands und Dänemarks. 1997.

Band 43 Bernd von Hoffmann / Myong-Chang Hwang (eds.): The Public Concept of Land Ownership. Reports and Discussions of a German-Korean Symposium held in Seoul on October 7-9, 1996. 1997.

Band 44 Oliver Heeder: Fraus legis. Eine rechtsvergleichende Untersuchung über den Vorbehalt der Gesetzesumgehung in Deutschland, Österreich, der Schweiz, Frankreich und Belgien unter besonderer Berücksichtigung des Internationalen Privatrechts. 1998.

Band 45 Heinrich Schütt: Deliktstyp und Internationales Privatrecht. Dargestellt an grenzüberschreitenden Problemen der Arzthaftung. 1998.

Band 46 Axel Steiner: Die stillschweigende Rechtswahl im Prozeß im System der subjektiven Anknüpfungen im deutschen Internationalen Privatrecht. 1998.

Band 47 Martina Schulz: Der Eigentumsvorbehalt in europäischen Rechtsordnungen. Rechtsvergleichende Untersuchung des deutschen, englischen und französischen Rechts unter besonderer Berücksichtigung von Erweiterungen und Verlängerungen. 1998.

Band 48 Karin Dreher: Die Rechtswahl im internationalen Erbrecht. Unter besonderer Berücksichtigung des italienischen IPR-Reformgesetzes N. 218 vom 31. Mai 1995. 1999.

Band 49 Giuliano Gabrielli: Das Verhältnis zwischen der Anfechtung wegen Eigenschaftsirrtums und den Gewährleistungsansprüchen im deutschen, österreichischen und italienischen Recht. 1999.

Band 50 Bernd von Hoffmann / Myong-Chan Hwang (eds.): Developments in Land Law. Reports and Discussions of a German-Korean Symposium held in Berlin and Trier on July 21-24, 1997. 1999.

Band 51 Volker Heidbüchel: Das UNCITRAL-Übereinkommen über unabhängige Garantien und Standby Letters of Credit. Vergleiche mit den Richtlinien der Internationalen Handelskammer, dem deutschen, englischen und US-amerikanischen Recht. 1999.

Band 52 Jan Christoph Nordmeyer: Pflichtteilsansprüche und Wiedervereinigung. Eine systematische Analyse der Ausgleichsansprüche nach BGB-Pflichtteilsrecht unter besonderer Berücksichtigung der durch den Wiedervereinigungsprozeß eingetretenen Wertveränderungen. 1999.

Band 53 Bettina Linder: Vertragsabschluß beim grenzüberschreitenden Verbraucherleasing. 1999.

Band 54 Almontasser Fetih: Die zivilrechtliche Haftung bei Vertragsverhandlungen. Eine rechtsvergleichende Studie zum deutschen, französischen, ägyptischen und islamischen Recht. 2000.

Band 55 Sona Rajani: Die Geltung und Anwendung des Gemeinschaftsrechts im Vereinigten Königreich von Großbritannien und Nordirland. Der Grundsatz der Parlamentssouveränität im Wandel. 2000.

Band 56 Joachim Kayser: Gegenmaßnahmen im Außenwirtschaftsrecht und das System des europäischen Kollisionsrechts. Eine Analyse der EU-Abwehrverordnung gegen die Auswirkungen extraterritorialer Rechtserstreckung eines Drittlandes. 2001.

Band 57 Albrecht Conrad: Qualifikationsfragen des Trust im Europäischen Zivilprozeßrecht. 2001.

Band 58 Bernd Borgmann: Die Entsendung von Arbeitnehmern in der Europäischen Gemeinschaft. Wechselwirkungen zwischen Kollisionsrecht, Grundfreiheiten und Spezialgesetzen. 2001.

Band 59 Aleksandar Jaksic: Arbitration and Human Rights. 2002.

Band 60 Islamisches und arabisches Recht als Problem der Rechtsanwendung. Symposium zu Ehren von Professor Emeritus Dr. iur. Omaia Elwan. Veranstaltet vom Institut für ausländisches und internationales Privat- und Wirtschaftsrecht der Universität Heidelberg und der Gesellschaft für Arabisches und Islamisches Recht e.V. Herausgegeben von Herbert Kronke, Gert Reinhart und Nika Witteborg. 2001.

Band 61 Patrick Fiedler: Stabilisierungsklauseln und materielle Verweisung im internationalen Vertragsrecht. 2001.

Band 62 Werner Mangold: Die Abtretung im Europäischen Kollisionsrecht. Unter besonderer Berücksichtigung des spanischen Rechts. 2001.

Band 63 Eike Dirk Eschenfelder: Beweiserhebung im Ausland und ihre Verwertung im inländischen Zivilprozess. Zur Bedeutung des US-amerikanischen discovery-Verfahrens für das deutsche Erkenntnisverfahren. 2002.

Band 64 Bernd Ehle: Wege zu einer Kohärenz der Rechtsquellen im Europäischen Kollisionsrecht der Verbraucherverträge. 2002.

Band 65 Heiko Lehmkuhl: Das Nacherfüllungsrecht des Verkäufers im UN-Kaufrecht. 2002.

Band 66 Jochen Nikolaus Schlotter: Erbrechtliche Probleme in der Société Privée Européenne. IPR-Harmonisierung im einheitlichen Europäischen Rechtsraum. 2002.

Band 67 Konrad Ost: Doppelrelevante Tatsachen im Internationalen Zivilverfahrensrecht. Zur Prüfung der internationalen Zuständigkeit bei den Gerichtsständen des Erfüllungsortes und der unerlaubten Handlung. 2002.

Band 68 Tobias Bosch: Die Durchbrechungen des Gesamtstatuts im internationalen Ehegüterrecht. Unter besonderer Berücksichtigung deutsch-französischer Rechtsfälle. 2002.

Band 69 Ursula Philipp: Form im amerikanischen Erbrecht. Zwischen Formalismus und harmless error. 2002.

Band 70 Christian Stefan Wolf: Der Begriff der wesentlich engeren Verbindung im Internationalen Sachenrecht. 2002.

Band 71 André Fomferek: Der Schutz des Vermögens Minderjähriger. Ein Vergleich des deutschen und des englischen Rechts unter Berücksichtigung des schottischen und irischen Rechts. 2002.

Band 72 Nicolas Blanchard: Die prozessualen Schranken der Formfreiheit. Beweismittel und Beweiskraft im EG-Schuldvertragsübereinkommen in deutsch-französischen Vertragsfällen. 2002.

Band 73 Markus Dreißigacker: Sprachenfreiheit im Verbrauchervertragsrecht. Der Verbraucher im Spannungsfeld zwischen kultureller Identität und Privatautonomie. 2002.

Band 74 Vassiliki Myller-Igknay: Auskunftsansprüche im griechischen Zivilrecht. Auswirkungen im deutsch-griechischen Rechtsverkehr sowie im deutschen internationalen Privat- und Verfahrensrecht. 2003

Band 75 Stefan Bruinier: Der Einfluss der Grundfreiheiten auf das Internationale Privatrecht. 2003.

Band 76 Nika Witteborg: Das gemeinsame Sorgerecht nichtverheirateter Eltern. Eine Untersuchung im soziologischen, rechtsgeschichtlichen, verfassungsrechtlichen, rechtsvergleichenden und internationalen Kontext. 2003.

Band 77 Peter Stankewitsch: Entscheidungsnormen im IPR als Wirksamkeitsvoraussetzungen der Rechtswahl. 2003.

Band 78 Jan Wilhelm Ritter: Euro-Einführung und IPR unter besonderer Berücksichtigung nachehelicher Unterhaltsverträge. Eine Untersuchung mit Blick auf das deutsche, französische und schweizerische Recht. 2003.

Band 79 Wolf Richard Herkner: Die Grenzen der Rechtswahl im internationalen Deliktsrecht. 2003.

Band 80 Ira Ditandy: Internationale Zuständigkeit. Neuregelung durch die LOPJ 1985. Vergleich mit dem europäischen Vorbild und Auswirkungen auf das spanische internationale Zivilverfahrensrecht. 2003.

Band 81 Andrea Verena Schefold: Werbung im Internet und das deutsche Internationale Privatrecht. 2004.

Band 82 Klaus Herkenrath: Die Umsetzung der Richtlinie 93/13/EWG über missbräuliche Klauseln in Verbraucherverträgen in Deutschland, dem Vereinigten Königreich, Frankreich und Italien. Auswirkungen nationaler Umsetzungstechniken auf dem Harmonisierungserfolg. 2003.

Band 83 Alexander Thünken: Das kollisionsrechtliche Herkunftslandprinzip. 2003.

Band 84 Barbara v. Daumiller: Die Rechtswahl im italienischen internationalen Erbrecht: und ihre Auswirkungen im deutsch-italienischen Rechtsverkehr. 2003.

Band 85 Robert Mödl: Macht, Verantwortlichkeit und Zurechnung im Konzern. Eine rechtsvergleichende Untersuchung auf der Grundlage des deutschen, spanischen und US-amerikanischen Rechts. 2003.

Band 86 Ursula Kerpen: Das Internationale Privatrecht der Persönlichkeitsrechtsverletzungen. Eine Untersuchung auf rechtsvergleichender Grundlage. 2003.

Band 87 Barbara Ploeckl: Umgangsrechtsstreitigkeiten im deutsch-französischen Rechtsverkehr. Bestehende internationale und nationale Regelungen und der geplante *europäische Besuchstitel*. 2003.

Band 88 Katrin Wannemacher: Die Außenkompetenzen der EG im Bereich des Internationalen Zivilverfahrensrechts. Der räumliche Anwendungsbereich des Art. 65 EGV am Beispiel der EuGVO und der EheVO. 2003.

Band 89 Maren B. Eilinghoff: Das Kollisionsrecht der ungerechtfertigten Bereicherung nach dem IPR-Reformgesetz von 1999. 2004.

Band 90 Patrick Niehr: Die zivilprozessuale Dokumentenvorlegung im deutsch-englischen Rechtshilfeverkehr nach der deutschen und der englischen Prozessrechtsreform. 2004.

Band 91 Anna Christina Gördes: Internationale Zuständigkeit, Anerkennung und Vollstreckung von Entscheidungen über die elterliche Verantwortung. Die VO(EG) Nr. 1347/2000, ihre geplanten Änderungen und das Verhältnis beider zum Minderjährigen- und Kinderschutzabkommen. 2004.

Band 92 Martin Rädler: Rechtsbehelfe des Käufers eines Unternehmens oder einer unternehmerischen Beteiligung gegen den Verkäufer im deutschen und französischen Recht. 2004.

Band 93 Marc-Yngve Dietrich: Rechtsstellung und Beteiligung der Gläubiger im französischen Insolvenzverfahren. 2004.

Band 94 Katia Niemann: Die rechtsgeschäftliche und organschaftliche Stellvertretung und deren kollisionsrechtliche Einordnung. Deutschland und England im Vergleich. 2004.

Peter Lang · Europäischer Verlag der Wissenschaften

Ulrike Schmidt-Tiedemann

Geschäftsführung und Vertretung im Gesellschaftsrecht Deutschlands, Frankreichs und Englands

Eine rechtsvergleichende Untersuchung zur Feststellung gemeineuropäischer Prinzipien des Gesellschaftsrechts

Frankfurt am Main, Berlin, Bern, Bruxelles, New York, Oxford, Wien, 2004.
319 S.
Europäische Integration und Internationale Wirtschaftsbeziehungen.
Herausgegeben von Peter Behrens. Bd. 12
ISBN 3-631-52256-8 · br. € 51.50*

Im Rahmen der europäischen Rechtsangleichung hat sich einerseits die Harmonisierung des Gesellschaftsrechts als schwierig erwiesen. Andererseits wird die Erforderlichkeit einer Rechtsangleichung im Gesellschaftsrecht zunehmend in Frage gestellt. Vor dem Hintergrund dieser Schwierigkeiten untersucht die Arbeit für den Bereich der Geschäftsführung und Vertretung von Personen- und Kapitalgesellschaften, ob es im Gesellschaftsrecht der Mitgliedstaaten bereits Übereinstimmungen gibt, die eine weitere Harmonisierung entbehrlich machen. Dabei werden die Regelungen in Deutschland, Frankreich und England als wichtigste Repräsentanten des *civil* und *common laws* verglichen und gemeineuropäische Prinzipien herausgearbeitet.

Aus dem Inhalt: Organisationsstruktur von Gesellschaften · Rechtsstellung der Geschäftsführer · Begründung und Beendigung der Geschäftsführerstellung · Publizität · Anstellungsverhältnis · Vergütung · Umfang und Grenzen von Geschäftsführungsbefugnis und Vertretungsmacht

Frankfurt am Main · Berlin · Bern · Bruxelles · New York · Oxford · Wien
Auslieferung: Verlag Peter Lang AG
Moosstr. 1, CH-2542 Pieterlen
Telefax 00 41 (0) 32 / 376 17 27

*inklusive der in Deutschland gültigen Mehrwertsteuer
Preisänderungen vorbehalten

Homepage http://www.peterlang.de

FSC
www.fsc.org
MIX
Papier | Fördert gute Waldnutzung
FSC® C083411

Kolibri 360 GmbH
Ferdinand-Jühlke-Straße 7
99095 Erfurt, Deutschland
produktsicherheit@kolibri360.de

Druck:
CPI Druckdienstleistungen GmbH
im Auftrag der
Kolibri 360 GmbH
Ferdinand-Jühlke-Str. 7
99095 Erfurt